環世界の人類学

石井 美保
Ishii Miho

An Anthropology of the Umwelt

南インドにおける野生・近代・神霊祭祀

京都大学学術出版会

儀礼の場で神霊になりかわるパンバダの踊り手

大祭のクライマックス。木馬にまたがった神霊バラワーンディが大社の境内を周回する

巨大なアニ（光背）を背負い、居並ぶ祭主たちに向かって託宣を述べる神霊アラス

大社の境内で神霊の木馬を曳くプージャーリの若者たち

第一位の領主であるムンダベットゥ・グットゥの屋敷で行われた儀礼

領主の屋敷と田園の背後に広がる山野の上に、巨大な工業プラントのシルエットが浮かび上がる

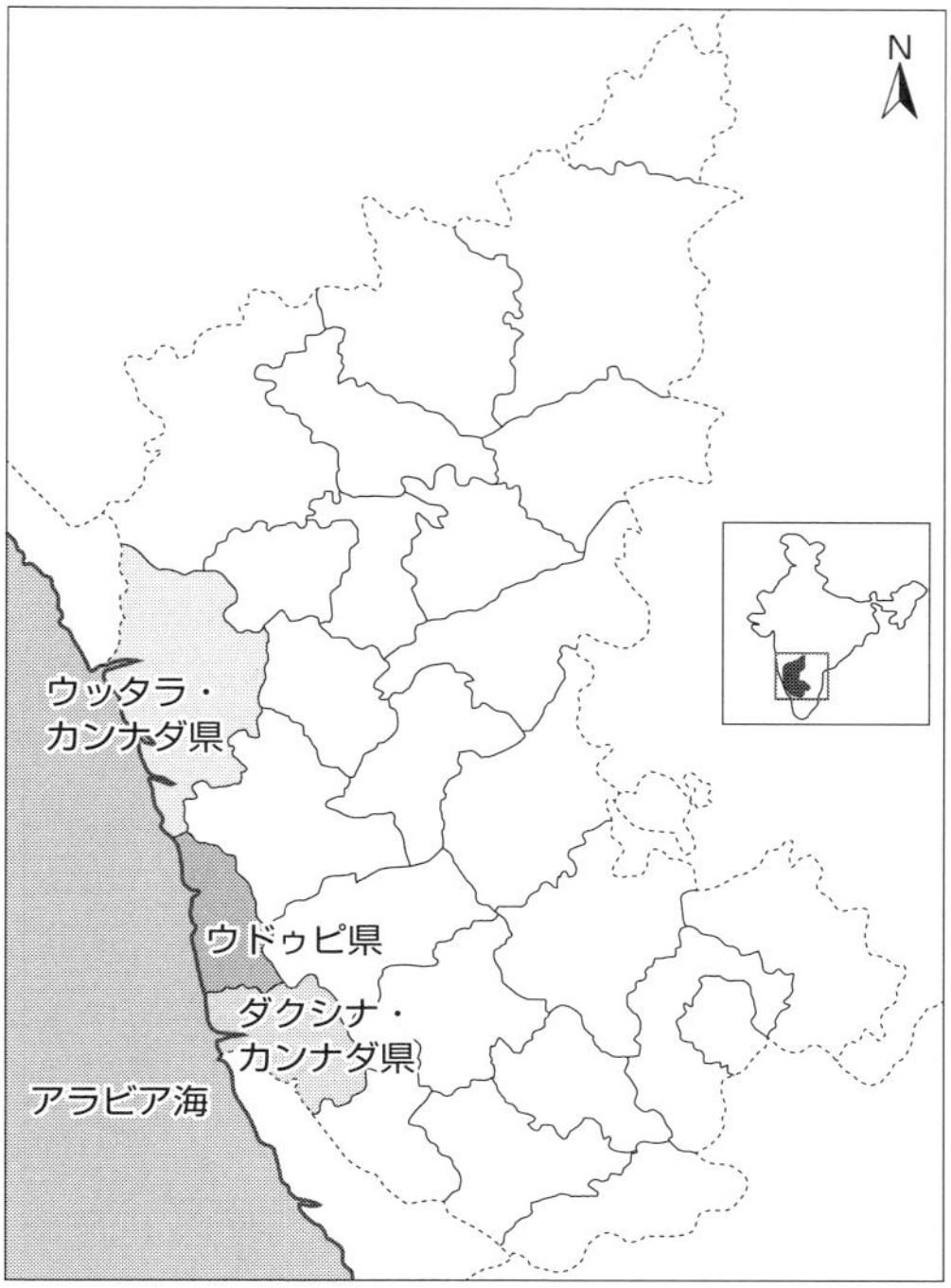

地図1　カルナータカ州
（Prokerala. Com. に基づき筆者作成）

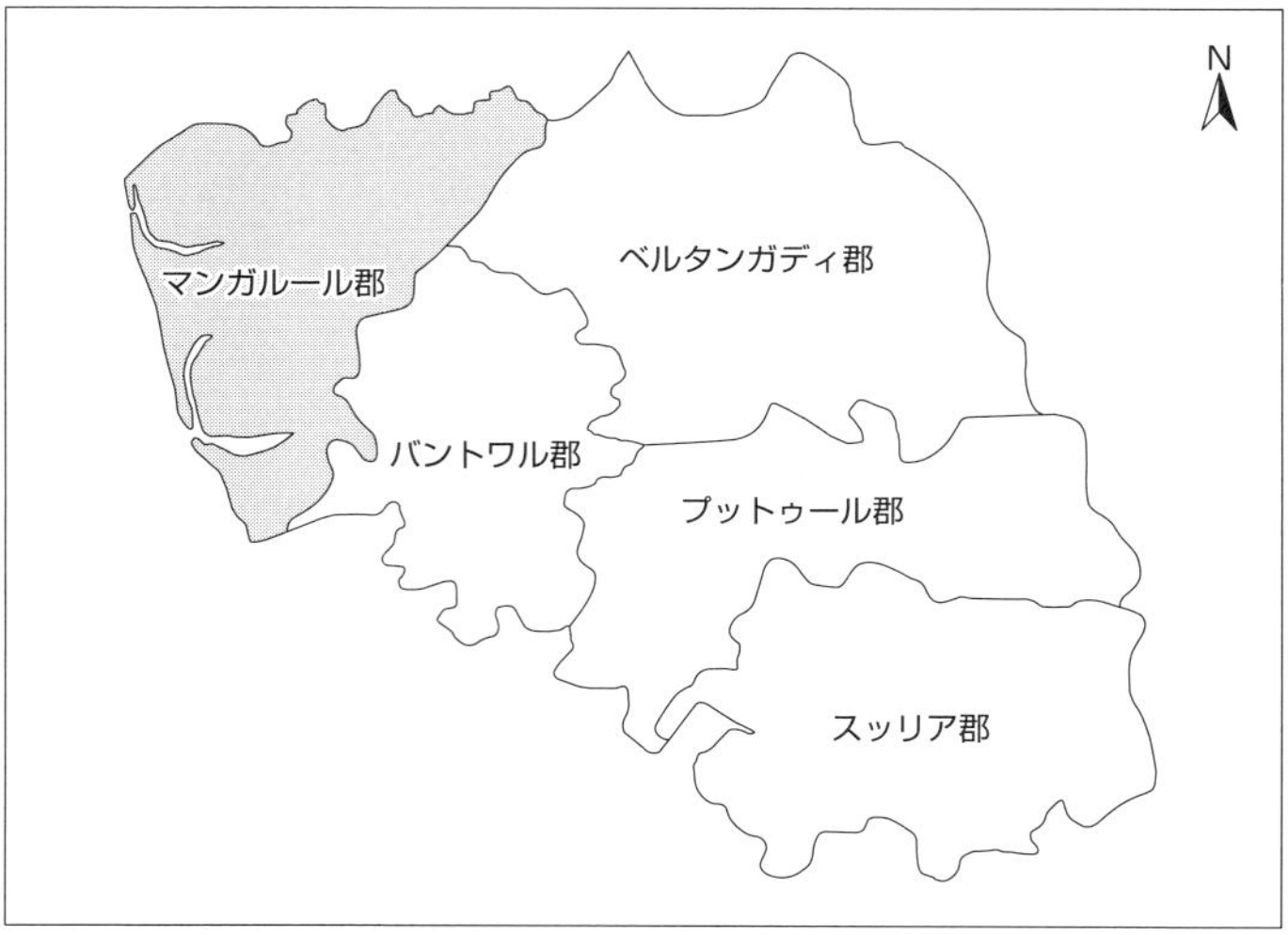

地図2　ダクシナ・カンナダ県
（The Deputy Commissioner's Office, Dakshina Kannada, Mangaluru に基づき筆者作成）

地図３　マンガルール郡
（The Deputy Commissioner's Office, Dakshina Kannada, Mangaluru に基づき筆者作成）

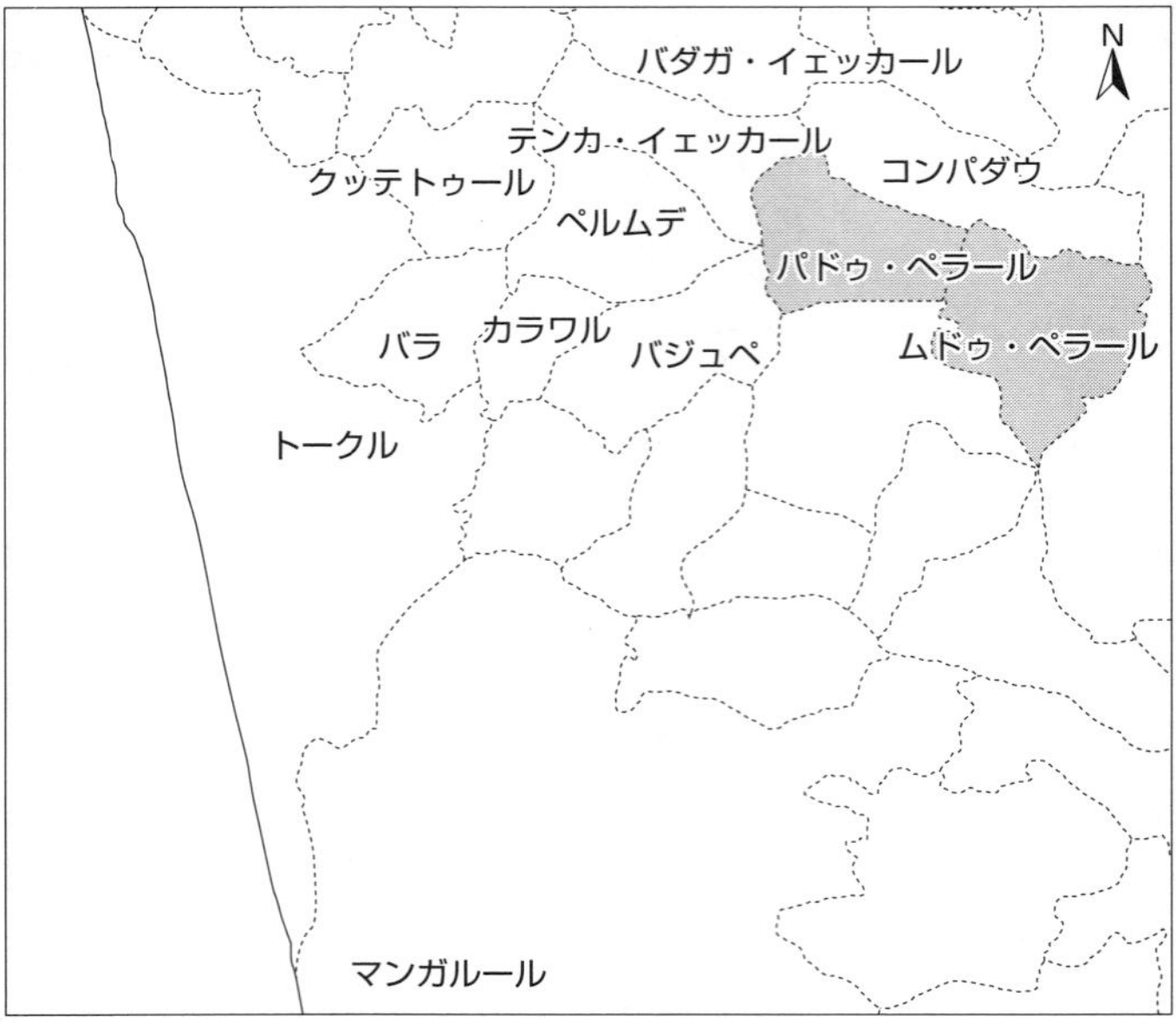

地図４　ムドゥ・ペラール、パドゥ・ペラールと近隣村落
（The Deputy Commissioner's Office, Dakshina Kannada, Mangaluru に基づき筆者作成）

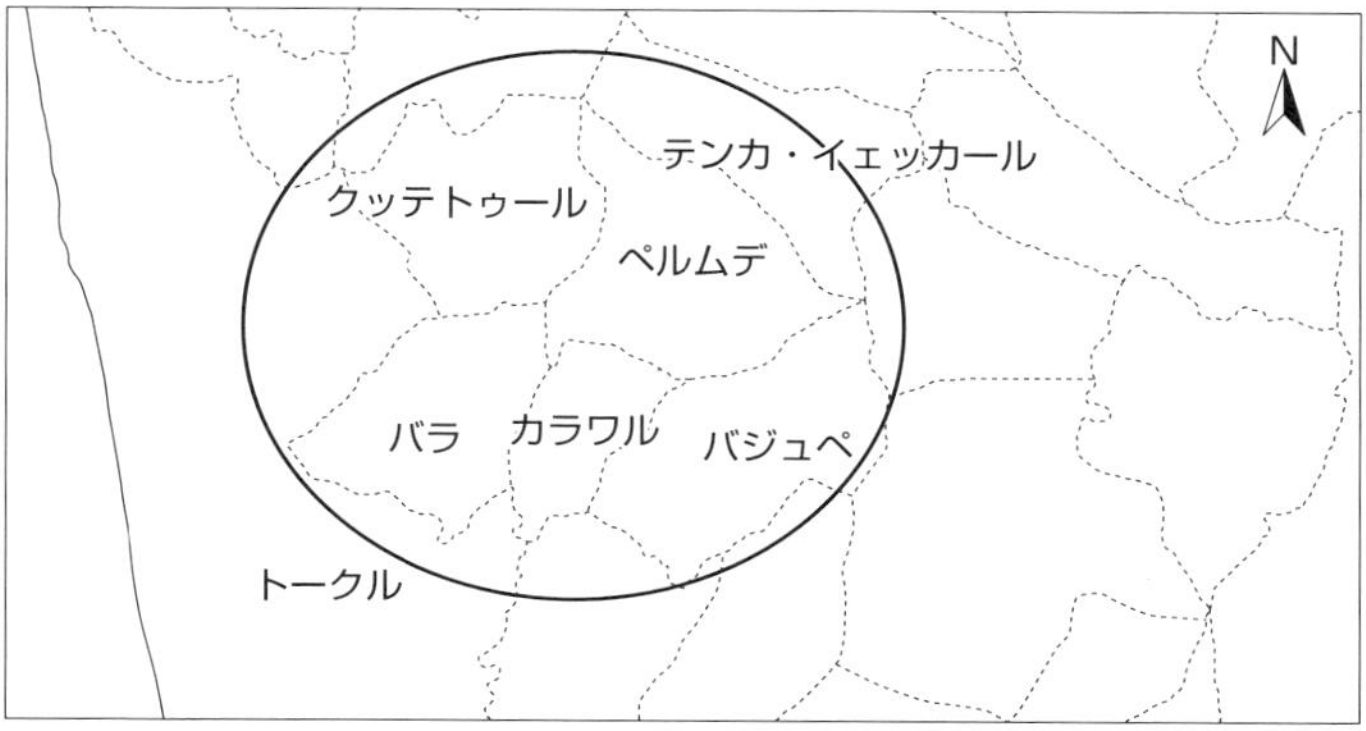

地図5　土地接収の対象となった地域（バジュペ周辺地域）
（The Deputy Commissioner's Office, Dakshina Kannada, Mangaluru に基づき筆者作成）

凡　　例

【度量衡】

1. 面積

1ムディ（*muḍi*）＝80センツ（*cents*）＝約0.8エーカー

1セント（*cent*）＝約0.01エーカー＝約40.5㎡

2. 重量

1ムディ（*muḍi*）＝3カラセ（*kaḷasɛ*）＝42セール（*seerụ*）＝約39.2kg

【インド諸語の表記について】

本書では補助記号付のローマ字でインド諸語を表記する。その際、トゥル語については Upadhyaya（1988–1997)、カンナダ語については Učida and Rajapurohit（2013)、またサンスクリット語については Monier-Williams（2008［1899］）の字訳に従う。なお、本書ではトゥル語、カンナダ語、サンスクリット語の別を明示するため、カンナダ語の場合は Ka.、サンスクリット語の場合は Skt. をローマ字表記の前に付記する。

目　次

○序章　環世界の人類学にむけて

本書が対象とするのは、インド・カルナータカ州沿岸部の南カナラと呼ばれる地域で広く行われている神霊祭祀である。[1]一般にブータ（*būta*〔尊称はダイワ *daiva*〕）と呼ばれる神霊たちは、非業の死を遂げた神話的な英雄たちや、野生のトラやイノシシをはじめとする野生動物の霊であるとされる。

神霊たちの多くは、特定の領域を超えて旅をする存在であるとともに、ある領域における土地や自然（*prakṛti*）と深く結びついた存在でもある。[2]彼らは普段は人の目にみえないが、その力（*śakti*：シャクティ）は山野の奥深くに充溢し、叢林や水源にたゆたい、あるいは農地や家屋敷の間を流通している。[3]人々は家屋に設けられた祭壇や、農地の外れに建てられた祠に神霊の依代を祀り、あるいは村の社に詣でて神霊たちに祈りを捧げる。神霊たちは儀礼の折に、踊り手でもある憑坐《よりまし》の身体に憑依して託宣を述べ、帰依者からの供物を受けとり、人々に祝福を与え、ときに叱責する。

本書の主な舞台は、カルナータカ州ダクシナ・カンナダ県マンガルール郡[4]の中ほどに位置する、ムドゥ・ペラールとパドゥ・ペラールという隣りあったふたつの村落である（地図1・2・3・4参照）。両村は二十世紀初頭に行政的に分割されるまでは「ペラール」というひとつの村落をなしており、現在も合わせてペラールと呼ばれている。[5]

村の朝の風景

ペラールにおいて神霊祭祀は、領主の屋敷を中心とする村の家々とその周りに平らかに広がる水田、ヤシの木やビンロウジュの林、そして蒼く深く繁り、徐々に標高を上げながら人々の生活世界を取り巻く山野という地理的空間の中で執り行われている。本書でみていくように、神霊祭祀は村落社会における家系間の位階と職分、母系制、土地保有のあり方と密接に結びついており、これらは総体として人々の生活世界と地域の土地・自然を結ぶ精緻なシステムを創りあげてきた。神霊祭祀は、それを通して人々が農地や山野と独自の仕方で関係を取り結ぶことを可能にするとともに、祭祀を担う家系とその保有地の維持継承を促すものでもある。またそれは、神霊と人々の間に繰り広げられる供物と祝福の交換と分配を通して、村落社会における家系間の位階とやりとりのあり方を規定してきた。

神霊祭祀は、このようにさまざまな家系と土地を擁し、野生の領域[6]と連続した村落社会を支え動かしてきたものであるが、その核心をなしているのは、神霊と人々との直接的な出逢いと交渉である。人々は日々、身近な祭壇や祠に供物を捧げ、年ごとの儀礼では憑坐に憑依した神霊と対面してその託宣を受けとる。人々にとって神霊は、みずからの運命や農作物の収穫、家系の存続をはじめとする生命活動のすべてに影響を及ぼす不可視の力として感受される一方で、憑依という現象を通して、ときに憤怒に満ち、ときに両性具有的でもある異形の他者としての姿を刹那的に現すものでもある。

本書が対象とするのは、こうした人々の間の日常的であり社会的な関係性と、神霊とのやりとりによって具現される人間と野生の領域との関係性の双方であり、その総体としての環世界である。

環世界の概念については後に詳しく検討するとして、ここで留意すべきことは、本書において分析の対象となる村落社会が静態的なものではなく、絶えざる変化の中にあるということである。本書でみていくように、南カナラの村落社会は植民地期以降、寺社管理制度の整備や母系制の近代法化、そして土地改革の施行をはじめとする近代法制度の普及と展開を通して、見過ごすことのできない変容を遂げてきた。また近年、この地域を席巻している大規模開発によって、農地や山野の破壊と村落社会の解体といった未曾有の事態がもたらされている。

総じて「近代化」と呼ばれうるこうした社会変化の中で、村落社会に生きる人々はその都度、親族や隣人をはじめとする身近な他者との関係性を再編し、あるいは新たに出逢う他者との関係を調整しながら、みずからの生のかたちを持続させ、あるいは新たに創りだそうとしてきた。さまざまな思惑や社会関係のせめぎあいの中で、そうした彼らの試みはほとんど常に、大小の対立や葛藤を伴うものであった。そしてまた、絶えざる変化に対応し、ときにそれらを好機として利用しつつ、日常的な社会関係の再編や調整に頭を悩ます人々の試行錯誤の中で、神霊とその力に満たされた野生の領域との関係性は、彼らの行為や意志決定を方向づける重要な位置を占めつづけてきた。

人々の日常世界における制度的変化や関係性の変容を細やかに追いながら、その深部にあって人々の生と不可分に結びついた神霊や野生との関係性をとらえようとするとき、おのずと人間、野生、近代という三つの分析軸が現れてくる。以下では、本書の理論的視座を述べるに先立ち、①非西欧社会における呪術・宗教実践と近代の関係、②存在論をテーマとする先行研究を検討していきたい。

1 「呪術・宗教実践と近代」という問題系

妖術や呪術、精霊憑依や卜占をはじめとする呪術・宗教的な諸実践は、人類学にとって重要な研究対象でありつづけてきた。なかでも一九八〇年代以降、悪のフェティッシュ化（Taussig 1980）、儀礼化された抵抗（Comaroff 1985）、妖術のモダニティ（Geschiere 1997）、オカルト・エコノミー（Comaroff and Comaroff 1999）などをキーワードとして、非西欧社会の呪術・宗教実践を近代《モダニティ》との関係から考察する研究が数多く出版されている。[7]

すでに古典的な著作となった『南アメリカにおける悪魔と商品のフェティシズム（*The devil and commodity fetishism in South America*）』（Taussig 1980）においてマイケル・タウシグは、ボリビアの鉱山社会でみられる悪魔信仰を、資本主義経済への包摂によってプロレタリア化された農民の従属的経験を象徴する事例のひとつとして描いている。タウシグによれば、錫鉱山で働く鉱夫たちは賃労働をはじめとする新たな社会経済関係を不自然で邪悪なものとみなしたが、ティオと呼ばれる悪魔はそうした彼らの解釈を具現するものであった。悪魔信仰は農民たちの苦境を表象するとともに、搾取的な資本主義経済の進出に対する創造的な批判を表現するものでもあったのである（Taussig 1980: 17-22, 144-145, 232-233）。

一方、アフリカ社会の妖術をテーマとするピーター・ゲシーレは、「妖術のモダニティ」というアイデアを打ちだすことで、オカルト的な諸現象と近代の関係をとらえる重要な分析視座を提示した。ゲシーレによれば、ポスト植民地期のカメルーン社会において、妖術をめぐる噂や実践は近代化によって衰退するどころか、政治やスポーツ、公教育といった近代的な領域においてこそ増加している。こうした噂や言説は、近代的な状況における新たな妖術の勃興に対する人々の懸念を表していると同時に、オカルト的な諸力を用いた新たな富の獲得や蓄積に対する人々の関心の高さを示すものでもある。妖術をめぐる概念やイメージの増大とダイナミズムは、このように、急激な政治経済変化を意味づけ、コントロールしようとする人々の試みの一端を表している。したがって、モダニティの対極にあるものとして妖術をとらえるのではなく、「妖術のモダニティ」に目を向けるべきであるとゲシーレは主張する（Geschiere 1997: 1-9; Ciekawy and Geschiere 1998）。

さらに、ジーン・コマロフとジョン・コマロフは、現代アフリカ社会におけるオカルト現象の勃興と社会経済状況との関係を、「オカルト・エコノミー」という概念を用いて分析している。ポスト植民地期の南アフリカ共和国では、妖術や悪魔崇拝、儀礼的殺人などに対する疑惑や恐れが劇的に高まっている。コマロフらによれば、こうした現象は、人々にとって不可解なものであるグローバル化した市場経済の下でますます周辺化され、困窮状況におかれた若年黒人層による不満の表出であり、「新生」南アフリカ社会の市民的な表層の下で増幅しつつあるオカルト・エコノミーの徴候である。このエコノミーは、近代《モダン》とポスト近代、希望と絶望、約束とその変節などの奇妙な融合体であり、それ自体が千年紀資本主義の特徴をなすものである（Comaroff and Comaroff 1999, 2001）。

これらの先行研究にみられるように、非西欧社会の呪術・宗教実践を近代との関係から考察した研究の多くは、それぞれが対象とするフィールドや現象を異にしながらも、ある特徴的な見解や論調を共有し、反復しているといえる。すなわち、近代化の影響による在来社会の変容を指摘する一方で、人々の呪術・宗教的な実践や語りの中に近代に対するオルタナティヴとしての価値と意義を見いだし、近代化という新たな状況に直面した人々のユニークな抵抗や応答のあり方としてそれらを意味づける、という論調がそれである。

こうした分析の枠組は、多くの場合、西欧社会に生きる近代人であることを自認する人類学者たちが、一見「前近代的」ともみえる非西欧社会の呪術・宗教実践について調査し、その成果をみずからの社会に向けて発信するという人類学の営為の中に、なかば埋めこまれたものであったといえるかもしれない。妖術や精霊憑依といった非西欧社会の呪術・宗教実践は、こうした営為の中でしばしば、それとの対比や隠喩的な結びつきを通して近代西欧なるものを措定するとともに、その影響力や問題点を明らかにするための参照点として位置づけられてきた。近年の人類学的議論にみられるこうした特徴的な傾向について、トッド・サンダースは次のように述べている。

> 人類学者たちはこのように、大規模な反乱や革命から、日常的でより実体のない示威行動に至るまで、さまざまな形での抵抗や批判を前景化してきた。ここにおいて人類学的な説明は、オカルト的な力や言説は資本主義、モダニティ、ネオリベラリズム、そしてグローバリゼーションの起源や強化に対する、とりわけこれらのものが生みだす新たな不平等や搾取に対する持続的な批判を提供するものとみなされうる、ということを示唆している。はるか遠くにいる他者たち(Others)が、オカルトを通してわれわれの現代世界とその悲惨な働きについての不穏な真実を露わにする、というわけである。(Sanders 2008: 111)

非西欧社会における人々の生活と文化、日常的な関係性や思考の特徴をつまびらかにし、近代西欧的なそれとは異なる価値観や論理性を提示するという役割を長らく背負ってきた人類学において、「近代」という言葉に含みこまれた諸々の概念や価値——たとえば合理性、自律性、個人主義、所有、市場経済、交換価値など——に対する批判やオルタナティヴとして非西欧社会の呪術・宗教実践をとらえる研究が数多く産出されてきたことは、ある意味で当然であったともいえる。

ただし、それとの対比において近代西欧なるものを措定するとともに、西欧社会における理念や価値、問題の諸相を照らしだす鏡として非西欧社会の呪術・宗教実践を参照するという見方は、近年の人類学に始まったものではなかった。ポール・C・ジョンソンによれば、その参照の歴史は十七世紀半ばのヨーロッパにまで遡る。

> 「精霊憑依」を名づけ、束縛するような過去四世紀にわたる言説や法的行為は、理性的な個人と近代国家の市民的主体という二重の概念を創りだすことに寄与した。財産のある市民と自由な個人の輪郭は、自動人形《オートマトン》――意思のない機械的身体――というアイデアと、未開人や動物の、本能や情動（passion）に圧倒された身体の脅威との間に形づくられたのである。（Johnson 2011: 396）

ジョンソンによれば、ヨーロッパにおける初期の近代哲学において、憑依に我を忘れるような非西欧社会の人間像は、近代西欧における理性的で自律的な個人像のネガとして見いだされてきた。このように、近代西欧社会と非西欧社会のそれぞれにおける人間像を対比的にとらえる見方は、近年の憑依研究や人格（personhood）論の中にも持続している。たとえば、南アジア社会における憑依現象を広く検討したフレデリック・スミスは、人間のもつ流動的で透過的な性質の現れとされる憑依の特徴は、南アジア社会における「分割可能な人（dividual person）」[8]の特徴とよく一致していると述べている（Smith 2006: 19, 74-75）。スミスの議論において、憑依される者の透過的なあり方は、南アジア社会の関係的な人格のイメージと重ね合わされる一方で、近代西欧社会における自律的な個人像の対極に位置づけられている。

　さて、時代の変遷とともに今やこれらの呪術・宗教実践は、近代西欧における社会や個人の理想像の転倒したイメージとしてではなく、むしろ現代世界の「悲惨な働きについての不穏な真実」（Sanders 2008）を露わにするものとして、あるいは個人主義や財の所有の重要性を自明視する近代西欧的な価値観への批判やオルタナティヴを提示するものとして描かれるようになった（Johnson 2011: 417参照）。

なかでも、一九九〇年代の後半に「妖術の近代」や「オカルト・エコノミー」という概念が提起されて以降、妖術や呪術、憑依儀礼などの実践を近代に対する隠喩的な批判や抵抗として分析するという旧来の論調に加えて、非西欧社会の人々の間に流布しているオカルト的な噂や語りを、近代に対する人々の両義的な態度を表すものとして解釈するという議論が目立つ。たとえばアデライン・マスケリエールは、ポスト植民地期のニジェールにおいて流布している、道路を徘徊するとされる悪霊の噂について、道路が象徴する「近代」のもたらすべき新たな富や生活様式に対する人々の「魅惑と恐れ」を表すイメージとして論じている（Masquelier 2002; cf. Larkin 2013; Ishii 2016）[9]。

こうした近年の研究は、非西欧社会における人々の呪術・宗教実践を、グローバル化やネオリベラリズムの台頭といった現象との関連において取り上げることで、あたかもこれらの実践の新たな局面を見いだし、その斬新な意味を論じているかのようにみえる。だが実際には、それとの対比を通して近代西欧なるものを措定するとともに、西欧世界に起源をもつ理念や価値、秩序や制度に付随する問題を照らしだす鏡として非西欧社会の呪術・宗教実践を意味づけるというスタイルが維持されつづけている。

いいかえれば、これらの先行研究において非西欧社会の呪術・宗教実践は、西欧世界に端を発する諸力の働きや社会経済変化に応答するものとして、常に近代西欧との距離と関係性という観点から意味づけられてきたといえる。そのことによって必然的に、対象とされる呪術・宗教実践の多くは、地域的な独自性や歴史的な深度を捨象された表層的なイメージとして提示される傾向にある[10]。

また、オカルト・エコノミー論（Comaroff and Comaroff 1999）に端的にみられるように、これらの研究では、非西欧社会において新たなオカルト的実践が増加していることを説明するにあたって、資本主義やグローバルな市場経済をはじめ、当該の社会に変化を引き起こした近代的な諸制度や価値観が人々の理解を超えたものであることが強調されている。このように、不可解な近代的状況に対する人々の想像的な解釈の表れとして呪術・宗教実践をとらえることによって、これらの先行研究では、隠喩的な批判や想像的な解釈といった側面を超えて、非西欧社会の人々が近代的とされるような価値や諸制度といかに具体的な関係を取り結んできたのか、またその中で、呪術・宗教的な営為と近代合理性なるものがどのように絡みあってきたのかが見えづらくなっているといえる。

さて、以上みてきたような先行研究と同じく、非西欧社会における人々の呪術・宗教的な実践や語りに着目していながら、従来の人類学的な呪術・宗教研究とは異なる新たなアイデアや方法論を提起している思潮が興隆している。この思潮を形成しているのは、次節でみていくように、存在論（ontology）にかかわる一連の議論である。

2　存在論的人類学と「他者の現実」

存在論的人類学の主張——認識論からの脱却とラディカルな本質主義へ

すでによく知られているように、一九九〇年代の末頃から、フィールドにおける人々の存在論に着眼する人類学的研究が興隆してきた。これらの研究は、近代以降の社会科学における人間中心主義や、自然の普遍性と文化の特殊性を前提とした自然と文化の二分法を批判し、それに替わる新たな概念や方法論を提起している。すなわち、多文化主義に替わる多自然主義、パースペクティヴィズム、方法論としてのラディカルな本質主義、存在論的自己決定というアイデアなどである。[11]

近年の人類学において存在論をテーマに据えた思潮はもちろん単一ではなく、哲学や現象学、科学技術論をはじめ、相異なる源流をもつ視座や方法論が互いに影響を及ぼしあいながら併存している状況にある。[12] 本節ではその中でも、人類学においてエドゥアルド・ヴィヴェイロス・デ・カストロやマルティン・ホルブラード、モルテン・ペダーセンをはじめ、人類学において「存在論的転回」（Henare, Holbraad and Wastell 2007）と呼ばれる動向をみずから牽引している人々の議論

（以下、「存在論的人類学」とする）を中心に検討していく。その際、ここで便宜的に「存在論的人類学」と呼ぶ思潮は、存在にかかわる問いを民族誌的記述の基底に据えているという意味で「存在論的に調律された」（Kohn 2015: 323）あらゆる民族誌を含むものではなく、近年の「存在論的転回」論と呪術・宗教現象の人類学的理解にかかわる狭義のそれであることを附言しておきたい[13]。

存在論的人類学の理論的な特徴をなす主張として、近代西欧における自然と文化の二分法への批判に加えて、認識論からの脱却を挙げることができる。この主張を端的に表しているのは、存在論的人類学のマニフェストともいえる『事物を通して考える（*Thinking through things*）』の序文で提示された、「フィールドの事物をあるがままに受けとる」というアイデア（Henare, Holbraad and Wastell 2007: 2）である。この言葉は、調査地の人々にとっての「世界の見方」やその表象にもっぱら関心を向ける認識論的な視座や、フィールドで出逢う事象を近代合理的な論理に読み替えて説明しようとする還元主義的な分析を退け、フィールドにおける事物（あるいは概念）をあるがままに受けとろうという提唱者たちの姿勢を示している[14]。

存在論的人類学にとって、認識論から脱却した先に見いだされるのは、フィールドにおける人々の存在論的世界である。こうした見地からすれば、たとえばアメリカ大陸先住民と欧米人のように、互いに異なる存在論をもつとされる人々は、単一の世界を異なる仕方で認識しているのではなく、文字通り相異なる世界に生きているのだとされる（Henare, Holbraad and Wastell 2007: 10-12; Holbraad 2009）。

存在論的人類学の提唱者にとって存在論とは、したがって、世界の複数性を含意するとともに、「差異」や「他性（alterity）」という概念と切り離しえないものである（Gad, Jensen and Winthereik 2015: 70参照）。この場合の差異や他性とは、先にも述べたように「世界の見方」にかかわる認識論的な差異ではなく、「世界のあり方」にかかわる存在論的な差異を意味している。つまり問題となるのは、人類学者による翻訳や解釈を通して近代合理性へと容易に還元することのできない、「ラディカルな他性」（Henare, Holbraad and Wastell 2007: 8; Holbraad 2009）なのである。

こうしたラディカルな他性を端的に表すものとして存在論的人類学が注目するのは、神話や卜占、アニミズムやシャマニズムをはじめ、欧米の人類学者によって「一見して非合理な信念」（スペルベル 1984）と呼ばれてきたような諸実践や言説である（Pedersen 2012参照）[15]。

このように、非西欧社会における呪術・宗教的な実践や語りに着眼するという存在論的人類学の姿勢は、従来の人類学的な呪術・宗教研究の視座と共通するものである。ただし、いわゆる合理性論争の展開[16]にみられたように、近代合理性とは相容れない非西欧社会の人々の信念や実践を、異質であれども近代人にとって理解可能なある種の論理性として提示し、その背景や文脈を含めて説明しようとする一方、その方法論をめぐって論争を繰り広げてきた過去の人類学とは異なり、存在論的人類学の提唱者たちは、異なる存在論的世界の中にあるとされる事象を、人類学者が解釈や分析を通して別のものへと変容させること自体を批判する（Henare, Holbraad and Wastell 2007; Holbraad 2009: 85参照）。

このように、フィールドの事物をあるがままにとらえようとする存在論的人類学者の姿勢は、「世界の諸民族の存在論的自己決定（the ontological self-determination of the world's peoples）」（Viveiros de Castro 2003, 2011, 2014）というアイデアと結びついている。

「存在論的自己決定」とは、人類学者がフィールドにおける人々のあり方を解釈し、翻訳し、代弁するのではなく、当の人々自身にその決定権を委ねるという態度を表す言葉である。ヴィヴェイロス・デ・カストロはこの点に関して、存在論的転回以降の人類学の課題は、いかにして「他者のための場所をつくる」か、すなわち、他者による存在論的自己決定が可能となるような状況を創りだすかであると述べている。それはまた、他者の世界を説明しすぎることなく、不確定性のうちにとどめるべしという人類学者の責務として提起される（Viveiros de Castro 2011, 2014; Holbraad, Pedersen and Viveiros de Castro 2014も参照）。

存在論的人類学に対するいくつかの批判的見解

ここまで概観してきたような存在論的人類学の斬新な理論的視座とラディカルな主張は人類学界に波紋をよび、広汎な影響を及ぼす一方で、その主張やアイデアに対しては、さまざまな疑問や批判が投げかけられてきた。批判者の多くは、近代西欧的な人間観や自然と文化の二分法からの脱却を目指すという存在論的人類学の姿勢についてはおおむね肯定的に評価しながらも、「ラディカルな本質主義」や「存在論的な他性」といったアイデアや、フィールドの事象を「あるがままに受けとる」といった方法論の有効性に疑問を呈している。

たとえば、「存在論は文化の言い換えにすぎない（Ontology is just another word for culture）」と題された討論会において、登壇者の一人であるマテイ・カンデアは次のように指摘している。存在論的人類学は、たとえば「アメリカ大陸先住民」や「マオリ族」、「メラネシア人」のように、地理的に概括される人々の集団を対象として取り上げており、これまで「文化集団」と呼ばれてきたものに異質な存在論の外郭線を割り当てている。したがって「存在論的な他性」というアイデアは、「文化的差異」というなじみ深い概念に付随する難題から自由であるとはいえない（Candea 2010a; Laidlaw 2012も参照）。

また、存在論的人類学の提唱する「ラディカルな他性」というアイデアについて、ヘンリク・ヴァイとデイヴィッド・サウスダルは、相異なる存在論的世界にあるとされる者同士のコミュニケーションや翻訳の可能性を否定する「他者性のフェティッシュ化」（Vigh and Sausdal 2014: 56-57）であるとして厳しく批判している。彼らはまた、「フィールドの事物をあるがままに受けとる」という存在論的人類学の方法論にも疑問を呈する。ヴァイとサウスダルによれば、あらゆる解釈を排して物事を額面どおりに受けとるという見方を推し進めることで、存在論的人類学は、「意味するもの」と「意味されるもの」の一対一対応を前提とするような純粋なインデックス性の議論に陥っている。こうした議論は、フィールドの人々がしばしば表明する、みずからの生きる現実世界への疑いや不確かさ、曖昧で両義的な態度によって根本的に掘り崩されてしまう（Vigh and Sausdal 2014: 61; Graeber 2015も参照）。

ヴァイとサウスダルの指摘する問題は、存在論的人類学の提唱者たちが、他者の存在論を理解するために「事物」に着眼することの重要性を提起する一方で、実際にはフィールドの人々の語りに大きく依拠していることに関係している（Gad, Jensen and Winthereik 2015: 73-75）。批判者たちの指摘に基づくならば、存在論的人類学の提唱者たちは、調査者による一方的な解釈や憶断を避けるためにフィールドにおける事物をあるがままに受けとるという方法をとったはずが、インフォーマントの「言ったこと」を額面どおりに受けとって記述しようとすることで、皮肉にもその言明を彼らの存在論として特権的に提示するという結果を招いているといえる（Graeber 2015: 20）[17]。

こうした問題は、他者の世界を不確定性のうちにとどめおくことをみずからの責務とし、当の人々自身による「存在論的自己決定」の必要性を唱える一方で、特定の地域と住民に特定の存在論があることを想定し、あるいは特定の種に特定のパースペクティヴがあることを想定するといった存在論的人類学の暗黙の前提や方法論に根をもつと考えられる（Turner 2009: 32; Candea 2010a; Graeber 2015）。

「他者の現実」をいかにとらえるか

ここまでの検討によって明らかなように、存在論的人類学をめぐる議論の主要な論点のひとつは、人類学は「他者の現実」をどのように扱うべきか、という問題である。とりわけ、近代合理性の外部にあるかのようにみえる人々の現実のありようについて、人類学者はいかに調査し、記述しうるのかという、古くからの問題が新たなかたちをとって問い直されているといえる。この問いに対する存在論的人類学の立場をより明確に理解するために、差異と他性をめぐる問題について、もう少し詳しくみていきたい。

存在論的人類学が「ラディカルな他性」や「異なる存在論」について語るとき、それらが近代合理性に対する他性であり、近代西欧世界からの差異を意味していることはいうまでもない。たとえばヴィヴェイロス・デ・カストロは、

「われわれの文明」の存在論的な基盤と、それを創設した諸民族（the peoples）の文化的優位性が崩れ去ろうとしているまさにその時に、存在論が前面に現れてきたと述べている（Viveiros de Castro 2014）。このとき前景化してくる存在論とは、アメリカ大陸先住民をはじめ、西欧世界にとって「他者」とみなされる人々のそれである。

ヴァイとサウスダルは、こうした論調を文明論的であるとして批判しつつ、存在論的人類学が、まずもって「欧米なるもの」との関係において他者性や異質性を措定していると指摘する。

> 「欧米なるもの（The Euro-American）」という概念は、それに対するものとして存在論や他性が定義されうるような背景を提供することによって、存在誌家（ontographer）の研究対象を枠づけるという点において、存在論的転回にとって不可欠のものであるようにみえる。（Vigh and Sausdal 2014: 66〔強調原文〕）

前節でみたように、従来の人類学的な呪術・宗教研究において、非西欧社会の呪術・宗教実践はしばしば、西欧社会がそれとの対比や隠喩的な結びつきを通してみずからを措定するための参照点として位置づけられてきた。また、これらの研究では、非西欧社会におけるオカルト的な信念や実践の意味を近代との関係性の中で解釈することを通して、欧米を中心として世界中に広がる諸現象や制度の影響と功罪をあぶり出すとともに、それらへのオルタナティヴを示すという論述のスタイルが反復されてきた。

一方、存在論的人類学では、フィールドの人々の「一見して非合理な信念」に代表される他者＝ネイティヴの存在論は、「欧米なるもの」を参照点とし、そこからの差異において措定されている。同時に、そうした存在論は近代や欧米との関係において解釈されることなく、本質的な他性として、いわばそのままにとどめおかれることが目指されている。

存在論的人類学は、このように、非西欧社会の存在論――「他者の現実」――を、解釈や分析を通して人類学者が変質させ、結果的に近代合理性の中に取り込むことを回避しようとしている。それによってこの思潮は、従来の呪術・宗教研究にみられたような、非西欧社会のオカルト的実践を近代への応答としてとらえ、そうした実践にかかわる人々の生を、もっぱら近代との関係において意味づけるような立場から距離をとろうとしている。
この点に関して、現代モンゴルのシャマニズムについて調査研究を行ったペダーセンは、「妖術のモダニティ」(Geschiere 1997) や「オカルト・エコノミー」(Comaroff and Comaroff 1999) をはじめ、従来の呪術・宗教研究にみられる象徴機能主義的な視座を批判しつつ、次のように述べている。

> ダルハード〔民族名〕のシャマニズム、なかでもその「シャマンなき」変種におけるシャマニズムは、ポスト社会主義的移行のオカルト・エコノミーなのではなく、それ自体が独特の存在論的な状態なのである。(Pedersen 2011: 40〔強調原文〕)

ここで留意すべきことは、存在論的人類学はフィールドの人々の存在論を、外部の世界から隔絶された静態的な小宇宙として描こうとしているわけではないという点である。たとえばペダーセンの研究では、北モンゴルの人々が経験してきた急激な社会変化や政治経済的移行とシャマニズムの関係に焦点が当てられている。ただし、ペダーセンにとってダルハードのシャマニズムは、社会変化に対する彼らの抵抗や応答などを象徴するものではなく、それ自体がポスト社会主義時代のモンゴル社会と同じく可塑的で決定不能な、「移行の存在論 (an ontology of transition)」であるとされる (2011: 35, 79)。

こうした主張は、確かにその一面において、従来の呪術・宗教研究における機能主義的な分析とは異なる見方を提起しているといえるだろう。だが同時に、人々のシャマニズム的実践を、近代合理性に永遠に把捉されることのない、融通無碍で決定不能な「他者の存在論」として提示するという点においてそれは、植民地政府やポストコロニアル国家の支配をすり抜け、還元主義的な社会科学の分析に抗するものとして在来の呪術・宗教実践を描いてきた先行研究の視座 (e.g. Comaroff 1985: 263; Rosenthal 1998) を継承しているといえる。[18]

以上みてきたように、存在論的人類学は、フィールドの人々の経験する社会変化に目を向けつつも、彼らの営為の意味を社会変化への抵抗や反応といった解釈に従属させることなく、独自の存在論として描きだすことを試みてきた。フィールドで出逢う事象や語りを真摯に受けとめ、持ち前の概念や枠組によってそれらを説明しつくすことを自制し、他者の世界の探究を通してみずからの世界を多様化しようとする存在論的人類学の試みが、現代人類学の潮流のひとつとして重要な意義をもつことは確かだろう。

存在論的人類学のこうした立場は、先にも言及したいわゆる合理性論争において、非西欧社会の人々の思考の理解を通して近代西欧的な合理性の概念が修正され、拡張されうると考えた「相対論者たち」（タンバイア 1996: 195）の見解と似通っている。[19] だが、近代合理性とは相容れない思考を自分たちにとって理解可能なものへと翻訳し、説き明かす方途を探るのではなく、あくまでその他性をあるがままに受けとめることを目指しているという点において、存在論的人類学の立場はよりいっそうラディカルであるといえる（Henare, Holbraad and Wastell 2007: 11-12; cf. Viveiros de Castro 2004a）。

また、「世界の諸民族の存在論的自己決定」と「思考の恒久的な脱植民地化」（Viveiros de Castro 2011; Holbraad, Pedersen and Viveiros de Castro 2014; ヴィヴェイロス・デ・カストロ 2015a）を掲げ、他者の存在論的世界への過剰な介入を批判する存在論的人類学の姿勢は、ある種の戦略的本質主義を表しているともいえる（Gad, Jensen and Winthereik 2015: 78; cf. Candea 2010a, 2011）。欧米列強の覇権を強化するような価値と経済、統治のシステムがいかなる辺境にあっても浸透していくようにみえる現代世界にあって、非西欧社会の人々の生を調査し記述する人類学的営為の功罪を考えるとき、存在論的人類学のこうした政治的姿勢のもつ意義を完全に否定することは難しい。

だが、それでもやはり、近代合理性に照らして「非合理的」とみえる実践や語りを手がかりとしてフィールドの人々の営為に「ラディカルな他性」を見いだし、彼らの生を欧米世界のそれとは本質的に異なる存在論的世界にあるものとして描く存在論的人類学の姿勢には、その諸々の意義を踏まえた上でなお注意深く再検討すべきいくつかの問題がはらまれていると思われる。以下では、非西欧社会の呪術・宗教実践と近代との関係、そして「存在」という概念をめぐる問題を中心に、本書の内容とかかわる私の見地を述べていきたい。[20]

3　「存在すること」を問いなおす

「近代」なるものと人々の生

前節までにみたように、存在論的人類学の提唱者たちは、近代合理性と相容れないようにみえる人々の呪術・宗教的な実践や語りに着眼し、彼らの生を欧米世界のそれとは共約不可能な独自の存在論として記述することを試みてきた。

すでに幾人かの論者によって指摘されているように、こうした見方は、フィールドの人々の語りや実践の一端を、彼らが生きる独自の存在論的世界の証左として描きだすことで、彼ら自身にとっての現実世界の多義性や非自明性を度外視することにつながりかねない。また、当該の社会における人々の関係性の複雑さや多層性、さまざまな差異や分断の位相を捨象することで、フィールドの人々とその「現実」を一元化するという危険性をもつ（Candea 2011; Vigh and Sausdal 2014; Graeber 2015）。

さらに、こうした見方は、フィールドの人々の生を近代合理性とは本質的に相容れない存在論的世界にあるものとみなすことで、近代合理性と親和的であるような価値や論理を具現する制度や秩序が人々の生の中でどのような意味と働きをもっているのかを検討するための視座や方途を、あらかじめ限定してしまっているように思われる。

1節でみたように、近年の人類学的な呪術・宗教研究では、非西欧社会の人々が近代的な価値や諸制度と取り結んできた具体的な関係性の諸相が十分に検討されないままに、当該社会におけるオカルト的な実践や語りが、人々の理解を超えた近代的状況に対する想像的な解釈の表れとして描かれる傾向にあった。一方、存在論的人類学の提唱者たちは、非西欧社会における呪術・宗教的な実践や語りがそもそも近代について何がしかを表現しているといった見方を批判し、そうした実践や語りを近代西欧的なそれとは異質な存在論的世界の徴として位置づけている。このことによって彼らは、非西欧社会の人々がそれぞれの状況において、近代西欧に起源をもち、そこにおいて優勢となってきた理念や価値観を具現するような諸制度や存在様式といかに具体的に関わりあってきたのか、なかでも呪術・宗教的な実践と近代合理性なるものとがいかに互いに絡みあってきたのかを多角的かつ詳細に検討するための方途から、みずからを遠ざけてしまっているようにみえる。[21]

だが実のところ、多くの人類学者が非西欧社会のフィールドにおいて出逢うのは、近代合理性に根ざした欧米世界の存在論とは根本的に異なる別種の存在論的世界ではなく、欧米世界と共通する論理や価値、様式やシステムが日常の細部にまで浸透し、人々の生の一部をなしているような状況ではないだろうか。

ただし、それは近代合理性なるものが人々の生を一元的に覆い尽くし、人々がそれを完全に内面化しているということを意味するものではない。そうではなく、それは近代合理性と親和的であるような論理や価値や観念が、具体的な制度や計画、語彙や様式や社会関係の中に／として具現され、人々にとっての現実を創りだすとともに、それを動かす力を有しているような状況である。と同時に、欧米世界に起源をもつものとは異なる論理や価値や観念もまた、具体的な制度や語彙、社会関係やふるまいの中に具現され、人々の現実を創りだすとともに、それを動かしつづけている。

こうした状況において人々は、具体的な出来事や関係性の中に／として立ち現れる複数の論理や価値や存在様式をそれぞれの仕方で引き受け、他者や事物との関係性を調整し、再編しながら、みずからの生のあり方を絶えず創りだしている。存在論的人類学においてしばしばフィールドにおける異質な存在論の核心とされる呪術・宗教的な実践や語りは、こうした調停と翻訳、再編と変容の外部にあるのではなく、むしろその焦点となってきた。

このように、相異なる論理や価値や存在様式の絡みあいとせめぎあいの中で、その都度他者との関係性をやりくりし、それぞれの仕方でみずからの生を紡ぎだしていく過程それ自体が人々の生きる現実なのだとすれば、人類学者はそうした生の過程をこそ、民族誌的に記述していく必要があると思われる。

こうした視点から書かれる民族誌は、フィールドの人々の生のありようを、近代西欧的なそれとは根本的に異なる別種の存在論的世界として描くものとはおそらくなりえない。だが同時に、それは近代合理性に根ざした論理や価値や存在様式と、在来社会に根ざした（とひとまずはいえるような）それらとが調和的であり、あるいは完全に共約可能であることを前提とするものでもない。そうではなく、それは、相異なる起源と歴史と方向性をもち、異なる語彙や制度やふるまいの中に／として現れるような論理や価値や存在様式が、互いの差異やずれが必ずしも解消されないままに、具体的な出来事や関係性の中で出逢い、絡みあい、せめぎあう過程を記述し、分析することを目指す民族誌となるはずである。それはまた、そうした絡みあいとせめぎあいの過程にかかわり、巻き込まれ、その渦中を生きることになった人々のさまざまな行為と思考、情動と関係性の諸相を、人々の現実の一端として記述することを目指すものでもある。

このように考えるとき、フィールドにおいて出逢う人々の生のあり方は、相異なる論理や価値や歴史性をはらんだ複数の存在様式の間を揺れ動く、限定性の中にありながらも偶有性を帯びたものとして立ち現れてくる。このことは、フィールドの人々が常に解釈不可能な非決定性のうちにあることを前提とするのではなく、あるいは他者との関係を通した変身と自己形成のプロセスを組み込んだ独自の存在論的世界を生きていること（e.g. Viveiros de Castro 2004b）を前提とするのでもなく、さまざまな相手との出逢いと交渉、対立と折衝の積み重ねを通した、人々の生の生成と変容の過程に目を凝らすことを私たちに促す。

そしてまた、人々の生の、そうした関係的であり可変的な側面——存在論的人類学の提唱者たち自身が述べているように、「他者への関係性」と「それ自身からの他性」（Holbraad, Pedersen and Viveiros de Castro 2014; ヴィヴェイロス・デ・カストロ 2015b: 30）——をより深く理解するためには、存在論的人類学がその議論の蓄積と流通を通して遂行している、「存在＝あるもの」の中心化を問いなおす必要があると思われる。以下では、存在論的人類学に対するこれまでの批判的検討とはやや異なる観点から、「存在」をめぐる問題を考えてみたい。

人々の生の限定性と偶有性――「存在すること」を問いなおす

存在論的人類学の提唱者たちは、たとえば精霊や妖術のように「一見して非合理な信念」とみえるものを含めて、彼らがフィールドの人々の語りや実践を通して出逢う事象を真剣に受けとめ、還元主義的な解釈を排して記述することで、それらの事象がそのものとしてありうるような存在論的世界を描きだそうとしてきた。のみならず、こうした議論の反復と流通を通して、存在論的人類学は、人類学的な問題設定と記述において「存在＝あるもの」を中心化するという効果をパフォーマティヴに生みだしているようにみえる。この点について以下に、存在論的人類学における「実在」と「潜在」の関係に着眼しながら検討していきたい。

『事物を通して考える』（Henare, Holbraad and Wastell 2007）の序文において示されたように、存在論的人類学に特徴的な方法論のひとつは、「フィールドの事物をあるがままに受けとる」というものである。このとき、フィールドにおいて事物がみせるあるがままの姿とは、単にその物質的な形態を指すのではなく、その概念（concept）そのものでもあるとされる。ホルブラードらによれば、たとえばキューバの占師が、彼らが卜占に用いる粉（*aché*）は力であると述べるとき、私たちは物質としての粉が力を象徴しているなどとみなすのではなく、文字どおり「粉＝力」として、つまり物質と概念が一致したものとして事物をとらえなくてはならない。ホルブラードらが「ラディカルな本質主義」と呼ぶこうした見方からすれば、「粉＝力」であるような事物が存在する世界とは、両者の区別を前提とする普遍的な現実世界における奇妙な世界観のひとつにすぎないのではなく、まさに異なる世界（a different world）そのものなのである。

さらに、ホルブラードらは次のように主張する。私たちが、自分にとって既知のものとは異なる粉――ないし「異なる世界」――のことを考えることは、それを存在せしめることである。なぜなら、事物と概念の区別がなくなったとき、思考はすなわち「存在＝あるもの（being）」であり、概念形成（conception）はそれ自身の対象を創造する開示のモードであるからである。したがって、私たちが異なる粉を想像することは、「粉は力だ」という言明によってキューバの占師が行っているのと同様に、「粉＝力」という新たな事物＝概念を創造することなのである（Henare, Holbraad and Wastell 2007: 3-6, 12-15; Holbraad 2007, 2012: 157-161）。

存在論的人類学のこうした主張は、非西欧社会の人々の「一見して非合理な信念」を、端的に「非現実的」なものとみなす近代合理主義的な見方への挑戦であることはいうまでもない。だが、こうしたラディカルな主張を繰りだすことによって存在論的人類学は、それが研究対象とするおよそあらゆる事象や概念を、おしなべて――たとえそれらが人類学者によって不確定性のうちにとどめおかれたとしても、フィールドの人々にとっては「実在する」とされる点において確固たる――存在物の地平へと押し上げようとしているようにみえる。

この点に関してデイヴィッド・グレイバーは、「存在論」という言葉の原義に立ち戻って、存在論的人類学におけるその用法の特異性を指摘している。グレイバーによれば、存在論という言葉は本来、「存在の本質（the nature of being）についての言説（ロゴス）」を意味するものであった。一方、存在論的人類学における現行の用法においてそれは、「存在の仕方（way of being）」を意味するものとして用いられている（Graeber 2015: 15）。

ヴァイとサウスダルもまた、存在論的人類学では「実体的なもの（the ontic）」と「存在論的なもの（the ontological）」というふたつの意味が混同されていると指摘している。また彼らは、存在論的人類学の提唱者たちがその理論的立場として、ジル・ドゥルーズの哲学において示されたような「潜在性（virtuality）」を重視する一方、実際には対象となるものが「何であるか（what 'is'）」を定義づけることで、それらを本質化しているという危険性に気づいていないと指摘している（Vigh and Sausdal 2014: 51, 63）。

先にみたように、存在論的人類学は他者の存在論的世界を人類学者が不確定性のうちにとどめるべきことを主張すると同時に、それを別様の世界のポテンシャルとしてみることを提唱している（Viveiros de Castro 2011, 2014; Holbraad, Pedersen and Viveiros de Castro 2014）。ヴァイとサウスダルが指摘するように、存在論的人類学のこうした姿勢は、フィールドで出逢う事物をあるがままに受けとり、それを「である（is）」という実在的な状態として記述するという姿勢と一見矛盾しているように思われる。だが、存在論的人類学の取り組みにおいて、実はこのふたつの態度は必ずしも矛盾していない。この点については、少し注意深くみていく必要があるだろう。

そのためにここではまず、存在論的人類学において想定されている「私たちの世界」とその「他者の世界」との関係を、ヴィヴェイロス・デ・カストロの提起したアメリカ大陸先住民のパースペクティヴィズムとの関連から考察することにしたい。パースペクティヴィズムについては六章でも取り上げるため、本項ではその要点だけを述べておく。

ヴィヴェイロス・デ・カストロによれば、アマゾニアを対象とした民族誌には、「人としての動物」という主題が頻繁に登場する。これらの民族誌に描かれた先住民の世界において、たとえばジャガーはみずからを人とみなす一方、人間を捕食すべき獲物としてみている。シャマンではない普通の人々は、みずからを人間として見、動物を動物として理解している（Viveiros de Castro 1998; ヴィヴェイロス・デ・カストロ 2015a: 45-48）。

このとき、ジャガーのみている世界（「自分は人であり、人間は獲物である」）は、普通の人間のパースペクティヴ（「自分は人であり、ジャガーは動物である」）からすれば、自分自身が直接的に生きることのできない、別様の世界のポテンシャルとしてあるといえる。

ヴィヴェイロス・デ・カストロの著作において、近代西欧世界に生きる「私たち」とその他者である「彼ら」（たとえばアメリカ大陸先住民）との関係性は、互いの存在論的差異という点において、彼の描くアメリカ大陸先住民の世界における人間と動物の関係性にほぼ対応するものとして提示されている。すなわち、「彼ら」の存在論的世界は、「私たち」が現実とみなすものとは異なる「可能な世界（a possible world）」を表している。ただし、それは「私たち」によって現実化（actualize）されるべきものではなく、潜在的なもの（virtual）として実在化（realize）されるべきものである（Viveiros de Castro 2011: 137）[22]。この点について、ヴィヴェイロス・デ・カストロはドゥルーズ（Deleuze 1994）[23]を参照しながら、次のように述べている。

> 他者の価値を暗黙のうちにとどめることとは、それらが包含する何らかの神秘的な謎を称賛することを意味するものではない。それは、異質な思考の可能な《ポッシブル》表現を現実化《アクチュアライズ》することを避けることであり、それらを可能性《ポッシビリティーズ》のままに維持すると決めることを意味する。〔中略〕人類学的な経験は、ドゥルーズが言及している「人為的で特別な条件」をきちんと内面化することによっている。他者の世界がその表現の外には存在しないような契機が、ある「永遠の」条件──すなわち、この可能性を潜在的《ヴァーチュアル》なものとして実在化《リアライズ》するような、人類学的な関係に内的な条件──へと変貌するのである。（Viveiros de Castro 2011: 137〔強調原文〕; ヴィヴェイロス・デ・カストロ 2015a: 281-282も参照）

この文章の含意を理解するためには、ヴィヴェイロス・デ・カストロが依拠しているドゥルーズの哲学における、「実在性《リアリティ》」と「可能性《ポッシビリティ》」、「現実性《アクチュアリティ》」と「潜在性《ヴァーチュアリティ》」の関係を押さえておく必要があるだろう。これらについて、ドゥルーズは次のように書いている。

> これまで述べてきたことのすべてにおいて、唯一の危険があるとすれば、それは、潜在的《ヴィルチュエル》なものを可能的《ポッシブル》なものと混同してしまうことである。なぜなら、可能的なものは、実在的《レエル》なものに対立し、したがって、可能的なもののプロセスは、「実在化《レアリザシオン》〔実現〕」であって、反対に、潜在的なものは、実在的なものに対立せず、それ自体ですでに、まったき実在性を所有しているからである。潜在的なもののプロセスは、現実化《アクチュアリザシオン》なのである。（ドゥルーズ 1992: 318-319, 1974: 107-108も参照）

また、アンリ・ベルクソンとドゥルーズにおけるこれらの概念の用法について、木村敏は次のような整理を行っている。すなわち、ベルクソン／ドゥルーズの哲学において、事物・客観的なもの（objet, objectif）は潜在性《ヴァーチュアリティ》をもたず、可能《ポッシブル》と実在《リアル》のセットで考えられるべきものとされる。これに対して、主観的・私的なもの（精神、持続、記憶）は潜在的《ヴァーチュアル》なものであるが、この場合の「潜在性」とは、現実化《アクチュアライゼーション》の途上にある潜在性である。またそれは、現実化の途上にある潜在的なものであるままに、ある実在性《リアリティ》をもっているとされる（木村 1997: 95-96; ドゥルーズ 1974: 37-39も参照）。[24]

以上の整理をふまえた上でヴィヴェイロス・デ・カストロの文章に立ち戻り、彼の主張をやや噛み砕いて表現しなおしてみるならば、およそ次のようになるだろう。「私たち」にとって他者である「彼ら」の世界は、その表現の外には存在しないようにみえるからこそ、ある「可能な世界」を指し示している。「私たち」は、それをみずから説き明かしたり、現実化しようとしたりするのではなく、あくまで決定不能であり潜在的なものにとどめながら、なおそれを実在的なものとして扱わなくてはならない。

こうしたことが、「他者の存在論的自己決定」（Viveiros de Castro 2014）を目指す人類学者の理念として提唱され、さらに、事物と概念の区別を取り去ってフィールドの事象をあるがままに受けとるという「ラディカルな本質主義」とともに主張されるとき、おそらくは書き手の意図しないような効果が生じることになる。すなわち、フィールドの人々の言明の外には存在しないようにみえる事象――「私たち」にとっての潜在的なもの――が、「彼ら」にとっての事物・客観的なものとして実体化されるという効果である。[25] ここで注目すべきことは、存在論的人類学の提唱者たちが依拠しているベルクソン／ドゥルーズの用法に基づくならば、事物・客観的なものは潜在性をもたないということである（ドゥルーズ 1974: 37-38）。[26]

このとき、普通の人間には感知されえないジャガーのパースペクティヴや、動物が人であることの潜勢力といった興味深いアイデアが示唆していたような、フィールドの人々にとっての「潜在的なもの」の領域（ヴィヴェイロス・デ・カストロ 2015a: 47-48; cf. Holbraad 2007, 2012: 163-172）は、「彼ら」の存在論的世界における客観的な実在性《リアリティ》[27]の中に包摂されるとともに、あまつさえそのラディカルな他性を示す指標として、もろともに「存在＝あるもの」の地平へと取りこまれてしまう。[28]

存在論的人類学がパフォーマティヴに実行している、こうした「存在＝あるもの」の中心化を問いなおしてみることは、いまだ／もはや「何か」として現出していない潜在的なものの領域と人々の関係性にいま一度目を凝らすことを意味する。それはまた、「存在している」という状態の偶有性と不可知性、そして限界に注意を払うことでもある。このことは単に、ある存在論的世界では精霊や妖術、人であるジャガーなどがそのものとして実在するが、別の存在論的世界ではそうではないということを意味するものではない。そうではなく、それはフィールドの人々と私たちのいずれにとっても、ある時空間に、ある仕方で存在しているという事態の根源的な偶有性と移ろいやすさ、不可知性とままならなさに気づくことを意味する。このようにみるならば、「存在論的自己決定」とは、およそ何人《なんぴと》にとっても成就不可能な約束なのである。

何ものかがそのものとして「存在する」という事態の根源的な偶有性と不可知性、そして脆弱さに目を向けつつ、呪術・宗教的な事柄を含む人々の営為を理解しようとするとき、何よりもまず「ある」ということを前提として、諸々の存在者の間の関係と相互作用や、それぞれの配置の変化と再編を追う、といった水平的な分析の位相とは異なる位相を導入することが必要になると思われる。

それは、それぞれの存在者たちが、暫時的にではあれ、ある時空間にあるかたちで現前することや、それらが互いにかかわりあうことを可能としていながら、そうした顕在的な存在者たちと同一の平面上にはないものの位相である。[29]このような位相を導入し、諸々の存在者たちが具体的にかかわりあい、作用を及ぼしあう「現実」のありようをとらえなおすためには、新たな概念や思考の枠組を創りださなくてはならない。

人間と人間ならざるものを含む存在者たちの相互交渉とその変容を、実体的《オンティック》な「あるもの」の地平を超えて考えていくために、次節からは存在論的人類学の検討を離れ、「環世界」を主題とする議論を検討する。環世界という概念は、人間を含む生きものの生のありようを、それを取り巻く世界との相互形成としてとらえるのみならず、その生成と変転を、個体としての「存在＝あるもの」にとどまらない位相と時間性において考察することを可能にする。

以下では、ユクスキュルの「環世界（Umwelt）」概念を独自の理論へと発展させたドイツの医学者であるヴィクトーア・フォン・ヴァイツゼッカーが提起したいくつかのアイデアと論点――生物とその環世界の円環的な関係、環世界との関係の揺らぎを通した生物の存在様式の危機と変容、転機において顕在化する生物の生のパトス的側面――を検討することを通して、本書を貫く思考のイメージを提示したい。

4　存在的なものとパトス的なもの――環世界論の検討

広く知られている通り、「環世界」[30]とは、生物学者であるヤーコプ・フォン・ユクスキュルによって提起された概念である。この語をもってユクスキュルは、それぞれの生きものの知覚や形態、行動のパターンといった存在様式[31]と不可分なものとして現れる、それぞれの生きものにとっての世界のありようを表現している。

哺乳類の酪酸臭と温度に反応して行動するマダニとその環世界の例（ユクスキュルとクリサート 2005［1934］: 11-13）はあまりにも有名であるが、ユクスキュルはこの環世界の概念を導入することで、「あらゆる生物を包含する唯一の世界があり、それぞれの生物はこの世界に多少なりともうまく適応している」というダーウィニズム的な見地に対して、それぞれの生きものにとってその生存様式に完全に適合するような世界が現象しているという新しい見方を提示した（ユクスキュル 2012［1909］: 11-12）。これは、それぞれの生きものそれ自体の存在を中心に据えることで「世界（Welten）」を複数化するとともに、「唯一の世界が存在する」という見解に暗黙のうちに含まれる、人間中心主義的な視座を相対化することを可能とする見地であった[32]。

ユクスキュルの提示した環世界のアイデアは、その後の哲学や生物学、現象学と精神医学をはじめ、多くの分野に影響を与えつづけてきた（Buchanan 2008参照）。以下では、環世界という概念をユクスキュルから受け継ぎつつ、「ゲシュタルトクライス（Gestaltkreis）」という言葉を用いて、生きものと環世界との動態的な関係をめぐる考察を発展させたヴァイツゼッカーの著作（2004［1950］）を検討する。

ヴァイツゼッカーのゲシュタルトクライス論

「環世界」をめぐるヴァイツゼッカーの理論は、ユクスキュルの概念を引き継いでいながら、それとは異なる独自性を多分に有している。なかでも重要な違いは、ユクスキュルの理論が生物とその環世界の関係を調和的で完結したものとして描く傾向にあったのに対して、ヴァイツゼッカーの理論は、生物とその環世界の関係性の不安定さと危機に焦点を当てたことである。

生きものと環世界の関係という問題について、ヴァイツゼッカーは、ある生物とその環世界との出逢い、両者の相互作用と相即、[33]そして環世界との関係において自己を形成し、その都度更新していく「主体（Subjekt）」としての生物という論点を中心に考察を進めている。『ゲシュタルトクライス——知覚と運動の人間学』（2004）と題された著作の中で、ヴァイツゼッカーは多岐にわたる神経生理学の実験例を挙げつつ理論を展開しているが、ここでは個別の事例に立ち入ることはせず、その理論的なエッセンスを概観していきたい。

まず、ヴァイツゼッカーがその著書のタイトルとしている「ゲシュタルトクライス」とは何を意味するのだろうか。字義通りに翻訳すれば、ゲシュタルト（Gestalt）は「形態」であり、クライス（Kreis）は円環を意味する。ヴァイツゼッカーによれば、それは生物と環世界との同時的な相互作用を通した、生物の運動形式の発生を指す。

> この両者〔有機体と環世界〕の作用的共存の中にはどちらが先でどちらが後かというような順序づけはないのであるから〔中略〕その限りにおいてこの〔有機体の運動の〕形式発生は閉じられた円として表せるはずである。そこでわれわれは、有機体の運動形式の発生をゲシュ、、、タ、ル、ト、ク、ラ、イ、スと呼ぶことにする。（ヴァイツゼッカー 2004: 221〔強調原文、振仮名は省略、亀甲括弧内は引用者の補足〕）

このように、「ゲシュタルトクライス」と名づけられた事象の一面は、生物と環世界との出逢いと相互作用を通して、生物の知覚や形態、運動のパターンをはじめとする存在様式が形成されるということである。同時に、これと表裏をなす事柄として、ある生物がそれと出逢う限りにおいて、その生物の存在様式と相即した環世界の秩序が現れることになる。本書では、ヴァイツゼッカーが提起した生物と環世界との円環的な相互作用と、それによる両者の相即と共存というアイデアの総体を、「ゲシュタルトクライス論」と呼んでおきたい。

「主体」と転機

ゲシュタルトクライス論において、生物の存在様式は、環世界との出逢いと相互作用を通してその都度生成するとされる（2004: 194-195, 281-282）。つまり生物は、それ自身の恒常性を保とうとしながらも、その都度の新たな出逢いを通して、環世界との関係における自己のあり方を更新しつづけている。同時に、生物とそれが出逢う相手との相互作用を通して、生物と環世界の間の秩序もまた構成されなおす。ゲシュタルトクライス論は、このように生物とそれが出逢う相手との相互作用そのものが、生物と環世界との相即的な秩序を遂行的に創りだすとともに、偶有的な出逢いと相即の揺らぎを通して、生物の存在様式が別のものへと生成変化するという事態を表している。

このことは生物にとって、環世界との関係における自己の安定と変転のせめぎあいとして経験される。すなわち、生物と環世界との間にある相即的な秩序が保たれているとき、それは生物にとって、自己の恒常性が維持されている状態として経験される。だが、生物と環世界との相即的な関係は、その都度の新たな出逢いと変化によってたやすく断ち切られてしまう。このとき、生物は自己の存在様式を別のものへと部分的に転換することで、再び環世界との平

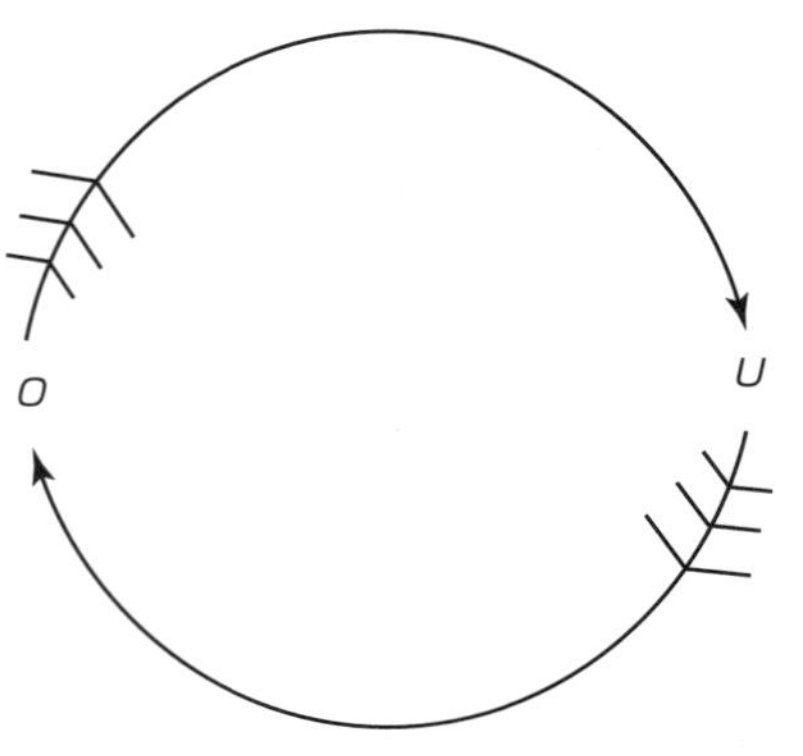

図1　有機体（Organismus）と環世界（Umwelt）の循環的な円環関係（ヴァイツゼッカー 2004: 221）

衡を保とうとする。[34]

個体としての生物に焦点を当てた場合、このことは、その生物の存在様式の止揚として解釈されうる。他方、個体を超える生命の連続性に焦点を当てた場合、このことは、ひとつの個体の死と新たな個体の誕生を通した、生命の持続と存在様式の更新としてとらえられる（2004: 3）。ヴァイツゼッカーは、このように個々の生物の死と新たな発生の繰り返しを通して持続していく生命の秩序を自己回帰する円環としてとらえ、それを「生の円環《レーベンスクライス》（Lebenskreis）」と呼んだ（2004: 301）。

以上の事柄について、ヴァイツゼッカーは「主体」と「転機（Krise）」という概念を用いて考察を進めている。ここでいう「主体」とは、心理的な機能や状態を含意するものではなく、環世界とのかかわりにおいて脅威に晒されたり、維持されたりする有機体の統一性を表している（2004: 276-277）。

ヴァイツゼッカーによれば、転機とは、その環世界と独特の関係を保ってきた一個の生物にとって、みずからの同一性と連続性をこれ以上維持できないような事態として経験される。環世界との間に保たれていた相即が断ち切られることによって、その生物は現にある生のかたちを変えて別のものへなりかわるか、もしくは変転を引き受けることができずに破滅するかの瀬戸際に立たされる。[35]

ただしヴァイツゼッカーは、統一性をもった「主体」なるものが、転機に先だって自律的かつ安定的に存在することを想定していない。むしろ、「主体」としての生物のあり方は、絶えざる危機と変転に出逢うことを通して構成され、幾たびも再形成されていく。

> 主体が転機において消滅の危機に瀕したときにこそ、われわれははじめて真に主体に気づくのである。〔中略〕主体とは確実な所有物ではなく、それを所有するためにはそれを絶えず獲得しつづけなくてはならないものである。主体の統一性と対象の統一性とは対《つい》をなしている。われわれの環界に属しているいろいろな対象や出来事が知覚や動作において統一性を構成しているのがひたすら機能変動によるものであるのと同様に、主体の統一性もまた、非恒常性と転機とを乗越え

て不断に繰返される回復においてはじめて構成される。（2004: 277）

このヴァイツゼッカーの考察は、環世界との関係性の中に現れる生物の、「主体」としての生のかたちのもつ偶有性と移ろいやすさに光を当てるものである。このような視座は、以下にみるように、有限であり一過的なものでもある「存在的なもの」と対置される、「パトス的なもの」への考察と結びついていく。

「存在的なもの」と「パトス的なもの」

ヴァイツゼッカーによれば、環世界との関係において生物が被る転機とは、生命のパトス的（pathisch：情動的・受動的）[36]な属性の現れであるという。この「パトス」という概念の意味する事柄について、以下にやや詳しくみていこう。

それぞれの生物は、環世界との関係においてみずから能動的に動くのみならず、そもそも「生命を被っている」、あるいは「存在せねばならぬというはめにおちいっている」（ヴァイツゼッカー 2004: 291, 292）という点で受動的な存在でもある。とりわけ、非恒常的な変化に伴う環世界との相即関係の揺らぎや破れは、「主体」としての生物の生の持続を脅かし、ときに個体としての死を賭した存在様式の転換を迫る。このことをヴァイツゼッカーは、存在的な状態と対置され、それを止揚するものとしてのパトス的状態と呼ぶ（2004: 293）。

ここでヴァイツゼッカーのいう「パトス的なもの」とは、まずもって、生物とその環世界との交わり（Umgang）を可能ならしめている始原的な情動を意味している。またそれは、生物がみずからの生命を能動的に生きているのみならず、自己の身体において非人称の「生そのもの」によって「生きられて」いるという受動的な存在のありようを表している（木村 2010: 555-556参照）。

ヴァイツゼッカーによれば、生きものがその中に身をおいている規定の根拠それ自体は、生物学的経験にとっては決して対象となりえない。これをヴァイツゼッカーは生物学における「根拠関係」と呼ぶのだが、木村敏はこのことを、個々の生物と「生それ自身」との関係であると述べている。つまり、個々の生物の生命は、その深部において無限定的な生そのものの中にいわば融解していながら、その都度の身体を通して、ひとつの限定的な存在として個別化されるのである（木村 2005: 8-9）。

ヴァイツゼッカーのいう「存在的なもの」とは、このように、そのときどきに個別化される生物の存在の様態であり、それは環世界との独特の関係性に基づく可変的で暫定的な生のかたちである。これに対して「パトス的なもの」とは、一時的に顕在化する生のかたちである「存在的なもの」が、その生成と変転、消滅の基底をなす潜在的な生そのものに対してもつ、受動的であり情動的な関係を表している（ヴァイツゼッカー 2004: 307-308参照）。

ところで、ヴァイツゼッカーの思索の中で、パトスは基本的に生物の属性としてとらえられている。『生命と主体――ゲシュタルトと時間／アノニューマ』（1995: 88-94）においてヴァイツゼッカーは、生物と無生物を区別した上で、前者のあり方を「パトス的」、後者のあり方を「存在的」として考察を進めている。ヴァイツゼッカーによれば、ここで「存在的」という語によって表されていることは、「ある（sein）」という言表によって表現されるむき出しの存在がすべてだということである。これに対して「パトス的」という語は、実存ないし生存が措定されているというよりも受けとられているということを表している。またヴァイツゼッカーは、パトス的なものは常に人称的／人間的（persönlich）な性格をもつとも述べている。

こうしたヴァイツゼッカーの考察は、ある種の無生物に生命を見、人間ならざるものに人格をみるアニミズムの観点をとりいれるとき、新たな方向へと展開されていく可能性をもつ。こうした観点からみたとき、生物と無生物の区別は、ヴァイツゼッカーが想定していたほどには自明なものでなくなる。また、無生物や人間ならざるものでありながらも生命や人格をもつとされるものは、その実存が「措定されている」というよりも受けとられている」という意味において、存在的というよりもパトス的な属性をもつものとしてとらえられる。いいかえれば、これらのものは事物の実体的な様相として「ある」というよりも、束の間あるかたちとして顕現し、その時空間に逗留するにすぎないという意味において、「いる」ものとして考えられるのである。[37]

以上のようなヴァイツゼッカーの考察は、フィールドにおけるあらゆる事象を「存在＝あるもの」の地平に引き入れようとするかのような存在論的人類学のそれとは異なる「存在」のイメージを私たちにもたらす。それは、ある生のかたちとしての「存在」を、茫漠とした「生そのもの」という海のなかに一瞬だけ浮かび上がり、明滅する光のようなものとしてとらえる、そのようなイメージである。[38]

「存在」のはらむ時間性と変転のポテンシャル

ただし、それぞれの生物は偶有的で可変的な存在としてありながらも、その環世界との関係において、どのような秩序や限定性からも自由なふるまいをするのではもちろんない。なぜなら生物の存在様式は、それ自体が環世界とのその都度の出逢いと交渉の積み重なりである時間性の中で形成されてきたものだからである。同時にまた、生物の生が根源的に抱えもつパトス性は、ある秩序や限定性のうちにしかありえない生物の「存在」のかたちが、転機において動態的に止揚される可能性を指し示している。

すなわち、個体としての生物と環世界との出逢いは、その都度の偶有性と来たるべき変転へのポテンシャルに満ちた出来事であると同時に、その出逢いのあり方は、その生物のすでに生きられた存在様式によって方向づけられている。ある生物の時々の知覚や行為を通して、それと相即する環世界の現れが可能となる一方で、個体としての生物の生のあり方は、個体を超える生命がその中で存続してきた環世界の秩序によって、あらかじめ規定されているのである。

このことは、生物と環世界との作用的共存の中に「どちらが先でどちらが後かという順序づけはない」という、ゲシュタルトクライス論のテーゼを、より長期的な時間幅でいいかえたものであるといえる。生物の存在様式がはらむ時間性について、ヴァイツゼッカーは次のように述べている。

われわれは〔有機体の〕運動の経過を〔中略〕一つの先取的な経過として確立しなくてはならない。このことがどのようにして起るかは、時間への関係を通じて基礎的に規定されることになろう。即ち、現に生じていることは、すでに生じたところの、従ってもはや変更しえないところの過去から来るものとして、また、まだ生じていないところの、〔中略〕従ってまだ決定されていないところの未来へと進んで行くものとして、叙述されなくてはならない。（ヴァイツゼッカー 2004: 232〔強調原文〕）

以上のことは、統一性をもった「主体」としての生物が、生命の連続性の中に初めから投げ込まれており、みずからの存在様式と相即する環世界の秩序によって方向づけられているという、主体の生の根源的な被投性を指し示している。[39] 他方でこのことは、それぞれの「主体」が、歴史性をもつ生命と環世界との相即的秩序の中を生きながら、その都度の新たな出逢いと交渉を通して、みずからの生のかたちとその環世界をともに更新していくという可能性を指し示してもいる。

以上みてきたように、生物と環世界との関係を原初的なモデルとしながらも、神経生理学の知見と哲学的な思索に裏打ちされたゲシュタルトクライス論は、「人が相手と出逢いうる仕方」への問いへと結びついていく（ヴァイツゼッカー 2004: 244）。このとき、生物とその環世界との出逢いと相互作用をめぐる問題として論じられてきた事柄は、人と他者との出逢いとかかわりをめぐる問題として、また、歴史的・社会的な秩序や制度と人々の存在様式との関係としてとらえなおされる。

ヴァイツゼッカー自身は、「ゲシュタルトクライス」と名づけられた事象のもつ社会的側面の探究可能性を示唆するにとどまっているが（2004: 296）[40]、本書がゲシュタルトクライス論を重要な理論的枠組として参照するのは、まさに「人が相手と出逢いうる仕方」の探究においてである。次節では、南カナラにおける人々と神霊との出逢いと交渉という本書のテーマに立ち戻りながら、ゲシュタルトクライス論のアイデアを人類学的な分析と思索につなげる道筋を探っていきたい。

5　人が相手と出逢いうる仕方を問う

本章の冒頭でみたように、本書が対象とするのは、南カナラの村落部に生きる人々の社会的な関係性と、神霊祭祀を通して具現される、人間と神霊、そして野生の領域との関係性である。相互に絡まりあったこれらの関係性とその変容について、本書では具体的な出来事とその歴史性に焦点を当てて多角的に検討していくが、その根底にあるのは次のような問いである。すなわち、人間ならざるものでもある他者との出逢いと交渉を通して、人はどのようにしてある世界と、その中に生きるみずからの生のかたちを創りだし、また創りかえていくのだろうか。

ゲシュタルトクライス論において提起された諸々の論点と概念——生物とその環世界との出逢いと交渉を通した両者の相互生成と変容、「主体」としての生物のもつ偶有性と可変性、「存在的なもの」と対をなす「パトス的なもの」、そして、主体の生の基底をなす不可知の「生そのもの」——は、この問いを探究していく上で重要な示唆を与えてくれる。以下では、これらの概念を手がかりとしながら、南カナラにおける人々と神霊、そして野生の領域との関係性を素描してみたい。

南カナラの村落部に生きる人々にとって、鬱蒼と茂る木々と草叢に覆われ、その深部に豊かな水源を抱き、さまざまな生きものの気配とざわめきに満ちた山野は、彼らの生命活動の源であると同時に、完全に知りつくすことのできない未知の領域でもある。なかでも、山野の深部に充溢し、人間の領域に流れこむとされる神霊の力《シャクティ》は、農地や家系に豊饒性をもたらすことで人々の生の存続を可能にすると同時に、その過剰や枯渇によって人々の生を危機に陥れるものでもある。

神霊の力に満たされた野生の領域と人々とのこうした関係性は、ゲシュタルトクライス論において提示された、生きものとその環世界との関係、さらには主体と「生そのもの」とのパトス的な交わりと通底するものとして考えることができる。神霊祭祀を通して野生の領域にかかわる人々は、みずからの生のかたちとその持続を野生＝神霊との関係性になかば委ねた、受動的であり偶有的な存在として立ち現れている。同時に、日々の生活における身近な土地・自然[41]とのかかわりや儀礼の場における神霊とのやりとりを通して、人々はみずからの生の根源をなす野生の領域と情動的な関係を取り結び、それに対して働きかけている。

ジョーガの領域とマーヤの領域

ところで、人間やその他の存在者たちが棲む「現実」の領域と、神霊の力に満たされた不可知の領域はそれぞれ、南カナラの人々の母語であるトゥル語で「ジョーガ（*jōga*）」と「マーヤ（*māya*）」[42]と呼ばれている。

このふたつの領域について、人々と野生――あるいは「生そのもの」――とのパトス的な関係性を念頭におきつつ、視覚的なイメージとして考えてみるならば、次のようにいえるだろう。すなわち、ジョーガの領域は、人間と人間ならざるものを含む存在者たちが次々に立ち現れ、互いに出逢い、交渉する「顕在的なもの」の位相としてとらえることができる。他方で神霊の力に満たされたマーヤの領域は、各々の存在者の個別性が、野生の深みをなす非人称的な「生そのもの」の中に溶けこんでいくような、深度をもった「潜在的なもの」の位相として考えることができるだろう。[43]

このとき、マーヤの領域を満たす野生＝神霊の力は、ときに人々の意識や統御の及ばないかたちでジョーガの領域へと湧出するのみならず、憑坐への憑依や託宣というかたちで人々の前に現れる。このようにして神霊の力が顕現する時空間は、顕在と潜在のあいだの流動的な閾、あるいは縁《ふち》としてとらえることができるかもしれない。[44]人間にとって不可知の領域を満たす力が、神霊という異形の存在者のかたちをとって刹那的に現出することを通して、人々はマーヤの領域と交流し、その深みに向かって働きかけることができるのである。

人々にとっての環世界——その縁《ふち》を覗きこむ

本書でみていくように、南カナラの村落部において、人々の社会的な関係性は従来、神霊との出逢いと交渉において具現される、野生の領域とのパトス的な関係性を基底として形成され、方向づけられてきた。具体的には、村落社会における位階と儀礼的職分、領主の家系による土地保有、母系制の下での家系と祭祀の継承といった慣習的な制度やしくみは、野生の力を体現する神霊の存在によって根拠づけられていると同時に、村落社会に生きる人々と野生の領域との生命的な関係性の持続を支えるものとして展開されてきたのである。

こうした慣習的な制度や社会関係の核となってきたのは、人々と神霊との間に取り結ばれる供物と祝福のやりとりである。儀礼の場において、さまざまなカースト[45]や家系に属する人々を巻き込み、屋敷地と農地、神霊の社と山野を結ぶものとして遂行される人々と神霊との贈与交換は、野生の領域から人間の領域へ、そしてまた人間の領域から野生の領域へという野生＝神霊の力の循環を具現するものである。

深い山野に取り巻かれ、広大な水田を擁する村落社会に生きながら神霊祭祀にかかわる人々にとっての環世界を考えるとき、生物にとっての環世界がそうであるように、人々が日々の営みや関係性の中で出逢い、交渉する存在者たちの領域をまずは想定することができるだろう。人々は、身近な親族や隣人のみならず、農地や山野でかかわりをもつ動植物や、憑依を通して刹那的に顕現する神霊のように、人間ならざるものをも含む他者たちとの出逢いと交渉を通して、みずからの生のかたちを創りだし、また創りかえていく。同時に、「主体」としての生物が、それ自体は対象化されえない「生そのもの」とのパトス的な交わりにその身を浸していたように、人々の生もまた、顕在的な「あるもの」の領域とは位相を異にする野生の領域の深みにその根を張りめぐらせている。

このように考えるとき、多くの人々にとって直接的に感知されうる「身のまわり」としての環世界はおそらく、さまざまな存在者たちからなるジョーガの領域の明るみから、野生＝神霊の力に満たされた不可知のマーヤの領域へと次第にほの暗く沈んでいくような、流動的で曖昧な境界によって縁どられたものであると思われる。

ただし人々は、みずからの経験的な環世界であるジョーガの領域においてさえ、不可知性から完全に自由であるわけではない。なぜなら彼らは、親しい他者や自分の身に何が起こりうるのか、いつ、どのような転機が訪れ、みずからの生が変化を余儀なくされるのかを知ることはできず、その生のありようを完全にコントロールすることはできないからである。人々の生がはらむこうした偶有性とままならなさは、ゲシュタルトクライス論に立ち戻るならば、生きものの生のパトス的な属性そのものを表しているといえる。

だが同時に、本書でみていくように、人々はしばしばジョーガの領域における物事の成り行きや生の変転の中に、マーヤの領域との関係性から生じる必然性を見いだす。それゆえに人々は、みずからの生に影響を及ぼす野生＝神霊の力を慰撫するために儀礼を行い、占星術師に伺いを立て、あるいは神霊の化身とされる野生動物の行動にその意志を読み取り、さらには現し身としての神霊と直接に交渉することを通して、マーヤの領域の力を引き受け、それに対処しようとする。こうした営為を通して、人々はジョーガの領域のほの暗い縁《ふち》が世界の終わりではなく、不可知の領域につながっていることを感受するのみならず、その縁の深淵を覗きこもうとしているといえる。

ジョーガの領域と連続したマーヤの領域への感受性、みずからの生をかたちづくり、方向づけている野生＝神霊の力への畏れと配慮、そして、潜在と顕在の境界に現出する力《シャクティ》への対処と働きかけ——こうしたものが、日常的な社会関係と絡まりあいながら、人々とその環世界との関係性を形づくっている。

本書でみていくように、南カナラの村落社会は植民地期から現在に至るまで、近代法制度の導入や土地改革、大規模開発をはじめとするさまざまな社会変化を経てきた。総じて「近代化」と呼ばれうるこうした変化のプロセスは、人々の生活世界の中に、彼らが出逢い、交渉すべき新たな他者たちを次々に登場させることになった。このプロセスはまた、在来のものとは異なる論理や価値を具現する制度や組織をつくりだし、具体的な社会関係の中で／としてそれらを作動させることを通して、村落社会における人々の日常的な関係性や慣習的制度の再編と改変を導くものであった。

長い歴史的過程におけるこれらの出来事は、いわばジョーガの領域における存在者たちの関係性が、新たな他者たちとの相互作用を通して別様のかたちへと部分的に組み替えられ、人々とその環世界のありようをともに変化させていくような「転機」としてとらえられる。こうした状況において人々は、新たな制度や論理や存在様式と従来のそれらとのはざまで、その都度に出逢う相手との交渉を重ねながら、みずからの生のかたちを創りだしてきた。そして、人々の日々の営みの中で、神霊の力に満たされたマーヤの領域との関係性は、さまざまな変転を経ながらもなお重要な意味をもちつづけてきた。

本書では、人々の生のかたちと存在者たちとの関係性を変転させていく幾たびもの転機の中で、野生＝神霊との生命的なつながりを維持しようとし、あるいは見失い、あるいは新たに紡ぎだそうとする人々の営みに焦点を当てながら、南カナラの村落部における人々とその環世界との相互的な生成と変容の過程を検討していく。

6　本書の内容と構成

本書は、一章から六章までの第一部と、七章から十三章までの第二部から構成されている。各章の内容を概説するに先立ち、まずは各部の骨子を説明しておきたい。

第一部の概要――村落社会に生きる人々と神霊の関係性

第一部の前半（一章から四章）では、本書の主な舞台であるペラールを中心に、村落社会における人々の生活世界と慣習的制度、そして神霊祭祀の内容と特徴を明らかにする。南カナラの神霊祭祀は、村落社会における家系間の位階と母系制、土地保有や農作物の分配などと結びついた精緻なシステムとして形成されてきた。このシステムは、神話的な口頭伝承であるパールダナ（*pāddana*）や、カットゥ（*kattu*）と呼ばれる慣習法によって根拠づけられている。同時に、神霊祭祀の核心にあってその現実性《アクチュアリティ》を繰り返し生成しつづけてきたものは、儀礼における人々と神霊との直接的な出逢いと交渉である。この前半部は、前節で素描したような人々にとっての環世界のありようとその秩序の一端を、憑依を通して現れる神霊との関係性を主軸として明らかにしようとするものである。

第一部の後半（五章と六章）では、前半でみたような村落社会における人々と神霊との関係性について、人間と人間ならざるものとの関係をテーマとする人類学的研究を参照しつつ、多角的に検討していく。ここで検討の中心となる事象は、人々と神霊との間に交わされる供物と祝福のやりとりである。人間と神霊との贈与交換関係は、村落社会に生きる人々とその環世界との関係性の基軸をなすのみならず、ゲシュタルトクライス論と人類学的理論の接点を浮かびあがらせるものでもある。

ゲシュタルトクライス論のテーマである生物とその環世界との出逢いと交渉のあり方、なかでも「人が相手と出逢いうる仕方」をめぐる問題は、人類学にとっても重要なテーマでありつづけてきた。いうまでもなく、人類学において人が出逢い、交渉する相手として想定されてきた対象は人間だけに限定されるものではなく、大地や山河などの自然物や、動物と植物、神々や精霊といった人間ならざるものたちもまた、人々と深くかかわり、その世界を構成するものとして考察の対象となってきた。

こうした人間ならざるものと人間との関係性については、人類学において長らく、アニミズムやシャマニズム、精霊憑依などを主題とする呪術・宗教研究の文脈において検討されてきた。また、非人間的存在でもある他者との出逢いと交渉のあり方については、贈与交換や人格を主題とする先行研究によって重要な議論が蓄積されてきた[46]。先に検討した存在論的人類学にみられるように、アニミズムやシャマニズムと呼ばれうるような人間と自然との関係、ならびに贈与交換や人格をめぐる人類学的研究は近年、人間と非人間、生物と環境の関係をテーマとする近接領域の諸研究と接合しつつ、新たな展開をみせている[47]。

こうした先行研究の蓄積の中でも、本書が検討の出発点とするのは、南アジア社会における人と人、人と神のやりとりの特徴について論じ、物質《サブスタンス》＝コード（substance-code）、分割可能な人《パーソン》（dividual person）、やりとりのネットワーク（transactional network）といった重要な分析概念を提起したマッキム・マリオット、ならびにアルジュン・アパデュライとキャロル・ブリッケンリッジの研究である（Appadurai and Breckenridge 1976; Marriott 1976）。本書では、南カナラの神霊祭祀を分析するにあたってこれらの概念を応用するとともに、彼らの議論の今日的な重要性と限界を指摘する。

また本書では、マリオットらが提起したアイデアを引き継ぎ、なおかつ南インドにおける具体的な事例に基づきながらも、南アジア社会という地域性を超えて人間と人間ならざるものとの関係を探究していくための手がかりとして、いくつかの先行研究を重点的に検討する。そのひとつは、人々のやりとりと物質《サブスタンス》の流通を通したネットワークの形成について、その「制限」ないし「限界」という点から論じたマリリン・ストラザーンの論考（Strathern 1996）である。また、神霊との出逢いと交渉を通した自己の生成と変容という問題を、主体の経験に焦点を当てて考察するにあたって、人間と人間ならざる他者とのパースペクティヴの交換について論じたヴィヴェイロス・デ・カストロ（Viveiros de Castro 1998, 2004b）、ならびにレーネ・ウィレルスレヴの研究（Willerslev 2004, 2007）を検討する。

第二部の概要——社会変動の中の人々と神霊

かわって第二部では、南カナラにおける近代法制度の施行や大規模開発をはじめ、地域社会に包括的な変化をもたらした出来事の影響と人々の対応の諸相を、人間と土地・自然、そして神霊との関係に焦点を当てて検討する。村落社会における日常的な関係性や存在様式の再編と改変、さらには解体を促すような転機における人々のさまざまな対処のあり方と、そこに見え隠れする葛藤や拮抗をつぶさに検討することを通して、多重的な限定性の下にある人々とその環世界との関係性の持続と変容のあり方を明らかにする。

先述したように、南カナラの神霊祭祀は村落社会における家系間の位階と母系制、土地保有などと結びついた精緻なシステムとして秩序化されてきた。アリヤサンターナ・カットゥ（*aliyasantāna kattu*）と呼ばれる母系制によって継承される領主の家系を主な基盤とし、神霊の社における家系ごとの地位と職分、土地保有のあり方を規定してきた神霊祭祀のシステムは、一九世紀以降に進展した寺社管理制度の整備と施行、ならびに母系制と土地に関する法制度の変遷による影響を被ってきた。なかでも、一九二七年のマドラス・ヒンドゥー宗教寄進法の制定をはじめとする寺社管理の制度化は、神霊自身を至高の行為者とする神霊祭祀の中に、国家の法という新たなアクターを登場させることになった。

また、近代法としての母系制の再定義や、母系親族集団が保有してきた土地の測量と登録、そして独立以降に施行された一連の土地改革を通して、神霊祭祀のシステムを支えてきた村落社会の土地制度と母系制は少なからぬ変容を被ってきた。さらに、本書の舞台となるマンガルール郡中部では、二〇〇〇年代中盤以降に急速に進展した大規模な開発と経済特区の建設によって、神霊祭祀を担ってきた村落社会そのものが離散や消滅の危機に瀕するという事態が生じている。

植民地期以降に進められた近代法制度の整備と施行、在来の土地制度や相続システムの改変、そして開発といった事象は、多くの先行研究において、近代化による社会変容の一端として論じられてきた。なかでも、植民地期以降のヒンドゥー寺院における制度的変容を扱った先行研究は、植民地勢力の台頭とともに伝統王権が衰退し、寺院が近代国家の統治に組み込まれていく中で、寺院の神と司祭、王を中心とするやりとりのネットワークが解体されていく過程を描いている（Appadurai 1981; Fuller 1984; Dirks 1987）。また、植民地期以降のインドにおけるさまざまな土地制度の施行と村落社会への影響を検討した先行研究は、職分権体制を基盤とする従来の社会システムが、植民地政府と国家による土地制度の導入によって根本的な変容を被ってきたことを明らかにしている[48]。本書が対象とする南カナラの神霊祭祀についても、一九七〇年代に施行された土地改革によって、それまで祭祀を担ってきた領主層が政治経済的な力を失い、結果として祭祀の変容が促されてきたという見方が示されている（Rajan 1986: 54; Gowda 1991: 18）。

さらに、開発と地域社会の関係をテーマとする先行研究の多くは、ナショナルかつグローバルな政治経済動向と結びついたトップダウン型の大規模開発と環境破壊によって、地域社会が壊滅的な打撃を被ってきた状況を明らかにしている。またその際、開発に対する住民の運動の諸相を、民衆の抵抗運動やデモクラシーの一環としてとらえる研究が多くみられる[49]。

本書でみるように、南カナラにおける神霊祭祀とそれにかかわる人々もまた、これらの先行研究によって示されたような歴史的・制度的変化を経験してきた。先にもふれたように、植民地期以降の寺社管理制度の整備と施行を通して、神霊と人々のやりとりを中心とし、神話的な口頭伝承に依拠して実践されてきた神霊祭祀の中に、新たに近代法によって認定された管理主体が登場することになったが、このことは神霊の社の管理権をめぐる裁判抗争を引き起こしてきた。また、南カナラにおける母系制ならびに土地制度の近代法化と独立以降の土地改革を通して、神霊祭祀を担ってきた母系親族集団とその土地保有のあり方は再編を迫られることになった。さらに、現在進行中の大規模開発とそれに対抗する反開発運動の勃興によって、村落社会における神霊祭祀はかつてない大きな転機を迎えている。

こうした歴史的・制度的・社会経済的変化の中で、村落社会の人々がみずからの環世界を構成する多様な他者たちと取り結んできた関係性もまた、幾たびもの再編と部分的な転換を経てきた。ただし本書でみていくように、こうした村落社会の変容と神霊祭祀の動態を、近代化による伝統社会の解体と信仰世界の衰退という単線的変化として論じることはできない。またそれは、近代合理的な価値や論理を具現する制度や語彙や存在様式が、霊的な存在を核とする在来の制度や語彙や存在様式を包摂しつつ、それらを近代政治にとっての「実在」へと変換していく過程としてのみとらえられるものでもない（cf. de la Cadena 2015: 273-283）。

本書が明らかにしていくのは、人々と神霊の関係性を基軸とした慣習的な制度や存在様式と、近代的な法制度や存在様式との軋轢や拮抗といった側面のみならず、それらの相互作用と再帰的な関係形成という側面である。そしてまた、相異なる論理と歴史と方向性をはらんだ制度や存在様式が具体的な社会関係の中に／として具現され、その作用と活用のあり方をめぐって人々の間に抗争と交渉が繰り広げられるとき、まさにその只中において新たな行為者を巻きこみながら、神霊と人々のやりとりのネットワークが遂行的に形成され、刷新され、創造されていく過程である。

本書の構成

以下に、各章の概要を述べる。

一章から四章までの記述の主眼は、人々と身近な土地・自然、そして神霊との関係性を民族誌的に詳述することを通して、南カナラの村落部に生きる人々にとっての環世界のありようとその秩序の一端を明らかにすることにある。

一章では、本書の主な舞台であるペラールに暮らす人々の社会構成、生業の特徴、人々と身近な土地・自然との関係について、神霊祭祀との関連に焦点を当てつつ概説する。

二章では、ペラールにおけるもっとも大きな宗教施設である神霊の社について述べる。この章では、社における中心的な神霊たちの特徴を示すとともに、村落レベルの神霊祭祀を支えている慣習的制度の詳細を明らかにする。なかでも、祭祀の主要な担い手である一六の領主の家系と、その下位にあって儀礼的奉仕を担うその他の家系、そして神霊の憑坐である司祭や踊り手たちの役割を中心に記述する。

三章では、ペラールにおける中心的な神霊たちの起源を詠うとともに、その祭祀を担う家系ごとの位階や儀礼的役割を根拠づけている神話的な口頭伝承《パールダナ》の内容を紹介する。

四章では、ペラールにおいて神霊に捧げられる大祭の内容を明らかにする。なかでも、憑依を通して儀礼の場に顕現する神霊と人々の交渉に焦点を当て、供物と祝福のやりとりを通して互いへの「権利と責任」が更新される一方、神霊が至高の行為者としてふるまうことで、祭祀にかかわる人々の地位や権利が不安定化されていることを指摘する。

かわって五章以降では、四章までの記述に基づきつつ、人々と神霊の関係性について理論的な検討を試みる。

五章では、人々と神霊のやりとりについて、カンブラと呼ばれる農耕儀礼、ならびに四章で詳述した神霊の大祭を事例として検討する。その際、マリオット（Marriott 1976）、ならびにアパデュライとブリッケンリッジ（Appadurai and Breckenridge 1976）によって提起された物質＝コード、分割可能な人《パーソン》、やりとりのネットワークという概念を用いて事例の分析を試みる。また、ストラザーン（Strathern 1996）を参照しつつ、人々と神霊のやりとりを通したネットワークの形成と物質＝コードの流通、そしてネットワークの制限のあり方を検討する。さらに、神霊と人々の間を流通するもっとも重要な物質＝コードである野生の力《シャクティ》に注目し、ケガレに関する先行研究を参照しつつ、神霊祭祀における力《シャクティ》の流通の特徴を明らかにする。

六章では、神霊祭祀における憑坐の経験に焦点を当て、人々と神霊との直接的な交渉のあり方を検討する。ここではまず、人間と非人間的存在のパースペクティヴをめぐる議論（Viveiros de Castro 1998, 2004b; Willerslev 2004, 2007）を概観する。その上でこの章では、ゲシュタルトクライス論を参照しつつ、儀礼の中で神霊になりかわる憑坐の経験について、「複数のパースペクティヴの戯れ」という観点から考察する。

第二部の冒頭となる七章は、村落社会の構成や地域の土地・自然と結びついた神霊祭祀の特徴、ならびに祭祀にかかわる人々の経験の微視的な理解を目指した第一部と、社会変化の下での村落社会と神霊祭祀の動態を検討する第二部の内容を架橋する章として位置づけられる。この章ではまず、一九三〇年代のペラールで、神霊の社の管財権をめぐって争われた裁判抗争を検討する。次に、やはりペラールにおいて二〇〇〇年代の初頭から現在に至るまで、伝統的な祭主である領主一族と新たな管理主体との間に続いている抗争の経緯をみていく。この検討を通して七章では、近代法制度と慣習的制度のはざまにあって、法廷による命令と神霊の命令との間を揺れ動きつつ、祭祀をめぐる関係性を再編していく人々の葛藤に満ちた試みを明らかにする。

八章では、後の章で南カナラの村落部における人々と土地・自然、そして神霊祭祀の関係とその動態を分析するための前段階として、前植民地期から独立後の土地改革に至る南カナラの土地制度の歴史的展開をみていく。この章ではまず、歴史学的文献に基づき、前植民地期の南カナラにおける土地制度について概説する。次に、南カナラにおけるライーヤトワーリー制の特徴を明らかにするとともに、植民地期に作成された公文書に基づき、ペラールにおける地租額査定と土地所有者の登録状況を分析する。最後に、南カナラにおける土地改革とその影響について、先行研究に基づいてその概要を明らかにする。

九章と十章では、南カナラにおける母系制の近代法化と人々の対応について検討する。先にもふれたように、南カナラにおいて神霊祭祀はアリヤサンターナ・カットゥと呼ばれる母系制と不可分に結びついている。本書でみるように、この地域で領主層を形成してきたバンタの人々は、村落社会における神霊祭祀の主な担い手でもある。彼らはクトゥマ（*kutuma* Ka. *kutumba*）と呼ばれる母系親族集団の内部で、村の神霊祭祀にかかわる儀礼的役割や家系ごとに行われる祭祀を継承してきた。[50] 本書では便宜的に「母系親族集団」と訳出するが、クトゥマとは、神霊の祭壇を設えた広間と神霊のために供される農地をもつ本家の屋敷を中心とし、共通する女性始祖に起源をたどることのできる複数の家々とその土地、そこに母系的に属する人々を包括する概念である。したがってクトゥマとは、母系出自集団の起源と系譜を含意する歴史的な概念であると同時に、神霊祭祀をはじめとする儀礼によって束ねられた家々と土地を含意する領域的な概念でもある（cf. Moore 1985）。

九章でみるように、十九世紀以降、南カナラではアリヤサンターナ・カットゥの近代法化が進められてきた。同時に、神霊祭祀の基盤をなすクトゥマは、分割不可能な「財の共同体」として再定義されることになった。また、独立後の法制定を通して、クトゥマの財に対する分割相続の方法や個人の権利が規定されていったが、こうした法の制定は広大な土地を保有するバンタの領主層に大きな影響を与えることになった。

十章では、一九四九年に制定されたマドラス・アリヤサンターナ法と、それ以降の法整備の動きに対するバンタの領主層の対応について、ペラールの領主一族を事例として検討する。村落部に生きる領主層にとって、マドラス・アリヤサンターナ法は単に既存の「慣習的な母系制」を明文化したというにとどまらない影響力をもっていた。それは、神霊祭祀の実践と土地の共同保有を礎としてゆるやかな統合性を保ってきたクトゥマに対して、共同保有の対象であった土地片に対する各人の権利を近代法に準拠した形で確定することを迫るものであった。この章では、従来の複合的で包括的なクトゥマのあり方と、クトゥマと結びついた神霊祭祀の存続を図りつつ、近代法の要請に適合するようにその再編を試みたバンタの領主一族の、細やかな配慮と工夫に満ちた対応策を検討する。

十一章では、カルナータカ州で一九七〇年代に進められた土地改革とその影響について、村落社会に生きる人々のさまざまな対応と、そこにおいて神霊祭祀が果たした役割に焦点を当てて検討する。本書が特に着眼するのは、特定の土地と結びついた神霊祭祀の祭主として土地権を維持してきた領主層と、それ以外の農民がどのような関係性を取り結んできたのか。また、「土地の主」とされる神霊の存在が、土地改革をめぐる人々の実践といかに絡み合ってきたのか、という点である。行政による土地改革は、村落社会における土地制度に介入したというにとどまらず、人々が親族や隣人、土地や神霊と取り結んできた関係性に介入し、その変革を迫るものであった。この章では、土地をめぐるさまざまな社会関係を調整・再編しつつ、法の要請と制度的変化に対応する一方で、特定の土地や神霊との関係性の維持と更新を試みる人々の実践を明らかにする。

十二章と十三章では、ペラールに近接する農村部における大規模開発の影響と、それに対する人々の対応と実践について、神霊祭祀とのかかわりを中心に検討する。一九八〇年代半ばからこの地域で進展した一連の開発事業は、大規模な土地接収と村落の破壊によって、人々の生活全般に甚大な影響を与えてきた。森林と農地の消失や村落社会の分断といった未曾有の事態に直面した人々は、こうした事態に対してどのように対処してきたのか。開発に対する人々の対応と実践において、神霊祭祀はどのような役割を果たしてきたのか。また、開発事業を推進する側にたつ人々は、開発を通して新たにかかわりをもつことになった土地とその住民、そして神霊祭祀とどのような関係性を取り結んでいるのか。これらの問題について本書では、①反開発運動の中の神霊祭祀、②開発を契機とした抗争の諸相と神霊のエイジェンシー（作用／働き）、③工業プラント社会における神霊祭祀の勃興　というトピックを中心に検討していく。

十二章では、「土地と祭祀の死守」を命じることで反開発運動を支えると同時に、人々をその故地に縛りつける神霊の力の両義的な作用を明らかにする。また、開発を契機として顕在化した、土地と神霊祭祀をめぐる人々の抗争の展開を通して、村落社会における既存の社会関係が再編されていく過程を検討する。

十三章では、経済特区の内部における神霊祭祀の新たな勃興に焦点を当てる。この章では、開発現場で生じた危機的な出来事が、土地の深部に充溢する野生＝神霊の力の発露として感受されることで、企業幹部をはじめとする人々と神霊との交渉が促されるとともに、工業プラント社会において神霊とのやりとりのネットワークが新たに創りだされていることを明らかにする。

フィールドワークについて

最後に、本書の基となったフィールドワークについて述べておきたい。本書は、二〇〇八年から二〇一五年にかけて、断続的に通算約一五か月間にわたって行った現地調査に基づいている。[51] 二〇〇七年、短期の予備調査の折に初めて訪れたマンガルールで、私は「ブータ」と呼ばれる神霊の存在を知った。アポイントメントもなく訪れたマンガロール大学で、たまたま出会った学生が古い本を繰って見せてくれた一枚の写真——ヤシの葉でできた神霊の装束を身につけ、厳しい表情でこちらを見据えているブータの踊り手の姿——に私は文字通り魅了された。[52] そのときは儀礼自体をみることは叶わなかったが、「いつか本物のブータをみたい」という強い思いは消えることがなく、翌年の六月にマンガルールを再訪した。

二〇〇八年に調査を開始してからしばらくの間は、調査の拠点と定めるべき場所を探してマンガルール市の周辺を闇雲に右往左往するばかりであった。ちょうど雨季であったこともあり、ブータの儀礼を行っている村に行き当たることも容易ではな

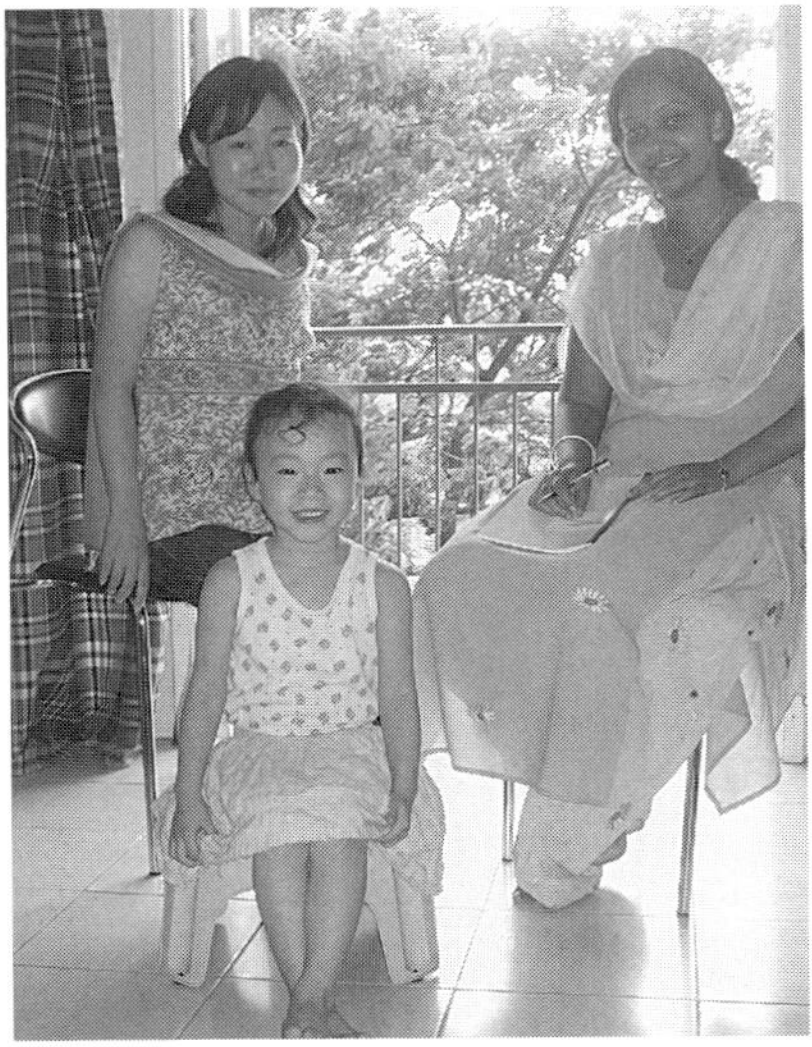
アクシャヤさんと娘と私（2008年）

かった。しかし、マンガロール大学の民俗学者であるチンナッパ・ゴウダ氏と出逢い、彼の下で修士課程のコースを終えたばかりのアクシャヤ・シェティさんを紹介していただいたことから事態は急展開する。聞けば、アクシャヤさんの家族が住む村ではマンガルール郡でも有数の、由緒あるブータ祭祀が行われているらしい。そして、アクシャヤさんの父の家系は代々、そのブータ祭祀に深くかかわってきたという。そうした話を聞きながらアクシャヤさんに連れて行ってもらったペラールは、次章でみるように、青々とした水田と深い山野に取り巻かれ、豊かな水と鳥のさえずりに満ちた村であった。

このようにしてペラールという村と出逢い、そこを主な調査地と定めてからも、二〇〇八年の調査中は相変わらずマンガルール市内に部屋を借りて、バスで一時間ほどかけて村に通うという生活を続けた。なぜすぐにでも村に移り住まなかったのかといえば、それは当時、四歳になる娘を連れてマンガルールに滞在していたからである。村の様子がある程度つかめてきた二〇〇九年以降は、思い切って家族で村に住むという方式に切り替えた。幸いにも、アクシャヤさんの父方の親族であり、本書で重要な位置を占めることになるムンダベットゥ・グットゥ一族が所有する来客用の家屋に住まわせてもらえることになったが、この家屋はアクシャヤさん一家の暮らす家と同じ敷地内にあった。それ以降、現在にいたるまで、才気煥発で器量よしのアクシャヤさん、声が大きく豪快で明るいお母さん、優しく穏やかで口数の少ない農夫の鑑のようなお父さん、というシェティ一家に何くれとなく助けられながら、ペラールとその近隣村での調査を続けてきた。[53]

ビンロウジを乾かすアクシャヤさんの父、ハリシュ・シェティ氏

次章からは、さまざまな存在者たちとの出逢いと交渉を通して生成し、不断に変容していく人々の生とその環世界のありようの理解に向けた探究を進めていきたい。

注

1　カンナダ語とトゥル語でいずれもダクシナ・カンナダ（*dakṣiṇa kannaḍa*）と呼ばれる南カナラ（South Kanara）は、現在のカルナータカ州ウドゥピ県とダクシナ・カンナダ県、ケーララ州北部のカーサラゴード県にまたがり、東西を西ガーツ山脈とアラビア海に挟まれた地域である（南カナラの歴史については第二部で詳述する）。カルナータカ州の公用語はカンナダ語であるが、本書の調査対象である南カナラの人々の母語はトゥル語であり、この地域はトゥルナードゥ（*tuḷunāḍu*）とも呼ばれてきた。

2　ある名前をもつブータは複数の場所でそれぞれに祭祀されうるが、その力は同じものだとされている。

3　シャクティは一般に神々の力を意味し、特に女神に具現される力や潜勢力、あるいは自然界における豊饒力を意味する（Tanaka 1997: 148; Fuller 2004: 44）。トゥル語でプラクルティ（*prakṛti*）は自然、あらゆるものの自然な様態、根源を意味する（Upadhyaya 1988-1997: 2161）。この語はサンスクリット語の *prakṛti* を語源としているが、*prakṛti* は自然に加えて女神を含意しており、この意味でシャクティと同義である（Monier-Williams 2008［1899］: 654）。このようにシャクティとプラクルティはいずれも、自然と神性（特に女神の具現する両義的な力）の不可分性を表している。

4　トゥル語ではマンガルール（*maṅgaḷūru*）、英語ではマンガロール（Mangalore）と呼ばれる。日本では「マンガロール」という名称が一般的であったが、二〇一四年十一月一日にカルナータカ州政府によって公称が Mangaluru に変更されたことに伴い、本書では原則として「マンガルール」と表記する。ただし、先行研究や公文書、機関名などの中に Mangalore として登場する場合は、「マンガロール」と表記する。

5　以下では現地の慣習的な呼称に則り、ムドゥ・ペラールとパドゥ・ペラールの両村を合わせて「ペラール」と呼ぶ。詳しくは第一部でみるように、神霊祭祀の施行や家系間の関係をはじめとする多くの側面において、両村は相補的な「対《つい》」として存在している。なお本書では、以下の記述に登場する家系の名と個人名の一部を仮名としている。また、第二部で登場する一部の企業名については、たとえば「C社」のようにアルファベットの頭文字のみ表記している。

6　本書でいう「野生の領域」は、「女神の力」を含意する広義の自然（*prakṛti*）と重なるものである。後述するように、それは人間の領域とは位相を異にし、神霊の力に満たされた不可知の領域を意味する。

7　呪術・宗教現象を近代との関係から論じた代表的な議論として、他に Comaroff（1985）, Comaroff and Comaroff（1992, 1993, 2001, 2002）, Behrend and Luig（1999）, Moore and Sanders（2001）, Masquelier（2002）, Pels（2003）などを挙げることができる。精霊憑依を主題とする人類学的議論を、近代化や植民地化などへの「抵抗」という側面に焦点を当てて整理した論文として Boddy（1994）参照。これらの諸研究に特徴的な分析枠組とその問題については石井（2007）も参照されたい。

8　「分割可能な人」は、近代西欧的な「個人（individual）」と対置される概念である。この概念について詳しくは五章で取り上げる。

9　Geschiere（1999）, Meyer（1999）も参照。ただしもちろん、近代に対する人々の両義的な意識の表れとして非西欧社会の呪術・宗教的な実践や信仰をとらえる見方は、一九九〇年代以前から存在していた。たとえば、西アフリカ沿岸部で信仰されている「マーミワタ」（人魚の姿をした精霊）についてヨハネス・ファビアン（Fabian 1978）は、西欧世界に属する富や力への屈折した憧れと疑惑を表象するものとして論じている。石井（2009）参照。

10　この問題について、詳しくはEnglund and Leach（2000), Ishii（2005), 石井（2007), Ranger（2007）参照。

11　「多自然主義」とは、アメリカ大陸先住民の思考の特徴としてヴィヴェイロス・デ・カストロによって提起された概念であり、「自然の単一性と文化の多元性」を含意する「多文化主義」に対して、「精神の単一性と身体の多元性」を含意する（Viveiros de Castro 1998参照）。パースペクティヴィズムについては六章で取り上げる。

12　存在論にかかわる昨今の人類学的研究にみられる複数の思潮については、Vigh and Sausdal（2014), Gad, Jensen and Winthereik（2015), Kohn（2015), Jensen（2016）参照。

13　存在論的転回については春日（2011）、日本におけるその影響についてはJensen and Morita（2012）参照。Henare, Holbraad and Wastell（2007）では、存在論的転回を導いた人類学者としてブルーノ・ラトゥール、アルフレッド・ジェル、マリリン・ストラザーン、ヴィヴェイロス・デ・カストロ、ロイ・ワーグナーの名が挙げられている。これらの人々のうち、本書が「存在論的人類学」の提唱者とみなすのは、みずから「存在論的転回」について言及し、それに関する議論を牽引しているヴィヴェイロス・デ・カストロである。

14　このとき、フィールドにおける事物が表す「あるがまま」の姿とは、単にその物質的な形態を指すのではなく、その概念（concept）そのものでもあるとされる。この点については後述する。

15　しかしもちろん、存在論的人類学はこれらの実践や語りを「信念」ととらえること自体を批判する立場をとる（Viveiros de Castro 2011: 136）。

16　合理性論争は、ウィンチの『社会科学の理念』（1977［1958］）を発端として、合理性の基準をめぐって、また近代的思考と未開の思考との差異と共約可能性に関する諸問題をめぐって行われた一連の議論を指す。タンバイア（1996）、加藤（2004: 755-756）参照。

17　こうした批判に対する反論としてはViveiros de Castro（2011: 135-137）参照。異なる存在論的世界に生きる他者の言明を「真剣に受けとる」一方、それを潜在性のうちにとどめ、「私たちの世界を多様化する」ことを目指すというヴィヴェイロス・デ・カストロの主張と、「フィールドの事物をあるがままに受けとる」（Henare, Holbraad and Wastell 2007）という方法論とが生みだす効果については後に検討する。

18　ただしペダーセンの民族誌において、ポスト社会主義時代のモンゴルにおける国家はそれ自体が非近代的で呪術的、シャマニズム的なものとして描かれている（Pedersen 2011: 67）。

19　その一例として、タラル・アサドがアーネスト・ゲルナーの客観主義的な見地（Gellner 1970）への批判的応答として、ゴッドフリー・リンハート（Lienhardt 1967）を引用しつつ表明した立場（Asad 1986）を挙げることができる。アサドが肯定的に引用しているリンハートの文章には、次のようなくだりがある。「私たちが未開人とともに暮らし、彼らの言語を話し、彼らの経験を彼らの仕方で自分自身に表現することを学ぶとき、私たちは自分自身であることをやめることなく、できるかぎり彼らに近い考え方をするようになる。〔中略〕私たちは、自分が彼らとともに学んだ彼らの思考の習慣と、私たち自身の社会のそれとの間を仲介する。そうしているとき、私たちが探究しているのは結局、何か神秘的な『未開の哲学』なのではなく、私たち自身の思考と言語のさらなる潜在能力なのである」（Lienhardt 1967: 96-97）。ヴィヴェイロス・デ・カストロは、文化の翻訳についてのアサドの見解に共感を表明しつつも、より望ましい翻訳のイメージとして「コントロールされた多義性

（controlled equivocation）」というアイデアを提唱している（Viveiros de Castro 2004a: 5）。

20 ただし本書は、存在論的人類学の提唱するあらゆるアイデアを批判しようとするものではない。たとえば六章でも取り上げるパースペクティヴィズムや多自然主義といった概念は、新たな人類学的思考を拓く可能性をもつと思われる。

21 ただし、『事物を通して考える』（Henare, Holbraad and Wastell 2007）の編者の一人であるアミリア・ヘナレ（Henare 2007）は、ニュージーランドのマオリの人々が、価値や財をめぐる近代西欧的な概念とマオリ独自のそれとの間を往き来するさまを、「共約可能性」という用語を用いて考察している。

22 virtual/virtuality、actual/actuality、possible/possibility、real/reality の訳語について、本書ではそれぞれ「潜在的・潜在性（または潜勢力）」、「現実的・現実性（または現勢力）」、「可能的・可能性」、「実在的・実在性」とした。また、たとえば「現実」は actuality と reality のいずれの訳語にもなりうるといった語の多義性による混乱を避けるため、やや煩雑になるが、必要に応じて訳語に原語か振仮名をつけるという方法をとった。

23 ドゥルーズ（1992: 387-389）参照。

24 ただし木村自身は、「潜在的なものがリアリティをもつ」というドゥルーズのアイデアに対しては懐疑的な見方を示している（1997: 96-97）。

25 このことは、ドゥルーズの哲学における「他者（the Other）」の概念が、人類学的調査の対象である人々に投影されることによって生じる効果であるといえる。ドゥルーズの「他者」について、ヴィヴェイロス・デ・カストロは次のように述べている。『他者』はそれゆえ、知覚の領域の条件として現れる。現実的《アクチュアル》な知覚を超えたところにあるような世界の諸部分の存在可能性は、それらを知覚する『他者』の潜在的《ヴァーチュアル》な現前によって保証される。私にとって見えないものは、他者にとって見えるものであることによって、実在的《リアル》でありつづけるのである」（Viveiros de Castro 2013: 478〔強調は引用者〕）。

26 この点について、ドゥルーズは次のように書いている。「ベルクソンは、客観的なものとは潜在性を持たないものであると言いたいのである。現実化されていてもいなくても、可能的でも実在的でも、すべては客観的なもののなかで現実的である。〔中略〕物質には潜在性も隠された力もない。われわれが物質を《イマージュ》と同一視できるのはこのためである。〔中略〕また別のテクストでベルクソンはバークリ〔George Berkeley〕が物体と観念とを同一視したことを賞賛している」（1974: 37-38〔強調原文〕）。フィールドにおける「事物と概念の同一性」という「ラディカルな本質主義」を提唱するホルブラードらの見地との関連からみて、ドゥルーズが潜在性をもたない「客観的なもの」として物質と観念を論じている点は興味深い。

27 木村（1997: 96）の言葉を借りれば、「客観的・公共的な実在（物質）」といいかえることができる。この場合の「客観的な実在性《リアリティ》」とは、「可能性」の対としての「実在性」を意味する。

28 たとえばホルブラードは次のように述べる。「私の主な議論は、他性とは本来、認識論的な用語ではなく存在論的な用語において解釈されなくてはならないという考えを提起するものだ。他性が私たち人類学者に提起する問いは、何が知られうるかではなく、何が存在しているかにかかわるものである」（Holbraad 2009: 81〔強調は引用者〕）。ホルブラードは、キューバの卜占において神々が超越（transcendent）から内在（immanent）へと移行することで人間と関係をもちうることについて、「ポテンシャリティ」という概念を用いて論じている。この点は、後述するように潜在と顕在のあいだに現前するものとして神霊をとらえる本書の視座と共通性をもつ。ただしホルブラードの議論では、占師がいかにして超越的な神々を内在的なものとして「現前せしめるか」ということに焦点が当てられている（Holbraad 2007: 208-217）。また、妖術や精霊などが「実際には存在しえない」という人類学者の言述に対する批判（e.g. Viveiros de Castro 2014）は、人類学者はこれらの現象を「存在＝あるもの」として扱うべきという倫理的な要請として働いているといえる。Viveiros de Castro（2014）における批判への応答としてはGraeber（2015）参照。

29　マルティン・ハイデッガーは「存在者（Seiendes）」と「存在（Sein）」の差異について論じているが、その存在論を検討することは本書の範囲を超えている。本書では「存在者」という語を、後述するジョーガの領域に現出するものたちの暫時的で偶有的な存在のかたちを指すものとして用いる。

30　ユクスキュル（2012）では「環境」と訳され、ヴァイツゼッカー（2004）では「環境世界」または「環界」と訳されているが、本書では引用箇所を除いては「環世界」という語に統一する。

31　このことをユクスキュルは「体制（Bauplan）」と呼んでいる。「すべての生物のその個々の体制は、その身体の機構において自己表現されているばかりでなく、その身体とそれを取り巻く世界のあいだに存在する諸関係においてもまた自己表現されている。つまり動物の体制が、自律的に、動物の環境を創造するのである」（ユクスキュル 2012: 12）。

32　「世界」の複数化と人間中心主義からの脱却を目指すという点において、ユクスキュルによる環世界のアイデアは、ヴィヴェイロス・デ・カストロの「多自然主義」およびパースペクティヴィズムのアイデアと共通性をもつ（Viveiros de Castro 1998, 2004; Kohn 2013: 83-97も参照）。

33　相即（Kohärenz）は、一般には干渉性、関連、理路整然などを意味するが、本書でみるようにヴァイツゼッカーはこの語に独特の意味を付与している。ヴァイツゼッカーによればKohärenzとは、生物とその環世界がひとつの秩序の中で形成する統一性を指す（2004: 307）。木村敏・濱中淑彦訳『ゲシュタルトクライス』においてKohärenzの訳語に充てられている「相即」は本来、対立するようにみえるふたつの事象・事物が実は一体不離であることを指す仏教用語である（中村ほか編 1989: 515）。

34　また、六章でパースペクティヴの変容との関連においてみるように、主体は環世界の変化の一部を「本気に受けとらない」、ないし「見過ごす」ことによっても自己の恒常性を維持しようとする（ヴァイツゼッカー 2004: 40）。

35　このことについて、ヴァイツゼッカーは次のように述べている。「〔転機の本質とは〕主体の危機ということにある。主体は危機において自らの有限な形態の止揚を課題として経験する。〔中略〕われわれは、転機の本質が一つの秩序から他の秩序への移行ということだけにはとどまらず、主体の連続性と同一性の放棄でもあるということを知った。主体とは、『不可能』を成就すべしという強制がひとたび立てられるや、変転が生じない限り断裂や飛躍の中で破滅してしまうようなものである」（ヴァイツゼッカー 2004: 274-275〔強調原文〕）

36　パトス（*pathos*）というギリシア語は、その動詞形*paschō*（〜を被る）が示すように、「受苦的に被る」という含意をもつ（宮本 1998: 1279）。本書では、木村敏・濱中淑彦訳『ゲシュタルトクライス』に倣って、受苦・情動・情念を含意するPathosとpathischをそれぞれ「パトス」「パトス的」と訳出する。なお、鈴木直・山本尤・鈴木洋子訳の『ヴァイツゼッカー家』（ヴァイン 1993: 481）では、「存在的なもの（das Ontische）」と対置される「パトス的なるもの（das Pathische）」は「情動的なるもの」と訳出されている。

37　この点について、日本語で存在を意味する「アル（有る・在る）」と「イル（居る）」の区別に関する木村敏の考察は重要である。木村によれば、「アル」は存在の動詞と繋辞を兼ねるbe, sein, êtreと対応しており、主として人間や動物以外の事物あるいは抽象的観念の現前を表す。これに対して「イル」は人間や動物、擬人的にみられた存在者について、（ハイデッガー的な意味での）「逗留」ないし「居住」をいうために用いられる。この意味で、アルものがreal/possibleであるのに対して、イルものはactual/virtualである（木村 2000: 70-73）。木村の整理に従うならば、本書でみていくように顕在と潜在のあいだに刹那的に顕現する神霊は、「アル」ものとしてではなく、「イル」ものとして考察されるべきものだといえる。

38　さらにいえば、非人称的な「生そのもの」は、「無」という海に流れる泡の帯のようなものとしてとらえることができるだろう。メルロ＝ポンティ（1989: 94）参照。

39　ゆえに、個体としての生物の発達過程は、その環世界の秩序を先取りしているようにみえる。このことは、有機体の行動が「未来へのレフェランス」を備えているという生物学的な発見に関するメルロ＝ポンティの見解と重なり合う。廣瀬（1997）参照。

40　社会的側面についての考察は、ヴァイツゼッカーの遺稿を含む『パトゾフィー』（ヴァイツゼカー 2010）において展開されている。

41　本書でいう「身近な土地・自然」は、屋敷地に近い農地や森のように、人間の領域と、人が分け入ることのできない野生の領域の深みとの間にあり、人々が日々の農業労働や狩猟採集活動などを通して直接に関係することが可能な対象を指す。

42　一般に、ジョーガは物理的世界、人間のかたち、存在、現実を意味し、マーヤは消え去ること、神業、神秘などを指す。また、マーヤカ（*māyaka*）は消え去ること、はかなく消え失せること、逝去することなどを指す。神霊は通常、不可視のマーヤの領域にあるが、憑依を通して一時的にジョーガの領域に出現する（*jōga āpini*）。また、神霊は他者をマーヤの状態に移行させる（*māya malpuni*）力をもつとされる。Claus（1978: 9-10）, Upadhyaya（1988-1997: 1339, 2566, 2567）, Brükner（2009: 44, 77,133）参照。

43　本書では、トゥル語の「マーヤ」と「ジョーガ」とまったく同じではないが、それらと重なり合う対概念として、「潜在的なもの（潜在）」と「顕在的なもの（顕在）」という言葉を用いる。この場合の「潜在的なもの」は、木村敏の用法における「潜勢力」としてのヴァーチュアリティの概念とほぼ同義であるが、「顕在的なもの」は、「実在」としてのリアリティと、「現勢力」として刹那的に現れるアクチュアリティの両方からなるという意味で、木村敏による広義の「現実」の概念に近い。木村（1997: 94, 2005: 10, 257-260）参照。

44　この意味で、マーヤの領域を満たす神霊の力は潜勢力＝ヴァーチュアリティであり、ジョーガの領域とマーヤの領域の境界に現出するそれは、現勢力＝アクチュアリティであるといえる。木村敏は、アクチュアリティとヴァーチュアリティの関係について、次のように述べている。「アクチュアリティがまだアクチュアリティとして実現されていない状態、それが『潜在性』virtualityである。ヴァーチュアリティとは、なんらかの『効力』virtureあるいは『力』を備えていながら、まだそれを展開していない状態を指している」。「アクチュアリティがアクチュアルでありうるためには、それは下半身をヴァーチュアリティに浸していなければならない。いいかえれば、アクチュアリティはアクチュアリティそれ自身とヴァーチュアリティとの『はざま』において、それ自身とヴァーチュアリティとの差異としてしか成立しえない」（木村 1997: 98-101）。Ishii（2012）

も参照。

45 カーストという語はポルトガル語で家柄や血統を意味するカスタ（casta）に由来し、インドにおいて結婚・食事・職業などに関する様々な規制の下におかれた社会集団を指す（山崎・藤井 2012: 149-155参照）。インドではカースト集団は「生まれ」を意味するジャーティという語で呼ばれており、トゥル語でも *jāti* はカーストや階級を意味する（Upadhyaya 1988-1997: 1310）。本書では、インド近現代史の中でカーストがもつことになった意味を重視する藤井（2007）に依拠し、また現在の南カナラにおける社会集団の範疇が植民地期以降のセンサス等で用いられたカーストの範疇と切り離しえないことから、あえて「カースト」という語を用いている。

46 人類学的な人格論を代表する著作としては以下を挙げることができる。Carrithers, Collins, and Lukes（1985）, Jackson and Karp（1990）, Lambek and Strathern（1998）。南アジア社会における人の概念については Dumont（1965, 1980）, Daniel（1984）, Mines（1988, 1994）, Busby（1997）, Freeman（1999）, Sax（2002）を参照。贈与交換に関する研究は、モース（2008）やゴドリエ（2000）の古典的研究や本書でも取り上げるマリリン・ストラザーンの研究（Strathern 1988, 1996）をはじめ多岐にわたるが、南アジア社会を対象とした重要な研究として Parry（1986, 1989, 1994）, Raheja（1988）, Osella and Osella（1996）, Laidlaw（2000）参照。またジェイコブ・コープマンやディーパ・レッディは、南アジア社会における献血や遺伝子情報の提供といった新しい「贈与」形態の興隆に注目する視点から、従来の贈与論を再考している（Copeman 2005, 2009, 2011; Reddy 2007; Carsten 2011; Copeman and Reddy 2012; 石井 2016b 参照）。

47 2節と3節で検討したヴィヴェイロス・デ・カストロやペダーセンらの諸研究に加えて、たとえば以下の文献を挙げることができる。Bird-David（1999）, Ingold（2000）, Willerslev（2004, 2007）, Kohn（2007, 2013）, Candea（2010b）。なお、アニミズムを包含する人間と動物の関係については Yamada and Irimoto（eds.）（1997）, 奥野編（2011）, 菅原（2015）をはじめ、日本の人類学界から優れた研究が数多く出版されている。

48 たとえば、水島（1994, 1999, 2007, 2008）参照。

49 たとえば、以下の研究が挙げられる。Shiva（1988）, Gadgil and Guha（1992）, Arnold and Guha（eds.）（1995）, Swain（1997）, Guha（2000）。インドにおける環境問題研究については柳澤（2002）、石坂（2011）、石井（2015a）参照。

50 トゥル語の *kuṭuma* とカンナダ語の *kuṭumba* の相違については九章で詳述する。

51 現地調査の具体的な期間は下記の通りである。二〇〇八年六月から九月。二〇〇九年三月、八月から九月。二〇一〇年十二月から二〇一一年一月。二〇一二年三月、八月から九月。二〇一三年一月から三月。二〇一四年二月から三月、八月。二〇一五年三月と八月。

52 これは、「ナリケの悪魔の踊り手（Nalike devil-dancer）」というキャプション付きで Thurston（1975［1909］c: 141-148）に収録されている、ブータの踊り手の写真のうちの一枚である。

53 なかでもアクシャヤ・シェティさんには、二〇〇八年に調査助手をお願いして以降、彼女が結婚してペラールを離れてからも、折にふれて調査をサポートしていただいている。本書の調査は彼女の協力なくしてはあり得なかった。このフィールドワークの状況について、詳しくは石井（2016a）参照。

第一部

野生＝神霊の力と人間

〇一章　水田と山野、神霊の土地

ムドゥ・ペラールとパドゥ・ペラールは、マンガルール郡の首座都市であるマンガルールから、北東に約三〇キロの内陸部にある（地図4参照）。エクスプレス・バスに乗ってくねくねと蛇行する山道を上り下りし、雨季には一面に水没してしまう河岸の水田地帯を走りぬけ、いくつかの小さな町を通り過ぎると、一時間半ほどでカイカンバという町に着く。日用品や衣料品を売る商店や軽食屋が立ち並び、オートリキシャ[1]が連なって客待ちをしているごみごみとした停車場でバスを降り、ローカルバスに乗り換える。小型のバスは満員の乗客を乗せて、よたよたとバジュペ方面に走り出す。

緑の豊かな道沿いに転々とある集落を抜けて北西に一〇分ほど走ると、道路脇にある傾いた小屋が目印の小さな停留所に着く。ここが、ムドゥ・ペラールの玄関口であるイーシュワラカッテである。バスを降りると、道の片側には眼下に見渡すかぎり、蒼いあまりに黒々とみえる樹林が広がっている。その反対側には舗装された狭い道が村の奥へと伸びており、その両側にはこぢんまりとした店が立ち並んでいる。雑貨や玩具、化粧品などを並べたよろず屋、野菜や果物などの食品を扱う店、チャイとコーヒーを出す軽食屋、ミシンの音がにぎやかな仕立屋に床屋など。道の脇に一台、黄色いオートリキシャが停まっている。

リキシャの運転手を呼んできて、後部座席に乗り込む。生け垣に囲まれた家々の立ち並んだ狭い道を縫うように走る。急な下り勾配に差し掛かったと思うと人家が途切れて視界がひらけ、行く手には一面に青々とした水田が広がっている。水田の向こうに茂るヤシの林の間にぽつりぽつりと家がある。さらに遠くには、鬱蒼と茂る木々に覆われた丘陵が低地を取り巻くように伸び広がっている。水田から鳥が飛び立つ。急な勾配を全速力で下り、坂道の底でリキシャを降りると、そこはムドゥ・ペラールの地理的な中心部である。

ペラールは標高差の大きい土地であり、後にみるように高地と低地では土の質や水の量、植生や収穫できる作物などが異なっている。これらの土地は、その高低に従って異なる名前で呼ばれている。水田に稲穂がなびき、ヤシの木々やビンロウジュ（areca palm: *Areca catechu*）の林が涼しげな木陰をつくる低地から、緩やかな丘陵の斜面に作られた棚田、山肌を覆う鬱蒼とした森、丈の低い潅木と岩肌に覆われた山頂の乾燥地に至るまで、ペラールの景観はきわめて変化に富んでいる。

本章では、本論の舞台となるペラールの概要をみていきたい。1節では、ムドゥ・ペラールとパドゥ・ペラールの成り立ちと両村の関係を概説する。[2] 2節では、ペラールの社会構成を概観する。3節では、ムドゥ・ペラールに焦点を当てて土地の種類と生業を紹介するとともに、ペラールの土地や山野と神霊祭祀の関係を概観する。

ビンロウジュの林

1　ムドゥ・ペラールとパドゥ・ペラール

ムドゥ・ペラールとパドゥ・ペラールは東西に隣接しており、両村の面積はほぼ等しい。[3] 両村は、カイカンバからバジュペ方面へ向かう主要道路のほか、田野の中を抜ける何本もの小道で結ばれており、村人はこれらの小道を通って両村を往来している。両村は、一九〇四年に行政的に分割されるまではひとつの村落をなしており、現在も村人たちにはそのように認識されている。ムドゥ・ペラールとパドゥ・ペラールとは、字義通りには「東のペラール」と「西のペラール」という意味であり、それぞれの小村は「低い土地」と「高い土地」を意味する「ティルタカレ（*tirtakarɛ*）」と「ミッタカレ（*mittakarɛ*）」とも呼ばれている。これらの呼称は、このふたつの土地が村人たちに対《つい》として認識されてきたことを表している。

ペラールに伝わる口頭伝承（パールダナ）によれば、この村はアッギダイマタという土地からダムベパープという土地までをその領域としている。これは、ペラール全体を統べる神霊であるバラワーンディ（*balavāndi*）が、大股を開いて立った両脚の間に納まった地域であるとされている。ペラールは、このようにバラワーンディというブータによって境界づけられた地域であり、この領域に含まれるそれぞれの土地もまた、バラワーンディをはじめとする神霊たちとの関係によって名づけられ、おおよその境界が定められている。パールダナによれば、ペラールの成り立ちはこのように神話の時代にまで遡るものであるとされ、村の土地には神霊と人々の関係が刻印されている。

三章で詳しくみるように、ペラールの口頭伝承によれば、今から八〇〇年ほど前に現在のペラールにあたる「ペラーラ（またはペッラ）」の地に、人間に姿を変えたバラワーンディが現れた。バラワーンディはペラーラの主要な家々を訪れると、神霊による加護と引き換えに、この地にブータの社を建てて祭祀を行うことをそれぞれの家長に約束させた。ペラールにおける第一位の領主一族（*guttu*：グットゥ）[4]であるムンダベットゥ・グットゥの現家長、ガンガーダラ・ライは、この出来事について次のように語っている。

ダイワ〔高位のブータの尊称〕は最初、ペジャッターヤ（*pejattāya*）と呼ばれるブラーマン一族の家に現れた。その後、ダイワはここ〔ムンダベットゥ・グットゥの屋敷〕にやって来た。はじめ、頭にターバンを巻いた三人の客がやって来て、喉の渇きを訴えた。コラターイ・バラルティ〔当時、ムンダベットゥ・グットゥの家長であったとされるジャイナ教徒の女性〕は、客人の渇きを癒すために彼らに牛乳を与えた。客人は牛乳を飲むと、突然その家から姿を消してしまった。その夜、ダイワは彼女の夢に現れてこういった。「私たちは今朝、喉の渇きを訴えた者だ。私たちはダイワである。そなたに頼みがあって来たのだ」

そこで彼女はいった、「どのような助けを必要としていらっしゃるのですか？」

ダイワはこういった、「私たちは、この村を守り、繁栄させるためにやって来たのだ。創造主であるブランマ様[5]が、私たちをここに送りたもうたのである。だからそなたは、このペラーラで一六の領主をつくり、ムンダベットゥが第一の領主になりなさい。そして、下（*tirtta*）と上（*mitta*）のペラーラ、ムドゥ・ペラーラとパドゥ・ペラーラというふたつの村をつくり、それぞれに八つの領主を設け、これらの領主によって年ごとの祭り〔*nēma*：ネーマ。以下「大祭」とする〕を催しなさい。すべての領主の中で、ムンダベットゥが中心となる領主一族であり、これが私の起源の土地（*mūla stāna*）である。ペラーラの人々のために、村の中心にそなたは社を建てなさい」

このような目的をもって、人々のために社が建てられた。そのようにして、それは今日まで続いているのだ。（ガンガーダラ・ライ、二〇〇八年七月二日）

この語りにあるように、ムドゥ・ペラールとパドゥ・ペラールという小村の区

村の中にあるブータの社

分と、それぞれの土地を管轄する領主の家々は、ブータの祭祀を目的としてバラワーンディによって定められたとされている。ペラールの中心は、ムドゥ・ペラールとパドゥ・ペラールの境界付近にある「村の神霊（*grāmada daiva*）」の社（*daivastāna*: 以下、「大社」と呼ぶ）であり、ふたつの小村にそれぞれ八つずつある領主の家々が、村人たちを統率して祭祀を行うという仕組みになっている。このように、神話に語られた過去の時代から今日に至るまで、ムドゥ・ペラールとパドゥ・ペラールは神霊祭祀との関連において不可分の関係にある。

2　ペラールの社会構成

本節では、ペラールの社会構成をみていきたい。パドゥ・ペラールに位置する村落パンチャーヤットの資料によれば、二〇〇一年時点において、ムドゥ・ペラールの人口は四九五一人（男性二三〇七人、女性二六四四人）であり、パドゥ・ペラールの人口は三五二〇人（男性一七一九人、女性一八〇一人）である。[6]

表1は、ムドゥ・ペラールとパドゥ・ペラールの宗教別世帯構成を示している。[7]ムドゥ・ペラールについてみると、ヒンドゥー（六八九世帯）が全体の半分以上を占めており、ムスリム（四三九世帯）、クリスチャン（一六六世帯）がそれに続く。一方、パドゥ・ペラールについてみると、ヒンドゥー（六一九世帯）が全体の七割以上を占めており、クリスチャン（一六五世帯）、ムスリム（九四世帯）がそれに続

表1　ムドゥ・ペラールとパドゥ・ペラールの宗教別世帯構成

ムドゥ・ペラール		
宗教	世帯数	%
ヒンドゥー	689	53.2
ムスリム	439	34.2
クリスチャン	166	12.8
計	1294	100

パドゥ・ペラール		
宗教	世帯数	%
ヒンドゥー	619	70.5
クリスチャン	165	18.8
ムスリム	94	10.7
計	878	100

（Padu Perar Panchayat Office［2008］に基づき筆者作成）

表2　ムドゥ・ペラールのカースト別世帯構成

カースト	世帯数
ガウダ	260
プージャーリ（ビッラワ）	167
バンタ	128
モイリ	34
アーチャーリ	31
その他のSC*	26
コンカニ	11
ブラーマン（バットル）	10
プルサ	6
ベルチャダ	6
ムーリヤ	5
パンバダ	1
その他**	4
計	689

表3　パドゥ・ペラールのカースト別世帯構成

カースト	世帯数
バンタ	148
プージャーリ（ビッラワ）	147
ガウダ	144
ブラーマン（バットル）	32
アーチャーリ	23
コンカニ	20
モイリ	18
その他のSC*	18
パンバダ	13
プルサ	11
マディエレ	11
ベルチャダ	9
ムーリヤ	8
コラガ	6
その他**	11
計	619

＊その他のSC：パンバダ以外の指定カーストを指す。
＊＊その他：SC以外でかつ3世帯以下のカーストを指す。
（Padu Perar Panchayat Office［2008］に基づき筆者作成）

く。このように両村ともにヒンドゥー世帯の占める割合がもっとも大きいが、ムドゥ・ペラールではムスリム世帯が全体の三割以上を占めている。これらムスリム世帯の多くは、ムドゥ・ペラールの南部にあるグル・カンブラと呼ばれるムスリム居住区に集住している。[8] 一方、クリスチャンはその全世帯がカソリックであるが、特定の地域に集住しているわけではなく、ペラールのあちこちに分散して居住している。[9]

　表2と表3はそれぞれ、ムドゥ・ペラールとパドゥ・ペラールにおけるカースト別世帯構成を示している。ムドゥ・ペラールについてみると、ガウダが二六〇世帯ともっとも多く、プージャーリ（一六七世帯）、バンタ（一二八世帯）がそれに続く。パドゥ・ペラールについてみると、バンタとプージャーリ、ガウダがそれぞれ一四八世帯、一四七世帯、一四四世帯とほぼ同数を占めている。以上から、ムドゥ・ペラールとパドゥ・ペラールのいずれにおいても、全人口の中で多数を占めているのはガウダ、プージャーリ、バンタという三つの集団であることがわかる。その他のカースト集団をみると、ムドゥ・ペラールではモイリ、アーチャーリ、コンカニ、ブラーマンが一〇世帯以上を占め、パドゥ・ペラールではブラーマン、アーチャーリ、コンカニ、モイリ、パンバダ、プルサ、マディエレが一〇世帯以上を占めている。

村の子どもたち

　表にあがったカーストのうち、パンバダとその他の指定カースト、および指定トライブであるコラガを除くと、ブラーマン以外のすべての集団が、カルナータカ州における「その他の後進諸階級（Other Backward Classes: OBC）」に指定されている。[10] 以下に、本書の中で重要となるいくつかのカースト集団について、その概略を紹介しておきたい。

◆バンタ／バンツ（*banta*/ Bunts）

　バンタの人々は、南カナラの人々の母語であるトゥル語でバンタ、バンテル（*banteru*）、またはオッケラクル

(*okkelakuḷu*) と呼ばれる。[11] バンタの有力な家系は他の集団と比較して多くの土地を保有している場合が多く、ペラールではグットゥと呼ばれる領主層を形成している。バンタはアリヤサンターナ・カットゥと呼ばれる母系制をとり、バリ (*bari*) と呼ばれる母系外婚集団をもつ。なかでも領主の家系では、ブータの祭壇 (*maichavu*：字義どおりには「寝台」) を設えた広間 (*cāvaḍi*) のある本家を中心にクトゥマと呼ばれる母系親族集団が強い紐帯を維持しており、葬儀などの儀礼や財の相続、地位の継承は原則としてクトゥマの内部で行われる。バンタの領主層は現在も地域の有力者としての権威を保持しているのみならず、神霊祭祀の祭主として、ペラールの大社で催されるブータの年中儀礼において重要な役割を果たしている。ペラール在住のバンタの多くは、水田稲作やビンロウジ (areca nuts) の栽培をはじめとする農業に従事しているが、一九七〇年代半ば以降に成人した世代では、ムンバイをはじめとする近郊の大都市に出て商売を営む者も多い。

◆ガウダ (*gauḍa*)

クドゥビ (*kuḍubi*) とも呼ばれる。[12] ペラールのガウダは父系制 (*makkaḷa kaṭṭu*) をとり、その祖先はゴアからやってきたといわれている。彼らは、ムドゥ・ペラールに位置するシャースターウという土地で、シャースターウ・ブランマ (*sāstāvu bramma*) と呼ばれるヒンドゥー寺院を祭祀しているほか、父系親族集団の本家に複数の神霊の祠を有している。ペラールに存在する「一六のグットゥ (領主)」のうち、シャースターウに居住するガウダの家系が第三位の領主の地位を占めており、村の大祭ではこの家から新しい土の壺を大社に献上する。[13] 村落在住のガウダの多くは農業を営むが、一九七四年の土地改革 (改正) 法の施行以前には土地保有者はなく、小作 (*gēṇi okkeḷu*) や家内労働者 (*kāli okkeḷu*) が一般的であった。

◆プージャーリ (*pūjāri*)

トゥル語でビッラワ (*billava*)、またはバイディヤ (*bayidya*) とも呼ばれる。バンタと同じく母系制をとるプージャーリの人々は、南カナラにおいて伝統的にヤシ酒の採取に従事するとともに、ブータ祭祀においてマーニ（*māni*）またはパートリ（*pātri*）と呼ばれる司祭として重要な役割を果たしてきた。ペラールでは、プージャーリの司祭は「ムッカールディ（*mukkāldi*）」と呼ばれるバンタの司祭よりも下位を占める司祭かつ憑坐として祭祀に携わっている。また、神霊祭祀の祭主を務める一六の領主のうち、一四位から一六位をプージャーリの家系が占めている。村落在住のプージャーリの多くは、ヤシ酒の採取に加えて小作や家内労働者として農業に従事してきた。[14]

仲良しの少女たち

◆アーチャーリ（*ācāri*）

アーチャーリの人々は父系制をとり、伝統的に大工を生業としている。ペラールのアーチャーリは木工のほかに金銀の細工も行い、その技術はブータの神具の作成や修理にも発揮されている。ムドゥ・ペラールに位置するアーチャーリの本家では、村の大祭のために儀礼用の門を製作して大社に献上する。また、疫病の女神（*māri*）に捧げられる儀礼では、この家からヤシの木片で作った四本の匙を献上するほか、二年に一度開催されるプダルデッチナ（*pudaruda eccina*）と呼ばれるブータの儀礼[15]では、一本の匙と木製の皿を献上する慣わしである。村落在住のアーチャーリの多くは、大工としての職業のほかに小作として農業に従事してきた。[16]

◆モイリ（*moyli*）

サファリヤ（*sapalya*）、セーリガーレ（*sērigāre*）、デーワリゲ（*dēvadige*）とも呼ばれる。母系制をとり、母系外婚集団をもつ。ペラールにおいて、モイリに属する特定の家系は、上位の領主の下で村の大社での奉仕活動に携わる「働き手たち（*cākiridakulu*）」の一員として、神霊祭祀にかかわる儀礼的職務を担っている。モイリ出身の働き手たちに課された儀礼的職務の中でも特に重要であるのは、村の大祭をはじめとする儀礼の際に神具を担ぐことである。ブータの面（*muga*）の担ぎ手であるモイリは、儀礼の中で憑依状態となる。[17]

◆バットル／ブラーマン（*battru*/Brahman）

父系制をとるブラーマン[18]は、紀元七五〇年頃にアヒ・クシェートラという土地から南インドの西沿岸部にやってきたといわれている。[19] ペラールでは、ブラーマンはバンタと並んで大規模な土地を保有してきた。ブラーマンの司祭は伝統的にヒンドゥー寺院の祭祀を担ってきたが、現在では神霊祭祀においてもブラーマン司祭の存在が不可欠となっている。二章でみるように、ペラールの大社の境内にある「ブランマの社（*brammere gunda*）」には、アスラーンナ（*asrānna*）と呼ばれる専属のブラーマン司祭が常駐して祭祀を執り行っている。また、ペラールではペジャッターヤと呼ばれるブラーマンの家系が、バンタとプージャーリ、ガウダから構成される一六の領主の家系よりも上位に位置づけられている。

◆プルサ（*pursa*）

ジョギ（*jogi*）とも呼ばれる。ペラールでは、プルサに属する特定の家系は伝統的に楽士としての職業に従事しており、ブータ祭祀に不可欠の職能集団として重要な役割を担ってきた。プルサは父系制をとり、楽士としての職業は父から息子へと父系親族の内部で受け継がれる。伝統的には、コンブ（*komba*）と呼ばれる管楽器や太鼓を演奏してきたが、近年ではサキソフォンやトランペットなどの楽器も取り入れている。楽士としての職業に加えて、小作として農業に従事してきた。

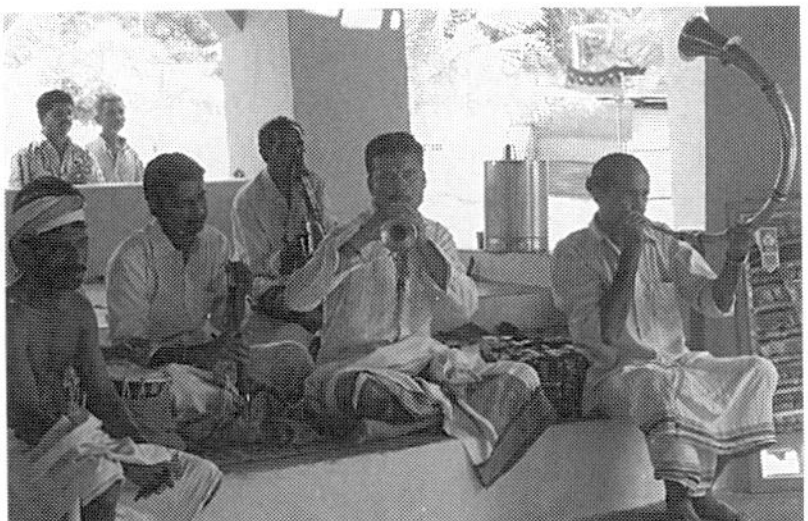

プルサの楽士たち

◆パンバダ（*pambada*）

南カナラにおいて、ブータ祭祀の踊り手であり憑坐として重要な役割を果たしてきた。パンバダは母系制をとり、母系外婚集団をもつが、踊り手としての職業は原則として父から息子へと継承される。南カナラにおいて、ブータの踊り手を務める三つのカーストであるパンバダ、パラワ（*parava*）、ナリケ（*nalike*）の中では最上位に位置づけられ、「王のダイワ（*rājanu daiva*）」と呼ばれる高位のブータの憑坐となる。[20]

◆マディエレ（*maḍdyelɛ*）

マディワーラ（*maḍivāla*）とも呼ばれる。母系制をとり、母系外婚集団をもつ。伝統的には洗濯の仕事に従事してきた。ペラールのブータ祭祀では、神具を収蔵している宝物殿（*baṇḍārada koṭya*）で、神具を清掃する役割を担っている。また、大祭の折には大社の祭壇（*koḍiyaḍi*）に陳列された神具を警護するとともに、たいまつ（*kōlu jītike*）を掲げてムッカールディやパンバダの踊りを補佐するという重要な役割を担う。[21]

パンバダの踊り手

ここまで、ペラールに居住している人々の中でも、神霊祭祀との関連において重要な諸集団の概要をみてきた。つづいて、人々の生業という観点からペラールの土地とその特徴を解説するとともに、山野や土地と密接に結びついた神霊祭祀のあり方をみていきたい。

3　土地、山野、神霊たち

ペラールの土地と山野

先にもふれたように、ペラールは標高差が大きい土地であり、土地の高低によって地質や植生が異なっている。比較的低地にあり水田稲作が可能な土地は、バイル（*bailu*）、マジャル（*majalu*）、ボットゥ（*bottu*）の三種類に分けられる。このうち、バイルはもっとも低地にあるため年間を通して湿潤であり、三期作が可能である。一方、ボットゥはやや高地にあるために、雨季以外の季節には水量が少なく、一期作に向いている。マジャルはバイルとボットゥの中間にあり、二期作が可能である。ボットゥよりも乾燥した土地はクメル（*kumeru*）と呼ばれ、水田稲作に向いていないため、乾燥に強いカボチャなどの野菜が栽培される（表4参照）[22]。

水稲の三期作の場合、一年における稲の播種から刈り取りまでのサイクルは、ほぼ次のとおりである。まず、ベーシャ（*beša*）月（五月半ばから六月半ば）[23]に一期目の稲の種蒔きを行い、苗が生長するのを待つ。その二〇日後から二二日後に、一本ずつの苗が本田に植えつけられる。その後雨季を経て、冬季の始まりであるニルナーラ（*nirnāla*）月に稲刈りが行われる。二期目の稲は、ボーンテル（*bōntelu*）月に播種され、ジャールデ（*jārude*）月に本田に

表4　土地の種類と農地利用

土地の名前	特徴	土地利用	収穫される稲の種類
バイル	低地で湿潤	三期作	エネル、スッギ、コラケ
マジャル	やや湿潤	二期作	エネル、スッギ
ボットゥ	高地でやや乾燥	一期作	エネル
クメル	稲作に向かない高地	野菜栽培など	

ペラールの田園風景

田園を取り巻く森林

クリシュナ生誕祭の日、祭りの余興に笑いさざめく村の女性たち

植えつけられ、乾季の始まりであるペラールデ（*perārde*）月からプインテル（*puyintelu*）月にかけて収穫される。三期目の稲は、プインテル月に播種され、マーイ（*māyi*）月に本田に植えつけられ、スッギ（*suggi*）月の終わりからパッグ（*paggu*）月にかけて刈り取られる（表5参照）。一期目と二期目、三期目に植えられる稲はそれぞれ、エネル（*enelu*）、スッギ（*suggi*）、コラケ（*kolake*）と呼ばれている。

稲作農地や人家の周囲には、ヤシやバナナ、ジャックフルーツ、マンゴーなどの食用作物が栽培されている。一九八〇年代以降、水田稲作に加えてビンロウジの栽培が盛んになり、一部の水田は整地されたビンロウジュの林に姿を変えている。

農地の背後に伸び広がり、ペラールの土地面積の大部分を占めているのは、グッデ（*gudde*）と呼ばれる広大な山

表5　ペラールの農事暦と年中儀礼

	トゥル暦の月（太陽暦）	農耕	ヒンドゥー寺院の儀礼	ブータとナーガの社の儀礼
	パッグ (4/15-5/14)	（コラケの収穫）		パッグ月の18日：コディマラ（*koḍimara*：儀礼用の旗竿）を片付ける儀礼（*mara jāpuni*）
雨季開始	ベーシャ (5/15-6/14)	水稲一期目：エネルの播種		
	カールテル (6/15-7/14)	本田への田植え		
	アーティ (7/15-8/14)		アーティ月の間はヒンドゥー寺院を訪れてはならない。吉祥の儀礼を行ってはならない	ナーガに捧げる儀礼（*nāgara paṅcami*）
	ソーナ (8/15-9/14)		月替わりの儀礼（*sōna saṅkrānti*） クリシュナの生誕祭 チャウティ ガネーシャの生誕祭	儀礼月の始まり 大社に供物を捧げる（*cāvaḍi karipuni*）
↓ 冬季開始	ニルナーラ (9/15-10/14)	エネルの収穫	凶日(*mahālaya amāsɛ*)：10日間、儀礼を行ってはならない* 禁忌明けの11日目以降：9人の女神のための儀礼（*navarātri*）が9晩つづく	
	ボーンテル (10/15-11/14)	二期目：スッギの播種	カヴェリ・サンクラーンティ 寺院に燈明を灯す	大社に燈明を灯す
	ジャールデ (11/15-12/14)	本田への田植え		カンブラ（*kambuḷa*）儀礼の始まり パルワ
↓ 乾季開始	ペラールデ (12/15-1/14)	（スッギの収穫）		
	プインテル (1/15-2/14)	スッギの収穫 三期目：コラケの播種		
	マーイ (2/15-3/14)	本田への田植え	イーシュワラの生誕祭	村の大社での大祭（*nēma*） ①満月の前夜：旗の掲揚　②満月の夜：アラスとバラワーンディの儀礼　③ピリチャームンディの儀礼　④4日目の午後までピリチャームンディの儀礼。夜、大社の旗を降ろす
	スッギ (3/15-4/14)	コラケの収穫		その他のブータ祭祀
	パッグに戻る			

* Upadhyaya（1988-1997: 2549）によれば、*mahālaya amāsɛ* とは、先祖に供物を捧げるべき月暦六月の二番目の二週間のうちの新月の日を指すが、ここではペラールにおける慣例的な用法を優先した。

野である。木々や下生えの生い茂るグッデは、食糧となる動植物の狩猟採集や、家畜の飼料や寝床になる落ち葉の採集をはじめ、豊かな資源として人々に利用されている。その一方で、かつては野生のトラやイノシシなどの猛獣が棲んでいたとされ、現在もコブラ（*nāga*：ナーガ）などの有毒なヘビを含む野生生物の棲息地として恐れられている。

また、グッデは神霊祭祀との関連において、ペラールの土地の中でも重要な位置を占めている。農地や人家を取り囲み、人間の生活領域の周囲に黒々と広がるグッデは、死霊（*pīta*）や劣位の精霊のさまよう場所であるとともに、あらゆる霊を統べるブータの領域でもある。グッデは神霊の力（シャクティ）に満ちた場所とされ、ブータはシャクティそのものであるともいわれる（Upadhyaya 1988-1997: 2834）。山野に棲息する（あるいはかつて棲息していた）トラやイノシシ、コブラなどの動物は、高位のブータとして祭祀の中心に位置づけられている。グッデの中の沼地は、ときに人や家畜を呑み込んでブータに変身させるとされ、村の大社の背後にそびえる山上には、野生のトラの神霊であるピリチャームンディ（*pilicāmuṇḍi*）を祀る社がある。また、次項でみるように、神霊祭祀の一部をなすカンブラ（*kambuḷa*）と呼ばれる儀礼では、カッラーラ（*kallāla*）と呼ばれるカンブラの司祭が真夜中にたった一人で山中に分け入り、山の上からブータの名を呼ばわるのである。

以下では、ペラールにおける土地と山野、神霊祭祀の密接な結びつきをみていきたい。

カンブラ儀礼と野生のシャクティ

ペラールにおいて、グットゥと呼ばれる領主層は神霊祭祀のための特別な農地を保有している。たとえば第一位の領主一族であるムンダベットゥ・グットゥは、バーキマール（*bākimāru*）とカンブラと呼ばれる農地をもつ。これらの土地は神霊に属するものとされ、ここで収穫された作物は原則として神霊祭祀のために用いられる。[24] なかでもカンブラと呼ばれる農地では、二期目の田植えが行われるジャールデ月に、山野を満たす神霊の力を農地に導き入れるための重要な儀礼、「カンブラ」が行われる。[25]

ここでは、ムドゥ・ペラールでカンブラの司祭を務めるスッバ氏の語りに基づき、ムンダベットゥ・グットゥが主催するバッタル・カーニケ・カンブラ（*baṭṭaḷu kāṇikɛ kambuḷa*：以下「カンブラ儀礼」とする）の概要をみていきたい。スッバはマンツァ（Manṣa）に属する六〇代の老人であり、ムンダベットゥ・グットゥが主催するカンブラ儀礼において重要な役割を担っていた。[26] だが、司祭としての彼の役割はカンブラ儀礼が行われる数日間だけに限られており、普段は日雇い労働者として農作業や道造りなどの肉体労働に従事する一方、昼間から酒に酔ってムドゥ・ペラールの入口界隈をうろついていることも少なくなかった。以下は、二〇〇八年七月十九日に私と調査助手のアクシャヤ・シェティ氏がスッバに対して行ったインタビューを再構成したものである。[27]

儀礼の前日の朝、私は〔ムンダベットゥ・グットゥの保有する〕カンブラ農地に行く。そこでまず、農地の周りにあるヤシの木の幹に白い泥（*sedi*）を塗りつけていく。こうすることでカンブラ農地は花嫁（*madumāḷu*）になる。それから、白い泥を水田の真ん中にあるプーカレ（*pūkarɛ*：魔除けの標柱）にもつける。[28] それが終わるとムンダベットゥ・グットゥの屋敷に戻って、屋敷の主人から白いショールと腰布を受けとる。

辺りが暗くなってくると、家で水浴びを済ませてからショールと腰布を身につけて、一人で森に入っていく。森の中にあるプージャーリの家に着くと、そこの主人が〔戸外に〕用意してくれたヤシの葉の上に横になって、夜半まで眠る。昔はヤシ酒も用意されていたものだが、今はヤシの葉だけだ。〔中略〕午前零時頃に目を覚ますと、森の中を歩いて、ボリンジ・グッデという山に登る。山の頂上に着くと、大きな岩の上によじ登って、スイギュウのブータを呼ぶ。[29] こんな風に三回、呼ばわるんだ――「カーニケダ・カンブラ、スイギュウ、おお、スイギュ

カンブラの司祭スッバ

ウよ！（*kāṇikɛda kambuḷa, eru vo eru!*）」

それから山を下りて、カンブラ農地の隣にあるマンジョッティという場所まで戻ってくる。そこでは身内の者たちが両面太鼓（*dōḷu*）を叩きながら私を待っている。[30] 私たちは楽器に合わせて一緒にドールナリケ〔*dōḷunalike:* 太鼓を用いた踊り〕[31]を踊り、それが終わると、私は山に携えていった杖を地面にポンと放り投げる。その後、私たちはムンダベットゥ・グットゥの屋敷まで戻ってくる。そこで屋敷の人たちは米と野菜のカレーを私たちにふるまってくれる。

儀礼の当日、スイギュウが二頭、ムンダベットゥ・グットゥの家畜小屋に牽いてこられる。そこでグットゥの人たちが祈りを捧げた後、私たちはスイギュウと一緒にカンブラ農地に向かう。農地の近くで、私は太い木の軛（*nuga*）をスイギュウの首に括りつけ、それをしっかりと握って、スイギュウと一緒に水田の中に走り込む。〔中略〕その後、私たち〔スッバと親族男性たち〕はムンダベットゥ・グットゥの屋敷に戻って、グットゥの人たちの前でもう一度ドールナリケを踊る。〔中略〕その翌朝、私は一握りの稲の苗（*naṭṭi*）をカンブラ農地の、標柱の東側に植える。

このスッバの語りにみられるように、カンブラ儀礼に先立ち、司祭は真夜中に山野に分け入ってそこに棲まうスイギュウの神霊を呼びだす。カンブラ儀礼では、司祭に率いられた生身のスイギュウが、満々と水を張った「花嫁」としての水田の中に泥を蹴立てて駆けこんでくる。カンブラ儀礼の間、山野と下界を往き来する司祭もまた野生の力を身に帯びた存在として、最初の苗を水田に植えつけるとともに、数か月後に実った最初の稲穂を刈り取る役割を担う。

このように、カンブラ儀礼は山野と農地、神霊と耕作者とを結びつけ、山野の内包する豊饒な野生の力を農地に呼び迎える農耕儀礼としての性格を色濃くもっている。[32] こうしたカンブラ儀礼の内容は、四章でみる神霊の大祭と同じく、司祭や憑坐の存在を媒介として人々の生活世界と神霊の力に満ちた山野を結びつける「やりとりのネットワーク」（Appadurai and Breckenridge 1976）の一例として考えることができる。この問題については、五章で詳しく取り上げる。

ブータ祭祀と土地の下賜

先にみたカンブラ農地のように、領主の家系が神霊祭祀のために保有している土地のほかにも、ペラールには村の大社名義の農地がいくつか存在する。大社の保有地の収穫物は、大祭をはじめとする祭儀のためだけに用いられ、農作業には村人たちが無償で参加する慣わしであった。大社の保有地は、実質的にはムンダベットゥ・グットゥの家長が小作を用いて管理していたが、その大部分は一九七四年の土地改革（改正）法の施行後に小作の手に渡った。[33]

さて、ペラールの大社において、「働き手たち」としてさまざまな職務を担う家系もまた、それぞれの土地をもっている。ペラールに伝わる口頭伝承によれば、これらの土地は今から八〇〇年ほど前、当時のムンダベットゥ・グットゥの長であったコラターイ・バラルティという女性によって、ブータに対する村人たちの奉仕に報いるために彼らに下賜されたものであった。ウンバリ（*umbali*）[34]と呼ばれるこれらの土地は、「働き手たち」のカースト名や役割に応じて名づけられ、それがペラールにおけるそれぞれの集団の居住地名となった。たとえば、村の大祭において踊り手を務めるパンバダに下賜された土地は、パンバデレ・コーディ（*paṁbaderɛ kōdi*）と呼ばれ、楽器の演奏を務めるジョギ（プルサ）の土地は、ジョーギレ・バイル（*jōgilɛ bailu*）と呼ばれている。また、祭祀で用いられるヤシ油の採取を生業とするガーニガの人々（*gāniga/gānadakulu*）に下賜された土地は、ガンドッティヤ（*gaṁdotya*）と呼ばれている。

ウンバリを下賜された人々は、その見返りとして神霊祭祀におけるそれぞれの職務を果たし、大祭の際には特定の供物を捧げることが義務づけられていた。「働き手たち」の多くは、今日もみずからの集団の名を冠したウンバリに住んでいるが、ウンバリを手放して別の土地に住んでいる家系もある。[35] ウンバリは、神霊祭祀における奉仕活動への見返りとしてムンダベットゥ・グットゥから儀礼的奉仕者の家系に与えられたものであるが、現在では彼らの職務に対して現金での支払いがなされている。[36]

土地を統べるブータと地母神ナーガ

ブータ祭祀のために特定の土地が利用されている場合に加えて、神霊がより直接的に土地と結びついている場合がある。ペラールでは、家の敷地や農地の外れに神霊の祠が建っている。その一部は「土地のダイワ（*jāgeda daiva*）」と呼ばれ、その土地に「棲みついている」とされるブータを祀ったものである。[37]「土地のダイワ」は特定の土地に結びついているため、その土地の保有者が交代したり転居したりしたとしても、神霊の力は原則として同じ土地にとどまりつづける。そのため、当の土地に新たにやってきた者は、「土地のダイワ」の祭祀を担う義務と責任を負う。もしも祭祀を怠れば、神霊の呪いが降りかかるとされている。

以上みてきたように、グッデと呼ばれる山野やカンブラ農地、「土地のダイワ」をはじめ、ペラールの土地は神霊祭祀と密接に結びついており、ブータは土地や山野に充溢する野生の力そのものであるとみなされている。三章で詳しくみるように、ペラールの口頭伝承であるパールダナによれば、ペラールの領域そのものがそもそもバラワーンディをはじめとする「王のダイワ」によって定められたものであった。また、領域内にある特定の土地を支配・管理する権利と義務は、神霊祭祀をつつがなく行うことと引き換えに、神霊自身によって上位の領主の家系に与えられたものであった。

ペラールの土地に対する領主の権利とは、したがって、絶えず繰り返される祭祀の執行によって確認されると同時に、遂行的に実現されるものであった。ペラールのあらゆる土地の究極的な「主」は神霊であり、領主をはじめとする村人たちは、祭祀と儀礼的奉仕の見返りとして元来は神霊のものである土地を借り受け、その収穫物を享受しているにすぎないのである。その意味で、ペラールの領主層は本来、一定の面積を占める土地そのものに対する排他的権利を有する「土地所有者」であったとはいえず、神霊の領域からもたらされた収穫物を取りまとめ、再分配し、儀礼を通してその一部を神霊に返還するという一連の過程の采配を担う者であったといえる。

約八〇〇年前に「働き手たち」の家系に土地を下賜したといわれるコラターイ・バラルティは、祭祀を条件として領主たちに土地の利用を許可したバラワーンディと同じく、神霊への奉仕の見返りとして「働き手たち」に土地の利用を許可したのであり、その意味でいわば「王のダイワ」の代役を務めるものであった。ただし、第二部で詳しくみるように、神霊祭祀の実践と不可分に結びついたペラールの土地保有のあり方は、植民地期における地租額査定の導入から独立後の土地改革に至る土地制度の変遷の中で、持続と変容の複雑な過程をたどることになる。

本章の最後に、南カナラにおいて地母神として信仰されているナーガの存在について述べておきたい。ナーガはコブラの神であるとされ、村の大社やムンダベットゥ・グットゥの保有する山野をはじめ、ペラールの各地にはナーガを祀った社や祠が数多く存在する。ナーガは野生のヘビの神であるため、池や川などの水源に近い叢林（*nāgabana*：ナーガの森）の中に祠が設けられる。ナーガのためには、月替わりの儀礼の際に村のブラーマン司祭によって儀礼が

水田の傍らにあるブータの祠

ナーガの社で儀礼を行うブラーマン司祭

ペラールの大社に祀られているナーガ像

捧げられるほか、アーティ月にはナーガラパンチャミ（*nāgarapañcami*）という儀礼が行われる。ブータ祭祀とは異なり、ナーガのための儀礼はブラーマン的な祭祀の様式に則っている。この儀礼では、村のブラーマン司祭がマントラを唱えながら、パンチャームルタ・アビシェーカ（*pañcāmṛta abhiṣēka*）と呼ばれる五種類の甘露（乳、凝乳、ギー、ヤシの果汁、蜂蜜）をナーガの石像に注ぎ、燈明をまわし捧げる。

ナーガの化身とされるコブラ自体も人々の信仰の対象となっており、ブータの社や屋敷の広間といった特定の場所にコブラが現れると、そのことは当の場所を保有する人々に対する霊的な警告やメッセージとして解釈され、しばしば占星術（*aṣṭamaṅgala praśne*）によってその理由が占われる。また、コブラの死骸を見かけた者とその親族は、死んだコブラのために葬儀を行うとともに、一六日の間喪に服さなくてはならない。地母神としてのナーガの存在は、「土地のダイワ」と同様に、ペラールにおける「土地の主」とは誰かという問題と密接にかかわっている。土地をめぐる人々と神霊との関係について、詳しくは第二部で検討したい。

ここまで、ペラールの土地と社会構成について、神霊祭祀との関係を中心に概観してきた。次章では、ペラールの大社に焦点を当て、大社の構成とそこで祭祀されている「王のダイワ」たちを紹介するとともに、祭祀を担う主な人々とその役割についてみていきたい。

注

1　インドで一般的な三輪タクシーのこと。

2　以下では、原則としてペラール全体を「村」と表現し、ムドゥ・ペラールとパドゥ・ペラールについては「小村」と表現する。ただし、ムドゥ・ペラールとパドゥ・ペラールの両方を指す場合には「両村」と表現する。

3　パドゥ・ペラールにある村落パンチャーヤット（地方自治機関）の資料によれば、ムドゥ・ペラールの面積は八九六・二四ヘクタール、パドゥ・ペラールの面積は八二九・三ヘクタールである。ムドゥ・ペラールとパドゥ・ペラールにはそれぞれ村落パンチャーヤットの事務所があるが、実質的にはパドゥ・ペラールの事務所が両村の業務を管轄している。また、政府によって任命される村落行政官は両村兼任である。

4　グットゥは一般に、南カナラにおける領主の屋敷、または村落における祭祀の施行に責任をもつ家系を指す（Upadhyaya 1988-1997: 1109）。後述するようにペラールには、神霊祭祀において重要な役割を果たす一六の家系が存在し、これらは「一六のグットゥ」と呼ばれてきた。また、第二部でみるように、ヴィジャヤナガラ時代（十四世紀半ば~十七世紀）の南カナラにおいて、「グットゥ」は村落内における行政と地租徴収の単位をなしていた。本書では原則として、グットゥと呼ばれる領主の家系を指して「領主」または「領主一族」とし、その家長を「グットゥの長」と表現する。ただし、口頭伝承や事例の記述・分析の中では、文脈に応じて領主一族の家長を「領主」と表現する。

5　ブランマについては後述する。

6　同資料によれば、二〇〇一年時点でムドゥ・ペラールでは六六人（男性三四人、女性三二人）が指定カースト（Scheduled Castes: SC）に属しており、一五人（男性八人、女性七人）が指定トライブ（Scheduled Tribes: ST）に属している。パドゥ・ペラールでは、一四二人（男性七四人、女性六八人）が指定カーストに属しており、四六人（男性二二人、女性二四人）が指定トライブに属している。

7　表1と表2は、ペラールの村落パンチャーヤット事務所に保管されていた納税者名簿（Padu Perar Panchayat Office 2008）に基づいて、筆者が調査助手であるアクシャヤ・シェティ氏とともに作成したものである。この名簿には、税金を納めた世帯の代表者の氏名と納税額が記載されているが、宗教やカースト名などは記載されていない。村人の多くは帰属する宗教とカーストに応じて特徴的な姓をもつため、代表者の姓からヒンドゥー、ムスリム、クリスチャンの別とカースト名を推定するという方法をとった。ただし、指定カーストに含まれる世帯については、パンバダを除いて代表者のファーストネームのみ記載されている場合が多く、カースト名を特定することができなかった。このため、表では「その他のSC」と記載している。また、表は納税者名簿に基づいているため、納税していない世帯が漏れている可能性がある。

8　グル・カンブラにはモスクと聖者廟があり、一九七四年の土地改革以前には、ほとんどの土地はモスクの所有地であった（土地改革時におけるモスクの所有地の小作への移譲については十一章参照）。

9　ムドゥ・ペラールの北東部の丘陵地帯にはカソリックの聖フランシスコ・ザビエル教会がある。

10　後に詳述するようにバンタは地域の地主層を形成しているが、多くが農村部で農業に従事しているという背景からOBCのカテゴリーに含まれている。指定カースト、指定トライブとその他の後進諸階級については藤井（2007: 72-84）参照。

11　「バンツ」はバンタの英語の呼称である。オッケラクルは一般に農業に従事する者の意味であり、バンテルは戦士や王の従者を意味する。Thurston（1975［1909］a: 147-172）も参照のこと。

12　クドゥビについてはThurston（1975［1909］b: 99-106）も参照のこと。

13　また、大祭の最終日にはムンダベットゥ・グットゥの屋敷にあるブータの祭壇の前で、ガウダの男性たちが土の壺を用いた舞を奉納する。

14　ビッラワについてはThurston（1975［1909］a: 243-252）も参照。

15　この儀礼の内容は、二年に一度開催されるという点を除いては大祭とほぼ同じである。

16　アーチャーリについてはThurston（1975［1909］a: 61）も参照。

17　サファリヤ（サッパリガ *sappaliga*）についてはThurston（1975［1909］d: 296）も参照。

18　本書では「バットル／ブラーマン」について、「ブラーマン」と表記する。

19　アヒ・クシェートラは現在のウッタル・プラデーシュ州に位置している。ただし、Thurston（1975［1909］a: 375）によれば、ブラーマンの起源として言及されるアヒ・クシェートラは「ヘビの土地」を意味するヘイガ（Haiga）がサンスクリット化された名称であるとされる。

20　パンバダについてはThurston（1975［1909］d: 206）、Singh（2002: 1028-1031）も参照のこと。シン（Singh 2002: 1029）によれば、パンバダというカースト名は太鼓を意味するパンバ（*pamba*）に由来する。

21　マディエレ（マディワーラ）についてはThurston（1975［1909］a: 16-18）も参照のこと。Thrstonによれば、マディワーラという名の由来は、「清潔な布」を意味するマディ（*madi*）に由来する。

22　それぞれの土地の地質や水量は、標高のみならず水源からの距離によっても左右される。また、一部のビンロウジ栽培地ではスプリンクラーが使用されている。

23　以下、トゥル暦の月と太陽暦の対応関係については表5を参照されたい。

24　バーキマールは一般に、屋敷の正面にある農地を指す（Upadhyaya 1988-1997: 2273）。

25　カンバラ（*kambala*）とも呼ばれ、一般に、①稲作農地や川辺などで行われるスイギュウの競争、②スイギュウの競争が行われる田野、③豊作を祈願して水田で行われる儀礼　を指す（Upadhyaya 1988-1997: 592）。カンブラとともに、祭壇を備えた第一位の領主の広間で「パルワ（*parva*）」と呼ばれる儀礼が行われる。パルワは一般に、サンクラマナ（*saṃkramaṇa*）のように儀礼や祭りの行われる「縁起のよい日」を指す（Upadhyaya 1988-1997: 1958）。

26　スッバ自身は自分の帰属する集団名に確信をもっておらず、自分は「アーディ・ドラヴィダ（原ドラヴィダ人）」であると語っていた。彼は二〇一〇年に村の近くで車に轢かれ、急逝した。

27　このインタビューにおいて、実際のスッバの語りは決して理路整然としたものではなく、アクシャヤと私が質問をしたり回答を促したりしながら会話は進行した。この会話のあり方自体興味深いものであるが、その詳しい検討は別稿に譲りたい。

28　プーカレとは魔除けを目的として、特定の水田やカンブラ儀礼の行われる農地に儀礼を伴って備えつけられる装飾的な標柱を指す。Upadhyaya（1988-1997: 2087）参照。

29　スッバによれば、ペラールでは遠い過去に一人の人間と二頭のスイギュウがボリンジ・グッデの沼地で忽然と消え去ったという伝説があり、スッバが呼ぶ「スイギュウのブータ」とは、これらのスイギュウの霊であるという。

30　近年まで、カンブラ儀礼の翌日にスッバとその親族男性たちが楽器を演奏しながら村の家々を巡り歩く慣習があったが、現在ではムンダベットゥ・グットゥの屋敷地でのみ楽器が演奏される。

31　Upadhyaya（1988-1997: 1673）参照。

32　アクシャヤ・シェティ氏によれば、かつてこの地域のカンブラ儀礼では、司祭であるカッラーラの男性親族によってパニク・クッルニ（*paniku kulluni*）と呼ばれる舞踏儀礼が行われていた。この儀礼では、真夜中に山野に赴いた司祭が戻ってくるのを待つ間、親族の男性たちは農地の近くで大量のヤシ酒を飲み、踊りを始める前に互いに性交したという。このことは、「花嫁」とされる農地の豊饒性と生産力を高めるカンブラ儀礼において、男性の性的な力が重視されていたことを示唆している。パニク・クッルニの一般的な説明としてはUpadhyaya（1988-1997: 1923）参照。

33　土地改革とその影響について、詳しくは第二部で検討する。大社名義の土地の一部は、過去にムンダベットゥ・グットゥの家長が購入したものである。

34　ウンバリとは一般に、寺社などでの奉仕活動と引き換えに得られる、地代不要の土地を意味する（Upadhyaya 1988-1997: 342）。

35　現在もウンバリに住む「働き手たち」の子孫へのインタビューによれば、パンバダやプルサをはじめ、儀礼的奉仕を担う家の多くは経済的に余裕がなかったため、ウンバリを抵当として借り入れた借金を返済できず、結局土地を失ったというケースが少なくないという。

36　後述するように、それぞれの家系による儀礼的奉仕への見返りとして、上位の領主から各家系に免税地を与えるというこのシステムは、ブータの大社と高位の領主の家系を中心とした職分権体制（田辺 2010: 57-58）として考えることができる。

37　家の敷地や農地に建っている祠の中には、「土地のダイワ」以外に、家庭レベルで祭祀されている「家のダイワ（*manɛ daiva*）」や、親族レベルで祭祀されている「親族のダイワ（*kuṭumada daiva*）」がある。

2章　ペラールの大社と神霊たち

ムドゥ・ペラールの玄関口であるイーシュワラカッテから、パドゥ・ペラール方面に車を走らせると、やがて右方向に大きな門がみえてくる。金色に近い黄土色に塗装された門には、「シュリ・ブランマデーワル・イシュタデーワテ・バラワーンディ・ピリチャームンディ・ダイワスターナ、キンニマジャール、ペラール」[1]と書かれた白い文字が浮きあがり、正面には三つの像が据えられている。向かって左の人物は、波型の剣を手にしてトラにまたがり、中央の人物は長剣を手にして象に乗っている。向かって右側の人物は口髭をたくわえ、弓矢を手にして馬にまたがっている。この門は、幹線道路から分岐してペラールの大社へと続く道の入り口にあり、そびえたつ門の上に鎮座している三つの像はそれぞれ、ピリチャームンディ、アラス（*arasu*）、そしてバラワーンディという三人の神霊をかたどっている。

　この門を通ってつづら折りの山道を下ると、やがて左手に赤い屋根瓦の建物がみえてくる。空高く生い茂るヤシの木々と水田を背景に、北側を屋根つきの回廊で囲まれ

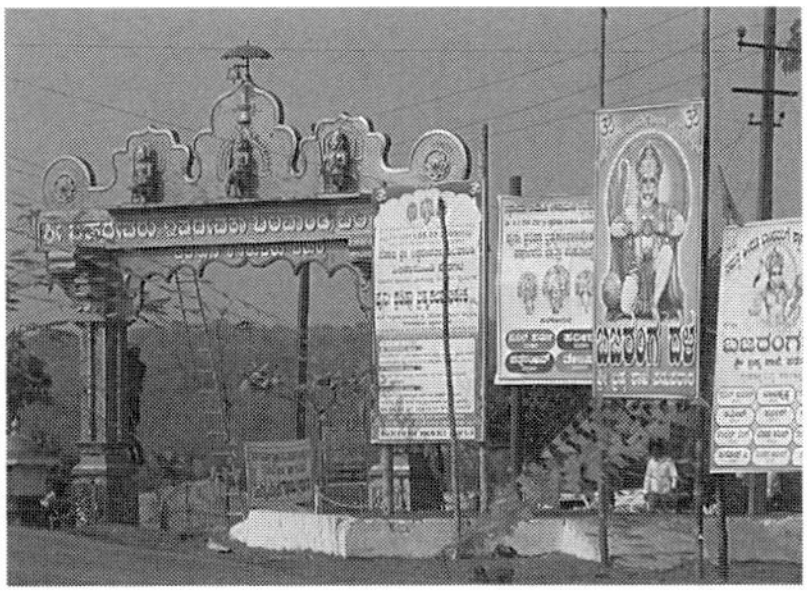
ペラールの大社に続く門

た敷地の中央には、花綱の下がった小さな祠が建っている。この場所はバンタカンバ（*baṇṭakaṁba*）と呼ばれ、ペラールの中心的なブータであるバラワーンディが出現したとされる聖地である。

バンタカンバからまっすぐ南に伸びた畦道を一〇〇メートルほど行くと、正面に再び巨大な門が現れる。朱色とコバルトブルーに塗られた門を入って中庭を抜けると、屋根つきの回廊と塀に囲まれた広い敷地に、苔むした赤い屋根瓦の建物が点在している。ここが、ペラールにおける神霊祭祀の拠点である村の大社である。[2] この大社には、バラワーンディとアラス、ピリチャームンディという三人のブータと、ブランマ（*bramma*。ナーガブランマ *nāgabramma*、またはベルメル *bermeṛu* とも呼ばれる）という名の高位の神霊が祀られている。

本章ではまず、ペラールの大社における神霊祭祀について概説する。1節では、ペラールの大社とバンタカンバの見取り図を示し、それぞれの建造物の配置と役割を紹介する。2節と3節では、ペラールの社で祭祀されている主要な神霊であるバラワーンディとアラス、ピリチャームンディ、そしてブランマに焦点を当てて、それぞれの特徴と由来を概説する。つづいて4節以降では、大社における主な儀礼的役割と、それぞれの役割を担う人々と家系についてみていく。

1　バンタカンバと村の大社

三つの祭祀場所――大社、バンタカンバ、宝物殿

ブータ祭祀にかかわる重要な場所と建造物の多くは、ムドゥ・ペラールとパドゥ・ペラールの境界に程近い、パ

ドゥ・ペラールの東端に位置している。なかでも重要な場所は、村の大社とバンタカンバ、宝物殿の三つである。大社は、先にもふれたようにペラールにおける神霊祭祀の中心であり、四人のブータが祀られている。バンタカンバはバラワーンディがペラールの地に出現したとされる場所であり、宝物殿はブータ祭祀に用いられる神具が収蔵されている建物である。

この三つの場所の位置関係をみると、やや小高い土地にある大社を基点として、北北西の方角に八〇メートルほどの地点にバンタカンバが位置している。一方、宝物殿は大社から東北東に一〇〇メートルほど下った地点にあり、バンタカンバからは東南東の方角に位置している。このように大社とバンタカンバ、宝物殿は、水田を挟んで三角形をかたちづくるように位置しており、その間は畦道で結ばれている(図2参照)。

大祭をはじめとする儀礼の折には、ブータの司祭と祭主たち、神具を運ぶ人々と楽士たちの行列が宝物殿を出発し、ルート①を通ってバンタカンバへ向かう。バンタカンバで祠に燈明を捧げた後、行列はルート②を通って大社に向かい、大社の境内で主要な儀礼が行われる。また、ムッカールディと呼ばれるバンタの司祭やパンバダの憑坐は、儀礼の前に沐浴をするためにルート③を通って大社から宝物殿へ向かい、再びこの道を通って大社に戻ってくる。

この三つの場所に囲まれた土地は、マジャルと呼ばれる二期作の水田である。村の大祭は二期目の稲の刈り入れの終わった休耕期に行われるため、三日間にわたる大祭の期間にはこの場所に出店や軽食の屋台が賑やかに立ち並ぶ。バンタカンバと宝物殿の背後には、青々としたヤシの林が広がっている。一方、大社の南側は小高い山であり、山上には野生のトラの神霊、ピリチャームンディの社が建立されている。

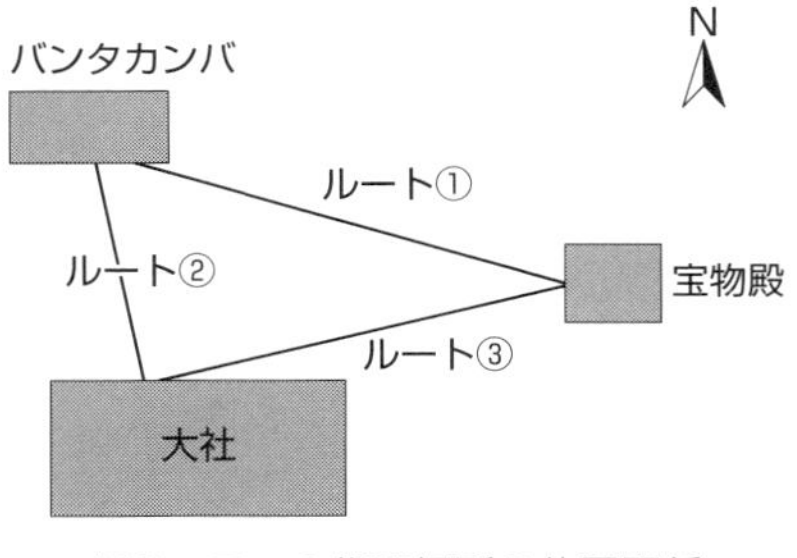

図2　三つの祭祀場所の位置関係

◆バンタカンバ

バンタカンバの西端に位置する赤い屋根瓦の大きな平屋は、ラーメルッラーイェレ・チャーワディ（*rāmerullāyere cāvadi*）と呼ばれており、敷地の中ほどに建てられた祠は、この場所の名と同じくバンタカンバと呼ばれている。バンタカンバの敷地は、門が位置する東の端から西の端に向かって緩やかな上り勾配になっており、ラーメルッラーイェレ・チャーワディは敷地全体を見下ろす高みに建てられている。

バンタカンバは、八〇〇年ほど前にバラワーンディがペラールに姿を現した場所だとされており、この村におけるブータ祭祀の起源の地とされている。なかでも、敷地内の祠はバラワーンディが出現した地点であるとされており、聖跡として祀られている。この祠は、三角の屋根と鉄の柵で囲われた一メートル四方ほどの小さな建造物であり、その中に据えられた石の台座には、天辺に金属の飾りを施された高さ二メートルほどの黒い木の柱が立っている。

ペラールのブータ祭祀において、バンタカンバは村の大社や宝物殿と並んで、もっとも重要な場所とされている。大祭をはじめとする儀礼の折には、それぞれの領主一族の長や司祭をはじめ、大社での祭祀を担う主要な人々が、宝物殿から運びだされた神具とともに行列をなして畦道を歩き、バンタカンバへやって来る。神霊の司祭であり憑坐でもあるムッカールディは、燈明のともされた祠の前でバラワーンディに憑依され、祭主を務めるグットゥの長たちに託宣を述べる。また、四章でみるように大祭の最終日には、ブータによる審判（*vāku piripuni*）がこの場所で行われる。バンタカンバは、このようにペラールにおけるバラワーンディの出現という神話的な歴史を具現する場所であり、現在の神霊祭祀において神聖な法廷としての役割をもっている。

ラーメルッラーイェレ・チャーワディ（奥）とバンタカンバ（手前）

◆大社

ペラールの大社は、塀に囲まれた広々とした敷地の中に建つ、複数の建造物の総称である。屋根つきの回廊に取り巻かれた大社の境内には、ペラールのブータ祭祀にとって重要な建物が配置されている。[3]

東側の正面入り口から境内に入ると、ちょうど真正面にみえる二階建ての建物がブランマの社である。口頭伝承に伝わる掟に従って、ペラールではブランマの社とペジャッターヤの屋敷を除いては、二階建ての家を建ててはならないということになっている。この地域でよくみられる比較的簡素な造りのブータの社とは異なり、低い石段や灯籠を備えた重厚な造りのブランマの社は花々や燈明で飾られ、その前には賽銭箱や祈祷の時間を記した掲示板などが設えられている。ブランマの社のこのような外観は、一見するとヒンドゥー寺院そのものであるかのようにみえる。

大祭で神具を担ぐ働き手たち

大祭で聖火を掲げる働き手の一人

ブランマの社

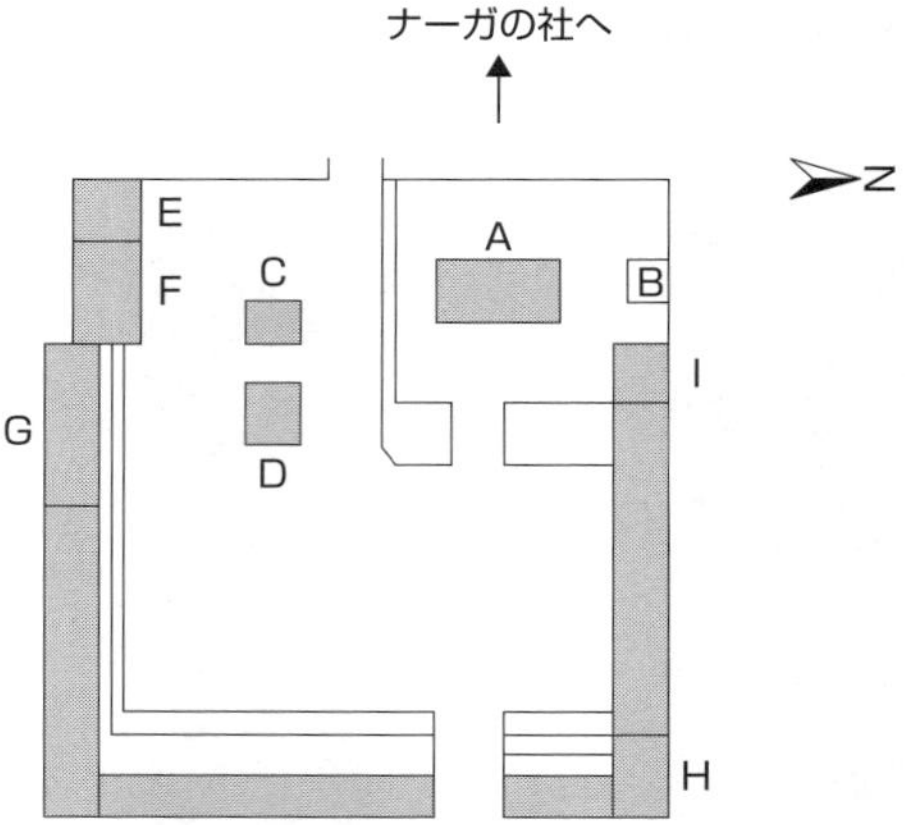

図3　ペラールの大社の略図
A ブランマの社　B 井戸　C マーダ（アラスの社）
D コディヤディ（祭壇）　E 木馬の収納庫
F 広間　G 物置　H 事務所　I 専属司祭の控え室
（上記以外の色つきの部分は屋根つきの回廊）

東に開いた社の入り口から奥を覗き込むと、薄暗い空間の中にぽつぽつと点る燈明の灯りに照らされて、ブランマの依代が黒々と浮かび上がっている。それは、石の台座に屹立している黒いブランマ・リンガ（*bramma liṅga*）の姿である。[4] 背後には、プラバーワリ（*prabāvali*）と呼ばれる金の光背がリンガを取り巻いている。その横にはバリムールティ（*balimūrti*）と呼ばれる金の神像が置かれ、[5] 台座の正面には七つの頭をもつ金のナーガ像（*nāga jiḍɛ*）が鈍い輝きを放って鎮座している。

ブランマの社には、「アスラーンナ」と呼ばれるブラーマン司祭が常駐しており、毎日欠かさず儀礼を行っている。アスラーンナは、ブランマ・リンガやナーガ像の周囲を水で清め、新しいジャスミンの花とキンマ（*baccirɛ:Piper betle*）の葉を供え、マントラを唱えながら燈明を捧げる。アスラーンナの主な仕事はブランマの社での儀礼であるが、これに加えて後述するマーダ（*māḍa*）や、三人のブータの祭壇にも燈明を捧げて儀礼を行っている。

ブランマの社の南側には、苔むした赤い三角屋根の建物がある。この建物は塔のような形をしており、地上三メートルほどの高さにある入り口から地上に向かって、狭く急な階段が取りつけられている。これは、「マーダ」と呼ばれるアラスの社である。アスラーンナはこの階段を足早に上って燈明をともし、アラスに背を向けないように社の入り口に顔を向けたままで階段を下りてくる。

マーダの東側に隣接して、「コディヤディ（*koḍyaḍi*）」と呼ばれる建造物がある。長方形の平らな屋根をコンクリート製の四本の柱が支え、東向きに祭壇が設けられている。普段、この場所には何も祀られていないが、大祭の折にはコディヤディ全体が花々や電飾で麗々しく飾りつけられ、祭壇には宝物殿から運ばれてきた神具が安置される。村の大祭においてコディヤディは、ブランマの社と並んで重要な儀礼の舞台となる。

コディヤディとマーダの南側に、屋根つきの回廊と隣接した形で、北向きに大きな窓と扉を設えた建物がある。これは、「三人のウッラークルの広間（*mūverullākulɛ cāvaḍi*：以下「広間」とする）」と呼ばれており、中にはバラワーンディとアラス、ピリチャームンディのための木製の寝台（*mañcāvu*）が置かれている。ブータの寝台は同時にその祭壇でもあり、折々の儀礼において燈明や供物が捧げられる[6]。広間の横にある比較的質素な建物には、大祭で用いられる木馬や木製のトラの像が収納されている。

大社の西の門から境内の外に出ると、向かって右手に緑色の水をたたえた溜め池があり、左手の奥に大木に抱かれるようにしてナーガの社がある。大社の裏手に位置するナーガの社の祭壇には、ヘビの下半身をもち、頭部から九頭のヘビが鎌首をもたげている女神の石像をはじめ、四体のナーガの石像が祀られている。

大社の南側は、木々の鬱蒼と生い茂る小高い山である。その山のふもと、広間の

アラスの社とコディヤディ

ナーガの社

ちょうど裏手あたりに、ピリチャームンディの社へとつづく参道の入り口がある。山の頂上にあるピリチャームンディの社までは、幅の狭い石の階段が途切れることなく続いている。大祭をはじめとする儀礼の折には、司祭や祭主たちは楽士たちとともにこの石段を上り、ピリチャームンディの社に燈明を捧げた後にまた石段を降りて大社の境内へと戻ってくる。ほとんどの儀礼は夜に行われるため、ふもとの境内から見上げると、かすかに響いてくる楽の音とともに、アスラーンナの捧げ持つ燈明の光が山中をちらちらと揺れながら動いていくのが眺められる。

ここまで、ペラールの神霊祭祀にかかわる重要な場所と建造物についてみてきた。それでは、これらの社に祀られている神霊とは、いったいどのような存在なのだろうか。次節では、大社の広間に祀られている三人のブータの由来と特徴をみていきたい。

2　三人のブータと多義的な神霊ブランマ

ペラールの大社に祀られているのは、先述したように、バラワーンディとアラス、ピリチャームンディという三人のブータと、ブランマと呼ばれる最高位の神霊である。先の三人はいずれも、ブータの中でも特に身分の高い「王のダイワ」であるとされ、合わせて「三人のウッラークル（*ullāklu*）[7]」と呼ばれている。他方、ブランマはときにヒンドゥーの創造神ブラフマーと同一視される一方、地母神であるナーガとも関連づけられており、ブータ祭祀の中で多義的な位置を占めている。

ペラールの地から出現した神霊、バラワーンディ

ブランマ・バラーンディ（*bramma balāṇḍi*）とも呼ばれるバラワーンディは、ペラールで祀られているブータの中でも、もっとも中心的な存在である。次章でみる口頭伝承に詠われているように、バラワーンディはもともとブランマの臣下であったが、ブランマの呪いによって地上に送られ、「ナードゥ」という名の人間の子どもとして育てられた。長じて後、ナードゥは王と旅に出るが、その帰途にブランマと再会した彼は、ブランマと壮絶な闘いを繰り広げる。この闘いの挙げ句、ナードゥはブランマによって地上から姿を消されてしまう。こうして人間から神霊となったバラワーンディは、ペラールのバンタカンバに姿を現すのである。その後、バラワーンディはブータの「王」であるアラスと、最高位の神霊であるブランマをこの土地に招聘するとともに、異邦の神霊であるピリチャームンディに対して、ペラールの社にとどまる権利を与えたとされる。

このように、バラワーンディはペラールの地から出現したブータであり、アラスやブランマをはじめとする主要な神霊をこの土地に連れてきたという点で、ペラールにおけるブータ祭祀の起源とみなされる存在である。また、アラスやピリチャームンディといった他のブータの多くが、ペラール以外の土地でも広く祭祀されているのに対して、バラワーンディはペラール以外の土地にその社をもたない、この土地に独自の神霊である。したがって、バラワーンディはペラールの社においてもっとも主要な、いわば大社の「看板」としての位置を占めている。

絵画などでは立派な口髭をたくわえ、弓矢を持った勇猛な闘士として描かれることの多いバラワーンディであるが、実は男女両性を併せもつといわれている。四章でみるように、大祭においてバラワーンディになりかわったパンバダの憑坐ははじめ、ひだ飾りの施された豪奢なスカートを身につけて踊り、その後、口髭をたくわえ武器を手にした勇壮な姿に変身してブランマに闘いを挑むのである。

神霊たちの王、アラス（別名ウッラークル）

王を意味する「アラス」という名をもつこのブータは、高貴な人を呼ぶ敬称「ウッラークル」という名でも知られている。神話の中では、アラスは多くの従者を従えた「神霊たちの王」として登場する。

次章でより詳しくみるように、口頭伝承によれば、ペラールの地に出現したバラワーンディは、この土地には自分よりも高位の「王」が必要だと思い立ち、アラスをペラールに請い招く。アラスは、最高位の神霊であるブランマを村に招聘することを条件に、ペラールに来ることを承諾する。その後、バラワーンディとアラスは人間に姿を変えてペラールの家々を訪れ、行く先々で食物を要求する。家長たちのもてなしを受けた二人の客人は、神霊としての姿を明かし、この村にブータの社を建てることを家長たちに約束させる。

アラスはこのように、バラワーンディよりも高位の神霊として位置づけられている。そのため、バラワーンディとアラス、ピリチャームンディという三人のブータが並んで描かれるときには、必ずアラスがもっとも大きく中央に描かれる。大祭においても、他の二人の神霊に先駆けて、まずアラスのために儀礼が行われる。ただし、こうしたアラスの地位の高さは、大社における中心性を意味するものでは必ずしもない。アラスはバラワーンディよりも高位にあるが、ペラールの口頭伝承や大祭において主役の位置を占めているのはバラワーンディであり、村の内外の信奉者たちにとって、ペラールの大社は実質的には「バラワーンディの社」であるとみなされている。[8]

野生のトラの神霊、ピリチャームンディ

ピリチャームンディをかたどった像や絵画では、この神霊は常にトラにまたがった姿で描かれている。この姿に示されているように、ピリチャームンディは野生のトラの神霊である。このことが、ペラールの大社におけるピリ

チャームンディの祭祀にやや特殊な性格を与えている。

口頭伝承によれば、バラワーンディに招かれてアラスがペラールの地にやって来た後、アラスの姿を一目見ようとやってきたピリチャームンディは、彼の来訪を嫌がるバラワーンディに行く手を阻まれる。バラワーンディの挑戦を受けたピリチャームンディは、さまざまな奇跡を行って自分の力を見せつける。結局、バラワーンディはピリチャームンディの来訪を受け入れ、この神霊がペラールで祭祀されることになったという。

先述したように、ピリチャームンディは野生のトラの神霊であるため、その祭祀には他のブータとは異なる点がみられる。たとえば、アラスとバラワーンディ、ブランマは大社の境内に祀られているのに対して、ピリチャームンディだけは山上にその社をもつ。また、バラワーンディやアラスが菜食であるのに対して、ピリチャームンディは肉食であるとされている。そのため、儀礼においてバラワーンディとアラスのためには大社の境内でコメやバナナ、ヤシの実などの供物が捧げられるのに対して、ピリチャームンディのためには境外で、バナナやヤシ酒に加えて生きたニワトリが供される。

ただしペラールの社において、ピリチャームンディが常に周辺的な位置にあるというわけではない。四章でみるように、三日間つづく大祭では、その最終日にもっとも長時間にわたってピリチャームンディの儀礼が行われる。また、同じく最終日には、憑坐の姿をとった神霊に村人たちが謁見してみずからの抱えるさまざまな問題を申告し、神霊の審判を仰ぐ「ワーク・ピリプニ（*vāku piripuṇi*）」という儀礼が行われる。このときに審判を行うのは、ムッカールディを憑坐とするバラワーンディと、パンバダの踊り手を憑坐とするピリチャームンディである。このように、ペラールの大社においてピリチャームンディは、アラスやバラワーンディに比べて幾分周辺的な位置を占める一方で、大祭において審判を行い、最後の祝福を述べるという大役を担っている。

ここまで、バラワーンディとアラス、ピリチャームンディという三人のブータについてみてきた。ペラールの大社では、この土地に起源をもち、村の人々をしてブータ祭祀を開始せしめたバラワーンディがもっとも中心的な位置を占めている。だが、神霊としての位階をみるならば、この大社に王として君臨しているのは、バラワーンディによってペラールに招致されたアラスである。他方、この社に最後に参入したピリチャームンディは、大祭における審判者という重要な役割を担っている。このようにしてみると、これら三人のブータは、先住権、位階の高さ、審判権という三つの領域において互いに拮抗しつつ分立しているといえる。

さて、これら三人のブータよりもさらに高位にある神霊として、ペラールの大社においていまひとつの重要な役割を担っているのがブランマである。次項では、ブランマの由来と特徴をみていきたい。

多義的な神霊　ブランマ

ベルメルやナーガブランマ、またはブランメール（*brammēru*）とも呼ばれるブランマは、ペラールの大社において特別な地位を占めている。ペラールにおいてブランマは、あらゆる神霊を司る最高位のブータとされる一方、ときにヒンドゥー神ブラフマーと同一視される存在でもある。先にみたようにペラールの大社では、他の三人のブータとは異なり、ブランマは境内に建てられた寺院様の立派な社に祭祀されている。また、ブランマのためには毎日欠かさず儀礼を捧げなくてはならないため、アスラーンナと呼ばれるブラーマン司祭が社に常駐して祭祀を執り行っている。

次章で詳しくみるように、口頭伝承の中でブランマは、バラワーンディを凌ぐ力をもつ存在として詠われている。バラワー

ブランマの依代であるブランマ・リンガの前で儀礼を行うアスラーンナ

ンディはブランマの呪いを受けて地上に生まれ、彼と闘った挙句に地上から姿を消す。やがて神霊として蘇ったバラワーンディは、アラスの願いを受けてブランマをペラールに連れてくる。バラワーンディはブランマに仕え、ブランマを憎み、彼と闘いながらも、ブランマと離れることができない。口頭伝承において、両者は因縁ともいうべき関係で結ばれた存在として描かれている。

憑坐に憑依することで人間の前に顕現する他のブータとは異なり、ブランマは憑坐をもたず、ブランマ・リンガとしての形を除いては人々の前にその姿を現すことはない。だが、大社の日常的な祭祀や大祭において、ブランマの社は重要な役割を担っている。大社において、日常的にもっとも手厚い祭祀を受けているのは常駐の司祭を抱えたブランマの社である。大社を訪れた人々は、まずブランマの社に参詣してから、バラワーンディやアラスを祀った広間や祭壇に参拝する。人々はまた、ブランマの社でブラーマン司祭の手からプラサーダ（*prasāda*: 祝福、お下がり）[9]を受けとる。

ペラールの大祭では、ブランマの社がコディヤディと並んで主要な儀礼の舞台となる。四章でみるように、儀礼の中で祭主や司祭、パンバダの踊り手、神具を担いだ「働き手たち」の行列はコディヤディとブランマの社のまわりを周回する。また、バラワーンディに憑依されたパンバダの踊り手は、ブランマの社と対面してブランマに対する闘いの踊りを繰り広げる。

ブランマの社専属のブラーマン司祭であるアスラーンナの役割にも示されているように、最高位の神霊であると同時にヒンドゥー神ブラフマーとも同一視されるブランマの存在は、ペラールの大社において、ブータ祭祀とブラーマン的な儀礼との併存と、それぞれの祭祀にかかわる宗教的職能者の協働という現象を生みだしている。このことは一見すると、ブータ祭祀のような土着の宗教祭祀がブラーマン的な儀礼の様式を受容し、模倣することによって変容を遂げていくという「サンスクリット化」(Srinivas 1952: 30-31) の概念によって説明できるように思われる。[10] しかし、神霊祭祀におけるブラーマン的な祭祀様式やブラーマン司祭の存在は、低位カーストによる高位カーストの儀礼様式の受容という「サンスクリット化」の一例としてはとらえきれない複雑な問題をはらんでいる。

ペラールの大社において、アスラーンナやペジャッターヤをはじめとするブラーマンの存在は不可欠である一方で、元来バンタとプージャーリが中心となって担ってきたとされる神霊祭祀へのブラーマン司祭の参入については、バンタの領主層やプージャーリの司祭をはじめとする非ブラーマンの人々の間では賛否両論がある。他方、神霊祭祀にかかわる村落在住のブラーマン司祭の多くは、ヒンドゥー寺院における儀礼の様式をブータ祭祀に応用するのみならず、それぞれの神霊に特有の祭祀の方法や祈祷を実践的に習得している。ここには、神霊祭祀のサンスクリット化という側面のみならず、神霊祭祀によるブラーマン司祭の「取り込み」という側面をみてとることができる。

さらにまた、先にもふれたようにブランマは、ヒンドゥー神ブラフマーと同一視される一方で、「ナーガブランマ」という別名に示されているように、地母神であるナーガにも関連づけられている。[11] こうしたブランマの多義性や、その「真相」をめぐる解釈は、ペラールの大社における権威の所在をめぐる抗争において、争点のひとつとなってきた。七章でみるように、ペラールの大社にあるブランマの社が果たして「ブータの社」であるのか、それとも「ヒンドゥー寺院」であるのか、また、大社における中心的な神格はバラワーンディであるのか、それともブランマであるのかという問題は、一九三〇年代に大社の管財権をめぐってブラーマン司祭と上位の領主一族との間で争われた一連の裁判において、大きな争点となったのである。

以上、ペラールの大社で祭祀されている主要なブータについてみてきた。これらのブータの他にも、バラワーンディ、アラス、ピリチャームンディの下位には五人のブータが、さらにその下位に七人のブータがいるとされる。このことはトゥル語で、「一人のブランマ、三人のウッラークル、五人のカーラニーケル（*kāraṇīkeru*：どんなことでもする者）、七人のマーヤガル（*māyagaṛu*：身体をもたない者）」と表現される。[12] このように、ペラールの大社において祭祀されている神霊たちは、ブランマを最高位とする位階的な構造の中に位置づけられている。

3　祭祀を担う人々と家系

ペラールの神霊祭祀は、総体として「慣習／法（カットゥ）」と呼ばれる精緻なシステムによって支えられている。以下では、大社における主要な儀礼的役職と、それぞれの役職を担う人々についてみていきたい。

大社の管理運営と祭祀の実践は、それぞれに専門的な役割をもつ多数の人々によって担われている。祭祀における各人の役割は、それぞれが出自をもつ家ないし家系[13]が伝統的に担ってきたものであり、その多くは親族集団の内部で継承される。ペラールの大社において祭祀を担う主要な家々は、後述するようにひとつの位階的なシステムの中に位置づけられている。この位階の順序は、ペラールにおける神霊祭祀の起源を詠った口頭伝承によって根拠づけられている。

ブータ祭祀と領主の家系

ペラールにおいて、ブータ祭祀にかかわる主要な家系とそのカーストを、位階の順序に従って表にすると表6のようになる。

表6に示したように、ペラールのブータ祭祀において主要な役割を担っているのは、ブラーマンであるペジャッターヤと「一六のグットゥ（領主）」の家系である。[14] 一六の家系のうち、一二の家系はバンタに属しており、ひとつの家系はガウダ、三つの家系がプージャーリに属している。地理的にみると、この一六の家々は、ムドゥ・ペラールに位置する第一位の領主の家系から始まって、第二位の家系はパドゥ・ペラールに位置し、第三位の家系はムドゥ・

表6　ペラールの神霊祭祀にかかわる主要な家系

総称	位階	家系	カースト	重要な役職
ペジャッターヤ	最上位	ペジャッターヤ	ブラーマン	ペジャッターヤ
16のグットゥ	1	ムンダベットゥ *muṇḍabettu*	バンタ	ガディパティナール
	2	ブラーナベットゥ *brāṇabettu*	バンタ	
	3	ティッディヤムンドットゥ *thidyamuṇḍottu*	バンタ	
	4	パールドーディ *pāldōdi*	バンタ	
	5	アラケ *alake*	バンタ	ムッカールディ（バラワーンディの司祭）
	6	ジャナーンダ *janānda*	バンタ	
	7	パラーリ *parāri*	バンタ	
	8	ゴリダーディ *golidādi*	バンタ	
	9	マイロディ *mairodi*	バンタ	
	10	ナディ *nadi*	バンタ	
	11	ボットットゥ *bottottu*	バンタ	
	12	ウリヤ *uliya*	バンタ	ムッカールディ（ピリチャームンディの司祭）
	13	シャースターウ *śāstāvu*	ガウダ	
	14	カベティ *kabethi*	プージャーリ	
	15	タンニャ *tannya*	プージャーリ	
	16	ペリール *perēr*	プージャーリ	
16のウラグットゥ		詳細は省略		
16の働き手たち*			バンタ マディエレ マディエレ モイリ モイリ モイリ バンダーリ パンバダ	ムッカールディ ボルゴデの担ぎ手** ジーティゲの担ぎ手 サッティゲの担ぎ手 パレンキンの担ぎ手 ムガの担ぎ手 床屋司祭 憑坐／踊り手

＊それぞれの働き手は、ガディパティナールやムッカールディと同様に、特定の家系の出身者が担っており、役割は世襲で受け継がれる。表には挙げていないが、楽士であるプルサのように儀礼において重要な役割を果たしている家系もある。

＊＊「16の働き手たち」の多くはブータの神具の担ぎ手である。ボルゴデは長い柄のついた小さな銀の傘、ジーティゲはたいまつ、サッティゲは紅白の巨大な日傘、パレンキンは神具を載せて運ぶための神輿、ムガは銀製のブータの面である。

ペラールに位置するというように、両村から交互に選ばれるというしくみになっている。

一六の領主の下位には、これらの家々を補佐し、必要とあらばその代役を務めるものとして、「ウラグットゥ（*ulaguttu*: 副領主）」と呼ばれる一六の家々がある。さらにその下に、儀礼の場においてさまざまな職務を遂行する「一六の働き手たち」と呼ばれる人々が存在している。

儀礼において名目上の最高位を占めているのはブラーマンであるペジャッターヤの家系であるが、祭祀にかかわる実権を握ってきたのはバンタの領主の家系であり、なかでも第一位の領主一族であるムンダベットゥ・グットゥが、ブラーナベットゥ・グットゥと呼ばれる第二位の領主一族の助けを借りつつ、大社の運営と財政管理にかかわるほぼ一切の実務を取り仕切ってきた。また、全部で一六ある領主の家系の中でも、第一位から第五位までの家系は、互いに姻戚関係を結ぶことによって親密な関係を持続させてきた。

一六の領主の中で、大社における祭祀の全体にかかわる重要な役職を担っているのは、第一位のムンダベットゥ・グットゥ、第五位のアラケ・グットゥ、第一二位のウリヤ・グットゥである。ムンダベットゥ・グットゥからは「ガディパティナール（*gadipatināru*）」と呼ばれる祭主の長が[15]、アラケ・グットゥからは「ムッカールディ」と呼ばれるバラワーンディの司祭が、またウリヤ・グットゥからは、ピリチャームンディの司祭が選出される。

大社の祭祀にかかわる家系間の儀礼的な位階は、ペラールにおける家系間の社会的な位階にほぼ対応している。つまり、村における主要な家系の社会的地位は、原則として大社の祭祀において各家系が占める儀礼的地位によって決定されている。また、ペラールの場合、儀礼的位階をめぐって競合しがちであるのは、たとえばブラーマンとバンタ、あるいはバンタとプージャーリといったカースト集団同士ではなく、同じカーストに属する領主の家系同士である。たとえば、一六の領主の中でもバンタに属する一二の家系の間では、この一二の家系間の序列がもっとも重要な関心事であり、位階をめぐってバンタの家同士が対立するケースもある[16]。

領主の家系間の位階は、ペラールの神話的歴史を詠った口頭伝承によって根拠づけられているのみならず、毎年の大祭において実演されるものでもある。四章でみるように、ペラールの大祭は神霊祭祀にかかわる人々がそれぞれの役割を遂行する機会であるとともに、家系間の序列が確認される機会でもある。なかでも一六ある領主の家系の位階は、儀礼の中で劇的に顕示される。アラスとバラワーンディ、ピリチャームンディの儀礼において、神霊の憑坐であるパンバダの踊り手たちは、数百人にのぼる観衆が注目する中で、位階の順序に従ってグットゥの長の間を踊りまわり、それぞれの家、ないし土地の名を順番に呼ばわるのである。[17]

それでは以下に、祭祀にかかわる役職を具体的にみていきたい。4節では、ガディパティナールとバラワーンディの司祭（ムッカールディ）をはじめ、バンタの領主層によって担われている重要な役職を取り上げる。5節では、神霊の憑坐であり踊り手として儀礼の中心を担うパンバダの役割を中心に検討する。

4 祭主と司祭——ガディパティナールとムッカールディ

祭主の長、ガディパティナール

第一位の領主一族であるムンダベットゥ・グットゥの家系から選出されるガディパティナールは、ペラールに存在するすべてのブータ祭祀を統轄する最高責任者であり、祭主である。ペラールにおける現在のガディパティナールは、一九三一年生まれのガンガーダラ・ライという人物である。聖職のしるしである白い装束を長身にまとい、彫りの深い顔立ちに薄い色のサングラスをかけたガンガーダラ・ライの姿は、威厳に満ちていながらもどことなく粋な雰囲気を醸しだしている。彼はムンダベットゥ・グットゥの第二のカバル（*kabaru*：母系親族集団であるクトゥマの下位カテゴリー。九章と十章で詳述）に属しており、先代のガディパティナールであった実兄が一九九九年に逝去した後、二〇〇一年に現在の地位に就いた。彼はムンダベットゥ・グットゥ全体の家長でもあり、ペルガデ（*pergade*）という尊称でも呼ばれている。

　ガディパティナールの選出にあたっては、まずムンダベットゥ・グットゥの一族全体で協議がなされ、そこで候補に挙がった人物について、儀礼を通して神霊（バラワーンディ）に伺いを立てる。神霊がその者を了承すれば、彼はガディパティナールの地位に就くことができ、そうでない場合には、一族の中で再度討議を行って適当な人物を選びなおすことになる。

　神霊の許可を得た後に、候補者はガディパティナールに任命される。ガディパティナールとは本来、「権威／責任（*gadi*）を担う者」という意味であり、一度ガディパティナールとして任命された者は、原則として死の床に就くまでその職務を遂行しなくてはならない。のみならず、ガディパティナールとなった者には、数々の禁忌や規範が課される。もっとも身近に神霊と接し、神霊と人々の架け橋としての役割を担うガディパティナールは、俗人とは異なる存在であるために自身を清浄に保つ必要があるとされる。そのため、たとえば彼は自宅以外の場所において、一切の飲食物をとることができない。また彼は、ケガレの状態（*sūtaka/ amɛ*）にあるとされる者——たとえば、身内に死者が出た者や産後すぐの女性、月経中の女性など——にふれてはならないばかりか、そうした者を目にすることも禁じられている。

　ガディパティナールは、大社の運営と祭祀の実践の両方において重要な役割を果たしている。マディヤスタ（*madyaste*）と呼ばれる第二位の領主一族の長とともに、彼は財の管理を含む大社の運営と、儀礼の執行にかかわる実務を取り仕切っている。一六の領主と一六の副領主、その他の儀礼的奉仕者たちは皆、ガディパティナールとマ

ムンダベットゥ・グットゥの母屋の広間にて。ブータの祭壇に祈りを捧げるガディパティナール

ディヤスタの指示に従ってそれぞれの職務を遂行するのである。

村の大祭において、ガディパティナールは開催前日から最終日の夜まで、連日連夜すべての儀礼に列席してその運行を監督する。また彼は、祭主の長として祈祷（*madipu*）を唱えて神霊の憑依を促し、憑坐に憑依したブータに連れ添ってその言動に応じ、供物を捧げてブータを歓待する。その見返りとして、神霊はムンダベットゥ一族をはじめとする領主の家系と村人たちを祝福し、村全体の守護を約束するのである。ガンガーダラ・ライによれば、ガディパティナールとはこのように、大社の運営と祭祀の最高責任者であるとともに、「王のダイワ」の信頼を受けて近しく交流する者であり、ガディパティナールと「王のダイワ」との間には特別な関係が結ばれている。

ガディパティナールだけが、その手でダイワにふれることができるのであり、他の誰にもそれはできない。ガディパティナールだけが、ダイワの渇きを癒すことができる。[18] ガディパティナールはダイワに対してアディカーラ（*adikāra*）をもち、ダイワもガディパティナールに対してアディカーラをもっている。そして、ダイワに剣を渡し、ダイワから剣を受けとることは、ガディパティナールのアディカーラである。（ガンガーダラ・ライ、二〇〇八年七月二日）

上記の語りに三度登場する「アディカーラ」とは、権威、高貴さ、地位、権利などを意味するサンスクリット語（Skt. *adhikāra*）に起源をもつ言葉であるが（Monier-Williams 2008［1899］: 20）、トゥル語では権威、力、地位に加えて職務や責任などを含意し、神霊と人間との関係性をめぐる語りの中で頻繁に登場する言葉である（Upadhyaya 1988-1997: 96）。神霊祭祀の文脈において、アディカーラは人間と神霊が互いに対してもつ権利と責任を意味する。またそれは、神霊たちと親密な関係を取り結び、彼らに近しく仕えながらその加護を受ける者としてのガディパティナールの特権性を表す言葉でもある。

大社におけるのみならず、ペラールで行われるあらゆるブータの祭祀において、ガディパティナールは最高責任者としての地位を占めている。彼は、村で開かれるすべてのブータの儀礼（*kōla*）に列席することが期待されており、もしもガディパティナール自身の列席が難しい場合には、ムンダベットゥ・グットゥの男性成員が代わりに列席しなくてはならない。ガディパティナールの職務は、このようにムンダベットゥ・グットゥという家系の共同責任という側面をもっており、この家系に属する男性成員はガディパティナールの仕事を補佐する義務を負っている。このことは、ガディパティナールの地位が原則として、母の兄弟から姉妹の息子へという母系ラインで継承されることにも示されている。

バラワーンディの司祭、ムッカールディ

ペラールのブータ祭祀において、儀礼の執行を担うとともに神霊に憑依される司祭は、ムッカールディと呼ばれている。南カナラの多くの地域において、ブータの司祭はマーニまたはパートリと呼ばれ、プージャーリの人々によって担われている。マーニはブータの祭祀を執り行い、儀礼の中で激しい憑依に襲われる[19]。ペラールにおいてもマーニは存在するが、大社で祀られている三人の「王のダイワ」（バラワーンディ、アラス、ピリチャームンディ）のためには、彼らよりも高位の司祭としてバンタに属するムッカールディが祭祀を執行している。

ペラールにおいてバラワーンディのムッカールディ職を担っているのは、第五位の領主一族であるアラケ・グットゥ出身のバーラクリシュナ・シェティという人物である。一九七二年生まれのバーラクリシュナは、黒々とした眉に眼光鋭く、黒い口髭を蓄えた威風堂々とした人物である。彼はその若さにもかかわらず、祭祀を担う領主層の中でもガディパティナールとともに主導者的な立場を占めている。彼はブータにかかわる祭祀や慣習を知悉しており、ペラールの口頭伝承や歴史についても造詣が深い。バーラクリシュナがムッカールディの地位を受け継いだのは二〇〇五年十月のことであり、先代のムッカールディは彼の母の兄であった。このように、ガディパティナールと同じくムッカールディの地位もまた、母方オジから姉妹の息子へと母系親族集団の内部で継承される。

ムッカールディとして選ばれた後、バーラクリシュナはブランマの社に仕えるブラーマン司祭によって、浄めの儀礼（*kalaśa snāna*）を施された。これは、聖なる仕事に就く者を、ブラーマン司祭が「水がめの聖水（*kalaśanīru*）」で

清めるという儀礼である。[20] この儀礼は、ムッカールディと同じく神霊の憑坐となるパンバダの踊り手にも施される。ただし、パンバダの踊り手は毎年の大祭の前に必ずこの儀礼を受ける必要があるが、ムッカールディがこの儀礼を受けるのは、就任時の一度だけである。その理由は、パンバダの踊り手はペラール以外の村々でもその土地のブータとして踊るために、毎年必ずその身を清める必要があるが、ムッカールディは他村の神霊祭祀にかかわることがないために、一度きりの儀礼で十分なのだという。

パンバダの踊り手について詳しくは次節で述べるが、パンバダの踊り手とムッカールディを比較してみると、両者はともに儀礼の場において神霊に憑依され、ブータの化身として託宣を述べるなど、憑坐としての両者の役割には多くの共通点がみられる。その一方、踊り手として神霊になりかわるパンバダと、司祭として祭祀を執り行うムッカールディの役割は、祭祀のシステムの中でまったく異なるものとして位置づけられている。両者の違いのひとつは、神霊による憑依のあり方とその頻度である。パンバダの場合、彼らがペラールの大社において神霊の憑坐として踊るのは、年に一度の大祭のときだけである。[21] これに対してムッカールディは、ソーナ月からパッグ月にかけての冬季と乾季に行われる神霊祭祀と儀礼の全般にかかわっており、この間、彼の身体にはいつ何時でも神霊が憑依する可能性がある。このことについて、バーラクリシュナ・シェティは次のように述べている。

　パンバダの仕事は、年に一度、顔に化粧を施し衣装をつけて、大祭のときに踊ることである。しかしムッカールディは、簡素な儀礼の装束のままでダイワを呼びだす。パンバダは、社の〔建物の〕内部に入ることはできない。社の内部での儀礼はムッカールディの仕事である。ソーナ月からパッグ月のはじめまで、ムッカールディは実に多くの仕事を行う。たとえば、ソーナ・サンクラーンティ、パルワ、マーリプージャ、プダルデッチナ・ネーマ、カンブラなどである。これらの仕事を執り行うことは、ムッカールディのアディカーラである。（バーラクリシュナ・シェティ、二〇〇八年七月二日）

村の大祭においてムッカールディは、大祭の前日から最終日までの四日間、ほとんど食物を摂ることなく儀礼に参与しつづける。この間、彼は一度も自分の家に戻ることなく、夜間も社に宿泊しなくてはならない。彼はバラワーンディの司祭かつ憑坐として、憑依と脱憑依の間をめまぐるしく往き来し、常態を超えた身体的な力を発揮する。バラワーンディの憑依によってムッカールディに及ぼされる圧倒的な力は、彼自身にもコントロールすることができない。

　バラワーンディ・ダイワは、他の神霊とは異なっている。バラワーンディ・ダイワは、自身の望みや欲望に従うものである。彼女〔バラワーンディ〕はいつ何時でもやってくるかもしれない。踊りを踊る必要も、太鼓や管楽器を演奏する必要もない。儀礼の間、彼女はずっとムッカールディの身体の中にいる。ムッカールディがただ家の中に座っているだけでも、それは現れるのだ。（バーラクリシュナ・シェティ、二〇〇八年七月二日）

四章でみるように、バラワーンディに憑依されたムッカールディは、グットゥの長や「働き手たち」とともに境内を何度も周回し、祭壇に燈明を捧げ、託宣を述べる。また、大祭の最終日には、ピリチャームンディの憑坐とともに人々の問題に対する審判を下す。たとえバラワーンディに憑依されていない間でも、彼に休息の時はほとんどない。アラケ・グットゥ出身のバーラクリシュナは、祭主の一人でありガディパティナールの補佐役として、儀礼の執行を取り仕切らなくてはならないのである。

バラワーンディに憑依され、境内を練り歩くムッカールディ

他方、それぞれの領主の屋敷で行われる小規模な儀礼においても、ムッカールディは司祭かつ憑坐として重要な役割を果たしている。彼はバラワーンディの現《うつ》し身として託宣を述べ、グットゥの長たちにさまざまな要求を突きつけ、最終的に彼らを祝福する。どのような儀礼の場においても、ムッカールディに憑依したバラワーンディの姿は、常に人々を畏怖させる迫力に満ちている。彼は祭主たちの犯した儀礼的過ちに対して激しい憤怒を表明し、人々は神霊の怒りを鎮めることに腐心する。ムッカールディに憑依したバラワーンディは、この神霊の畏怖相を表しているといえ

る。

地域社会の有力者層であるバンタの男性によって担われ、バラワーンディの畏怖相を体現するムッカールディは、日常生活においても儀礼の場においても、次に述べるパンバダの憑坐を凌駕する権威をもつ。七章でみるように、こうしたムッカールディの優位性は、神霊祭祀をめぐる人々の抗争や交渉のあり方にも影響を及ぼしている。

5 パンバダの踊り手たち

ペラールの大社において、ムッカールディと同じく神霊の憑坐として重要な役割を果たしているのはパンバダの踊り手たちである。ただし、前節でみたようにムッカールディが祭祀を執り行う司祭としての役割を担っているのに対して、パンバダは儀礼の場で神霊の装束を身につけて踊り、口頭伝承であるパールダナを詠唱するという点に際立った特徴がある。

南カナラの神霊祭祀において、ブータの踊り手となるのはパンバダ、パラワ、ナリケという三つのカーストの出身者である。[22] 神霊祭祀との関連において、これら三つの集団は位階的に区別されている。すなわち、パンバダの踊り手は「王のダイワ」と呼ばれる高位の神霊の憑坐となるのに対して、より低位にあるとされる神霊の憑坐となるのは、ナリケの人々である。[23]

アラスとバラワーンディ、ピリチャームンディがそうであるように、パンバダが憑坐となる「王のダイワ」の多くは、バンタの領主層を祭主として村の主要な社に祀られている。これらは村全体の安寧と繁栄を司るとされている神霊たちであり、「王のダイワ」のためにはネーマと呼ばれる大祭が村を挙げて執り行われる。

一方、ナリケの人々が憑坐となる神霊は、村内の各家庭や特定の場所で祭祀されている場合が多い。ペラールでは、

ナリケの踊り手たち

サッティヤデーワテやカルーティ、マントラデーワテをはじめ、各家庭の祭壇や祠で祀られているブータは数多く、十二章でみるように、これらは村人の生活の中で重要な位置を占めている。「王のダイワ」に比べて低位にあるとされるこれらの神霊はときに、「野生の・粗野な・飼いならされていない」を意味する形容詞「カートゥ（*kāṭu*）」を付して、「カートゥ・ブータ（*kāṭu būta*）」と総称される。

高位の領主層が祭主としての権利をほぼ独占し、一般の人々にとって謁見の機会が限られている「王のダイワ」とは異なり、家庭レベルで祀られているこれらのブータは、一般の村人たちにとってより身近な存在である。これらのブータのためにはコーラとよばれる儀礼が催されるが、ペラールにはナリケの人々が居住していないため、近隣の村からナリケの踊り手を招いて儀礼を執り行う。

ブータの踊り手を務める諸集団は、このように、それぞれがその憑坐となる神霊の地位に応じて位階づけられている。本節では、ペラールの大社で憑坐を務めるパンバダの踊り手に焦点を当ててみていきたい。

「王のダイワ」の踊り手としての職業は、ペラールに居住するパンバダ一族の男性の間で世襲的に継承されている。なかでも現在の中心的な踊り手は、ヤティシュ・パンバダとジャヤーナンダ・パンバダという名の二人の男性である。彼らは祖父同士が兄弟、父同士が平行イトコという関係にあるが、曽祖父をはじめ二人の祖父と父はみな卓越した踊り手であった。ヤティシュとジャヤーナンダは、それぞれの父から踊り手としての職業と地位を受け継いだことになる。パンバダは母系制をとるため、ナーガの祭祀や葬式などの儀礼的な集会への参加や、死や出産に伴う禁忌（*amekāra*）を遵守すべき義務をもつ人々の範囲は母系親族集団に限定される。他方、踊り手としての職業は多くの場合、父から息子へと父系で継承される。

ペラールにおいて、パンバダの人々はパドゥ・ペラールに位置する「パンバデレ・コディ」と呼ばれる土地に集住している。先にもふれたように、この土地は今から八〇〇年ほど前にムンダベットゥ・グットゥの長であったコラターイ・バラルティから、パンバダの儀礼的奉仕に報いるために下賜された土地であるとされている。現在、この土地には九家族が住んでいるが、これらの家の成員はみな互いに親族関係にある。

目下、パンバダ一族を代表する踊り手はヤティシュとジャヤーナンダの二人であるが、その他にもジャヤーナンダの兄やイトコをはじめとする父系親族が、同じく踊り手として二人の活動を支えている。四章でみるように、パンバダの踊りには、儀礼の進行内容と踊り手の役割を熟知している仲間の介助と補佐が不可欠である。

ペラールの三大神霊であるバラワーンディとアラス、ピリチャームンディのうち、二〇一五年現在ではヤティシュがバラワーンディ、ジャヤーナンダがアラスとピリチャームンディの踊り手を務めている。それに加えてこの二人は、ペラールに祀られている複数の神霊の踊り手を務めている。ヤティシュとジャヤーナンダには、ペラールの中でそれぞれが踊りを担当すべき区域があり、これは二人が踊り手を務める「王のダイワ」によって決定される。すなわち、バラワーンディの踊り手であるヤティシュは、ムドゥ・ペラールで踊る権利をもち、ピリチャームンディの踊り手であるジャヤーナンダは、パドゥ・ペラールで踊る権利をもつ。逆にいえば、二人はお互いの縄張りを侵してはならないのであり、縄張りの侵犯は踊り手同士の間に緊張と対立を引き起こしかねない。

以下ではヤティシュとジャヤーナンダを中心に、ブータ祭祀における踊り手の役割をみていきたい。

バラワーンディの踊り手、ヤティシュ・パンバダ

一九七四年生まれのヤティシュ・パンバダは、パドゥ・ペラールの大門から大社へと続く山道の途中にある一軒家に、老母と妻子とともに暮らしている。彼はブータの踊り手のほかに職業をもたず、いつも聖職のしるしである白いシャツと腰巻を身につけている。彼は朗らかで親しみやすく、謙虚な人柄であり、領主層の人々とも友好な関係を結んでいる。

ヤティシュによれば、彼が父アイタッパについて踊り手としての仕事を開始したのは一一歳のときであり、当時は「王のダイワ」の従者であるブータの踊りを担当していた。バラワーンディの踊り手であった父が二〇〇六年に亡くなった後、ヤティシュがその地位を受け継ぐことになった。

四章でみるように、村の大祭においてヤティシュは、バラワーンディの憑坐としてムッカールディから聖油を受けとり、巨大な木馬に乗って境内を曳きまわされ、ブランマの社の前で闘いの踊りを繰り広げるというように、大祭の中でももっとも衆目を集める重要な儀礼の主役を務めている。

「王のダイワ」の踊り手の任命にあたっては、ムッカールディの場合と同様に、ブランマの社において壺の聖水による浄めの儀式が行われる。その後、踊り手はガディパティナールから金の腕輪を与えられる。このようにして踊り手に任命された者は、原則として死の床につくまで踊り手としての職務を果たさなくてはならない。彼は、自分が踊り手を務めるブータの儀礼には必ず出席して踊らなくてはならず、何があろうとも儀礼をキャンセルすることは許されない。

つづいて、ヤティシュの又イトコであるジャヤーナンダについてみていこう。

アラスとピリチャームンディの踊り手、ジャヤーナンダ・パンバダ

一九七五年生まれのジャヤーナンダ・パンバダは、パドゥ・ペラールの奥地、ヤシの木に囲まれた小さな家に、老母と兄夫婦、妻子とともに暮らしている。彼は踊り手としての職業のほかに、マンガルール市内の郵便局員としての職業をもっており、毎日オートバイでマンガルール市と村を往復している。ジャヤーナンダは、涼やかな目に鼻筋のとおった端正な顔立ちであり、踊り手の多くがそうであるように耳に小さな金のピアスをつけ、白いシャツに白い腰巻を身につけている。彼は物腰柔らかく理知的であり、ブータ祭祀や口頭伝承について深い知識をもっている。踊り手の役割について淀みなく語る彼の言葉からは、踊り手としてのゆるぎない自信が窺われる。

ペラール随一の踊り手を自負する彼の矜持と信条は、他の踊り手から抜きん出た個性的な踊り手としてジャヤーナンダの存在を際立たせる一方で、ときに、祭祀をともに担う人々との間に軋轢を生む原因ともなっている。詳しくは後述するように、ジャヤーナンダは領主の采配の下で行われる従来の大祭のあり方に不満を抱いており、神霊祭祀の

「民主化」を提唱する村落外部の有力者と結びつくことで、上位の領主層の不興を買っている。また彼は、南カナラの伝統としてのブータ祭祀の重要性を説き、踊り手のコミュニティの中で頭角を現してきた。

ジャヤーナンダによれば、彼が父グルワッパについて踊り手としての経歴を積みはじめたのは一二歳のときであった。彼は当初、ピリチャームンディの従者役であるブータの踊りを担当していたが、一五歳のときにはじめて、父の補佐を受けて「王のダイワ」の踊り手を務めた。このように、踊り手の多くは幼い頃から父親とともに儀礼に参加し、主役の踊り手を補佐する仕事を通して、儀礼の内容や踊りの様式を体得していく。パンバダが基本的に母系制をとるにもかかわらず、踊り手としての職業が父系で継承されることは、その技芸が父と父方のオジ、兄弟と父方イトコを中心とする親密な父系親族集団の内部で、儀礼への参与を通して実践的に受け継がれていくことによる。

儀礼の準備をするパンバダの踊り手

四章でみるように、ペラールの大祭においてジャヤーナンダは、アラスとピリチャームンディという二人の神霊の踊り手として、初日と最終日にそれぞれの踊りを務めている。なかでも大祭の最終日には、一〇時間以上にも及ぶ長大な儀礼を通して、ジャヤーナンダはピリチャームンディの現し身として踊りまわり、口頭伝承を詠い、託宣を述べ、ムッカールディとともに人々の問題に耳を傾けて審判を下す。このように、ジャヤーナンダはペラールのブータ祭祀を支える踊り手として、きわめて重要な位置を占めている。

ジャヤーナンダとヤティシュをはじめ、パンバダの踊り手たちは儀礼の場で神霊になりかわり、神霊そのものとしてふるまうことを通してブータのもつ野生の力を人々の前に顕現させる。踊り手であると同時に憑坐でもある彼らの経験については、六章であらためて検討したい。

以上みてきたように、ペラールの神霊祭祀は一六の領主と司祭、その他の働き手たちからなる位階的な分業体制によって支えられており、それぞれの地位と役割は「カットゥ」と呼ばれる慣習法によって定められている。なかでもムンダベットゥ・グットゥをはじめとする上位の領主は、村落社会において神霊祭祀の祭主であり、大社の管理責任者としての役割を担うと同時に、大規模な土地を保有する有力者としての立場を占めてきた。

こうした領主の立場は、ヒンドゥー寺院を対象とする先行研究において検討されてきた、寺院の神に対する王や首長の立場に相当するものと考えられる（e.g. Dirks 1987: 304, 1992: 225）。ヒンドゥー寺院では、王をはじめとする信者たちは司祭を介して神に供物を捧げ、その見返りとしてさまざまな権利を伴う名誉の分配を受けてきた（Appadurai and Breckenridge 1976; Appadurai 1981: 20-37）。本書でみるように、ブータ祭祀の場合もまた、グットゥの長をはじめとする人々は神霊に供物を捧げ、祭祀を行うことの見返りとして大社と地域社会におけるさまざまな権利の分配に与っている。ブータ祭祀をめぐる人々の語りにたびたび登場する「アディカーラ」とは、祭祀の中心的な担い手たちの権利と責任を表す言葉であるが、こうした権利や責任は、ヒンドゥー寺院における名誉や権利の分配と同様に、神霊とのやりとりを通して人々に賦与されるものである。

ここで注意すべきことは、それぞれの権利や責任とは、慣習法に従って無条件に各家系に与えられるものではなく、神霊と人々の相互的な贈与交換関係を通して、その都度確認されねばならないということである。すなわち、各家系が滞りなく祭祀に参与してそれぞれの権利《アディカーラ》と責任を遂行することは、慣習法に基づく規範的な行為である一方で、儀礼における対面的な相互交渉を通した神霊による承認を通してのみ実現されるという不安定さを抱えてもいる。地域社会で支配的な立場にある領主層でさえ、神霊とのやりとりを通してその承認を得ることなくしてみずからの権威を維持しつづけることはできない。この意味で、本来偶有的であり制御不可能な野生の力である神霊の力《シャクティ》は、領主の社会的な権威に優越しているのである。

次章では、ペラールにおける神霊と人々の関係を根拠づけている口頭伝承であるパールダナの内容をみていきたい。

注

1　ペラールの大社の正式名称。ブランマデーワル、イシュタデーワテ、バラワーンディ、ピリチャームンディは大社に祀られている四人の主なブータを指す（「ブランマデーワル」はブランマ、「イシュタデーワテ」はアラスの異名）。キンニマジャールは後述するバンタカンバと大社、宝物殿を合わせた場所を指す。

2　バンタカンバと大社を合わせて、キンニマジャールの社（*kinnimajālu sāna*）と呼ばれる。

3　大社自体は八〇〇年の歴史をもつとされているが、現存する建物は一九六五年に再建されたものである。

4　ブランマ・リンガは一見するとシヴァ・リンガとよく似た形をしている。社に常駐するブラーマン司祭の説明によれば、ブランマ・リンガの場合、台座とリンガがひとつの石で彫られている点に特徴があるという。

5　司祭や祭主がブランマの社の周りを周回するときにこの神像を捧げ持つ。

6　高位の領主の本家には、ブータを祀る祭壇を設えた広間があり、月替わりの儀礼などの際には村のブラーマン司祭がここで儀礼を行う。神霊が休む祭壇は常に北向きであるべきとされ、神具が収蔵されている（つまり神霊が休む場所であるとされる）宝物殿もまた、北向きに建てられている。

7　ウッラークルとは、身分の高い男性に対する尊称である。Upadhyaya（1988-1997: 410）参照。

8　ここで興味深い点は、バラワーンディがアラスをペラールに招いた際に、アラスがブランマの招致をバラワーンディに要求し、この要求にしたがってバラワーンディがブランマをペラールに連れてきたとされていることである。バラワーンディが自分よりも高位のアラスを招いたように、アラスは最高位の神霊とされるブランマの存在を欲している。このように、ペラールの口頭伝承からは、相対的に地位の低いブータがより高位のブータを招致することによって、祭祀の位階的な構造が形成されていったという経緯をみてとることができる。

9　サンスクリット語のプラサーダ（Skt. *prasāda*）は清澄さ、慈悲、恩寵などを意味するが、神に捧げられた供物のお下がりもプラサーダと呼ばれる（Monier-Williams 2008［1899］: 696-697）。トゥル語でプラサーダは神や神霊からの祝福を意味し、一般的には花や食物、ビャクダンの練り粉など、帰依者によって神や神霊に捧げられた後にお下がりとして帰依者に授けられるものを指す（Upadhyaya 1988-1997: 2170）。ブランマの社では、キンマの葉に載せたビャクダンの練り粉が帰依者に授けられる。

10　シュリニバス（Srinivas 1952）は、低位カーストの人々がブラーマン的な儀礼や信仰、生活様式を取り入れることでカースト・ヒエラルキーにおける地位の上昇を求める動きとして「サンスクリット化」を定義している。また、「浄」と「不浄」の概念によって異なるカースト間の構造的な差異が組織化され、維持されているとした。

11　ブランマの来歴やアイデンティティについては民俗学者の間でも諸説がある。たとえば、Padmanabha（1977: 24-39）はアーサー・コーク・バーネル（Arthur Coke Burnell）が作成したブータの名称リスト（Navada and Fernandes（eds.）2008: 25-27参照）に基づき、ナーガブランマ（ナーガブラーマ）とベルメル（ブラーマ）を区別した上で、前者はヒンドゥー神に起源をもつ一方で、後者はすべてのブータを司る「最高位のブータ」であるとしている。また、Upadhyaya（1996: 202）は、ベルメルとヒンドゥー神ブラフマーとの結びつきを明確に否定している。他方、Claus（1978）は口頭伝承の分析に基づき、豊饒性と死の危険の両方に結びついた森を司る神格としてベルメルを提示している。本節でみたようにペラールでは、ブランマ（ベルメル）はヒンドゥー神ブラフマーと同一視される一方で、より土着的な神霊であるナーガブランマであるともみなされている。

12　「五人のカーラニーケル」と「七人のマーヤガル」と呼ばれる延べ一二人のブータは、すでにみた三人のブータの従者として、比較的周辺的な立場にある。このことは、ペラールの大祭においてこれらのブータの儀礼が簡素であり、余興的な色彩をもつことにも示されている。

13　母系親族集団の中心であり、ブータの祭壇と広間を備えた本家の屋敷である「家」と、総体としての母系親族集団を指す「家系」について、ここではほぼ同義的に用いる。母系親族集団（クトゥマ）については第二部で詳述する。

14　これら一六の家系には、合わせて「一六のグットゥ（領主）」という名が冠されているが、実際にある程度まとまった土地を保有する地主層であったのは第一位から第五位までの家系である。

15　後述するように、大祭における祭主の長であり、大社の管理運営と儀礼の執行の総監督としての役割を果たす。

16　たとえば第七位と第八位の領主の家系は二〇〇八年現在、大祭において憑坐に憑依したブータに家の名を呼ばれる順位をめぐって争っている。

17　当該の家系に祭主がいる場合には、祭主個人の名が呼ばれる。それ以外は、家または土地の名前が呼ばれる。

18　四章でみるように、村の大祭においてバラワーンディに憑依されたムッカールディが、ガディパティナールから若いヤシの実を受けとり、その果汁を三回、地面に流すことを指す。

19　憑依という観点からパンバダやナリケの踊り手とマーニ（パートリ）の特徴を対比的に論じた論考として Suzuki（2008: 53-54）参照。

20　Upadhyaya（1988-1997: 715, 716）によれば、*kalaśa* は聖水の入った水がめを指す。この聖水を注いで身を清めることは *kalaśaśuddhi* と呼ばれる。また、*kalaśasnāna* は初めて子どもを授かった妊婦に対する清めの儀礼とされる。ペラールではブータ祭祀のために行われる清めの儀礼についてこの名称が用いられているため、ここでは調査地の用法を優先して記述する。

21　ただし、パンバダの踊り手はペラールで開かれる複数の儀礼において、ブータの憑坐として踊る。また、ペラール以外の土地で開かれる儀礼でも憑坐として踊ることができる。

22　いずれも行政的には指定カーストに指定されている。

23　パラワはパンバダとナリケの中間の地位を占めるとされる。

三章　パールダナ——詠われる起源神話

ムンダベットゥ・グットゥやペジャッターヤをはじめ、ペラールの神霊祭祀において重要な位置を占めている家系と神霊との関係性は、パールダナと呼ばれる口頭伝承に詠われている。パールダナは、それぞれの神霊の由来や神霊同士の関係について語ると同時に、神霊たちと彼らに仕える人々との原初的な関係性についても物語っている。ペラールのパールダナに詠われる神霊たちの物語は、バラワーンディの前身であるナードゥの生涯、ナードゥとブランマとの闘い、ナードゥの失踪と復活、ペラールへのアラスの招致、バラワーンディとピリチャームンディの闘いと和解などをテーマとしている。他方、神霊と人間の関係性を主題としたパールダナでは、バラワーンディとアラスが人間に姿を変えてペラールの家々を訪れたときの出来事が詠われる。後にみるように、パールダナにおいて神霊が訪れたとされる家々とその順序は、現在に至るまでペラールにおける主要な家々の位階の根拠とされている。

四章でみるように、村の大祭において、アラスとバラワーンディ、ピリチャームンディの踊り手はそれぞれ、儀礼の中でパールダナを詠唱する。居並ぶグットゥの長たちとペジャッターヤ、そして千人近い観衆の面前で、遠い昔にあったという神霊同士の闘いと和解、神霊と人間の交渉について、ブータの装束を身につけた踊り手が朗々と詠いあげる。ムンダベットゥ・グットゥやペジャッターヤをはじめとするペラールの人々が、「ペラールの歴史」として参

パールダナの詠唱

照し、引用するのは常にこのパールダナである。

本章では、ペラールにおける主な口頭伝承の内容をみていきたい。はじめに、バラワーンディの前身であるナードゥについて詠ったパールダナを紹介する。[1]

1　バラワーンディ前史——ナードゥの生涯

ナードゥの誕生

昔、マンガルールがマンガーラと呼ばれていた頃、この土地はチャンドラシェーカラという王によって治められていた。マンガーラにはグルプラと呼ばれる土地があり、そこにはドニンジャ・ゴートリと呼ばれる領主の一族がいた。この一族の中に、サッティヤ・バンナールとラクシュミーという夫婦がいた。この夫婦には子どもがいなかったため、子どもを授かることができるよう、二人はナーガブランマに祈願し、誓約をたてた。そこでブランマは、自分の臣下の一人を、「地上に生まれよ」と呪った。そこで、ブランマの臣下の一人が地上に生まれ出ることになった。サッティヤ・バンナールは、川のほとりを歩いていたときに一人の子どもを見つけ、その子を家に連れ帰った。夫婦は喜んで子どもを育てた。探し求めていたときに見つけた子だというので、二人はその子を「探す」を意味する「ナードゥ（*nāḍu*）」と名づけた。

ナードゥは長じて教育を積み、ナーディ・ドニンジャという土地で武術を教えるようになった。およそ七〇人もの弟子がナードゥに武術を学んだ。

サッティヤ・バンナールは、チャンドラシェーカラ王の臣下として名を馳せていた。彼は王の寵愛を受けていたため、もう一人の臣下がそれを妬み、サッティヤ・バンナールを殺してしまった。夫を殺された悲しみのあまり、妻ラクシュミーもみずから命を絶ってしまった。育ての親が死んでしまったこのときから、ナードゥは神を信じなくなった。

王とナードゥの旅

さて、マンガーラの王チャンドラシェーカラの母方オジは、チャンドラシェーカラが生まれる前に、姉妹の子の誕生を願って神への誓願を行っていた。[2] この誓約を果たすために、王はヴェノールという土地にあるマハーリンゲシュワラ寺院へ巡礼しなくてはならなかった。

王がヴェノールの神に奉納すべき品物は、金でできた小さな子どもの像、銀のゆりかご、一握りの貨幣であった。しかし、王はヴェノールへの道を知らなかったため、ナードゥを連れて行くことに決め、ナードゥに使いを送った。ナードゥは、武術の指導に励んでいたときに王からの手紙を受けとった。その手紙には、「着の身着のままでただちに駆けつけよ」とあった。ナードゥが王の下に馳せ参じると、王は彼を喚んだわけを話した。そこでナードゥは、ある決意を王に申し上げた。

「王様、私はあなた様と一緒に参ります。ただし、神の像の前でも、寺院の前でも、私はあなた様のように神への祈りを捧げることはないでしょう」

チャンドラシェーカラ王は、ナードゥの望みをすべて聞き入れた。ナードゥの望みとは、彼のために白馬と白い日傘を与えること、王のためには花で飾られた御輿を用意すること、寺院への往路ではナードゥが王を先導し、帰路では王が先頭をゆくことであった。そこで、麗々しく花で飾られた御輿の担ぎ手たちとともに、王とナードゥは王宮を出発して寺院へ向かった。

王とナードゥは、カドリ〔地名〕近郊のマンジュナーテーシュワラ寺院にたどり着いた。そこから二人は、クドゥプという土地のスブラマニヤ寺院に向かった。王はこれらの寺院に供物を奉納したが、ナードゥはいずれの寺院にも足を踏み入れなかったばかりか、馬から下りようともしなかった。

そこから二人は、ムールル〔地名〕のムーダダーヤ寺院、アラウのパドプ、ミジャランガディ、ミジャラパッタデ、チョダーラパーデなどの土地を通って、ナーダ・バイルと呼ばれる土地にやってきた。そこにはブランマの社があり、王はこの社を訪れたが、ナードゥは社の外に立っていた。このとき、ブランマはナードゥのそばに近づいてこういった。

「今は行くがよい。再び戻ってきたなら、私がお前の面倒をみよう」

これは、ブランマがナードゥに与えた約束であった。これに対して、ナードゥは次のように答えた。

「これから行く道のとおりに、私は戻って参りましょう」

ナードゥとブランマの闘い

王とナードゥは、ナーダ・バイルの前の広大な土地を通り抜け、ヴェノールのアーネカル寺院を過ぎ、ついに二人は偉大なる神の寺院、マハーリンゲシュワラ寺院に到着した。そこで王は、祈願の折に約束していた品々を奉納した。その夜、王とナードゥはヴェノールで開かれていた祭りに参列し、その翌日、二人は帰路についた。帰路では、ナードゥが望んだように、御輿に乗った王が先頭をゆき、馬上のナードゥは後尾についた。

二人がナーダ・バイルにさしかかったそのとき、肩から聖紐をかけた一人のブラーマンが現れて、不意にナードゥの馬の手綱を握った。手綱をとられたナードゥの馬は、そこで立ち往生をしてしまった。実はそのブラーマンとは、ブランマの化身であった。

そこでナードゥとブランマとの闘いが始まったのであるが、それはまるで、天と地がひとつになったかのようにすさまじい闘いであった。とうとう最後に、ブランマはナードゥの馬を石に変え、ナードゥの姿を地上から消し去ってしまった。

王が振り向いたとき、ナードゥの姿はどこにも見えなかった。そこで王は祈りを捧げた——そのとき、どこからか不思議な声が聞こえてきた。

「今日でナードゥの呪いは終わった。ペッラ〔*perra*：現在のペラールを指す〕にあるラーメルッラーヤのチャーワディ〔広間〕で、ナードゥは大地から現れるであろう」

こうして、ペッラはナードゥが現れた場所となったのである。

＊＊

以上が、ナードゥの生涯についてのパールダナの概要である。以上の内容から、ナードゥ（バラワーンディ）はとりわけブランマと深い関係にあることがわかる。はじめ、天上でブランマの臣下であった彼は、ブランマの呪いによって人間の子として地上に送られる。その後、ナードゥは育ての親の死をきっかけに、神への不信を募らせる。その後、ブランマと再会し、彼と闘った挙句に地上から姿を消されてしまったナードゥは、バラワーンディとしてペラールの地に現れる。ブランマは、神霊としてのナードゥの「復活」をも予言している。バラワーンディとブランマは、このように一貫して互いに深くかかわりあっているが、その関係は常に緊張感に満ちている。ブランマによって姿を消され、神霊となったバラワーンディであるが、次にみるように、ペラールの地に「ブータの王」であるアラスを招いたバラワーンディは、アラスの要望に応じてブランマの依代であるブランマ・リンガをみずからペラールに運んでくることになる。

つづいて、アラス（別名ウッラークル）とバラワーンディの出逢いと、この二人の神霊による家々の訪問、バラワーンディによるブランマ・リンガの獲得について詠った口頭伝承の内容をみていこう。

2　神霊たちの王、ウッラークルの物語

ウッラークルと四人の領主

その昔、四つの領主の屋敷に、四人の家長たちがいた。それぞれの一族の名前は、カナカ・ボットゥ・ジャナーナ、グンジャのジャナーナ、ケリンガのジャナーナ、トゥンベ・ジャーラ・ジャナーナといった。

四人の領主はそれぞれ田園をもっていたが、田を耕すためのスイギュウを所有していなかった。彼らはあるとき、北部にあるティッピンジェ・ネシエーンキと呼ばれる土地で、家畜の品評会が開催されるという噂を耳にした。彼らは腕輪を売って三〇〇ヴァラハを手にいれ、その金をショールに結びつけた。また、彼らは鎖を売って七〇〇ヴァラハを入手し、ポケットに入れた。四人の領主たちは朝食を終えて衣服を着替えると、従者たちを従えて旅に出た。

四人はいくつもの土地を越え、マンガールジュ山やアンタランガ・カッテ〔地名〕を通り、ついにティッピンジェ・ネシエーンキにたどり着いた。そこにはおよそ四千頭ものスイギュウがいた。四人は自分たちの気に入ったスイギュウを選び、それらとともにグッジャラゴリと呼ばれる土地にやってきた。そこで四人は休息をとった。そのとき彼らは、細く裂いたヤシの葉とヤシの実をもった四人の男たちに出会った。領主たちは彼らに、次のように尋ねた。

「あなた方はなぜ、これらの品を運んでいるのですか?」

男たちは答えて、

「チャウンデシュワリという土地でウッラークル〔アラスのこと〕の祭りが開かれているので、これらの品々を

もってゆくのです。あなた方もいらっしゃいませんか」

領主たちはそれに答えて、

「ええ、私たちも参りましょう。あなた方が道案内をしてください」

そこで彼らはスイギュウと従者をおいて、チャウンデシュワリに向かった。

領主たちが到着してみると、ウッラークルの大祭が行われている最中だった。ウッラークルと領主たちは互いに見つめあい、そしてウッラークルはそれぞれの領主にビンロウジュの花、若いヤシの実とキンマの葉を授けた。領主たちはこれらの品々とともに、グッジャラゴリに戻った。

ところが、四人がグッジャラゴリに着いたとき、そこにはスイギュウの姿もなければ従者たちの姿もなかった。彼らはあちらこちらを探したが、無駄だった。

「いったいどんな魔法のせいだろう？　何が悪かったのだろうか？」

そういって領主たちは嘆いた。そして彼らは、ウッラークルに伺いを立てることに決め、再びチャウンデシュワリを訪れた。

「私たちがあなた様からの祝福の品々をいただいて戻ってみると、スイギュウも従者もいなくなっていたのです。どうか、彼らを元に戻してください」

領主たちはウッラークルの前でこのように祈った。ウッラークルは彼らに向かって次のように問うた。

「もしも、私がおまえたちのスイギュウを再び出現させたなら、おまえたちは私に何をしてくれるのだ？」

領主たちは次のように答えた。

「私たちの四つの国に、あなた様の社を建ててお祀りいたしましょう」

ウッラークルはその答えに満足していった、

「戻るがよい。おまえたちはスイギュウと従者を見いだすだろう」

領主たちがグッジャラゴリに戻ってみると、果たしてそこにはスイギュウと従者たちがいた。領主たちは驚き喜びながら自分たちの国に戻り、それぞれの領地にウッラークルのための社を建立した。

バラワーンディによるウッラークルの招聘

その頃ウッラークルは、マーヴェリ・ガンガー川の東で沐浴をするために、巡礼を行うことに決めた。そこでウッラークルは、神輿にのって宮殿を出発した。一行はマーヴェリ・ガンガーで沐浴を済ませると、帰途についた。コンパダウ〔地名〕の近くのアンタランガ・カッテと呼ばれる場所で、ウッラークルは日差しを避けるために休息をとった。

キンニマジャール〔現在、ペラールの大社が位置する土地の名〕のバンタ・バラワーンディ〔バラワーンディのこと〕はちょうどその頃、ウッラークルがおいでになったという噂を聞きつけた。

「私の国には、王のダイワはいらっしゃらない。私はウッラークルをこの土地にお連れしよう」

バラワーンディはこのように考えて、ウッラークルを連れてくるために白馬にまたがって出発した。彼はエラダーラ・パラッリ、ボリンジ・グッデ、ムンドットゥ・グットゥの土地を通っていった。バラワーンディはアンタランガ・カッテにたどり着くと、ウッラークルに挨拶をした。ウッラークルはバラワーンディを気に入り、バラワーンディもまたウッラークルが気に入った。ついに、バラワーンディはウッラークルに願いを打ち明けた。

「どうか私の国においでください。私の国にはアラス様がいらっしゃらないのです」

ウッラークルは答えて、

「行ってもよいが、そなたの土地は貧しく、小さな国だ。私の左側には千人のブータが、右側にも千人のブータが控えている。そなたの国に彼らを連れて行くのは難しかろう」

この難題について、バラワーンディは次のように答えた。

「あなた様が気に入っておられるブータはそのままに、残りのブータは草叢に石を投げて姿を消してしまいましょう」

そこで、ウッラークルはバラワーンディに次のように命じた。

「カーンティリ・ジュマーディとパンジューリ〔いずれもブータの名〕を除いて、ほかのすべてのブータの姿を消し去ってしまうがよい。ピリチャームンディ・ダイワは、ヴィシュヌムルティ神とともに残るであろう」

バラワーンディがブータたちの姿を消し去った後、ウッラークルはもうひとつの問題を指摘した。

「そなたの国には、ナーガブランマ〔ブランマのこと〕がいらっしゃらないではないか。私は日ごとの祭祀を望んでいるのだ。ペラールには、そのような社がないではないか。ナーガブランマのいらっしゃらないところには、私は行きたくはない」

バラワーンディはそれに答えて、次のように約束した。

「あなた様のために、かならずナーガブランマをお連れしましょう」

ウッラークルはその約束に満足して、神輿の上に座った。

バラワーンディとアラスによる家々の訪問

バラワーンディは馬に乗り、二人はコンパダウの村やムンチャーナ・チョーラを通ってカッタルサルに着いた。そこにはマドゥラーヤ・ペジャッターヤ〔現在のペジャッターヤ一族の祖先〕の家があった。二人の神霊は人間の姿になりかわって、ペジャッターヤの家を訪れた。

マドゥラーヤ・ペジャッターヤは客人を歓迎し、二人に牛乳を供してもてなした。客人たちは、ペジャッターヤの家に据えてあったぶらんこ（*ujjālu*：天井から吊られたベンチ）に腰かけて牛乳を飲んだ。客人たちは牛乳を飲み終えると、マドゥラーヤが部屋の中に入っている間に、姿を消してしまった。彼は驚き、その目は涙でいっぱいになった。

すると数分後に、客人たちがマドゥラーヤの前に再び現れたので、彼は喜んだ。客人たちは、マドゥラーヤに次のようにいった。

「ペジャッターヤ、そなたは私たちに牛乳をくれた。そなたたちは信仰心の篤い一族だ。それがために、私たちはこの乳を飲んだのだ。この先、ブランマの社を除いては、そなたの家だけが二階建てであり、ぶらんこを吊すことを許されるだろう。また、ブラーマンの中では、そなたの家が第一の家となるだろう」

マドゥラーヤ・ペジャッターヤは、帰依のしるしに頭を布で包んだ。

ペジャッターヤの家から、アラスとバラワーンディはカベティ・グットゥの家に向かった。その頃、カベティ・グットゥの家にはドゥッガンナ・バイダという人物がいた。二人の神霊は人間に姿を変えてこの家を訪れると、ドゥッガンナ・バイダに向かって次のようにいった、

「私たちは空腹だ。何か食べるものを与えよ」

ドゥッガンナ・バイダは、客人たちのために昼食を準備した。水を満たした青銅の壺をもって彼が再び部屋から出てきたとき、客人たちの姿はどこにもなかった。バイダは泣きそうな面持ちで思った、「私は何か間違ったことをしてしまったのだろうか？」

しばらくの後、客人たちは再び姿を現し、バラワーンディはバイダに向かって次のようにいった。

「私たちは昼食をとるためにやってきたのではない。私はここにアラス様をお連れしたのだ。そして私は、そなたが帰依者だということを知っている。そなたはアラス様に供するための食事を用意しなさい。太陽と月があるかぎ

口頭伝承に登場するぶらんこに座るペジャッターヤ一族の現当主

り」

バイダは喜んで、この命を引き受けた。

人間の姿になりかわった二人の神霊は、カベティ・グットゥの家からムンダベットゥ・グットゥの家へ向かった。

その頃、ムンダベットゥ一族の長であったのは、コラターイ・バラルティという名のジャイナ教徒の女性であった。

二人の神霊は礼儀正しく手続きを踏んだのち、彼女に望みを伝えた。

「そなたは私たちのために、マーダ〔高床式の社〕を備えた社を建てなさい」

コラターイ・バラルティは、帰依とともにこの命を受け入れた。彼女はすべての村人たちに協力を呼びかけて、ブランマのためには社《グンダ》を、ウッラークルのためにはマーダを、バラワーンディのためには祭壇を備えた広間を建立することにし、彼女自身がその礎石をおいた。こうして、アッギダイマタからダンベパープに至る土地は、ムンダベットゥ・グットゥが治めることになった。

その頃、ベルノットゥ・グットゥ〔第二位の領主一族[3]〕の長は、バーレ・セミタという人物であった。二人の神霊は、またしても人間の姿になってこの家を訪れた。

「私たちは喉が渇いている」

ベルノットゥ・グットゥに着くと、二人の神霊はそういった。そこで、バーレ・セミタは使用人に言いつけて、ヤシの実をもってこさせ、その皮を削らせた。二人の客人は若いヤシの実の果汁を飲むと、たちまち消え失せてしまった。

「たった今、そこに座っていらしたというのに、客人たちはいったいどこに行ってしまわれたのだろう？　これはまったく、なんという驚きだ」

バーレ・セミタは叫んだ。そのとき、客人たちは再び姿を現すと、バーレ・セミタにいった。

「バーレ・セミタよ、私たちは人間ではない。私たちはダイワなのだ。私はバラワーンディであり、アラス様をお連れしたのだ。私たちはすでにいくつかの場所を訪れ、そしてそなたの土地に愛と敬意をもってやってきたのだ。私たちにとって、第一の土地はムンダベットゥ・グットゥであり、第二の土地はベルノットゥ・グットゥである。私たちはまた、そのほかにも領主の家々をつくるだろう。私はまた、ブランマ様をもお連れするだろう。これらすべての領主とともに、ブランマ様にはグンダを、アラス神にはマーダを、私のためには広間を建てなさい。もし、そなたたちがこれらの社を建てたなら、私たちはここペラーラのあらゆる民を見守るだろう」

第一位のムンダベットゥ・グットゥから第一二位のウリヤ・グットゥまで、これらの領主はみなバンタの共同体に属していた。第一四位と第一五位の領主一族はプージャーリの共同体に属していた。[4]これらが、バラワーンディによってペラーラの地につくられた一六の領主であった。

バラワーンディによるブランマ・リンガの獲得

バラワーンディは、カジェという土地からブランマをお連れすることにした。カジェに赴いたバラワーンディは、かの地にいらっしゃるマニボットゥ・ブランメールのブランマ・リンガをとってきた。[5]そのとき、カンデッダーヤという神霊[6]が、このリンガをバラワーンディが持ち去ることに異議を唱えた。バラワーンディとカンデッダーヤは互いに闘い、ついにバラワーンディは、このリンガをペラールにもってきた。バラワーンディがブランマ・リンガを運んでいるとき、カンデッダーヤはその後ろをついてきて、ペラールの近くで彼を引き止めた。カンデッダーヤはバラワーンディに向かっていった。

「あなたがここで儀礼を受けとっているのと同じように、私のためにも慣習に従った儀礼が催されるようにしてください」

バラワーンディは、カンデッダーヤの望みを聞き入れた。

こうしてペラールには、ブランマのためにグンダが、ウッラークルのためにマーダが、そしてバラワーンディのためには広間が建造された。コラターイ・バラルティやバーレ・セミタをはじめとする一六の領主の長たちに向かって、バラワーンディは次のように命じた。
「ブランマのためには毎日儀礼を捧げよ。私たちのためには、毎日燈明を捧げよ。そして一年に一度、大祭を開きなさい。もしそなたたちがこれらのことを守るならば、アッギダイマタからダンベパープに至るまで、私たちはダイワとして、そなたたちを見守るであろう」
そのようにして、この一六の土地の人々は、村人たちの助けを得て大祭を組織した。マーイ月の満月の夜、旗揚げの儀礼の後に、大祭が開始された。

＊＊

以上のような口頭伝承の内容は、アラスやブランマがいかにしてペラールにやってきたのかという経緯を物語っている。ペラールの地から生まれたバラワーンディとは異なり、ブランマや後に登場するピリチャームンディを含めて、その他の神霊はすべて異郷からやってきたとされている。また、バラワーンディによるアラスの招致とブランマ・リンガ獲得の経緯は、ペラールにおけるバラワーンディの中心性を物語るとともに、バラワーンディとブランマの切っても切れない因縁を示している。

このパールダナの内容について、いまひとつの興味深い点は、バラワーンディとアラスという二人の神霊が人間になりかわって家々を訪れた際に、それぞれの家で喉の渇きや空腹を訴え、各家の長によって飲食物を供されているという点である。神霊による家々の訪問と家長による歓待は、ペラールの神霊祭祀における人々と神霊の関係の原型をなす出来事であり、儀礼の中で何度も再現される出来事でもある。すなわち、パールダナの中で二人の神霊が訪れたとされる家々とその順序は、現在のペラールにおいて、上位にある領主の家々の位階の根拠とされている[7]。また、神霊の訪問と家長によるもてなし、それにつづく祭祀の要求と家長たちの帰依、その見返りとしての神霊からの守護の約束という一連の出来事は、ペラールの大祭において、憑坐に憑依した神霊とグットゥの長たちによって再演される。

後にみるように、人間から神霊への供物の献上と神霊からの守護と祝福の授与というやりとりは、単に神話的な出来事の再演という意味をもつだけではない。それは、それぞれの領主一族の現在の地位と権利を遂行的に承認し、実現するものであると同時に、祭祀に対する権利と責任《アディカーラ》、ならびに守護と祝福を人々に与える神霊の至高の権威を人々が再確認する機会ともなる。大祭の大きな意義のひとつは、この一連の相互的な贈与の過程を、観衆の前で繰り返し実演しつづけることにほかならないのである。

次に、野生のトラの神霊であるピリチャームンディとバラワーンディの関係を詠った口頭伝承の内容をみていきたい。

3　野生のトラの神霊、ピリチャームンディの物語

ペラーラにアラスがおいでになったとの知らせを聞いて、バロッリ・ナードゥという土地から一人の神霊〔ピリチャームンディ〕がやってきた。バラワーンディの強さを目の当たりにするために、そしてアラス・ダイワにまみえるために、この神霊はコンパダウ〔地名〕に座って笛を吹き鳴らしていた。

青銅の柄のついたたいまつに火をともして、彼はウッラークル〔アラスのこと〕を拝見した。この異邦人のブータは、ウッラークルたちがキンニマジャールにいらっしゃると知り、ボリンジ・グッデまでやってきた。

おりしも大祭のさなかにそのことを知ったバラワーンディは、人々にこういった。

「この近くに、一人のダイワがやってきている。私はこのダイワを遠くへ去らせてから、またここへ戻ってこよう」

そしてバラワーンディは人間に姿を変えた。ボリンジ・グッデに着いたバラワーンディは、そこにバロッリ・ナードゥの神霊〔ピリチャームンディ〕がいるのをみた。

「そなたはどこからやって来たのか？　そして、どこへ行こうとしているのか？」

バラワーンディは異邦人のブータに尋ねた。

「わがアラス様がここにいらっしゃったので、お目にかかるために来たのだ」

と、バロッリ・ナードゥの神霊は答えた。バラワーンディは答えていわく、

「そなたのアラス様ではない、あの方は私のアラス様である」

そこで、この二人の間に口論が起こった。ついにバラワーンディはいった。

「私の道に足を踏み入れるのでないぞ。もしも私がおまえを蹴ったなら、針と糸の間に隙間がないように、おまえはひどい怪我をすることになるぞ」

それに答えてピリチャームンディはいった。

「もしも私がおまえを蹴ったなら、おまえはまっぷたつになるだろう」

ピリチャームンディがそういった途端にバラワーンディはいった。

「おまえがどうやって来るか、みることにしよう」

そしてバラワーンディは、剣で地面に三本の線を引いた。

「もしもおまえがこの線を越えたなら、おまえはカドリ寺院のマンジュナーター〔神の名〕の呪いを受けるだろうよ」

そう言い捨てると、バラワーンディはキンニマジャールの大祭に戻っていった。

その頃、ボリンジ・グッデでは、ピリチャームンディが三本の線の上に落ち葉をのせて、線をすっかり隠してしまった。それからピリチャームンディはまっすぐにキンニマジャールにやってくると、大社の前の農地に隠れて座っていた。

ちょうどそのとき、バラワーンディに捧げるバナナを収穫するために、バーレ・セミタ〔第二位の領主一族の家長〕が農地の近くにやってきた。ピリチャームンディのひと蹴りで、バーレ・セミタはあっけなく死んでしまった。

このことを知ったバラワーンディは、ピリチャームンディを呼んでいった。

「もしもそなたがそれほどの力をもっているならば、バーレ・セミタを蘇らせよ。そして、バロッリ・ナードゥにあるわが剣を、私の中庭に降らせるがよい！」

それに答えてピリチャームンディはいった。

「もしもその通りにしたならば、そなたは私に何をしてくれるのか？」

「いま、私のために一晩とアラス様のために一晩、あわせて大祭は二晩だ。その後で、そなたのために一晩、大祭を開くことにしよう。それに加えて、信者たちの問いに答える権利をそなたに授けよう。私たち三人のために、ひとつの寝台、ひとつの儀礼、一本のヤシの木に目が注がれている。そのように、私たちはここペラーラで信者たちの面倒をみようではないか」

この挑戦を受けたピリチャームンディは、バーレ・セミタを生き返らせ、瞬く間にバラワーンディの剣をブランマの社の中庭に降らせた。

こうして後に、バラワーンディとアラス、ピリチャームンディの三神は、「ひとつの寝台に三人のウッラークル（*mūve rullākulu oṅji maiṅcāvuḍu ullerụ*）」という名前を得た。それに加えて、ピリチャームンディのための社が山上に建てられた。

＊＊

以上が、ピリチャームンディがペラールの社に祀られることになった経緯である。先の章でもみたように、村の大社に祀られている神霊の中でも、ピリチャームンディの地位はやや特殊なものである。ペラールの地から現れたバラワーンディや、バラワーンディによってこの土地に招聘されたアラスとブランマとは異なり、ピリチャームンディは望まれもしないのにみずからペラールにやってくると、彼の来訪を嫌がるバラワーンディと悶着を起こす。バラワーンディの挑戦を受けたピリチャームンディは自分の力を顕示し、この土地で神霊として祀られる権利を勝ち取るのである。

バラワーンディがピリチャームンディに約束したとされる事柄の中でも重要であるのは、「信者たちの問いに答える権利」である。パールダナに詠われているとおり、三日間にわたる村の大祭では、一日目の夜にアラスの儀礼が行われ、二日目の午前零時から朝にかけてバラワーンディの儀礼が催される。そして、三日目の未明から午後にかけては、もっとも長時間にわたってピリチャームンディの儀礼が行われる。この最終日の儀礼では、ムッカールディが憑坐を務めるバラワーンディと、ジャヤーナンダ・パンバダが憑坐を務めるピリチャームンディに対して、信者たちがそれぞれの悩みや問題を相談し、神霊の審判を仰ぐ「ワーク・ピリプニ」という儀礼が行われる。「信者たちの問いに答える権利」とは、この儀礼におけるピリチャームンディの役割を意味している。

ここまで、ペラールの神霊たちについて詠ったパールダナの内容をみてきた。最後に、第一位の領主一族であるムンダベットゥ・グットゥと、第五位の領主一族であるアラケ・グットゥに焦点を当て、これらの家系と神霊の関係を主題とする口頭伝承の内容をみていきたい。最初にみる伝承では、バラワーンディとアラスという二人の神霊がムンダベットゥ・グットゥを訪問した経緯が描写されるとともに、ムンダベットゥ・グットゥの「起源」が物語られている。次にみる伝承では、アラケ・グットゥの「起源」とともに、この一族がいかにしてバラワーンディの司祭職を担うようになったかという経緯が物語られている。

4　神霊と領主一族の物語

ムンダベッットゥ一族と神霊たち

南カナラの他の領主たちと同様に、ムンダベッットゥ・グッットゥもまた、今から千年ほど前にはジャイナ教徒の共同体に属していた。

ムンダベッットゥ・グッットゥでは、コラターイ・バラルティと呼ばれる女性が、ジャイナ教徒である一族の最後の末裔であった。バラワーンディとアラス・ダイワが彼女の家を訪れたとき、彼女はこの一族全体を治めていた。

ダイワたちが訪れたとき、コラターイ・バラルティは使用人に牛乳をもってくるよう言いつけ、客人たちはそれを飲んだ。それから彼女は、客に供するキンマとビンロウの実をもってくるために家の中に入った。彼女が再び家から出てきたとき、そこに客人たちの姿はなかった。彼女が客人たちを呼ぶと、その呼びかけに答える「オー！」という声が、屋敷の左の端から聞こえてきた。彼女はそちらへ行き、再び呼んだ。すると、「オー！」と答える声が、今度はカンブラの農地のほうから響いてきた。

彼女は驚き、客人たちがいったい何者なのかといぶかしんだ。実のところ、彼女は客人たちが屋敷に入ってきたときに、その素性を問うこともできたのであった。だが、それはしきたりにそぐわなかった。もしも客人がみずから語ろうとしないならば、彼に飲み物と食べ物を与えた後にその素性を尋ねるのが、礼儀にかなったことであったから。

水田に囲まれた領主の屋敷

その夜、コラターイ・バラルティの夢に昼間の客人たちが現れて、次のように語った。

「私たちはダイワである。私たちはこの村に社を欲しているのだ。私たちはすでに、その場所を選んでおいた」

バラワーンディは続けてこうもいった。「私はキンニマジャールに現れた。そなたは、一六の土地と村全体の助けを借りて、社を建立して私たちを祀るがよい」

その後、コラターイ・バラルティは、一六の土地と村人たちの助けを借りて社を建立し、毎年の大祭が開かれるようになった。

さて、コラターイ・バラルティには自分の子がなく、その家族にも子がなかった。そのため、彼女はグルプラ〔地名〕のバンタの一族から、兄妹を養子として貰い受けた。こうしてその後、ムンダベットゥ・グットゥの地位はバンタの人々が引き継ぐことになったのである。

アラケ一族とムッカールディの誕生

今から八〇〇年ほど前のこと、アラケ・グットゥのウラグットゥ〔副領主〕として、クックンジャと呼ばれる家があった。その頃、ある家族がそこに定住するためにやってきた。その家族には兄と妹がいた。彼らはバンタの共同体に属しており、そのクラン（*bari*）はクンダランナーヤといった。当時、この土地にはジャイナ教徒の人々がいて、アラケ・グットゥをはじめ、すべての領主の家系はジャイナ教徒の共同体に属していた。

ある日、クックンジャに住む妹が、アラケ・グットゥを訪ねた。そこで、グットゥの人々は彼女のクランを尋ねた。実は彼女は、「クンダランナーヤ」という自分のクランの名前を決して人に教えてはならないと、兄に言いきかされていた。クランの名を尋ねられた妹は、兄との約束を忘れて、とっさに自分のクランの名を教えてしまった。そのとき、外に働きに出ていた兄は突然、この神霊〔バラワーンディ〕に憑依された。

バラワーンディ・ダイワは、クンダランナーヤのクランに属する者を探していた。彼は、このクランから、ムッカールディとして自分に仕える者を欲していたのだ。それは、アリヤカットゥ（*aliyakattu*）と呼ばれる母系のしきたりであった。[8]

それから長い時が経ち、ジャイナ教徒の領主たちは、この土地を兄妹に与えて去っていった。そのようにして、この家系は妹の子どもたちへと受け継がれ、彼らの家系がムッカールディの地位を得ることになった。ジャイナ教徒の人々は、領主の地位を残してこの土地を去ったために、この副領主がアラケ・グットゥの地位を引き継ぐことになったのである。

＊＊

以上、ムンダベットゥ・グットゥとアラケ・グットゥというふたつの家系と神霊との関係を詠った口頭伝承の内容をみてきた。これらの口頭伝承では、ペラールにおいて神霊と人間の交流が始まった当時、領主としてこの土地を治めていたのはジャイナ教徒の人々であったとされている。[9] 現在、村の神霊祭祀を担う一六の領主のうち、主要な一二の家系はすべてバンタに属しているが、それぞれのバンタの一族は、先住者であったジャイナ教徒の一族が衰退し、あるいは土地を去った後に、彼らから領主の地位を引き継いだとされている。

口頭伝承にみられるように、ムンダベットゥ・グットゥの場合、もともとジャイナ教徒によって治められていた特定の土地と屋敷が、バラワーンディによって「第一位のグットゥ」として選ばれたとされる。その後、家長の養子となったバンタの兄妹は、この土地と屋敷とともに領主の地位を引き継ぐことになった。他方、アラケ・グットゥの場合には、ムッカールディとしての職務を担う家系として、バラワーンディはまず、「クンダランナーヤ」というバンタのクランを選んだとされる。このクランに属する兄妹はその後、ジャイナ教徒の一族から土地と屋敷、ならびに領主の地位を受け継いだとされる。

これらの伝承において、ジャイナ教徒から領主の地位を引き継いだとされるバンタの家系の始祖が、いずれも「兄と妹」であることは注目に値する。第二部で詳しくみるように、アリヤサンターナ・カットゥと呼ばれる母系制によって家系が継承されていくバンタの共同体では、母を同じくする兄弟と姉妹の関係はきわめて重要である。兄弟は、一族の家長としての役割を担うのみならず、ガディパティナールやムッカールディのように家系に伝わる儀礼的職務を担い、その職務と地位は兄弟から姉妹の息子へと受け継がれる。一方、一族の土地・屋敷と家系のブータ（*kuṭumada būta*）は、姉妹からその子たちへと受け継がれていく。このように母を同じくする兄弟姉妹を核として、女性を基点に一族の屋敷と土地、役職と地位、そして神霊祭祀が受け継がれていくというシステムは、現在に至るまで領主層であるバンタの共同体のあり方を規定している。それは、母系親族集団全体の維持を可能とするための政治経済的な制度であると同時に、神霊祭祀を核とする制度でもある。

本章でみてきたように、パールダナはペラールにおける神霊と人間の始原的な関係性を詠った物語であり、なかでも「王のダイワ」と領主一族との関係を詠った物語である。パールダナは、上位の領主をはじめとする人々によって「史実」として参照される中で、現在に至るまでペラールにおけるそれぞれの家系の地位と役割や、家系間の関係を基礎づけてきた。ただし、パールダナは文字化された聖典としてあるわけではなく、踊り手によって詠唱されることで人々に知らしめられ、語り継がれていく口頭伝承である。語り継がれる中での微細な変更や修正の可能性に常に開かれているがゆえに、パールダナの内容はときに、家系間の位階や役割をめぐる今日的な抗争の焦点ともなっている。

また、本章でみたパールダナの多くにおいて、常人とは異なる神霊の力を示すエピソードとして、神霊自身が「消え失せる（*māya āpuni*）」、あるいは他者を「消え去らせる（*māya malpuni*）」という出来事が繰り返し詠われていることは興味深い。このことは、人々と神霊の関係性において、神霊の現れにはその消失が常に伴っており、存在者の姿をとった神霊が忽然と「いなくなる」ことこそが、その者が本来的にマーヤの領域に属するものであることを示す重要な徴候として受けとめられていることを示唆している。

さて、パールダナに描かれた神霊と人間の関係は、詩歌として詠われ、参照されるばかりではない。ペラールの大祭において、その内容は神霊の憑坐であるムッカールディとパンバダの踊り手、グットゥの長たちによって部分的に再現される。大祭に参与する人々は、パールダナに詠われている神霊への帰依と献供、その見返りとしての守護と祝福の受領という神霊との相互的なやりとりの関係性を、現在の文脈において生きなおす。次章では、ネーマと呼ばれるブータの大祭についてみていきたい。

注

1　本章に記載したパールダナの内容は、ムンダベットゥ・グットゥの長であるガンガーダラ・ライ氏（二〇〇八年七月三日インタビュー）、ムッカールディ職を務めるバーラクリシュナ・シェティ氏（二〇〇八年七月二日インタビュー）、ペジャッターヤ一族の家長であるナラソウナ・ペジャッターヤ氏（二〇〇八年七月二十一日インタビュー）がそれぞれ語ってくれた伝承を元に、調査助手であるアクシャヤ・シェティ氏の助力を得て編集した。また、ペラールのパールダナの一部は、七章でみるように二〇〇〇年代以降に生じた大社の管理運営権をめぐる抗争の中で、管理運営権の獲得を狙う村外出身者の雇用した民俗学者によって採録され、カンナダ語の小冊子としてまとめられている。この冊子も適宜参照した。

2　寺院の神やブータに子の誕生を祈願し、もし子どもが生まれれば特定の品物を奉納すると約束すること（*parake*）は、現在の南カナラでも一般に行われている。母系制をとるバンタなどの場合、しばしばシマイの子の誕生を願って母方オジが祈願を行う（Upadhyaya 1988-1997: 1934参照）。

3　ブラーナベットゥ・グットゥの別名。同様に、ムンダベットゥ・グットゥはムンドットゥ・グットゥとも呼ばれる。

4　第一四位と一五位に加えて、一六位のグットゥもプージャーリに属している。また、第一三位のグットゥはガウダに属する家系である。

5　カジェにはブランマ（ベルメル）を祀った社があり、その神霊はマニボットゥ・ブランメール（ベルメル）と呼ばれる。

6　カンデッダーヤは、アラスとバラワーンディ、ピリチャームンディという「三人のウッラークル」の下位に位置する「五人のカルニケル」の一人である。

7　口頭伝承によって家系間の位階が基礎づけられるということは、逆に、口頭伝承の内容が位階をめぐる今日的な抗争の焦点となりうることを意味している。パールダナは、原則として記述されるものではなく詠われるものであるがゆえに、その内容がわずかに変更されたり、ある箇所が詠われなくなったりするという可能性は皆無ではない。

8　アリヤサンターナ・カットゥと同義。南カナラの母系制については九章と十章で詳細に検討する。

9　南カナラにおけるジャイナ教徒の存在については、八章で取り上げる。

四章　神霊の大祭

「ネーマ」と呼ばれるブータの大祭は、マーイ月（二月十五日から三月十四日）の満月の夜から三日間にわたって行われる。大祭では、ペラールの大社に祭祀されている神霊たちに捧げる複数の儀礼が行われ、憑坐に憑依した神霊とグットゥの長をはじめとする人々との交渉が繰り広げられる。大祭の場にみられる神霊と人々の相互的な交渉と儀礼のプロセスには、序章で提起した問い――人々はいかにして人間ならざる他者と出逢い、その出逢いを通してみずからの生とその環世界をともに生成していくのか――を考察するにあたって鍵となる要素が豊かに含まれている。

本章ではまず、次章以降の理論的な分析と考察を支えるものとして、大祭のプロセスを詳述し、その全体像を提示することを試みる。[1]なかでも、大祭の主幹をなすアラス、バラワーンディ、ピリチャームンディという三人の神霊の儀礼について、その憑坐となるパンバダの踊り手ならびにムッカールディの行為と、グットゥの長たちと神霊とのやりとりに焦点を当ててみていきたい。

三日間にわたる大祭は、おおよそ次のような構成をとる。①前夜から一日目の朝：大社に旗を掲揚する儀礼（*pīvɛ*）、②一日目の夜から二日目の朝：アラスとバラワーンディの儀礼（*punnamɛ*）、③二日目の夜：ジュマーディとバンタの儀礼、④三日目の未明から午後まで：ピリチャームンディの儀礼と審判、⑤三日目の夜：旗を降ろす儀礼

(*koḍi jāpuni*)。

1　祭りの前夜

祭りの前日の午前中に、大社の北側に儀礼用の門(以下、儀礼門とする)が設置される。この門は、木を組んで作られた比較的簡素なものであるが、ここが大祭の開始点となる。大祭にかかわる主だった人々や神具などはみな、この門を通って大社の境内に入っていくのである。同日の夕方、パディアリ・パットゥニ(*padiari pattuni*)と呼ばれる儀礼が行われる。この儀礼は、大祭の開始に先立ち、ムッカールディがピリチャームンディの踊り手にコメを与え、大祭で踊る許可を与えるというものである。[2]

大祭の開始を数時間後に控えた三月十日の午後二十二時、大社の境内に位置するそれぞれの建物は華やかな電飾を施され、夜の闇に浮かび上がっている。北側の回廊には女性たちが座り、今夜の儀礼であるカンチル・バリ(*kanciul bali*:後述)に参加する子どもたちの衣装をととのえ、髪にジャスミンの花房を飾ってやっている。人々は大社の外苑に三々五々集まり、儀礼の開始を待ちながら談笑している。

三月十一日午前一時過ぎ、宝物殿からバンタカンバへと、畦道を通って神輿(*palleriki*)を担いだ一行が進んでくる。夜空に花火があがり、動物の嘶きのような角笛と太鼓の音が鳴り響く。たいまつの赤い炎と、時折打ちあがる発炎筒の炎が長い行列を照らしだす。角笛を吹き鳴らし太鼓を打ち叩く楽士たち、白装束に身をつつんで粛々と進むグットゥの長たち、たいまつを捧げ持った働き手たち。紅白の巨大な日傘(*sattige*)、赤い横断幕(*naḍu cōrṇa*)、長い支柱の上で空中に揺らぐ銀の傘(*bolgoḍe*)、鈍い銀色に輝くピリチャームンディのアニ(*ani*:踊り手が背負う飾り板)、四人の男性に担がれたカッテリマネ(*katterimane*:ブータの座る木製の長椅子)、そして神具を載せた舟形の神輿。一行がバンタカンバに到着すると角笛の音が一層高らかに響き渡る。

バラワーンディに憑依されたムッカールディ（以下、ムッカールディ＝バラワーンディ）は全身をわななかせ、両眼を見開き、手足をぴんと張りつめている。彼は右手に銀の剣（*kaḍsalɛ*）、左手に鈴《りん》（*māḍa/gaṇṭɛ*）をもち、胸にジャスミンの花綱を幾重にも垂らしている。腰には銀のベルトを締め、踝まである白い腰巻をつけている。痩せた裸の上半身に銀の傘を支えて進むマディエレの担ぎ手も、身体全体を激しく打ち震わせている。全身の激しい震えは、神霊による憑依の徴である。

午前一時半、一行はバンタカンバから大社に向かって進みはじめる。吉兆をあらわす白いウシ（*basava*）が二人の男性に牽かれて先頭を進み、儀礼門を通り抜ける。村人たちは儀礼門の周りを取り巻き、進んでくる一行の動向を見守っている。女性たちはムッカールディ＝バラワーンディの目にふれることを畏れて後方に引き下がる。両性具有とされるバラワーンディは「女を見ると女に嫉妬し、男を見ると男に嫉妬する」とされ、相手への嫉妬は呪いにつながる。とりわけ女性はムッカールディ＝バラワーンディの眼前に来てはならず、バラワーンディは女性を目にすると激怒するといわれている[3]。儀礼門を通過した一行は、大社の外苑を時計回りに一周した後に境内に入る。

ブータの神具を載せた神輿

剣を掲げて進むムッカールディ

午前三時、ブランマの社に設置された旗竿に、白い旗が掲揚される。[4] 午前四時、ブラーマン司祭であるアスラーンナがブランマの社とマーダ（高床式の社）、コディヤディ（以下「祭壇」とする）に燈明を灯してまわる。次いで、トゥダラ・バリ（*tudara bali*）と呼ばれる儀礼が開始される。楽の音とともに、ムッカールディ＝バラワーンディ、グットゥの長たち、神具を掲げた働き手たちの一行は、燈明に輝く祭壇とマーダ、ブランマの社の周りをゆっくりと九回周回する。その後、燈明を捧げ持った男性親族とともに、正装した子どもたちが祭壇の前に進み出る。ブータへの供物（ヤシの実とビンロウジュの花、紅いケプラの花［*Ixora coccinea*］）を捧げ持つ男性たちに続いて、ビンロウジュの花房をもった子どもたちが祭壇とマーダの周りを周回する。カンチル・バリと呼ばれるこの儀礼は、子ども自身の病気快癒や、親族内のさまざまな問題の解決を祈願して行われる。

午前五時、ガディパティナールとムッカールディ＝バラワーンディの問答（*nuḍikaṭṭu*）の後、ガディパティナールがムッカールディ＝バラワーンディに三個のヤシの実を手渡し、ムッカールディはその汁を地面にわずかに垂らす。[5] これをもって、大祭前夜から初日未明にかけての儀礼は終了となる。

2　アラスとバラワーンディの儀礼[6]

アラスの祭り（前半）――ガッガラデッチ（*gaggara decci*）

大祭の初日である三月十一日の夜二十時、大社の回廊はすでに参拝の人々で埋まりつつある。人々はブランマの社に参拝してから祭壇にまわり、その前に額ずいて祈りを捧げる。そして賽銭箱に賽銭を入れ、祭壇の守衛を務めるマディエレの働き手からプラサーダを受けとる。祭壇は白とオレンジの花房で一面に埋め尽くされ、緞帳のような花飾りで四方を取り巻かれている。その奥には、宝物殿から運ばれてきたブータの神具——アラスとピリチャームンディの銀の面、バラワーンディの剣、馬上のバラワーンディ、ならびにアラスとピリチャームンディの乗り物であるゾウとトラをかたどった銀の像——が、ジャスミンの花房に埋もれて鈍い輝きを放っている。祭壇の前方には北と南の方角にひとつずつ、供物を載せた台（*carva*）が設置されている。

境内の東に位置する入り口近くには、バラワーンディの乗り物である木馬（*kudure*）が置かれ、その横にはバラワーンディの巨大なアニ（背負い板）が設置されている。その傍らの地面にあぐらをかいて座り、油差しに灯した炎の下で化粧をしているのは、アラスの踊り手を務めるジャヤーナンダ・パンバダである。彼は額に巻いた赤い布で髪を留め、化粧道具の前にかがみこんで神霊となる顔を入念に彩っていく。すでに顔面は黄色に塗りこめられ、額から頬骨、あごにかけての輪郭はレースのような模様（*aruḍala*）で縁取られている。眉は鼻梁を中心として弓なりに長い弧を描き、眼窩は黒く隈取られている。化粧が終わると、耳につける金の飾りのついたジャスミンの花房を両手で捧げ持ち、油差しの炎に一瞬かざして祈りを捧げてから装着する。その後、背中に白い三日月と太陽を縫いとった赤い上着を身につけ、両腕と手首に銀の腕輪をはめ、紅い

神霊の銀の面

麗々しく飾りつけられたピリチャームンディの像

バラワーンディのアニ

ケプラの花で飾られた金の冠をかぶる。

一方、祭壇の天蓋の下ではバラワーンディの司祭(ムッカールディ)を務めるバーラクリシュナ・シェティが儀礼の準備を進めている。白いターバンで頭を包んだムッカールディは、祭壇に祈りを捧げてから鈴を手にする。その瞬間、角笛の音が鳴り響き、ムッカールディの全身が震えはじめる。燃え盛るたいまつをマディエレの働き手から受けとったムッカールディ＝バラワーンディは、祭壇の前で燈明をまわし捧げる。その後、彼はグットゥの長や働き手たちとともに祭壇とマーダの周りを周回する。

二十一時、祭壇の前に戻ってきたムッカールディ＝バラワーンディとジャヤーナンダが対面する。両手にガッガラ(*gaggara*: 足首につける平たく重厚な鈴)を捧げ持ったジャヤーナンダは、このとき全身を細かく震わせはじめる。ジャヤーナンダは彼の同胞であるパンバダに助けられつつガッガラを片足ずつ装着し、ヤシの葉を細く裂いて作ったティリ(*tiri*: 腰みの様のスカート)を腰に巻きつける。

ガッガラとティリを身につけたジャヤーナンダは、一歩大きく前に足を踏み出し、祭壇に向かって一礼する。ガディパティナールが彼の首にジャスミンの花綱をかけ、同時に神霊への供物を載せた台の上に火が灯される。その瞬間、ジャヤーナンダの全身が激しく震えだし、上半身がうねるように動きはじめる。

神霊アラスに憑依されたジャヤーナンダ(以下、ジャヤーナンダ＝アラス)は、祭壇の前でガッガラの舞(*gaggara dīpuni*)を舞い踊った後、たいまつを掲げた二人のマディエレとともに境内を駆け抜け、貴賓席に座っているペジャッターヤの家長の前に到達する。楽士たちの奏で

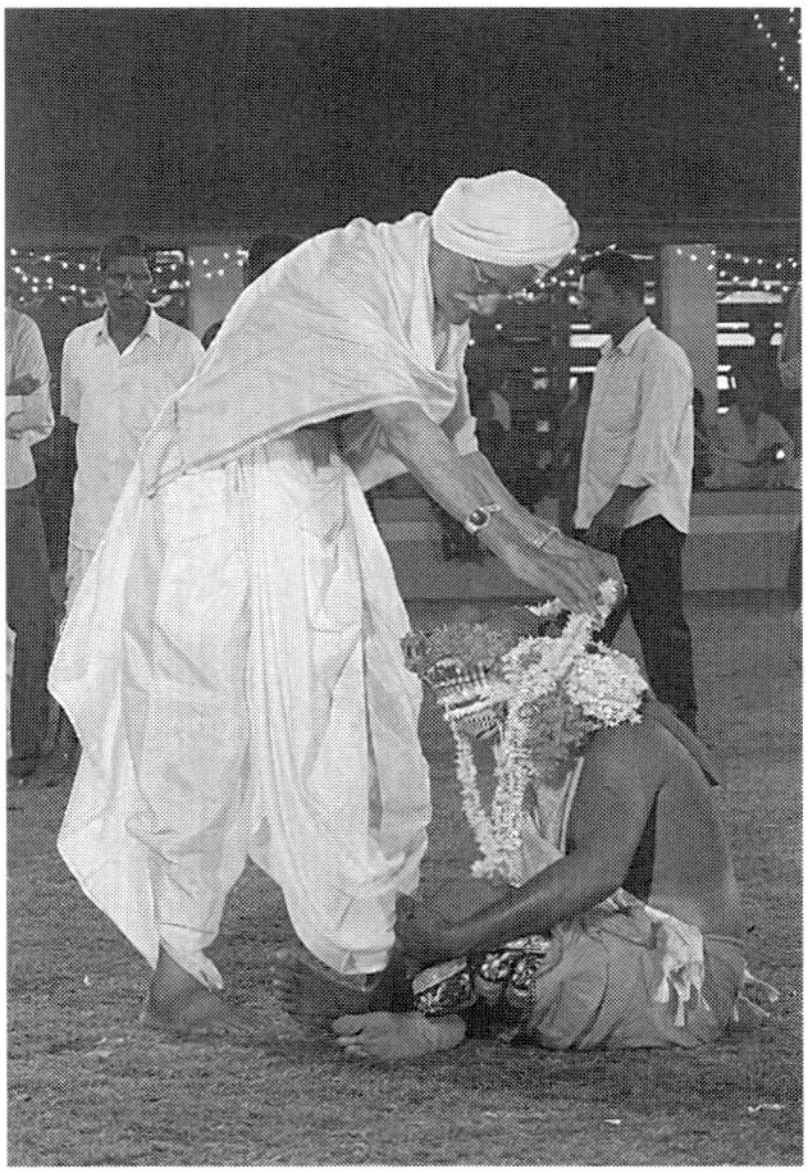
憑坐に花綱をかけるガディパティナール

るラッパの音にあわせて跳ねるようにステップを踏みながら、ジャヤーナンダ＝アラスは身振り手振りでもってペジャッターヤに語りかける。ときに下から覗き込むように顔を近づけ、あるいは両腕を天に掲げ、身を乗り出してペジャッターヤの返答に聴き入る。これらの仕草はすべて、流れるような一連の踊りの中に組み込まれている。やがてジャヤーナンダ＝アラスは貴賓席から祭壇の方へ駆け戻ると、そこに居並ぶグットゥの長たちの前を、彼らの位階にしたがって順番に踊りめぐる。ここでもジャヤーナンダ＝アラスは豊かな表情と身振りでもって家長たちにその意向を伝える。人々は神霊に敬意を表して椅子から立ち上がり、真剣な面持ちでアラスの動向を見守っている。

こうした応答は、相手が誰であっても基本的に同じような形式をとるが、なかでも注目すべきは踊り手に憑依した神霊とガディパティナールの関係である。ガディパティナールは大祭の間中、そこに登場するあらゆる神霊ともっとも近しい位置にある。神霊になりかわった憑坐は身振りと表情でもってガディパティナールに指示や要求を与え、人々の儀礼的な不手際に対して不満や怒りを表明する。一方、ガディパティナールは神霊に付き従ってその一挙手一投足に応え、彼（女）を歓待し、その怒りを慰撫する。儀礼において憑坐に憑依した神霊とガディパティナールとは、互いのやりとりを通して、ブータとその帰依者との理想的な関係性を体現している。

グットゥの長たちに対する踊りが一段落すると、ジャヤーナンダ＝アラスは木馬の周辺に控えているプージャーリの司祭たちと向かい合って踊る。その後、彼は祭壇と木馬の間の空間を、上半身をくねらせるように踊りながら走り抜け、祭壇に向き直って軽妙なステップを踏む。こうした踊りの変化はすべて、楽士たちの奏でる曲調やリズムの変化と見事に一致している。ジャヤーナンダ＝アラスはラッパの音に合わせてステップを踏み、片足を軸にして回転する。そのたびに腰に巻いたヤシの葉のスカートがふわりと膨らみ、踝につけたガッガラの音が鳴り響く。この軽快な踊りの後、ジャヤーナンダ＝アラスは再び境内を縫うように蛇行しながら走り抜ける。居並ぶグットゥの長たちに身振りで語りかけた後、別れを告げるかのように両手を頭の横に掲げながら彼らのそばを離れたジャヤーナンダ＝アラスは、素早いステップを踏みながら境内を踊りまわる。大きく小さく、何度も旋回した後に、ジャヤーナンダ＝アラスは供物台の前で仰向けに倒れかかり、すかさず横に控えていたパンバダの同胞が彼を抱きかかえる。同時に、角笛

グットゥの長と挨拶を交わすジャヤーナンダ=アラス

の余韻を響かせてすべての音楽が収束する。
同胞の腕の中に倒れ込んでいたジャヤーナンダは、ややあってから起き上がると、楽の音の消えた境内にガッガラの音を響かせながら、境内の隅に戻っていく。

アラスの儀礼（後半）——ネーマデッチ（*nēma decci*）

夜二十二時。ガッガラの舞が終わってまもなく、三脚の椅子（*jidde*）に寄りかかり、ジャヤーナンダは口頭伝承を詠いはじめる。彼のすぐ後ろには、肩から太鼓を吊り下げたジャヤーナンダの兄が控え、二人は太鼓の音に合わせて交互にパールダナの唱句を詠いあげる。その間、他のパンバダたちはバラワーンディが背負うアニを飾りつけている。供物台の前では、たいまつの炎の下で三人の働き手が緑のヤシの葉を編んでいる。これはマダル・ムデプニ（*madaḷu mudepuni*）と呼ばれ、農地の緑を表しているのだという。パールダナの詠唱が終了すると、一般の参拝客はブランマの社や祭壇に参拝し、大社の外の広場に設置されている簡易食堂に軽食をとりにいく。

二十三時、祭壇の前で再びバラワーンディに憑依されたムッカールディは、グットゥの長や働き手たちとともに大社の境内を周回し、祭壇の前でガディパティナールと対話する。この対話が終わると、祭壇の前に立つムッカールディ＝バラワーンディと対面して、ジャヤーナンダがアラスの装束を身につけはじめる。前半の儀礼（ガッガラデッチ）に比べると、今度の装束はかなりの重装備である。まず、すでに身につけている赤い上着の上に、紫色の布を肩から掛け、その上に赤と緑の織物と青い布を重ね、最後に赤と金の織物を掛ける。その上に、半径二メートル以上はある巨大な光輪様のアニを背負ってしっかりと胴に縛りつけ、腰にはやはり二メートル近い半円形の飾り板ジャッケラニ（*jakkelani*）を装着する。[7] さらに、アラスの銀の面をつけた長い棒状の板（*kadar mudi*）が、アニの中央にそそり立つように取りつけられる。

日付が替わった三月十二日の午前零時ちょうど、アニを身につけたジャヤーナンダが祭壇の前で祈りを捧げ、銀の剣を受けとる。角笛の響きとともに、グットゥの長たちが花弁と米粒をジャヤーナンダに向かって投げかける——その瞬間、ジャヤーナンダの全身が震えはじめる。大祭の舞（*nēma decci*）の始まりである。

巨大なアニを背負ったジャヤーナンダ＝アラスは、右手に銀の剣をもち、左手にもった鈴を振り鳴らしながら、祭壇の前でゆっくりと旋回する。これほどに巨大で重い装飾をつけて自力で回転することは困難であるため、アニの背後に常時三人から四人のパンバダ男性がついて背板を支え、ジャッケラニの両端にも数名の男性がついてこれを支えている。ジャヤーナンダ＝アラスは祭壇を周回してペジャッターヤの前へ進み、何度か旋回を披露した後、再び祭壇のほうへ戻ってくる。

三脚の椅子に寄りかかったジャヤーナンダ＝アラスは、その前に参集したグットゥの長たちの前で、剣を振り上げながら託宣を述べる。家長たちは、両の掌を合わせてジャヤーナンダ＝アラスに対面し、真剣な面持ちでその言葉に頷いている。[8]

その後、剣と鈴をマディエレの付き人に預けて青いヤシの実を受けとったジャヤーナンダ＝アラスは、祝福の言葉を唱えながらその実をガディパティナールに手渡す。つづいて彼は、ケプラとビンロウジュの花で飾られたヤシの実を受けとると、花

巨大なアニを担ぐ働き手たち

託宣を述べるジャヤーナンダ＝アラス

弁をちぎって軽く額につけ、家長たちに向かって投げかける。ヤシの実と花弁の受け渡しは、グットゥの長をはじめとする人々への、神霊からの祝福を表している。手を水で清めてから剣と鈴を受けとったジャヤーナンダ＝アラスは、音楽と太鼓に合わせて鈴を振り鳴らしながら身体全体をいっそう大きく打ち震わせ、角笛の音がひときわ高く鳴り響いた後に、事切れたように動きを止める。

バラワーンディの儀礼（前半）――ガッガラ・ディープニ

ヤティシュ＝バラワーンディの登場

午前一時過ぎ、上半身に暗赤色の布を掛け、金糸の混じった赤と緑の腰巻を身につけた若者が、境内を悠然と歩き回っている。日に焼けた精悍な顔をしかめ、肩には黒い髪が波打っている。彼の口からは時折、「ウォーイ！」という叫び声があがる。千人近い参拝者で埋まった境内は、水を打ったように静まり返っている。ヤティシュ・パンバダを憑坐として、バラワーンディが聖油を受ける儀礼（*enne detomni*）が始まろうとしている。

バラワーンディの憑依を受けたヤティシュ（以下、ヤティシュ＝バラワーンディ）は、しばらく境内を行きつ戻りつした後に、手にした青銅の皿を閃かせて踊りながら、供物台の傍らに控えていたマディエレの方へ走り寄る。マディエレが土の壺から聖油をヤティシュ＝バラワーンディに向かって振り撒くと、ヤティシュ＝バラワーンディはそのまま疾風のように境内の外に走り出ていく。

ややあって、宝物殿のそばで行水を済ませたヤティシュ＝バラワーンディが雄叫びを上げながら境内に駆けこんでくる。彼の後ろからパンバダたちが走り寄り、左肩に太鼓の紐を掛け、右手に撥を握らせる。すでに神霊の装束を解いて化粧を落としたジャヤーナンダがパールダナを歌いはじめると、ヤティシュ＝バラワーンディは身体をこわばらせながらも撥で太鼓を叩きはじめる。数分の後、ヤティシュ＝バラワーンディは突如として東の方角に駆け出したかと思うと回廊に座っていた参拝者の列に突っ込んで昏倒し、その身体をパンバダたちが急いで抱きかかえる。

午前二時半過ぎ、先ほどのジャヤーナンダ＝アラスと同じく、顔に化粧を施し、赤いズボンの上に金の縁取りのある色とりどりの豪奢なスカートを身につけたヤティシュ＝バラワーンディは、ペジャッタ ーヤとグットゥの長たちの前でガッガラの舞を舞い踊る。

午前四時半、赤地に白と黒で縁取られた逆三角形の布を左右に二枚ずつ張り合わせた、巨大な蝶のような形のアニを装着したヤティシュ＝バラワーンディは、三脚の椅子に寄りかかってパールダナを詠唱する。詠唱が終わると、彼は楽の音に合わせて祭壇の前に踊り進み、神霊に敬意を表して起立する家長たちの前で踊りまわる。この踊りの後、祭壇に向かって祈りを捧げたヤティシュは、マディエレの一人によって真鍮の壺から水を振り掛けられると、祭壇に向かって一礼し、ガッガラの音を響かせながら舞台の袖へと戻っていく。

ガッガラの舞を踊るヤティシュ＝バラワーンディ

バラワーンディの儀礼（後半）――ブランマとの闘い

午前五時過ぎ、ヤティシュは境内の隅の茣蓙の上で、バラワーンディのアニを装着する準備を整えている。彼の顔はいまや、黄色い面《おもて》に黒々と太い口髭を蓄えた勇猛な相貌に変わっている。赤い上着の上に肩から厚手の布を何枚も掛け、彼の背丈の倍以上はある巨大な円錐形のアニを背負い、その四角い背板を上半身にしっかりと縛りつける。この大型のアニは、ちょうど彼の頭の辺りにその底辺がくるように装着されるため、アニの天辺は地上四メートル近くにも達する。アニの巨大さに比して、腰の周りにつける銀のジャッケラニは半径四〇センチほどの小ぶりのものである。

　アニを装着したヤティシュは、木馬の前でムッカールディ＝バラワーンディと対面する。ムッカールディ＝バラワーンディは三脚の椅子に座っているヤティシュに近づくと、マディエレを介して銀の剣とヤクの尾、ジャスミンの花で飾られた銀の棒（*birāvu*）[9]をヤティシュに手渡す。グットゥの長たちがムッカールディ＝バラワーンディの背後から身を乗りだしてヤティシュに花弁と米粒を投げかけると、ヤティシュの身体が震えはじめる。この瞬間、バラワーンディの力はムッカールディからヤティシュに「のりうつった」とされる[10]。

馬上のヤティシュ＝バラワーンディ

　ヤティシュ＝バラワーンディは椅子から立ち上がると巨大なアニを揺さぶり、風を巻き起こしてぐるりと回転する。太鼓とラッパの軽妙な楽の音が響きはじめ、ヤティシュ＝バラワーンディは頭上にそびえるアニを揺らしながらステップを踏み、境内を踊りまわる。その後、複数のパンバダに背板を支えられながら、彼はグットゥの長や働き手たちとともに祭壇とマーダの周りを周回する。

　周回を終えたヤティシュ＝バラワーンディは、剣を振り上げて踊りながら木馬のほうへ近づいていく。花綱に埋もれた木馬の横に踊り進むと、彼はパンバダたちの助けを借りて、巨大なアニを装着したまま馬の背によじ登る。太鼓と角笛の喧騒の中、木馬を載せた台車の曳き綱をプージャーリの働き手たちが渾身の力で引っ張り、ヤティシュ＝バラワーンディは木馬にまたがったまま、行列とともに祭壇とマーダの横を曳かれてゆく。その背後に数人のパンバダが取りついて、巨大なアニが倒れないよう懸命に支えている。

境内を周回した後、ブランマの社の前に到着したヤティシュ＝バラワーンディは、騎乗したままで社の正面に向かい、闘いの踊りを繰り広げる。彼は右手にもったヤクの尾を打ち振り、激しく上半身を揺り動かして怒りを表現する。激しい動きに伴い、アニに飾られたジャスミンの花房が四方に飛び散る。ヤティシュ＝バラワーンディは全身を打ち震わせながら顔に手をやり、怒りのあまり口髭をむしりとって投げる仕草を繰り返す。この最後の踊りは、口頭伝承に詠われたナードゥとブランマの闘いを表している。

闘いの踊りの後、馬から下りたヤティシュ＝バラワーンディはペジャッターヤの前に向かう。すでに夜が明けて、境内は白々とした朝の光に満たされている。ヤティシュ＝バラワーンディは居並ぶグットゥの長たちに向かって抑揚に富んだ声で語りかけはじめる。彼は、この村と人々を守りつづけてきた神霊たちの威信を家長たちに確認するとともに、この祭祀を支えてきた慣習と伝統（*kattu kattalɛ*）について語る。また彼は、祭主をはじめとする帰依者たちが犯した儀礼的過誤を厳しく糾弾し、その是正を要求する。家長たちはヤティシュ＝バラワーンディの言葉に頷き、ときに彼の怒りをなだめるように手振りを交えながらそれに応える。

この問答が終了した後に、「王のダイワ」に仕える神霊の一人であるカンデッダーヤの儀礼が行われる[11]。天辺に火をともしたヤシの実をもってヤティシュが数分の間踊りまわり、バラワーンディの儀礼はようやく幕を閉じた。

3　ピリチャームンディの儀礼と審判[12]

ピリチャームンディの儀礼

祭りの最終日である三月十三日の午前四時、まだ暗い境内の隅に敷かれた茣蓙の上で、数名のパンバダたちが儀礼の準備にいそしんでいる。その中心にいるのは、先の儀礼でアラスの憑坐を務めたジャヤーナンダである。彼は、大祭の最後にしてもっとも長時間にわたるピリチャームンディの儀礼で踊り手を務めるため、神霊となる顔に化粧を施している。

同じ頃、楽士たちの一行が太鼓を打ち鳴らし、角笛を吹き鳴らしながら大社の裏手の山上に位置するピリチャームンディの社に向かっていた。山道に刻まれた長い石の階段を登って一行が社に到着すると、アスラーンナによってピリチャームンディに捧げる儀礼が行われる。その後、一行は再び山のふもとに戻ってくると、ピリチャームンディの乗り物である木製のトラに儀礼を捧げる。[13]

ジャヤーナンダを憑坐とするピリチャームンディ（以下、ジャヤーナンダ＝ピリチャームンディ）によるガッガラの舞とパールダナの詠唱が終わった午前七時過ぎ、剣を掲げたムッカールディ＝バラワーンディとグットゥの長たちは、働き手たちを従えて境内を周回した後、祭壇の前に戻ってくる。頭上に剣を掲げ持ったムッカールディ＝バラワーンディと対面して、アニを装着したジャヤーナンダが祭壇の正面に座っている。ウシがジャヤーナンダの前に連れてこられ、ジャスミンの花綱を首にかけられた後、境外に牽いていかれる。

このとき、一人のマディエレがアニの中央、ジャヤーナンダの頭のすぐ真上に、ヤシの葉の飾りに取り巻かれて銀の舌を伸ばしたピリチャームンディの面を取りつける。この儀礼はムガ・パットゥニ（*muga pattuni*）、またはムガ・ディープニ（*muga dipuni*）と呼ばれ、神霊の力が儀礼の場に充溢するきわめて重要な瞬間であるとされる。

神霊の面がアニに取りつけられると同時に、太鼓と角笛の音が鳴り響き、ジャヤーナンダ＝ピリチャームンディは赤々と燃え盛る長いたいまつを両手に持って踊りはじめる。彼はたいまつを上下にさっさっと打ち振り、アニにつけられたヤシの葉の繊維を翻してステップを踏む。その後、マディエレから水と花弁、ヤクの尾と剣、鈴を受けとったジャヤーナンダ＝ピリチャームンディは、花弁を額に軽くつけた後にそれを振り撒くと、今度は剣を手にして踊りはじめる。

午前八時前、楽士たちを先頭に、ムッカールディ＝バラワーンディとジャヤーナンダ＝ピリチャームンディ、グットゥの長たちからなる行列とともに、働き手たちに担がれた舟形の神輿が祭壇とマーダのまわりを周回し、社の入り口から外へ向かってゆっくりと進みはじめる。一行は大社の北側にまわると、その先頭から順に儀礼門を通り抜けていく。マディエレに付き添われたムッカールディ＝バラワーンディとジャヤーナンダ＝ピリチャームンディが儀礼門を通るときには、土の壺からその足に水が注がれる。一行は、大社の北側にある大門を通って外苑から出ると、畦道を進んでバンタカンバに向かう。

バンタカンバでの審判

午前八時、バンタカンバの周囲は見渡すかぎり、人垣でびっしりと埋め尽くされている。だんだんと気温が上昇しはじめ、強い日差しが地面に眩しく反射する。

剣を掲げるムッカールディ＝バラワーンディ（右）

バンタカンバの境内に植わった大木の下には、アニを背負ったジャヤーナンダ＝ピリチャームンディが三脚の椅子に寄りかかって座っている。その斜め横に、ガディパティナールをはじめとするグットゥの長たちが姿勢を正して立っている。

ブランマによって姿を消されたナードゥが、再び地上に姿を現した場所といわれる祠の前では、ムッカールディ＝バラワーンディの憑依が頂点に達している。彼は全身を震わせながら祠の前を行きつ戻りつしていたかと思うと、大股で祠に歩み寄り、唸り声を上げながら剣を振り上げてみずからの腹部に突きつける。[14]

その後、ジャヤーナンダ＝ピリチャームンディの舞とグットゥの長たちとの対話を経て、ピリチャームンディの儀礼は新たな段階に入る。神霊による憑依と舞踏から、託宣と祝福（*nudi korpuni*）、そして審判への移行である。

バンタカンバでの審判

バンタカンバの前で身体を硬直させるムッカールディ＝バラワーンディ

大木の陰にはムッカールディ＝バラワーンディとグットゥの長たち、そしてジャヤーナンダ＝ピリチャームンディが並び、その前に神霊からの祝福を請い願う人々が長蛇の列をつくる。[15]かつて、神霊に何らかの祈願——たとえば子宝を授かりたいという祈願——を行い、その願いが叶えられた者は、ジャスミンの花と小さな銀のゆりかごなどの奉納品を持参してブータに捧げる。[16]ムッカールディ＝バラワーンディとジャヤーナンダ＝ピリチャームンディは、それぞれの信者に対して祝福の言葉を授ける。それが終わると神霊からの祝福として、キンマの葉にのせられたビャクダンの練り粉がマディエレの手から信者一人ひとりに授けられる。

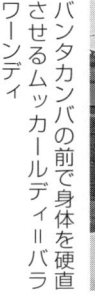

午前十時過ぎ、バンタカンバでは神霊による祝福が終わり、つづいて審判が始まっている。[17] 神霊の審判を請う人々は、ムッカールディ＝バラワーンディとジャヤーナンダ＝ピリチャームンディの前に列をなして並び、順番に彼らに謁見する。まず、審判を求めている当人が問題の内容を陳述した後に、ムッカールディ＝バラワーンディが剣を振りかざしながら、当の問題に対する見解を述べる。ムッカールディ＝バラワーンディは抑揚のある独特の発声で朗々と語り、語りの区切れ目ごとにガディパティナールの方を振り向き、彼の同意を求める。ムッカールディ＝バラワーンディがひととおり語り終えた後、それを引き継ぐ形でジャヤーナンダ＝ピリチャームンディが、同じく抑揚に富んだ声で審判を述べる。神霊の言葉を賜った当事者たちは、プラサーダを受けとって後ろに引き下がる。

個々の問題についてのムッカールディ＝バラワーンディとジャヤーナンダ＝ピリチャームンディの語りは、ややもすれば互いに異なる方向にずれながらも、最終的にはおおむね一致した結論に達する。[18] この審判の場には、原則としてあらゆる人々が参加することが可能であり、この日はパンバダとガウダ、モイリなどの人々が、それぞれの問題を申し述べ、神霊の審判を仰いでいた。

供犠と祝福

午前十一時過ぎ、ようやく長い祝福と審判の儀礼が終わり、楽士たちを先頭に、ムッカールディ＝バラワーンディとジャヤーナンダ＝ピリチャームンディ、グットゥの長たちと神具を担いだ働き手たちの行列がバンタカンバから大社へと戻ってくる。行列が通る道沿いは、彼らの姿をひと目拝まんとする人々であふれんばかりである。神霊たちの一行に先立ち、オレンジ色の腰巻を身につけたプージャーリの若者たちがバンタカンバから大社まで競争し、境内でバラワーンディの木馬を曳くという儀礼が行われる。その後、ムッカールディ＝バラワーンディとジャヤーナンダ＝ピリチャームンディが働き手たちに伴われて境内に入場する。

すでに正午をまわった十三時過ぎ、ジャヤーナンダ＝ピリチャームンディは、マディエレたちに伴われて大社の東門から外苑に出ると、大社の東側に建てられた簡素な庇の下に座る。彼の前にむしろが広げられ、その上にヤシの実やヤシ酒、バナナなどの供物が並べられる。神霊に食物を捧げる儀礼、バールネ（*bārne*）の始まりである。[19] 菜食の神霊とされるアラスやバラワーンディとは異なり、ピリチャームンディのためにはニワトリが供犠される。そのため、ピリチャームンディへの献供は大社の境内ではなく外苑で行われる。

十五時前、バールネを終えたジャヤーナンダ＝ピリチャームンディが再び境内に戻ってくる。彼は右手に剣を掲げ、縦横に踊りながら祭壇とマーダを周回し、ブランマの社の前で何度か旋回した後に仰向けに倒れる。アニで斜めに背を支え、両脚を地面に投げ出して座ったジャヤーナンダ＝ピリチャームンディの周囲を、グットゥの長たちが取り囲む。ジャヤーナンダ＝ピリチャームンディは半ば仰向けに倒れた姿勢のまま、家長たちに剣を差し出し、一人ひとりに守護の約束を授ける。

その後、祭壇の前に移動したジャヤーナンダは、その顔にほっそりとしたパンジー（イノシシの神霊）の面を着け、[20] 太鼓とラッパの音に合わせて最後の短い舞を踊る。こうして、この日の未明から始まったピリチャームンディの儀礼は、ついに終了したのであった。

木馬を曳くプージャーリの若者たち

4　神霊と人々の贈与交換関係——感謝と祝福、呪いと慰撫

ここまで、ペラールにおける大祭の内容をみてきた。この大祭のプロセスには、儀礼を通して実現される神霊と人々の関係性が凝縮されている。人々と神霊が出逢う場としての儀礼の詳しい理論的考察は次章以降に譲ることとし

て、本節では、儀礼において人々と神霊との間に醸成される、緊張をはらんだ関係性に焦点を当てて検討したい。

前節までにみたように、ペラールの大祭において、ガディパティナールをはじめとするグットゥの長たちはさまざまな形でブータと交流している。たびたび反復される交渉のパターンは、家長たちによる神霊への供物の献上と、神霊による託宣と祝福の授与というやりとりである。グットゥの長たちは憑坐に憑依したブータにヤシの実やビンロウジ、穀物などの農作物や家禽を捧げ、それを受けとったブータは託宣を述べて彼らを祝福する。

ここにみられるのは、人間からの献供と神霊による守護と豊饒性の約束という相互的な贈与のドラマである。すなわち、儀礼においてグットゥの長たちは、本来神霊のものである土地から得られた作物の一部を捧げ、神霊への感謝と帰依を表明する。ブータは供物を受けとり、それぞれの領主の家系と、村全体の守護と繁栄を約束する。ブータは今後も祭祀が滞りなく行われることを要求し、グットゥの長たちは祭祀の継続を約束する。ここにおいて、約八〇〇年前にコラターイ・バラルティとバラワーンディが交わした約束に起源をもつとされる神霊と人間の契りが更新される。

神霊の言葉に聞き入る祭主たち

神霊と人間のこうした贈与交換関係は、アパデュライとブリッケンリッジ（Appadurai and Breckenridge1976: 195）の用語を用いて、神と人々の「やりとりのネットワーク」と表現することができるだろう。儀礼における相互的な贈与の行為を通して、神とその帰依者である人々は互いをパートナーとするやりとりのネットワークの中に位置づけられる。またこのとき、神は資源の分配を司り、贈り物の受け手であると同時に贈り手でもある「特別な人《パーソン》」としての位置を占めることになる。神と人の「やりとりのネットワーク」と人《パーソン》の概念については、次章でより詳しく論じたい。

さて、儀礼における神霊とグットゥの長たちの交渉は、領主の家系間の序列を公の場で確認するとともに、更新するものでもある。踊り手に憑依したブータはグットゥの長たちの間を順番に踊りまわり、それぞれの家や土地の名を呼ぶ。また、ブータからの祝福は、家系の位階に従ってグットゥの長たちに授けられる。先述したように、ペラールにおける主要な家系間の序列は、神霊祭祀における儀礼的な位階に準拠している。つまり、大祭において実演される家々の序列化はペラールにおける主要な家系間の位階を基礎づけているのであり、これらの儀礼は地域社会における領主層の地位を遂行的に決定するとともに顕示する機会となっている[21]。

以上のように、村落レベルにおけるブータの儀礼は、まずもってグットゥの長をはじめとする人々と神霊との相互交渉から成り立っている。儀礼が成功裏に実施されることとはすなわち、憑坐の身体に遅滞なく神霊が降臨し、家長たちの捧げる供物を神霊が受けとり、両者によって神話の時代の約束が更新され、神霊の祝福によって儀礼に幕が下ろされることである。パールダナに詠われた神霊と人間の関係を表現するこうしたプロセスを通して、現在の祭主であるグットゥの長たちの地位と役割が承認されるとともに、村全体の安寧が保証されたことになる。

ただし実際には、儀礼には常に不安定さと危機が内包されている。神霊祭祀のあり方は、先述したように、総体として「カットゥ」と呼ばれる慣習法によって規定されている。カットゥとは、一六の領主と働き手たちの地位や役割のみならず、祭壇の装飾や旗を掲揚する柱に用いられるべき材木の種類に至るまで、祭儀のすべてを事細かく規定しているしきたりの総体であり、その詳細については、神霊自身を除けばガディパティナールをはじめとする限られた者だけが知悉しているとされる。さらに、この場合の慣習とは、祭儀の執行に関する具体的な決まり事を指すのみならず、神霊に対する人々の態度や、信仰のあり方をも含意するものである。

それぞれの祭儀は、常に厳密にカットゥに従って行われるべきであるとされるが、実際には諸事情によって、しばしば祭儀の内容には多少の変更や破綻が生じざるをえない。そうした変更や破綻のいくつかは、憑坐に憑依した神霊の託宣によって、正されるべき過誤として問題化される。すなわち、神霊は託宣の中で祭主らの過ちを厳しく糾弾し、カットゥに基づいて儀礼を行うよう要求するのである。ペラールの神霊祭祀の場合、こうした糾弾は主として、バラワーンディになりかわった司祭ムッカールディによってなされる。司祭に憑依したバラワーンディは、儀礼のたびに激しい怒りを表明し、人々を畏怖させる。託宣の中でムッカールディ＝バラワーンディは祭主をはじめとする人々の

ムッカールディ＝バラワーンディと対面する祭主たち

過誤を指摘し、過ちが行き過ぎた場合には、神霊がこれ以上領主と村の安寧を保証しないこと、すなわちブータによる災い（*būtoda upadro*）が村に降りかかるであろうことを警告する。こうした託宣の例として、第二位の領主一族であるブラーナベットゥ・グットゥの屋敷で行われた儀礼における、ムッカールディ＝バラワーンディによる託宣の一部を紹介したい。

昨日まで、私は剣を掲げてペラーラを祝福していた。そなたたちが私に約束を破らせたのだ。私がカットゥを守らないようなダイワだとは思うな。かつて私たちはコラターイ・バラルティに約束を与えた。その約束を守るためには、私は別の約束〔現在のグットゥの長らと交わした約束〕を破らねばならないだろう、そうではないか？（略）私は支配するダイワである。もしもカットゥが破られたなら、そのことを思い知らせるであろう。（ムッカールディ＝バラワーンディ、二〇〇九年八月二十三日、亀甲括弧内は引用者による補足）

神霊による託宣では独特の婉曲的な言い回しが多く用いられ、神霊の含意はさまざまに解釈されうる。この託宣では、ムッカールディ＝バラワーンディはこの儀礼において何が問題であるのかを明言していないが、託宣全体の文脈から、七章でみるような大社の運営をめぐる人々の諍いについての怒りを表明していたものと推察される。いずれにせよ、この託宣にみられるように、神霊は人々に祝福を与えるだけではなく、人々の過誤に対して災いを与える存在でもあり、託宣を通してその危険を警告する。これに対して神霊への応答を担う祭主たちは、神霊の怒りをとりなして許しを請い、関係の修復を懇願する。

神霊と人々の交渉とは、このように感謝と祝福の応答であるばかりではなく、神霊による怒りや呪いの表明と祭主らによる慰撫と懇願のやりとりを基調とするものであり、最終的に与えられる祝福は、常に暫定的なものにすぎない。神霊によって祭儀の度に繰り返される怒りの表明と呪詛の警告は、その都度の祭儀を完全な成功の保証されない危うい状態に宙づりにする。村全体を代表する者であり、祭儀を通してその地位と役割を承認されるべきグットゥの長たちもまた、神霊による祝福の受け手から呪いの対象に転ずるかもしれない不安定な立場にある。家長たちによる儀礼の執行と役割の遂行は、したがって、慣習に基づいた規範的な行為である一方で、神霊の一存によって危機に晒される不安定なものでもある。

二章でみたように、神霊祭祀において、祭祀の中心を担う人々に与えられる権利と責任は「アディカーラ」という言葉で表現される。以上の検討をふまえるならば、このアディカーラとは、神霊を信奉する人々によって希求され、神霊による承認を受けて遂行されるものであると同時に、神霊の命令によってあるときには強制的に与えられ、またあるときには剥奪の危機に晒されるものであるといえる。また他方、儀礼の場においてグットゥの長をはじめとする人々がみずからへの加護と祝福を神霊に懇願し、慣習に従った祭祀の継続を神霊に約束することは、神霊の至高の権威が人々によって確認され、公の場で承認されることを意味している。このことはいいかえれば、自分たちに対する神霊の権利と責任《アディカーラ》を人々が確認するとともに、更新することでもある。

ここで重要であるのは、神霊祭祀は領主一族をはじめとする帰依者たちに対して、それぞれの儀礼的奉仕にふさわしい地位や権利を付与し保証する一方で、神霊自身の至高の権威をあらゆる権利付与の前提とすることで、人間の側の地位や権利を不安定なものにしているということである。この意味において神霊祭祀には、上位の領主層による支配の正当化や安定化の手段（Gowda 2005）といった機能主義的な解釈には収まりきらない要素が明らかに含まれている。神霊の祭儀は、儀礼的奉仕に従事する人々に特定の権利や利益を与え、人々がそれらを享受することを可能にする一方で、こうした権利や利益が決して所与のもの、永続的なものではなく、神霊との交渉によってのみ暫時的に与えられるかりそめのものであることを、人々の側に知らしめる機会でもある。

おそらくはだからこそ、人々は神霊のために間断なく儀礼を行い、供物を捧げ、神霊との直接的な交渉を通してみずからの権利と責任《アディカーラ》を確認するとともに、それを遂行的に実現しつづけようとするのだと考えられる。このことは後にみるように、日常的な場面では互いに利害を異にする人々が、儀礼の場においては至高の行為者たる神霊の権威に従属する者としての立場を共有し、儀礼への参与と神霊との交渉を通して暫時的な共同性をたちあげていくという事態について考える際にも重要である。

次章では、本節でふれた神霊と人の「やりとりのネットワーク」の生成と、それを遂行的に生みだしていく人々と神霊の相互交渉、そして儀礼の場とそれを越えるさまざまなモノと力の循環について検討していきたい。

注

1　ここでは二〇〇九年三月十一日から十三日にかけて行われた大祭を事例として取り上げる。また、本章ではアラスの儀礼の内容を詳述することとし、バラワーンディとピリチャームンディの儀礼については、アラスの儀礼と重複する箇所は省略し、特徴的な箇所のみを詳述する。

2　ピリチャームンディの踊り手であるジャヤーナンダ・パンバダによれば、彼はムッカールディから五セール（*sēru*：約五キロ）のコメと香辛料を受けとって家に持ち帰り、彼の家族がこのコメで薄パンを作る。また、ニワトリの雛を調理して、薄パンとともに神霊に捧げてから食べるのだという。

3　バラワーンディは女性性をもつため、この神霊への供物としては女性の着衣であるサリーとジャスミンの花が捧げられる。

4　本来ならば、十数メートルもの高さをもつ儀礼用の柱に銀のガルーダ（金翅鳥）像が吊るされるはずであったが、二〇〇九年の大祭では諸々の事情から柱が設置されていなかったため、その代用としてヤシの木を据えて旗が掲揚された。

5　ムッカールディ＝バラワーンディは、供された食物を直接に食べたり飲んだりすることはほとんどなく、供物の「空気のみを受けとる」という。ヤシの実の汁を地面にこぼすことは、ムッカールディ＝バラワーンディがこの供物を受けとったことの印である。

6　祭りの第一夜から二日目の朝にかけて行われ、プンナメと総称される。

7　このアニは、合計一〇〇一本のヤシの葉の軸で作られているという。

8　このときジャヤーナンダ＝アラスが語っていた内容は、主にウッラークル・ムッカールディ、つまりアラスの司祭を務めるべき者が長らく決まっていないことについてであった。このときに限らず、ムッカールディやパンバダの踊り手に憑依したブータはしばしば、祭祀に必要な役職者の不在に対して怒りを表明し、役職の担い手を早急に決定するようグットゥの長たちに要求する。

9　この銀の棒は、バラワーンディの武器である弓矢を表している。

10　このことは、「剣をもつことによる憑依が、（ガッガラやアニを）結びつけている者に移る（*paṭṭi mānecciḍu jōga battuḍu kaṭṭina mānecciḍu āpɛ*）」といわれる。

11　カンデッダーヤとは、ブランマと三人の「王のダイワ（アラス、バラワーンディ、ピリチャームンディ）」に仕える五人のブータの一人である。

12　この儀礼と審判は三日目の未明から午後にかけて行われる。祭りの二日目である三月十二日の夜二十二時頃から二十三時過ぎまで、「王のダイワ」の従者であるジュマーディとバンタという二人のブータの踊りが行われた。ガッガラの舞の後、二人の神霊同士の闘いを模したコミカルな寸劇風の踊りが展開され、その後ムンダベットゥ一族の長老との対話が行われた。この踊りは余興的な要素が多くみられるものであったが、ここではその詳細は省略する。

13　ピリチャームンディの儀礼の前に、ムッカールディによってトラの像に燈明が捧げられる。本来は、ピリチャームンディの司祭がこの儀礼を行うべきであるが、この役職者が不在であるため、バラワーンディの司祭がその役割を代行していた。

14　この儀礼は *suriya pāḍonni* と呼ばれる。

15　儀礼の間、バンタカンバの敷地に入ることができるのは男性だけである。女性たちは敷地の周囲に寄り集まって、儀礼と審判を注視している。

16　祈願成就の返礼は、祈願の内容や当人の経済状況などによってさまざまである。たとえば、交通事故に遭って昏睡状態となった息子の回復を大社の神霊に祈願した両親と親族は、祈願が成就した暁には大社に銀の神具を奉納することを誓い、今回の大祭でその誓いを果たした。

17　ここで「審判」と翻訳しているワーク・ピリプニは、もともと「アージャ（*āja*）を取り去る」という意味をもつ。アージャとは、親族のメンバーや兄弟同士が諍いを起こした挙げ句、子々孫々に至るまで、二度と互いに関係をもたないという誓いを立てることである。先祖のアージャを子孫が忘れ、相手の親族と交流をもってしまうと、呪いが降りかかるという。ワーク・ピリプニは、神霊の前で過去のアージャの呪縛を取り去り、絶縁していた親族同士が再び交流をもつことを可能とする儀礼である（Upadhyaya 1988-1997: 2791）。

18　ただし、稀に二人の意見が食い違う場合があり、そうした場合はムッカールディ＝バラワーンディの意向が尊重される。たとえば二〇一二年の大祭で行われた審判の場では、ジャヤーナンダ＝ピリチャームンディの託宣に対してムッカールディ＝バラワーンディが異を唱え、後者が前者を叱責するという事態が生じた。

19　この儀礼は「慣習に則って食物を与えること（*kaṭṭu-kaṭṭuleda āvāra*）」とも呼ばれる。

20　パンジーは「王のダイワ」の従者である「パンジューリ（*pañjurli*）」と呼ばれるブータの面である。

21　このことはアパデュライ（Appadurai 1981: 36）が述べているように、ヒンドゥー寺院において神のお下がりの再分配が、神との関係における人々の特権的な役割を構築するということと共通している。

五章　「やりとりのネットワーク」と野生の力の流通

前章まで、ペラールの神霊祭祀とそれを支える村落社会の構成、ブータの来歴を物語るとともに祭祀を根拠づけている口頭伝承、大祭における儀礼のプロセスについて記述してきた。これまでの章では、理論的分析をなるべく最小限にとどめ、神霊との関係性を基軸としてかたちづくられた、人々にとっての環世界の秩序の一端を描くことに注力してきた。かわって本章では、儀礼の場における人々と神霊との具体的な交渉に焦点を当て、両者のやりとりによって遂行的に形成されるネットワークのあり方を検討する。

主な検討の対象となるのは、①憑坐に憑依した神霊と人々の交渉を通して形成されるネットワークの特徴、②相互的な贈与のネットワークに参与する人々と神霊の関係性、③やりとりのネットワークにおける物質と力の循環的な流通である。これらの事項はいずれも、贈与交換、物質《サブスタンス》＝コード、人格といった諸概念をめぐる新旧の人類学理論と深くかかわっている。なかでも本章では、前章でも言及したアパデュライとブリッケンリッジの論考（Appadurai and Breckenridge 1976）、「分割可能な人《パーソン》」ならびに「物質＝コード」という概念を用いて南アジアにおける人々の交渉の特徴を理論化したマリオットらの研究（Marriott 1976; Marriott and Inden 1977）、そして、主にメラネシアを対象として人格と物質、ネットワークに関する独自の理論を展開しているストラザーンの論考（Strathern 1988, 1996）

を参照しつつ、神霊祭祀におけるブータと人々の贈与交換関係を検討する。加えて、神霊と人々の間を循環する野生の力《シャクティ》の特徴について、ケガレ概念に関する先行研究を参照しながら考察する。

1 「分割可能な人」とやりとりのネットワーク

本節ではまず、南アジア社会における人格と人々のやりとりに関するマリオット、ならびにアパデュライとブリッケンリッジの論考を検討していきたい。

一九七六年に出版された「ヒンドゥー・トランザクションズ――二元論なき多様性（Hindu transactions: diversity without dualism）」と題された論文において、マリオットは南アジア社会の特徴を「やりとりの文化（transactional culture）」として論じている。マリオットによれば、南アジア社会では親族関係や労働、信仰といった日常生活のあらゆる側面において、与えることと受けとることへの明白で慣例化された関心がみられる（Marriott 1976: 109）。

マリオットはまた、南アジア社会の人格を特徴づける概念として、「分割可能な人《パーソン》」という概念を提起している。マリオットによれば、近代西欧社会における個人（individual）概念とは対照的に、南アジア社会において人は分割可能（dividual）なものとしてとらえられている。食事や会話、養育や性交といった日常のやりとりを通して、人は他者からさまざまな物質的影響を被ると同時に、みずからの物質＝コード――エッセンスや残滓、その他の活発な作用――を他者に向けて発散する。さまざまなふるまいのコードは行為する人の内部において身体化され、あるいは人々の間を受け渡されるモノの流れの中に実体化されており、したがって行為と行為者、物質とコードを切り離すことはできない。人々は他者との日常的な接触を通して身体的な物質＝コードの受け渡しに参与し、それによってみずからの身体を構成するのみならず、地位やアイデンティティをも構成していく（Marriott 1976: 109-111; Marriott and Inden

1977; Daniel 1984; 田辺 2010: 257-259）。[1] マリオットによれば、このように他者との交換関係に参与する「分割可能な人《パーソン》」は、常にみずからが取り込んだ物質＝コードの複合物（composite）なのである（Marriott 1976: 111）。

　マリオットが上記の論文を出版したのと同じ年に、アパデュライとブリッケンリッジはヒンドゥー神の人格と、神と人の「やりとりのネットワーク」に関する論文を出版している（Appadurai and Breckenridge 1976）。アパデュライとブリッケンリッジによれば、南インドの寺院において神は単なるイメージや象徴ではなく、知覚と身体を兼ね備えた「人《パーソン》」であるとみなされてきた。神への信仰と献供を通して、帰依者たちは神との間に活発なやりとりの関係を取り結ぶが、この関係は再分配のプロセスを促すものである。

神霊に捧げられるコメ

「特別な人」である神と帰依者とのやりとりについて、アパデュライとブリッケンリッジは次のように述べている。規範的なレベルにおいて、神は儀礼のプロセスを支え、具現化するために必要な奉仕や供物などの資源を要求する。ただし、これらの資源は神によって一方的に要求され、受領されるばかりではなく、取り分として帰依者たちの間で再分配される。資源の供出と再分配を命じることによって、神は「やりとりのネクサス（transactional nexus）」の中心に位置づけられる。儀礼は、そこにおいてまず神が、次に献供を行う帰依者たちが贈与行為の対象となるような、やりとりのネットワークが見いだされうる基礎的なユニットを提供している（Appadurai and Breckenridge 1976: 195）。[2]

　以上のようなアパデュライとブリッケンリッジの議論は、先にみたマリオットの議論と興味深い共通性をもつ。マリオットによる「分割可能な人」と物質＝コードという概念を用いてアパデュライらの議論をとらえなおしてみると、神と帰依者との関係について次のように考えることができる。すなわち、神と帰依者の関係性において、両者はいずれも互いを結びつけるやりとりのネットワークの中で、それぞれの物質＝コードを交換しあう「分割可能な人」として存在している。

また、これらの概念を用いてブータ祭祀における人々と神霊の交渉をとらえなおしてみると、次のようにいえるだろう。すなわち、儀礼の場において人々から神霊へと贈与される物質＝コードは、コメやビンロウジ、ヤシの実などに代表される供物である。他方、儀礼において神霊から人々に贈与される物質＝コードは、神霊が具現する野生の力《シャクティ》と祝福であり、それらはプラサーダ（お下がり）という形で信者の間で分配される。ブータ祭祀において野生の力は、さまざまな社会関係の複合物である供物と同じく、人々と神霊の間に取り結ばれるやりとりのネットワークの中を循環するのである。[3] この点については後に検討することとして、次に人格と混成性《ハイブリディティ》、そしてネットワークに関するストラザーンの議論をみていきたい。

2　ネットワークをいかに制限するか

マリオットとインデンらが一九七〇年代に提起した「分割可能な人」というアイデアは、南アジアの社会的文脈にとどまらず、広く人類学的な議論の対象となってきた。ただし、この概念を取り上げる論者の多くは、「西欧社会」と「非西欧社会」という二項にそれぞれ対応するものとしての「分割不可能な個人」と「分割可能な人」という概念同士の比較や、人格概念の通文化的な比較検討を中心的な論題としてきた（e.g. Busby 1997; Rasmussen 2008; Mosko 2010; Smith 2012）。こうした傾向に対してストラザーンは、贈与交換を軸として「分割可能な人」の形成とそのダイナミズムを考察することで、文化相対主義的な人格論に収まらない分析視座を提供している。

一九八八年に出版された『贈与のジェンダー（*The gender of the gift*）』において、ストラザーンはマリオットが提起した「分割可能な人」という概念をメラネシア社会に応用している。ストラザーンによれば、メラネシアにおいて人は個別的なものであると同時に分割可能なものとしてとらえられている。メラネシアの人々は、彼らを生みだす関係性の複数的で複合的な在り処（composite site）として構成される（Strathern 1988: 13, 348-349, note7）。このようなストラザーンの議論は、「分割可能な人は、常に彼らがやりとりを通して取り入れる物質＝コードの複合物である」というマリオットの言葉と呼応している。

一九九六年に出版された論文「ネットワークを切断すること（Cutting the network）」（Strathern 1996）において、ストラザーンは「混成《ハイブリッド》」と「ネットワーク」という概念を用いつつ、メラネシアにおける人格概念への考察をさらに展開している。[4] この論考の中で、ストラザーンは交叉イトコ婚をはじめとする親族システムや所有権の問題などにも検討を加えているが、本節ではソロモン諸島のアレアレ族に関するダニエル・ド・コペット（Daniel de Coppet）らの研究（Barraud et.al. 1994）に基づくストラザーンの分析に焦点を絞ってみていきたい。

コペットらによれば、ソロモン諸島において、人は死に際して生物の三つの要素である身体と息、イメージに分解される。これらのうち、他者による養育の産物である身体はタロイモとして食べられ、息は屠られる豚の息として取り去られ、そしてイメージは祖先になるという。ストラザーンによれば、このように生きている人間は複数の関係の集まりからなる混成的な人《パーソン》であるだけでなく、人間を構成する身体、息、イメージという三つの要素もまた、それぞれが人《パーソン》であるといえる。前述のタロイモや豚のように、人《パーソン》は他者による消費の対象となる物質としての形をとるが、それらは消費されることによって混成的なものとなり、他者のネットワークの中に拡散していく（Strathern 1996: 525-526）。[5] ここでストラザーンが注目するのは、このように人間または非人間的存在であるところの混成的な人《パーソン》のネットワークがいかにして拡大していくのかという点ではなく、逆に、このようなネットワークの伸展がどのようにして制限され、あるいは切断されるのかという点である。

この問題を考えるにあたって、アレアレの人々の間で死者のイメージを具現するとされる貝貨は重要な意味をもつ。

貝貨は他のさまざまな存在や出来事、生産物などがそれに変換されるがゆえに流通力をもつ。いいかえれば、過去の幾多の出逢いや関係性は貝貨に具現され、その中に凝縮された形で流通するのである。[6] ところで、人の死に際して進行する最後の交換の過程では、生きている人間の他のふたつの要素である身体と息は貨幣（=祖先のイメージ）に変換される（Barraud et.al. 1994: 53-54）。貨幣が具現する祖先のイメージは、最終的にそれ以外の要素を包摂し、それによって交換の過程はそこで停止する。このようにして、貨幣は死者が存命中にかかわったあらゆる交換の貯蔵所、または容器となるのである（Strathern 1996: 526）。

以上のようなストラザーンの議論の中でも、本書で特に着眼したいのは次のような点である。すなわち、やりとりを通して形成されるネットワークの伸展は無制限ではなく、それに参与する行為者の属性や権利などによって制限される。また、複数の行為者たちからなるやりとりのネットワークにおいて、人間または人間ならざるものである特定の人《パーソン》は、過去のやりとりを具現するものとしてネットワークにおけるみずからの流通を促すと同時に、ネットワークにおける物質や豊饒性の流れを転換する役割を果たす（Strathern 1996: 528-529）。

以上の事柄について、序章でみたゲシュタルトクライス論の観点からとらえなおした場合、次のようにいえるだろう。やりとりのネットワークは、人間または人間ならざるものである存在者たちの活動と交渉を通して遂行的に形成されると同時に、これらの存在者がネットワークの流れを転換させることで、循環的な円環《クライス》を形成する。やりとりのネットワークは、物質=コードの流通を通して遂行的に形成されると同時に、それ自身の運動によっておのずから境界を形成するのである。

次節以降でみるように、南カナラの神霊祭祀では、土地の豊饒性を具現する供物と、野生の力の現れである祝福の循環的な流通を通して、人々と土地・自然、そして神霊を結ぶやりとりのネットワークが遂行的に創りだされるとともに、それによって地理的・社会的な領域をゆるやかに区分する境界が形成されている。[7] また、やりとりのネットワークに参与する人々は、物質=コードの受け渡しや摂取を通して、やりとりにかかわる他者との関係性における自己のありようを創りだしていく。

ここまでみてきた一連の理論を参照しながら、以下ではブータ祭祀における人々と神霊のやりとりのネットワークについて、具体的に検討していきたい。

3 野生＝神霊の力の循環的な流通

本節ではまず、一章でみた農耕儀礼であるカンブラ儀礼について、「分割可能な人《パーソン》」と物質＝コード、そして人々と神霊のやりとりのネットワークという観点から分析する。それによって本節では、南カナラの村落部における人々と神霊、土地・自然の在来的な関係形成のあり方を示す。また、村落社会に生きる人々の生存を左右する生命の流れそのものとして、野生の領域と人間の領域を循環する物質＝コードの流れを描くことを試みる。

一章でみたように、カンブラ儀礼の全体は、豊饒性と危険に満ちた山野から儀礼的農地へと神霊の力《シャクティ》を流入させるプロセスとしてとらえることができる。この儀礼ではまず、野生＝神霊の力そのものであるスイギュウのブータが、司祭であるスッバによって呼びだされる。神霊の領域である山野に真夜中に分け入り、スイギュウのブータを呼びだすという儀礼の遂行過程において、スッバ自身もまた、山野に横溢する野生の力を部分的に身に帯びることになる。山から下りて農地に向かうスッバの短い旅に伴い、この力はまずマンジョッティと呼ばれる農地に流入し、そこで太鼓を叩きながらスッバを待ち受けていた親族男性たちの間に分け与えられる。その翌日、生身のスイギュウがそれを率いるスッバとともに水を湛えたカンブラ農地に駆け込むという儀礼のクライマックスにおいて、スイギュウとスッバがそれぞれに体現するブータの力は、最終的に「花嫁」であるカンブラ農地の中に流入する。このようにしてカンブラ農地に満たされた豊饒な野生の力《シャクティ》は、後にこの農地で生長する稲へと変換される。

この儀礼の中でスイギュウのブータは、それ自身の物質＝コードである野生の力が山野と農地の間を流通し、稲という生物に変換されて人々の間に拡散していくという意味において、「分割可能な人《パーソン》」として存在しているといえる。また、司祭であるスッパは、野生の力の流通を媒介し、方向づける者としての役割を果たしている。儀礼を遂行する彼の一連の行動は、野生の力をまずマンジョッティに、次にカンブラ農地へと導き、最終的に彼が植えつける稲の苗に流れ込ませる。同様に、カンブラ農地における稲の収穫に際して、スッパはこの農地で実った稲の初穂を最初に刈り取る役目を担う。植え付けの時期にスッパを介して山野から農地に、さらに稲へと流れ込んだ野生のシャクティは、収穫の時期に再びスッパを介して人々へと受け渡される。

このように司祭であるスッパは、神霊と人々の間を流通し、それによって両者を結ぶネットワークを遂行的に形成する物質＝コードの「容器であり経路、フローを遮り、またそれを具現する」（Strathern 1996: 528）者であるといえる。また、ムンダベットゥ・グットゥのカンブラ農地で生産される稲は、①ブータのもつ野生の力、②この土地における稲の生産に携わる人々の労働と奉仕、③この農地を保有し、継承する母系親族集団（クトゥマ）における人々の生命活動　をはじめとする、複数の物質＝コードと社会関係の複合物としてとらえられる。[8]

つづいて、前章でみた神霊の大祭について、供物やプラサーダといったさまざまな形態に変換されながら流通し、再分配される神霊の力に着眼しつつ再検討していきたい。

四章でみたように、大祭の儀礼において人々は憑坐に憑依した神霊とさまざまな交渉を繰り広げる。なかでももっとも顕著なやりとりは、グットゥの長と神霊との相互的な贈与の行為である。大祭において、家長たちはコメやビンロウジ、ヤシの実をはじめとする供物を神霊に捧げるが、先にみたカンブラ儀礼とも共通する事柄として、これらの農作物は①大地に豊饒性をもたらす野生の力、②農地での生産活動にかかわる人々の労働、そして③ペラールの土地と大社における労働や奉仕に携わる人々の活動と社会関係　をはじめとする複数の要素の複合物であるといえる。いいかえれば、これらの農作物は人々の日々の生命活動を具現するとともに、その源泉をなすものでもある。

儀礼の場において、憑坐に憑依した神霊は供物を受けとってその一部を儀礼的に消費し、返礼として人々に託宣と祝福を与える。そして、最終的にこれらの供物の一部はプラサーダとして人々の間で分配され、消費される。こうし

グットゥの長からヤシの実を受けとるムッカールディ＝バラワーンディ（右端）

た一連のプロセスにおいて、土地に流入した野生の力と人々の労働のエッセンスである農作物、その農作物を代表する供物、そして神霊の祝福を受けた供物のお下がりであるプラサーダは、人々と神霊、さらに野生の力に満ちた土地・自然を結ぶやりとりのネットワークを遂行的に形成しつつ循環する（図4参照）。野生の力の現れであり、人々の生命活動の結晶でもある農作物やプラサーダは、このように人々と神霊、土地・自然のやりとりを通して生みだされるものであり、なおかつそうした人々の活動や生命の再生産を可能とするものでもある。

　こうしたやりとりを通して流通し、消費される供物とプラサーダはそれぞれ、その贈り手となる人間と神霊の物質＝コードであり、あるいはストラザーンの言葉を用いるならば、他者に消費されることでネットワークの中を拡散していく「混成的な人《パーソン》」であるといえる（Strathern 1996: 526）[9]。カンブラ儀礼における司祭の役割と同様に、大祭の儀礼において憑坐はこのネットワークにおける物質＝コードの流通を媒介し、方向づける役割を果たしている。またこのとき、憑坐に憑依した神霊とグットゥの長たちは、互いにみずからの物質＝コードを交換しあう「分割可能な人《パーソン》」であると同時に、ネットワークにおける物質＝コードの流れの転換点として存在している（Strathern 1996: 528参照）。

　さて、ネットワークの伸展のみならずその制限を重視するストラザーンの視座（Strathern 1996: 525）との関連からここで注目すべきことは、やりとりのネットワークはあらゆる行為者を包含する形で無制限に拡張されていくのではなく、それを構成する者の権利や属性によって制限されているという点である。

　この点に関して、神霊祭祀にかかわる人々の側についてみると、儀礼におけるプラサーダの流通と分配の範囲は、原則としてその贈り手たる神霊とやりとりの関係を結ぶ権利と義務をも

社の外苑で供物を受けとるピリチャームンディ

つ人々の間に限られている。一方、神霊の側についてみると、人々による献供の対象となる神霊の範囲は通常、その儀礼の祭主が深いかかわりをもつ特定の土地と屋敷、あるいは山野に結びついたブータに限られている。したがって、たとえば家系レベルの祭祀の場合には、祭主である一族の保有する屋敷や土地と結びついた特定のブータに供物が捧げられ、儀礼に参与した親族の内部でプラサーダが分配される。一方、ペラールの大祭の場合には、大社で祭祀されている複数のブータに供物が捧げられ、一六の領主と働き手たちをはじめ、大社の運営と儀礼的奉仕活動の中枢を担う人々に対して優先的に多くのプラサーダが分配される[10]。

ただし、こうしたやりとりのネットワークの範囲や物質＝コードの分配にかかわる秩序は固定的なものではなく、儀礼の実践を通して遂行的に形成されるものである。したがって、七章でみるように、人々が特定の神霊と取り結んできたやりとりの関係への異邦人の新規参入や、プラサーダの分配にかかわる慣習的な秩序の攪乱などによって、参与者の間に混乱や対立が生まれる可能性は少なからず存在する。その一方で、七章と十二章、ならびに十三章でみるように、人々と神霊の間に新たに形成されたやりとりの関係への参与を通して、日常的に利害を異にする人々の間に暫時的な共同性が生じるとともに、やりとりのネットワークが再編されるという可能性も開かれている。

ここまでみてきたように、人間と屋敷地、農地と作物、山野と動植物、

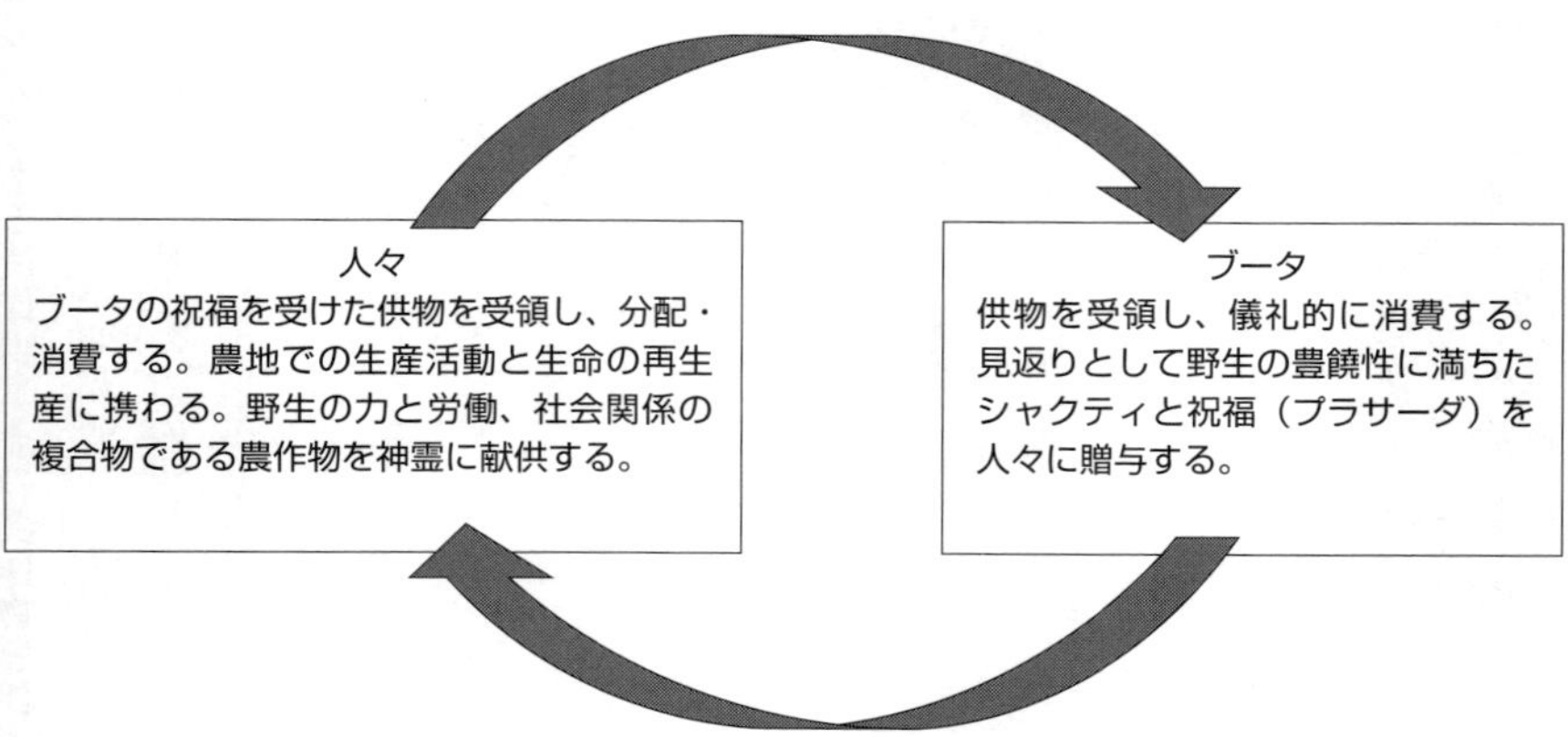

人々
ブータの祝福を受けた供物を受領し、分配・消費する。農地での生産活動と生命の再生産に携わる。野生の力と労働、社会関係の複合物である農作物を神霊に献供する。
ブータ
供物を受領し、儀礼的に消費する。見返りとして野生の豊饒性に満ちたシャクティと祝福（プラサーダ）を人々に贈与する。

図4　人々と神霊とのやりとりの循環

そして何らかのかたちで一時的に顕現する神霊といったさまざまな存在者の間における物質＝コードの移動や変換を伴う贈与交換の行為は、それぞれを結びつけるやりとりのネットワークを遂行的に形成すると同時に、それに参与する者と参与しない者との間に境界を生みだしている。

このように、人間ならざるものでもある他者との交渉を通してやりとりのネットワークが遂行的に形成される一方、ネットワークの境界が人々の属性や権利との関係において重要性をもつことは、六章でみるように、他者とのパースペクティヴの交換を通して自己の変容や新たな生成が導かれる一方で、自己の完全な流動化を防ぐためには、その境界の維持が不可欠であることと通底している。やりとりのネットワークに参入するメンバーを選別し、物質＝コードの流通経路を制限することは、人が自己の境界を適切に維持するための方策のひとつである。いいかえれば、人は「分割可能な人」として他者と交わらざるをえないからこそ、いかにして自己の境界を維持するかという問題が重要性を帯びてくるのである（Gell 1995; Laidlaw 2000: 629-631参照）[11]。

次節では、このネットワークを流通するもっとも重要な物質＝コードである野生の力の特徴について、より詳しく検討していきたい。

4 神霊祭祀と馴化されない力《シャクティ》

野生の力と「ケガレ」

一章でみたように、神霊祭祀はグッデと呼ばれる森林や山野と深く結びついており、グッデに棲息する野生動物の一部は高位のブータとして祭祀の中心を占めている。また、前節でみたように、山野に充溢する野生の力は、人々と神霊の間に結ばれるやりとりのネットワークを流通するもっとも重要な物質＝コードである。以下では、神霊祭祀における力《シャクティ》の特徴について、ケガレと浄性との関係から検討したい。

インドを対象とした儀礼研究において、聖なる力＝シャクティは「ケガレ」観念との関連において興味深い位置を占めてきた。すなわち、「浄／不浄」という二項関係において、浄性（purity）が不浄ないしケガレによって汚染され、危機に晒されるのに対して、シャクティは超越的であり、ゆえにケガレの影響を受けることがないとされる。[12]また、シャクティは荒ぶる女神の危険で豊饒なエネルギーであるともいわれる（Fuller 2004: 44-48）。[13]こうした観点からすれば、非業の死を遂げた両性具有の神霊であり、山野に存する危険と豊饒さを体現するバラワーンディは、きわめて強いシャクティに満ちた存在であるといえる。それでは神霊祭祀において、シャクティとケガレ、そして浄性の関係はいかなるものであるのだろうか。

ペラールの神霊祭祀において主要な踊り手を務めるヤティシュ・パンバダとジャヤーナンダ・パンバダは、彼らが日常的に遵守している規範や禁忌と、「清浄さ（*śudda*）」について、次のように語っている。

私たち踊り手は、葬式で出される食事を食べてはいけません。それには厳密に従っています。それから……私たちは、穢れた者たち（*sūtakadakulu*）［ここでは月経中や産後すぐの女性を指す］が作った食事を口にしてはなりません。それに、アーチャーリやキリスト教徒、ムスリムの家では飲み食いしてはなりません。私たちが外に出かけているとき、これらの決まり（*niyama*）をすべて守ることはなかなかできません。私たちの先祖は、とても厳密にこれらの決まりに従っていたものですが、いまでは従うことは難しい。ですが、私たちはできるかぎり、清浄であるように心がけています。
（ヤティシュ・パンバダ、二〇〇八年六月十六日）

ヤティシュと同様に、ジャヤーナンダもまた踊り手として自分自身を清浄に保つべく、さまざまな規範に従っている。この規範の遵守という点について、ジャヤーナンダはヤティシュ以上に厳格であり、踊り手による規範の遵守は儀礼の成功を左右すると語っている。

ダイワの儀礼のことを、トゥル語でネーマといいます。これは、サンスクリット語のニヤマ（Skt. *niyama*）からきています[14]。踊りにおいて、規則や規範を遵守したときにのみ、それは成功するのです。そのため、踊り手は規範にみずからを捧げた状態（*niyama niṣṭɛ*）にあらねばなりません。私たちは、いくつかの儀礼的な実践に従わなくてはならないのです。たとえば私は厳格な菜食主義者ですし、飲酒もしません。そうした規範に従っていれば、ダイワは必ずやってきてくださいます。（ジャヤーナンダ・パンバダ、二〇〇八年五月十六日）

以上のように、神霊の踊り手の語りには、「規範」や「清浄さ」といった言葉がしばしば登場する。一見すると、踊り手たちは菜食をはじめとする規範の遵守によってみずからの清浄さを高め、神霊の踊り手としての儀礼的な地位を維持し確保することをもっとも重視しているようにみえる（Srinivas 1952: 30-31参照）。しかし、彼らの語りをより注意深く検討すると、神霊祭祀において重視される「清浄さ」とは、ケガレによって危機に晒される「浄性」と必ずしも同義ではなく、むしろ浄／不浄の対立を超越するとともに、死や誕生といったケガレの領域と親和性をもつ聖なる力、すなわちシャクティと強い結びつきをもっていることに気がつく。

二章でみたように、ペラールにおいて「王のダイワ」の踊り手として任命された者は、ブランマの社で「壺の儀礼」と呼ばれる清めの儀礼を施される。この儀礼の後、踊り手は常人とは異なる存在として数多くの規範を課される一方で、人々の生活を規定するもっとも基本的な禁忌を免れることになる。この点について、ジャヤーナンダは次のように語っている。

壺の儀礼が済むと、アメ（*amɛ*）やスータカ（*sūtaka*）〔出産や死によって生じるケガレとそれに対する禁忌〕は私たちにはありません。私たちは、それから自由になるのです。踊り手は、誕生や死の儀礼に参加することはできません。〔中略〕そのほかにも、犬は踊り手に噛みついてはならず、スイギュウは踊り手を突いてはならず、人は踊り手を殴ってはならず、踊り手は人を殴ってはなりません。こうした規範が適用されます。踊り手はウシの糞を頭の上に載せて運んではなりません。たとえば、食事をしているときに、突然停電になったとします。踊り手は、翌日の同じ時間になるまで、食事の続きをとってはなりません。二四時間の間、断食をしていなくてはならないのです。また私たちは、海を渡ってはなりません。(ジャヤーナンダ・パンバダ、二〇〇八年八月六日)

儀礼的なケガレにかかわるもっとも重大な出来事は、死と誕生のふたつである。死と誕生は、それぞれスータカとアメと呼ばれる儀礼的なケガレの状態を母系親族集団(クトゥマ)の内部に引き起こす。すなわち、母系親族の誰かが亡くなったり、あるいは出産したりした場合、その当事者と同じ母系親族のメンバー全員が一時的にケガレの状態にあるとされ、彼らには一定期間、儀礼的な禁忌が課されることになる。[15]

ジャヤーナンダの語りにあるように、ブラーマン司祭による浄めの儀礼を受けた踊り手は、このもっとも基本的な死と誕生の禁忌を引き受けることのない存在となる。彼は、それがたとえ実母の亡骸であったとしても死者にふれることはできず、葬儀に参列することもできない。彼はまた、産後まもない妻が作った食事を口にすることができない。踊り手はこのように、死や誕生という出来事から自身を隔離しなくてはならない一方で、通常は母系親族の全員に自動的に適用される儀礼的な禁忌を免除されるのである。以上のことは、儀礼において踊り手自身が神霊のシャクティを体現するということから、次のように理解することができるだろう。

「壺の儀礼」を受けたパンバダの踊り手は、神霊の憑坐としてその力を体現する一方、死や誕生によって生じる集合的なケガレの範疇から除外された存在となる。踊り手は、神霊のシャクティを身に帯びると同時に、シャクティそのものと同じく、いわばケガレを超越する存在となったのである。したがって、パンバダの踊り手にとって、規範に従うことで我が身を清浄に保つことは、ケガレに対置され、ケガレによって脅かされる「浄性」の維持を究極的な目的とするものではない。踊り手にとっての「清浄さ」とはむしろ、儀礼においてブータの力であるシャクティを我が身に引き受けるための要件として理解することができる。[16]

馴化されないシャクティ

次に、ブータの儀礼におけるシャクティの流通について、ペラールの大社において重要な位置を占める神霊であるバラワーンディとブランマの関係を中心に検討したい。先にも述べたように、シャクティは一般に、荒ぶる女神の危険で豊饒なエネルギーであるとされる。このように、シャクティは静的で安定した力ではなく、むしろ御しがたいほどに激しいエネルギーの流れを表す観念である（Tanaka 1997: 13）。

インドの儀礼研究、なかでも村落における女神祭祀の分析において、儀礼の過程をシャクティの生成とその統御のプロセスとして分析した研究は少なくない。たとえば田中雅一（Tanaka 1997: 148）は、聖化の儀礼（*abhiṣeka*）において、火中で創造されたシャクティが寺院の聖域に移され、最終的に村に運び込まれる過程を、「熱く、危険で野生的なものから『恩寵』（サンスクリット語におけるプラサーダの原義）への転換」として描いている。

関根康正（Sekine 2002）もまた、タミルナードゥの村落祭祀を事例として、荒ぶる女神の聖なる力を鎮静化するサンスクリット的な男神の役割を指摘し、シャクティの流通を介した両神の相補的な関係性を描いている。ここにおいて男神と女神の関係は、ルイ・デュモン（Dumont 1970, 1980）が想定したような「浄／不浄」の対立に基づく序列的な関係ではなく、女神の創造的なシャクティとその安定化というダイナミズムにおいてとらえられている[17]。

ペラールの大祭におけるバラワーンディとブランマの関係を考えるとき、以上のような先行研究の分析は非常に参考になる。儀礼の中でバラワーンディとブランマは、互いに対照的な特徴をもつ神格として表現される。バラワーンディが野生の領域に属する危険で動的、かつ両性具有の神霊であるのに対して、ブランマは、その唯一の依代である不動のブランマ・リンガに示されるように、静的であり男性的な存在であるといえる。ペラールの大祭において、憑坐であるヤティシュに憑依したバラワーンディは大社の外の暗闇から境内に躍り込み、境内を踊りめぐった後、儀礼のクライマックスにおいてブランマの社の正面に到達する。こうしたヤティシュ＝バラワーンディの動きは、この神霊が体現する野生の力《シャクティ》の流れを可視化している。

　先にみたように、ブータの踊り手にとっての「清浄さ」とは、不浄に対置される浄性と必ずしも同義ではなく、「浄／不浄」の対立を超越するシャクティを体現するための前提条件といえるものであった。同様に、大祭の儀礼において表出されるブランマとバラワーンディの関係性もまた、「浄／不浄」という対立関係ではなく、シャクティとそれに結びついた何ものかの関係を表していることは確かである。ただしこの儀礼では、ヤティシュ＝バラワーンディの体現する野生のシャクティがブランマの社に取り込まれることで鎮静化され、恩寵としてのプラサーダに変換されるという過程は、実はそれほど明確ではない。

ブランマ・リンガ

　儀礼において強調されるのは、女神のシャクティの流入と男神による受容と変換の過程ではなく、バラワーンディとブランマという強力な神霊同士の闘いである。しかもこの闘いにおいて、ブランマはブランマ・リンガとしての姿を別にすれば人々の前に顕現することはなく、ブランマの社に仕えるブラーマン司祭たちも、ヤティシュ＝バラワーンディの闘いの身振りに対して何ら応答の素振りをみせることはない。したがってこの闘いは、ヤティシュ＝バラワーンディからの一方的な攻撃、もしくは熱烈なアプローチといった様相を示す。

　このように、先行研究の儀礼分析に比べると十分に構造化されていないようにみえる儀礼のあり方は、ブータ祭祀における神霊（ないし野生の力）と帰依者たちとの関係、ならびにバラワーンディとブランマの関係の独自性によるものだと思われる。

　先にも何度か述べたように、ブランマの祭祀にはブラーマン司祭の存在が不可欠であり、ブランマはときにヒンドゥー神ブラフマーと同一の神格として語られる。その一方、ブランマはブータ祭祀の中で「最高位の神霊」としての位置を占めている。ペラールに伝わる口頭伝承の中ではブラーマンとして登場し、寺院様の社に依代を安置され、ブラーマン司祭によって特別な祭祀を施されながらも、ブランマはサンスクリット的なヒンドゥー神とは異なる存在でありつづけている。ここにおいて、「女神のシャクティを受けとめ、安定化するサンスクリット的な男神」という儀礼の構造は、実際にはうまく成立していない。

ブランマは、確かに見かけ上は安定的な男神としての特徴を備えながらも、それ自体が野生の力《シャクティ》を帯びた強力で危険なブータでもある（Claus 1978: 4-10参照）。したがって、大祭の儀礼において表現されるバラワーンディとブランマの交渉は、大社への危険なシャクティの流入とその安定化のプロセスではなく、シャクティの流入と横溢、あるいはせめぎあいという様相を呈することになる。儀礼の場において、神霊の力《シャクティ》は完全に鎮静化されることなく、野生の危険性と不穏さを帯びたまま境内を流通し、いわば生《なま》のままで人々に受け渡されるのである。四章でみたように、儀礼の中で憑坐に憑依したブータと人々の交渉が、祝福と感謝の応答であるばかりではなく、神霊による憤怒と呪いの吐露と、それに相対する人々からの畏れと慰撫の応答であることもまた、ブータの力が生々しい野生の力そのものとして儀礼の場に現出していることを示している。

ブランマは、この野生の力をより安定的な「恩寵」へと変換する役割を部分的に担ってはいるが、しかしこのことが儀礼の中で完遂されることはない。逆にいえば、儀礼においてブランマによるシャクティの鎮静化が完遂され得ないということこそが、ブラーマン的な祭祀の様式に完全に取り込まれることのないブータ祭祀の独自性――つまり、サンスクリット的な神格による媒介を経ることなく、危険と豊饒性を併せもつシャクティと人々が直接的な関係を結びうるということ――を担保しているのだとも考えられる。

本章でみてきたように、ペラールの大祭は、野生の領域からのシャクティの流入と、恩寵ないしプラサーダとしてのシャクティの分配という構造を基本的に保持している。ただし、儀礼全体の要となっているのは、サンスクリット的な神によるシャクティの受容と馴化ではなく、野生の力そのものである神霊と人々の直接的な交渉であり、呪いと慰撫というネガティヴな要素をも含みこんだ両者の贈与交換関係である。

ブータ祭祀における儀礼とは、したがって、人々にとって神霊からの祝福や恩寵を受けとるための回路を開くと同時に、横溢する危険なシャクティの流れを誘導し、人間の領域と野生の領域との関係を調整しようとする試みであるといえる。[18] この点については、工業プラントの内部における神霊祭祀の実践を事例として、十三章であらためて考察したい。

このように、具体的な儀礼の検討を通して明らかになった神霊の力《シャクティ》の重要性は、しかしながら、ペラールの大社の物理的な構造において明示されているわけではない。神霊の力という、憑依儀礼を介さずしては不可視であり、流動的で偶有的な性格をもつ物質《サブスタンス》の儀礼的中心性は、ブランマ・リンガの安置されたブランマの社を中央に据えた大社の物理的な構造からは容易にみてとることができないのである。このことは、七章でみるように、大社におけるバラワーンディとブランマの中心性をめぐって村落の領主一族とブラーマン司祭との間で争われた裁判において、決定的な問題のひとつとして浮上してくる。

この問題について検討する前に、次章では、神霊祭祀における人々と神霊との相互的な交渉のあり方について、憑坐の経験に焦点を当てて検討していきたい。

注

1 Inden and Nicholas（2005［1977］）も参照。マリオット、ならびにロナルド・インデンとラルフ・ニコラスらは「物質《サブスタンス》」ならびに「コード」というアイデアをデイヴィッド・シュナイダーの親族理論（Schneider 1980［1968］）から批判的に継承している。ジャネット・カースティンが手際よくまとめているように（Carsten 2011: 21-22）、シュナイダーの親族理論では、北米文化の親族関係を構成する二つの秩序である「自然」と「法」に対応するものとして、サブスタンスとコードという二つの要素が互いに別個のものとして提起された。これに対してマリオットとインデンらは、南アジア社会では身体的なサブスタンスとふるまいのコードは不可分であるとした。さらにストラザーン（Strathern 1988）は、サブスタンスの流通や代替可能性に関するロイ・ワーグナーの研究（Wagner 1977）に基づき、メラネシア社会を対象としてサブスタンスの産出力や可変性に焦点を当てた分析を行っている。

2　アパデュライとブリッケンリッジが描くヒンドゥー寺院における神と人の贈与関係は、したがって、見返りを期待しない（あるいは贈与と返礼という連鎖の形成を伴わない）「純粋な贈与」（Parry 1986: 466-469; Laidlaw 2000）ではなく、相互的な「贈与交換関係」である。

3　この点と関連してマリオットは、物質＝コードの断片（particles）は力と同じく、人や神、土地といったさまざまなものに顕現しつつ常に流通していると述べている（Marriott 1976: 110, 113）。

4　ストラザーンはここでアクターネットワーク理論（e.g. Latour 1993）におけるネットワーク概念を批判的に検討しているが、その詳細は省略する。

5　このことは言い換えれば、『贈与論』（モース 2008）の読解の中でジョナサン・パリーが述べているように、「パーソンとモノの間に絶対的な不一致はない」（Parry 1986: 457）といえる。

6　人々の社会関係を媒介し、過去の出逢いや出来事を凝縮しながら流通する物質としての貝貨の特徴は、西アフリカにおいて「フェティッシュ」と呼ばれてきた呪物の特徴と共通性をもつ。Graeber（2001, 2005）、石井（2014a）参照。

7　物質＝コードの流通経路や境界について考える際には、人々や神霊の属性によって規定されたやりとりの社会的範囲という観点に加えて、ランドスケープやトポロジーといった概念で表されるような領域性の観点を取り入れる必要がある（Munn 1996; Uchiyamada 1999, 2000; Ishii 2015 a 参照）。本書で検討する村落社会において、物質＝コードが流通する社会的境界と地理的領域の境界は重なり合っている。

8　クトゥマと呼ばれる母系親族集団と、クトゥマが保有する農地との関係については第二部で詳しく検討する。九章と十章でみるように、本家の屋敷に象徴される母系親族集団は本来、神霊祭祀の執行と農地の維持管理、生産物の分配を通してやりとりのネットワークを遂行的に形成する「分割可能なパーソン」のひとつとして存在していた。しかし、後述するようにクトゥマは植民地期における近代法の制定によって「分割不可能な財の共同体」として再定義されていくことになる。

9　南インドとメラネシアのパーソン概念を比較検討したセシリア・バズビー（Busby 1997）は、南インドにおけるパーソンが透過的（permeable）であるが内的には統一されているのに対して、メラネシアのパーソンは内的に分割されており、部分に分けられると述べている。また、南インドでは境界をもった統一体としてのパーソンから流れ出る物質《サブスタンス》の流通によって社会関係が結ばれるのに対して、メラネシアではパーソンの一部が社会関係を客体化するモノとして身体の外部を流通するという（Busby 1997: 274-276）。だが、本章でみたように儀礼における供物やプラサーダは、精液や血液といった身体的な物質と同様に、人間または非人間的存在であるパーソンの一部あるいは「断片」（Marriott 1976: 110）として、身体の外部を流通することで社会関係を媒介している。このように考えると、南インドとメラネシアにおけるパーソン、ならびに物質の流通のあり方の相違は、バズビーが主張するほどに本質的なものではないと考えられる。

10　プラサーダの流通と分配のプロセスは、家系間の位階をはじめとする地位や性別によって秩序づけられている。村落レベルのブータ祭祀では通常、上位のグットゥから順にプラサーダを受領する。また、村落レベルと家庭レベルのいずれのブータ祭祀においても、女性は男性の後でプラサーダを受けとる。

11　本章でみたように、相互的な贈与交換関係において自己の境界を維持する方法は、やりとりのネットワークに参与する者を選択し、物質＝コードの流通経路を制限することである。他方、贈与行為をあくまで一方向の「純粋な贈与」に留めることで、贈与と返礼の連鎖に基づく社会関係の形成自体を拒否する、あるいは贈り物を匿名化し、非人格化（impersonalise）することで（返礼の義務を迫る）贈り物ではないものとみなす、という方法がとられる場合もある。贈与行為が贈り手の罪やケガレを受け手に移動させる場合や、現世放棄者が布施の受け手となる場合などがこれに相当する（Parry 1986; Raheja 1988; Laidlaw 2000; Copeman 2005; Derrida 1994も参照）。なお、ヴァイツゼッカーは、「制限」と環世界の関係を次のように端的に表現している。「制限ということを通じて、われわれはこの世界をわれわれの環界へと狭める」（2004: 285）。

12　浄と不浄、ならびにシャクティについてはDumont and Pocock（1959）, Wadley（1977）, Fuller（1979）, Tanaka（1997: 9-14, 138）参照。なお、関根（1995: 29-30）は社会的排除の態度によって導かれるケガレの次元を「不浄」と呼び、受容の態度が導く次元を「ケガレ」と呼んで区別している。この場合、「不浄」は常に「浄」と対立するものとして位置づけられる一方、「ケガレ」は独立的・動態的観念であるとされる。

13　シャクティと女性性や野生との関係についてはUchiyamada（1999: 64-65, 71）も参照。

14　サンスクリット語の*niyama*は制限、規則や法、義務などを意味する（Monier-Williams 2008（1899）: 552）。

15　死者が出た場合、一六日間は寺社に参拝してはならず、結婚式や婚約式を行ってはならない。死や出産による儀礼的なケガレは、床屋カーストであるバンダーリが司祭を務める清めの儀礼（*śudda malpuni*）によって取り除かれる。

16　この点と関連してフラー（Fuller 1979: 463-464, 469）は、浄性は儀礼の目的ではなく、神の聖なる力（divine power）にアクセスするための条件にすぎないことを指摘している。

17　他方、フラー（Fuller 1988）は先行研究（Moffatt 1979; Beck 1981）によって描かれたマーリヤンマン女神の祭祀を再検討し、儀礼の中で表現される女神のふたつの相（危険で血に飢えた「低位」相と清浄で慈悲深い「高位」相）は、デュモン（Dumont 1970: 20-32）がヒンドゥー神の神性の特徴として述べているように、位階を異にする神格間の相補的関係を表すと指摘している。その一方でフラーは、村落で祭祀される神々の神性は常に関係的であるが、サンスクリット的な神格の神性は他の神格との関係において位置づけられるものではなく、本質的であり非・関係的なものであると主張している。この問題について詳しくはIshii（2015a）参照。

18　儀礼を通したシャクティの誘導や制御のあり方は、村落部における水路や溜池を用いた水の制御や分配の方法とアナロジカルなものとして考えられる（Ishii 2016; cf. Pickering 2008）。

六章　憑依の経験とパースペクティヴの戯れ

前章では、神霊と人々の贈与交換関係について、「やりとりのネットワーク」や「分割可能な人《パーソン》」といった概念を用いつつ、その形成と動態の論理を検討してきた。本章では、同じく神霊と人々の間に取り結ばれる関係性について、憑依という現象に焦点を当てて、より微視的な視点から検討する。人々と神霊との相互的な交渉のあり方について、前章では供物やプラサーダ、神霊の力《シャクティ》をはじめとする物質＝コードの流通を中心にみてきたが、かわって本章で検討の対象となるのは、より身体的でありとらえがたい性質をもつもの——すなわち、神霊の力をその身体に受け容れる憑坐の経験と、儀礼の場に顕現した神霊と交流する人々の経験である。

序章でみたような、諸々の存在者が立ち現れるジョーガの領域と、野生＝神霊の力に満たされた不可知のマーヤの領域との関係からいえば、前章での検討は主として、マーヤの領域から流入した野生の力が、ジョーガの領域において次々に別のかたちへと変換されながら、人々の間をいかに受け渡されていくのかという問題に焦点を当てたものであった。本章では、マーヤの領域とジョーガの領域の境界、ないしは縁《ふち》である憑依の時空間に焦点を当て、両義性を帯びた境界状況にとどまりながら、みずから神霊になりかわることで野生の力を人々の眼前に顕在化させる憑坐の技芸と経験に迫りたい。また本章では、儀礼において神霊になりかわる憑坐と帰依者とのやりとりと相互的な自己の形成について、パースペクティヴの交換と戯れという視座から考察する。

以下にみていくように、精霊や神霊になりかわるという憑坐の経験については、前章でみた「分割可能な人《パーソン》」や物質＝コードの流通というマリオットらの議論とも重なるものとして、自己の透過性（permeability）という観点から論じられてきた。また、人間ならざるものでもある他者と自己のパースペクティヴの交換という問題は、序章で取り上げた存在論的人類学とも関係の深い「新しいアニミズム論」（Pedersen 2001）の中で注目を集めている。[1] さらに本章でみていくように、憑依やパースペクティヴの交換をめぐる議論の中で浮かび上がってくる自己の他者化と再帰性の維持をめぐる問題は、憑依という現象を理解する鍵であるのみならず、いかにして人は自己ならざるものとの関係性の中で、みずからの環世界と自己をともに形成していくのかという問いを考えていく上でも重要な意味をもつ。

以下ではまず、憑依という現象について、自己の透過性という点から論じたいくつかの先行研究を紹介する。つづいて、主に狩猟採集民社会における人と動物のパースペクティヴの交換を扱った人類学的研究を概観する。これらの先行研究をふまえたうえで、本章ではブータ祭祀における神霊と人々の相互的な関係性のひとつである、パースペクティヴのやりとりについて考察していきたい。

1　憑依の経験と「透過的な人」

人類学的な憑依研究において、憑依という現象はしばしばパースペクティヴの変容という観点から分析されてきた。たとえばブルース・カッフェラー（Kapferer 1979, 1991）は、自己（self）の構成に関するG・H・ミードの議論（Mead 1962［1934］）に依拠しつつ、スリランカにおける悪魔憑きの事例について、健常な状態であれば維持されているはずの自他のパースペクティヴの相互性が破綻した状態であると分析している。その上でカッフェラーは、憑依された者と健常な他者との相互主観性が回復される過程として、悪魔祓いのプロセスを解釈している。

一方、スーダンにおけるザール・カルトを研究したジャニス・ボッディは、憑依によるパースペクティヴの変容をよりポジティヴなものとして解釈している（Boddy 1988: 19-20, 1989: 350-354）。ボッディによれば、精霊の憑依を受けた女性たちはそれによってより広いパースペクティヴを獲得し、「精霊の目で世界を見る」ことで、日常的な現実と自己を超越しうるのである。

さらに、憑依という現象を解釈するにあたって、ボッディは透過性という概念に着眼している（Boddy 1994: 407）。ボッディによれば、憑依とはある宇宙-秩序《コスモス》における精神と物質、力と有形の現実との統合を表す幅広い概念であるが、そこでは個人とその環境との境界は透過的で柔軟であり、交渉可能なものであるとされる。マリー・ケラー（Keller 2002: 9）もまた、憑依される者のエイジェンシーを解釈するにあたって、通常は受動性や脆弱性として否定的に評価されがちな自己の透過性や受容性（receptivity）といった性質を再評価すべきだと主張している。

このようにボッディとケラーはいずれも、憑依という現象を憑依される自己の変容として、とりわけ自己の境界の揺らぎや流動化として論じている。こうした自己の揺らぎや変容は、自己を他者に譲り渡すことで他者になりかわるというミメシスの実践とも密接に関連している（Taussig 1993: xiii; 坂部 2007参照）。

ところで、このように自己の透過性やミメシスという観点から憑依を分析する論者の多くは、近代西欧的な価値観への批判や抵抗として憑依現象を解釈するとともに、憑坐にみられるような可変的で透過的な自己のあり方を、近代西欧社会における自律的で非透過的な自己のあり方に対置させる傾向にある。[2] たとえば序章でもふれたように、南アジアにおける憑依現象を扱ったスミス（Smith 2006: 19, 74-75）は、人のアイデンティティにおける流動的で透過的な性質を露わにするものとして憑依をとらえるボッディの議論（1994: 407）を取り上げる中で、こうした憑依の特徴は、流動的で分割可能であり、透過的であるという「南アジアの人《パーソン》」の特徴によく符合していると述べる。スミスの議論において、憑依される者と南アジアの人格はいずれも、「非透過的で自律的」（Marriott 1976: 110; Smith 2006: 74）であるという、近代西欧社会における規範的な人格のイメージと対照をなすものとして想定されている。

憑依のもつ批判的な機能や、憑依される自己の流動的で透過的な特徴を指摘することで、これらの研究は近代西欧社会における「自律的で完結した個人」という自己像を相対化することに寄与している（Johnson 2011: 417参照）。その一方で、こうした特徴を憑坐や「南アジアの人《パーソン》」に特有のものとみなすことで、これらの研究は、他者とのやりとりを通して絶えず自己を生成変化させていくという透過的で可変的な人間の経験そのものを、エキゾティックな「他者」の営為として異化しているともいえる。

このような見方は、前章でみたように、近代西欧社会と非西欧社会の対照性を前提とした上で、「分割不可能な個人」と「分割可能な人《パーソン》」を対比的に分析するという一部の先行研究の視座と共通している。[3] また、序章でみたように、こうした視座は非西欧社会の呪術・宗教的な諸実践を、近代西欧的な論理や価値観の反転、もしくはそれらへの批判やオルタナティヴとして描くという、人類学的な呪術・宗教研究において反復されてきた論調と通底するものでもある。

しかしながら、ボッディも言及しているように（Boddy 1994: 425）、ミメシスや自己の透過性、そしてパースペクティヴの変容は、他者との関係性の中に生きる人間にとって不可欠の行為であり、状態でもある。この意味で、憑依を通して精霊や神霊になりかわる憑坐は、「人間であることの生来的な条件」（Willerslev 2007: 9）としてのミメティックな能力をもっともよく発揮している人々であるといえるかもしれない。また同時に、本章でみていくように、他者のパースペクティヴを受け容れつつ行為するためには、自己を完全に見失ってしまうのではなく、その境界と再帰性を維持しつつ、みずからの身体において複数のパースペクティヴを作動させることが必要となる。

以下では、ブータ祭祀において憑坐が経験するパースペクティヴの変容や自己透過性について検討するに先立ち、パースペクティヴの交換を主題とする先行研究をみていきたい。パースペクティヴの相互性の問題を扱った論考は発達心理学や現象学、哲学をはじめとする諸分野において数多くあるが、[4] ここでは「新しいアニミズム論」を牽引する論者であるヴィヴェイロス・デ・カストロとレーン・ウィレルスレヴによるパースペクティヴィズム論を中心的に取り上げる。

2　人間と非人間的存在とのパースペクティヴの交換

一九九八年に発表された論文「宇宙論的直示とアメリカ大陸先住民のパースペクティヴィズム（Cosmological deixis and Amerindian perspectivism）」（Viveiros de Castro 1998）において、ヴィヴェイロス・デ・カストロは、アメリカ大陸先住民諸社会における人と動物の関係を特徴づけるものとして、「パースペクティヴィズム」という概念を提起している。[5] 序章でもふれたように、ヴィヴェイロス・デ・カストロによれば、これらの社会に関する民族誌には「人《パーソン》としての動物」という主題が繰り返し登場する。ジャガーやペッカリー、ヘビをはじめとする動物たちは人であり、それぞれの家や村で人々（humans/people）としての暮らしを営んでいる。これらの動物たちからすれば、自分たちこそが人である一方、人間は動物の一種として見えている。それぞれの動物は人間と同じく霊魂をもち、霊魂をもつものはいずれも、ある観点（point of view）をもっている。むしろ、ある観点をもつがゆえに、その動物は意志やエイジェンシーを備えた主体たりうるのである。ただし、動物はそれぞれの種によって異なる身体（情動や能力の総体としてのハビトゥス）を有するがゆえに、それぞれが異なるパースペクティヴをもつことになる（Viveiros de Castro 1998: 470-472, 476-478）。

さらに、二〇〇四年に発表された「パースペクティヴの交換（Exchanging perspectives）」（Viveiros de Castro 2004b）において、ヴィヴェイロス・デ・カストロはアメリカ大陸先住民社会におけるシャマニズムと戦争を例にとり、人間と非人間的存在、あるいは人と他者とのパースペクティヴの交換について論じている。

シャマニズムとは、ヴィヴェイロス・デ・カストロによれば、人間と非人間的存在との存在論的な境界を超え、後者のパースペクティヴを得ることで両者の関係を統御する能力のことである。それはまた、人間ならざる存在を、あるパースペクティヴをもった他者として主体化し、この他者と交渉をもつことを通して対象を知るための技でもある。シャマンは、自分自身が動物になりかわることを通して動物たちの「人(humans)」としての姿を見、彼らと交渉することができる。ただし、このことは容易になされるものではない。もしも普通の人間が、動物や精霊、死者の霊といった人間ならざるものの「人」としての姿を見てしまったなら、その者は人間ならざる主体の力に圧倒され、みずからもまた動物や精霊や死者に変身させられてしまうだろう。異なるパースペクティヴとの邂逅、あるいはパースペクティヴの交換とは、きわめて危険な行為なのである。

シャマンと同様に戦士もまた、他者との交渉とパースペクティヴの交換という危険な行為に携わる者である。シャマンが動物になりかわり、そのパースペクティヴを身につけるのと同様に、戦士はあるパースペクティヴを備えた他者として敵を主体化し、彼と同一化することを通して相手を「内側から捕える」。自分が殺すことになる敵のパースペクティヴを身につけ、敵が自分をまなざすまさにその通りに自己を見ることを通して、戦士は完全な主体としての自分自身になりうるのである。このとき生じているのは、相互的な主体化であり、パースペクティヴの交換であるとヴィヴェイロス・デ・カストロは述べる(Viveiros de Castro 2004b: 479)。

以上のようなヴィヴェイロス・デ・カストロのパースペクティヴィズム論に対して、テレンス・ターナーは理論的側面と民族誌的事実の両面から多岐にわたる批判と再検討を加えているが、ここではターナーが提起している、人の社会的身体(social body)とパースペクティヴの共変容に関する問題に絞って紹介したい。ターナーによれば、ヴィヴェイロス・デ・カストロのパースペクティヴィズム論は、それぞれの動物種に固有のパースペクティヴを想定した上で、ある身体に備わったパースペクティヴから別のそれへの転換を論じている。しかしながらターナーによれば、人のパースペクティヴとはそもそも他の複数の身体と社会的に関係づけられた、社会的かつ物質的な身体に根ざすものである。こうした複合的な身体と社会関係のあり方は発達のプロセスに伴って変容していくため、身体に根ざしたパースペクティヴもまた変化していく(Turner 2009: 32)。

一方、ホルブラードとウィレルスレヴは、ヴィヴェイロス・デ・カストロの提示したアメリカ大陸先住民のパースペクティヴィズムとアジア内陸部のそれとの差異を、それぞれ「内在的」と「超越的」、あるいは「系列的（paradigmatic）」と「統合的（syntagmatic）」という特徴をもつものとして論じている。ホルブラードとウィレルスレヴによれば、ヴィヴェイロス・デ・カストロのモデルでは、あるパースペクティヴは原則として他のいかなるパースペクティヴにもなりかわることができるという点で、相異なるパースペクティヴ同士は互いにとって内在的である。これに対してアジア内陸部の場合は、異なるパースペクティヴ同士は統合的に関係づけられており、その転換が非対称的に生じるという意味で、互いに対して超越的である。

いいかえれば、アメリカ大陸先住民のモデルでは、シャマンから動物へというパースペクティヴの変化は、アルファベットのある文字が別の文字を代替しうることにも似た、対称的な転換のあり方を示している。一方、アジア内陸部の場合、シャマンから動物へのパースペクティヴの変化は、たとえばシンデレラが姫になりかわるような、非対称的な変容として考えることができる（Holbraad and Willerslev 2007: 342）。

このように、ヴィヴェイロス・デ・カストロのパースペクティヴィズム論に対するターナーの批判とホルブラードらの指摘の内容は完全に同じではない。だが、彼らの指摘はいずれも、ヴィヴェイロス・デ・カストロのモデルでは、パースペクティヴAとBの間の対称的な変換がほぼ一挙に起こるような事態が基本的に想定されているため、より非対称的であり時間性を伴うプロセスを通して、ある身体とそのパースペクティヴそのものが別様に変容していくという事態をとらえることができないという問題を照射している[6]。

以上の問題を含めて、人間と人間ならざるものでもある他者とのパースペクティヴの交換についてより深く考えていくために、つづいて北シベリアの狩猟民ユカギールにおける狩人と獲物の関係性を、ミメシスという観点から考察したウィレルスレヴの民族誌をみていきたい。

ウィレルスレヴによれば、ユカギールの世界では人間のみならず川や木々、精霊、動物たちもまた人としての姿をもつ。また、人間と動物は一時的に相手の姿になりかわることで、異なるパースペクティヴの間を往来することができる。このように人間ならざるものの姿をとり、そのパースペクティヴを身につけることは、ユカギールの狩人にとって「人であること」の重要な側面をなしている。そして、人々にこのことを可能ならしめているのは、ミメシスの力である。

ユカギールの狩人は、獲物であるヘラジカを誘いだし、それを殺すために獲物の行動やしぐさ、鳴き声などを模倣し、やがて誘いだされたヘラジカと相互的なミメシスの関係に入る。この模倣行為を通して、狩人は獲物のパースペクティヴを身につけ、相手に対して決定的な力を及ぼすことができる。ただし、このことは狩人にとって危険な行為でもある。なぜなら獲物の行動を模倣し、獲物の姿になりかわることを通して、彼は人間としての本来のアイデンティティを失い、二度と戻ることのできない完全な変身を遂げてしまうかもしれないからである。

こうした危険を避けるために、狩人は意識の深い部分における再帰性を維持しなくてはならない。狩人は、ミメシスを通して獲物のパースペクティヴを身につけ、ほとんど動物そのものとして行動しながらも、しかし完全にそれと同一化することなく自分自身のパースペクティヴを保ちつづける。獲物との同一化がこのように部分的なものであることこそが、動物への完全な変身から狩人を遠ざけるとともに、複数のパースペクティヴの間を動きまわる自由と、獲物を仕留める力を彼に与えるものなのである（Willerslev 2004, 2007: 2-12, 23-26, 83-118, 186-191, 2010）。

このようにユカギールの狩人と獲物との関係を論じる中で、ウィレルスレヴはパースペクティヴの完全な転換に伴う危険性と、相互行為の最中においても再帰的な自己意識を維持することの重要性を指摘している。先にみたボッディやケラーと同じく、ウィレルスレヴもまた、人の主体性やアイデンティティが不変的で確固たるものではなく、他者との関係においてたやすく変容し、浸食されうるものであることを示している。ただし、ウィレルスレヴの議論においてユニークな点は、パースペクティヴの変容を経験する自己の可変性や透過性に注目するのみならず、だからこそ自己というものを維持する上で再帰的な意識の維持が不可欠であることを看破した点である。

このことは、序章でみたゲシュタルトクライス論における、環世界の中にある生物の「主体」としての統合性の維持と変容をめぐるヴァイツゼッカーの見解とも重なり合っている。ヴァイツゼッカーは、環世界との関係における「主体」の危機と変化について論じる中で、自己の恒常性を維持しようとする知覚の自己言及的な働きの重要性を指摘し、それを「〔自己変化を〕本気で受けとらないこと」（2004: 40）と表現している。[7] 本章でみるように、他者との関係性を通したパースペクティヴの変容と再帰性の維持という論点は、神霊祭祀における憑坐の経験を考える上でも重要である。

ただし、ウィレルスレヴの議論では、獲物とのパースペクティヴの交換を経た狩人が、それにもかかわらず彼のオリジナルなアイデンティティを回復するということに焦点が当てられているために、自己ならざるものとのやりとりを通して自己が徐々に変容し、再形成されていくという過程が十分にとらえられていない。

ユカギールの例を用いてこのことを考えるならば、狩人は彼にとっての「親密な他者」である獲物との度重なる出逢いと交渉を通して、獲物との関係性を基軸とした自己とその環世界のありようを不断に形成していくと思われる。ウィレルスレヴが述べているように、ユカギールの狩人にとって獲物のパースペクティヴを身につけることが「人であること」の重要な側面をなしているというとき、このことは、ヴィヴェイロス・デ・カストロが提示したモデルのように、自分自身と動物のパースペクティヴを自在に変換する狩人の能力を意味するものではないだろう。むしろこのことは、獲物となる動物たちとの長期的な関係性を通して、狩人が徐々に獲物との関係性における「人」になっていくという生成的な側面を表していると考えられる。[8]

以上のような先行研究の視座をふまえた上で、次節からはブータ祭祀における神霊と憑坐、帰依者たちの関係をパースペクティヴの交換という点からとらえなおしてみたい。

3 ブータの踊り手の技芸——ミメシスと恩寵

技として受け継がれる踊り

二章でみたように、ペラールではパンバダの一族が村で祭祀されている主要な神霊の踊り手を務めている。なかでも、「王のダイワ」と呼ばれるバラワーンディとアラス、ピリチャームンディの踊り手として活躍しているのはヤティシュ・パンバダとジャヤーナンダ・パンバダの二人である。神霊の憑坐になるという彼らの経験を理解するために、まずは二人が神霊の踊り手となった経緯をみていきたい。ヤティシュは、彼が父の後を継いで村の中心的なブータであるバラワーンディの踊り手となった経緯を次のように語っている。

一一歳のときに、私は父についてこの仕事を始めました。当時、私は小さなブータだけを演じていて、偉大なダイワを踊ることはありませんでした。ここ、私たちの村の社では、私は二年前〔二〇〇六年〕に父が亡くなってからバラワーンディを踊るようになりました。〔中略〕つまり、この踊り手の仕事は世襲なのです。よその者は、これらのダイワの踊り手になることはできません。（ヤティシュ・パンバダ、二〇〇八年六月十六日）

一方、ジャヤーナンダによれば、彼が父について踊り手としての経歴を積みはじめたのは一二歳のときであった。二章でもみたように、彼は当初ピリチャームンディの従者役である「バワノ」というブータを踊っていたが、一五歳のときにはじめて、父の補佐の下に「王のダイワ」の踊り手を務めた。踊り手としての技芸の習得について、ジャヤ

「王のダイワ」の従者役を務める少年

ヤーナンダは次のように語っている。

ええ、この伝統は父から受け継ぎました。だがそれは、私の血の中にすでにあったのです。私たちは踊り手の共同体に属しているのですから。たとえば、カエルに泳ぎを教える必要はありません。それは勝手に泳ぎだします。そのように、いくつかの場所ではダイワの力によって、それはおのずからやってくるのです。ときには、父はいくつかのヒントや知識を与えてくれました。そして、ときには私たち自身の観察が踊るために役に立ちます。〔中略〕子どもの頃から、私は父が多くのブータを踊るのを見てきました。数年後に私自身が、父の踊る「王のダイワ」とともに、従者役のブータを踊りました。このことは、私が〔踊りを〕学ぶのに役立ちました。(ジャヤーナンダ・パンバダ、二〇〇八年五月十六日)

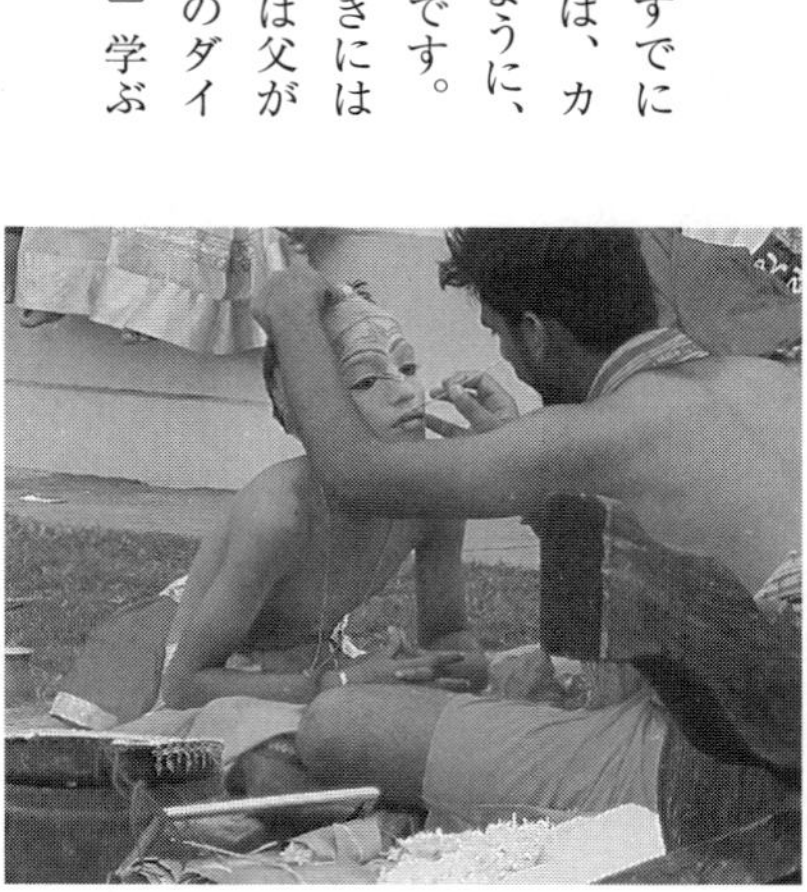
年長者に化粧を施される従者役の少年

ジャヤーナンダやヤティシュのように、踊り手の家系に生まれた男子の多くは幼い頃から父や父方オジ、兄やイトコたちとともにブータの儀礼に足を運び、踊り手の装束の準備や使い走りなどのさまざまな雑用にいそしむ。こうした周辺的な仕事を通して、彼らは儀礼の準備とプロセス、それぞれのブータの踊りと詠唱、ブータと人々とのやりとりの一切を体得していく。そして、多くは一〇歳から一五歳頃の間に、「王のダイワ」につき従う「小さなブータ」の踊り手として初舞台を踏む。[9]

ジャヤーナンダが述べているように、踊り手としての技芸はまず、儀礼の場での観察と近親者からの方向づけ、そしてパールダナの詠唱と踊りの実践を通して徐々に習得される。この意味で、踊り手としての技芸の習得は、近しい他者のふるまいの模倣から始まるといってよい。見習いの段階にある幼い踊り手は、父やオジの踊りを模倣しつつみずからの身体を動かし、それによって踊り手としての、さらには神霊としての身振りとパースペクティヴを身につけていく。また、こうしたミメティックな実践を通して、彼は儀礼の舞台においてグットゥの長や司祭、働き手たちをはじめとする人々と、踊り手としての自己を関係づける術《すべ》を学んでいく。

ただし、踊り手としての技芸を会得することとは、他人の身のこなしを模倣し、踊りと詠唱の技法を身につけるだけで事足りるものではない。なぜなら、ブータの踊り手は文字通りの「踊り手」であるのみならず、神霊の憑坐でもあるからである。ブータの踊り手が憑坐として神霊に憑かれ、神霊そのものとしてふるまうことは、意志的な模倣による新たなパースペクティヴの獲得というだけではなく、以下にみるように神霊を不在の原型《プロトタイプ》とする多重的なミメシスとして、そしてまた、偶有的に与えられる恩寵としての側面をもつ。

二重のミメシス——恩寵としての憑依

ブータの踊り手になることは、神霊としてのふるまいを身につけることである。だが、獲物の行動を直接的に模倣するユカギールの狩人とは異なり、ブータの踊り手が模倣すべき相手は、神霊として祭祀されている野生のトラやイノシシそのものではない。見習い段階にある踊り手にとって、神霊としてのふるまいを習得することとは、まず、神霊としてふるまう／神霊になりかわった他者を模倣し、そのパースペクティヴを身につけることである。

神霊のふるまいを身につけることは、こうした意味で模倣の模倣——二重のミメシス——であるといえる。そして、このとき模倣の対象となる年長の踊り手もまた、神霊としてふるまう別の他者のふるまいを模倣することを通してそのパースペクティヴを会得したに違いないのであり、その意味で踊り手による神霊の「ふり」は、神霊を不在の原型とする多重的なミメシスであるといえる。儀礼における踊り手のパースペクティヴは、まるで合わせ鏡に映しだされた像のように、神霊のふるまいを模倣する他者、を模倣する他者、を模倣する他者……を模倣する自己というように多重性を帯びる。[10]

しかしその一方、習熟したブータの踊り手にとって、神霊はミメシスの彼方のイメージとしてあるばかりではなく、憑依を通して自己の身体に顕現するまぎれもない存在者でもある。そして、儀礼の場において神霊が自分の身につつがなく憑依しうるかどうかということもまた、踊り手としての技と資質にかかっている。ここにおいて、ブータの踊り手としての技芸は、素早いステップや高い跳躍、流れるような回転を可能とする身体図式の体得という自己の能力にかかわる側面に加えて、「神霊に憑依されることができる」という、受動的であり偶有的な側面を含みこんでいる。つまり踊り手は、ジョーガの領域における修練や他者との関係性を通して、神霊の憑坐としての自己のありようをかたちづくると同時に、マーヤの領域を満たす神霊の力にみずからの身体を開き、それを受け容れることで別の存在になりかわらなくてはならない。こうした踊り手の生のありようは、神霊の力に満たされた不可知のマーヤの領域との関係性における、人間の生のパトス性を顕著にあらわすものであるといえる。

このように、いわば恩寵としてもたらされるものとしての憑依を生ぜしめるために、踊り手は常日頃からみずからの身心を整え、清浄に保つよう努める。前章の4節でみた、「規範にみずからを捧げた状態」がこれにあたる。ブータの踊り手たちは、踊り手となったときから終生、きわめて多くの規範に従うことを通して神霊の憑依を受けるに足る者としての自己を形成し、維持していくことになる。前章で検討した物質＝コードのやりとりという点からこのことをみた場合、踊り手たちはみずからの身体を一時的に神霊に譲り渡し、神霊の力を受け容れてそのパースペクティヴを得るという聖なる贈与交換関係に入るために、神霊のパートナーとなる自分自身のかかわる物質＝コードの流通や交換のあり方に常に細心の注意を払い、それらを厳密に制限していると考えられる[11]。

以上の事柄から、神霊の踊り手としてのふるまいは、身近な他者の模倣を通して能動的に習得される技としての側面をもつとともに、偶有的にもたらされる恩寵としての側面をもち、これらの両面が踊り手の技芸の総体をなしていることが明らかになった。踊り手にとって神霊になりかわり、そのパースペクティヴを引き受けることは、このように他者、ないし神霊との能動的であり受動的、意志的であり偶有的なかかわりを通して可能となるものなのである。

4　パースペクティヴとの戯れ

それでは、踊り手たちは自己と他者、あるいは自己と神霊のパースペクティヴの間をどのように往き来し、憑依される自己をどのように経験しているのだろうか。以下ではパンバダの踊り手と、バラワーンディの司祭であるムッカールディの経験に焦点を当てて、この問題を考えてみたい。先にも登場した踊り手であるジャヤーナンダ・パンバダは、神霊による憑依について次のように語っている。

ダイワが身体に入っているのは、短い間だけです。このことはトゥル語で、ほんの三秒間（*mukkāḷu mūji galigɛ*）といわれます。その後、何時間も神霊の力は残っています。たとえばそれは、電池のようなものです。それを充電するのは短い間ですが、それは何時間ももつのです。あるいはそれは、最初の雨のようなものです。最初の雨を受けて、乾いた大地はすべての雨水を吸い込みます。しかし、雨季には大地は雨を吸わず、雨水は川に流れていきます。（ジャヤーナンダ・パンバダ、二〇〇八年六月八日）

またヤティシュ・パンバダは、私とのインタビューの中で憑依の経験を「魅惑」の瞬間として表現している。

筆者（以下M）あなたが特定のダイワを演じているとき、憑依の経験についてお訊きしたいのですが……。
ヤティシュ（以下Y）そのとき、私たちの意識は完全にダイワに集中しています。それは、魅惑（*ākarṣaṇɛ*）と呼ばれる瞬間です。三秒ほどの間、私たちの魂はダイワのもとへゆきます。数秒ののち、私たちは意識を取り戻して、人びとを見分けることができるようになります。
M　そのとき〔儀礼の間〕、あなたはいくつもの領主の名を順番に呼ばなくてはなりません。[12] もし順番を間違えたなら、大きな問題になるでしょう。もしあなたが意識を失っているのなら、どうやって順番を知ることができるのですか？

Y　いいえ、そのときには、私たちは意識を取り戻しています。魅惑の瞬間の後に、穏やかな心持ち（*śānta svabhāva*）のときが来ます。人びとが祈りを捧げ、花や米粒を投げるとき、私たちは憑依（*āvēśa*）を得ます。その後、私たちは次に何をすべきかを知るのです。

（ヤティシュ・パンバダとのインタビュー、二〇〇八年六月十六日）

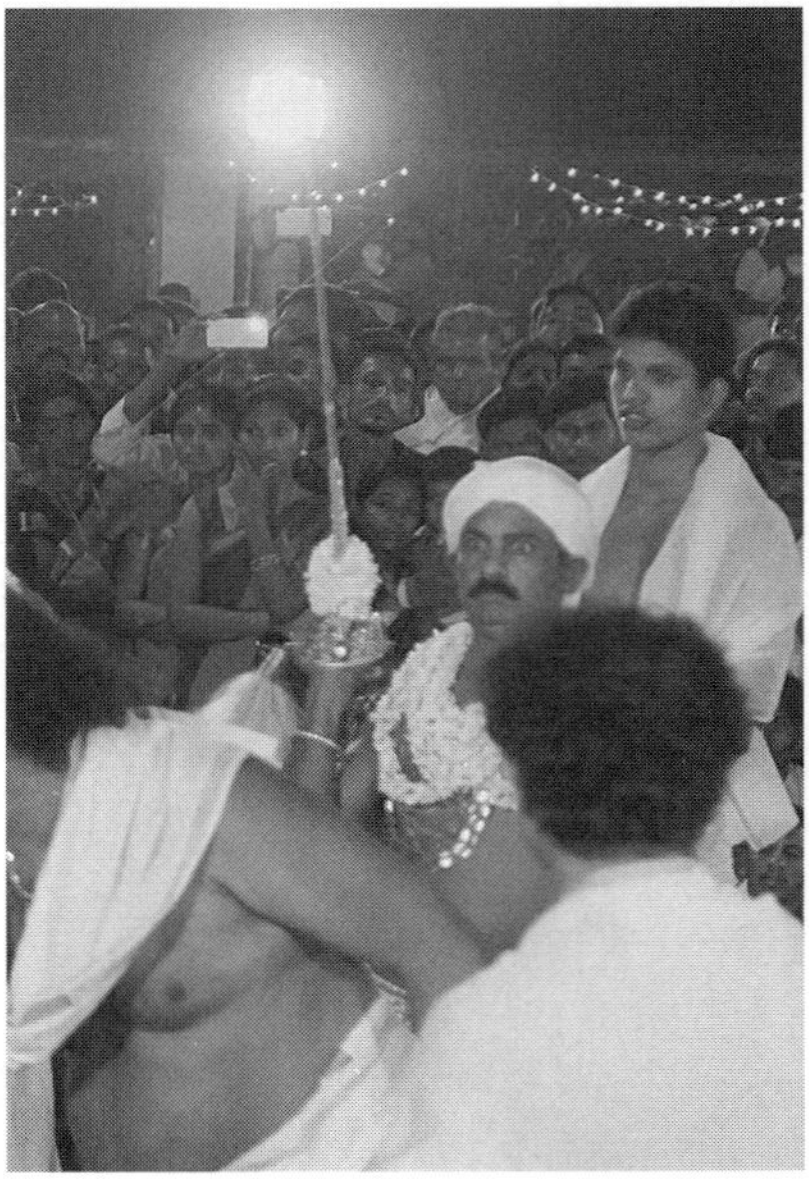
ムッカールディ＝バラワーンディの憑依

一方、バラワーンディの司祭かつ憑坐であるバーラクリシュナ・シェティは、憑依に伴う身体感覚の変化を次のように語っている。

筆者（以下M）　ダイワが〔身体の中に〕いる間、あなたは意識があるのですか？

バーラクリシュナ（以下B）　ダイワが身体の中に入ってくる瞬間、私には周りの人々が目に入らない。それは、数秒のことだ。その後、私は意識を取り戻すが、ダイワの力は私の中に残っている。そのために尋常でないほどの怒りを覚えたりする。だが、私は周りの人々を見分けることができる。とりわけ、バラワーンディは怒りの中にある。ダイワが私の身体に入ってくるとき、身体的な変化が生じる。手足が硬直し、腹がガスで一杯になったように感じる。顔の相貌も変化する。

M　パンバダに力を移した後[13]、あなたはそうした感覚から自由になれるのですか？

B　ここペラールでは、旗を揚げてから降ろすまで〔儀礼の始まりから終わりまで〕、いつバラワーンディがやってくるかはわからない。いつでもわれわれは憑依される。バラワーンディがパンバダに憑依しているときでさえ、突如としてそれはムッカールディにやってくる。それが、ここの特別さだ。

（バーラクリシュナ・シェティとのインタビュー、二〇〇八年七月二日）

以上の語りにみられるように、ブータの踊り手と司祭にとって、神霊による憑依はわずか数秒間の出来事として経験される。神霊の力がみずからの身体に入ってくる数秒の間、憑坐はその力に魅惑され、自己の意識を失う。その後、憑坐は意識を取り戻し、人々を見分けることができるようになる。魅惑の瞬間は穏やかな心持ちのときへと変化するが、彼の身体には神霊の力が充溢しており、それによって儀礼における神霊としてのふるまいが可能となる。

このように、踊り手や司祭が儀礼において神霊としてふるまうためには、まずみずからの身体に神霊の力を受け容れ、そののちに憑依の衝撃から立ち直り、人々を見分けて「次に何をすべきかを知る」自己のパースペクティヴを取り戻さなくてはならない。彼らは憑依の力に圧倒されて自己を完全に喪失するのではなく、神霊でもあり自己でもあるという二重性の中にみずからの心身をおく必要があるのである。

このことは、神霊のパースペクティヴを引き受けながらもそれと完全に同一化することなく、自己のパースペクティヴと神霊のそれを「ともに作動させておく」ことであるといえる（ブランケンブルク 2003: 35参照）。またこのことは、ウィレルスレヴが述べているように、獲物のふるまいを身につけながらも人間としての再帰的な自己意識を維持するユカギールの狩人の「二重のパースペクティヴ」にも共通している。[14]

先にみたように、踊り手にとって踊りや詠唱の技法は身近な他者の模倣を通して能動的に習得される一方で、神霊による憑依は偶有的にのみもたらされる恩寵としての側面をもっていた。バーラクリシュナ・シェティが語るように、神霊の憑依は常に予測でき

剣と炎を掲げるムッカールディ＝バラーワンディ

るものではなく、ときに憑坐の意思を超えて彼に到来し、パースペクティヴの変更を迫るものである。憑坐としての技芸とは、このように偶有的に出来《しゅったい》する新たなパースペクティヴを引き受け、しかしそれに呑み込まれることなく、みずからの身体において自己と自己の模倣する他者、あるいは神霊という他者のパースペクティヴを遊ばせ、それらと戯れる技芸であるといえるだろう（ブランケンブルク 2003: 156参照）[15]。それはまた、さまざまな存在者たちからなるジョーガの領域と、神霊の力に満たされたマーヤの領域の境界に踏みとどまり、みずからの身体を通して神霊の力を人々の眼前に顕在化させるという技芸でもある。

それでは、ブータの踊り手は神霊としてのふるまいを繰り返す中で、いかにして彼自身のパースペクティヴを持続的に変容させていくのだろうか。この問題を検討するために、次節では、儀礼の場における踊り手と帰依者たちとの関係をみていきたい。儀礼における両者の直接的なかかわりあいは、前章でみたやりとりのネットワークの根底にありながら、顕在と潜在のあわいに刹那的に現れる神霊の力を含みこんだ、人々にとっての環世界の現実性《アクチュアリティ》を支えるものである。

5　儀礼における交渉とパースペクティヴの生成変化

四章でみたように、村の大祭をはじめとする儀礼の場において、踊り手はまず、ブータの祭壇に向かって祈りを捧げることからすべての行為を始める。その後、踊り手はみずからの顔に化粧を施し、自分が演じる神霊の衣装とさまざまな装身具を身につける。顔に描かれる模様や衣装は、そのときに踊り手が演じるそれぞれのブータに特有のものである。このようにみずからの身体を装うことを通して、踊り手は徐々に神霊に変身する準備を整えるとともに、周囲の人々もまた、特定の神霊になりかわる者として踊り手の身体をまなざしはじめる。

この準備の過程は、踊り手の社会的身体（Turner 1995, 2009）の変容の過程であるといえるが、それは同時に、踊り手自身の身体感覚の変容や部分的な活性化を伴うものでもある。ジャヤーナンダは、ブータの儀礼における色彩や音や匂いといったさまざまな物質的・感覚的要素の重要性について、次のように語っている。

> 踊りでは、ルーパ（*rūpa*）、ラサ（*rasa*）、ガンダ（*gandha*）の三つが重要です。ルーパとはダイワの装束のことです。顔の化粧、赤い上着とズボン、ティリ〔ヤシの葉の繊維で作られたスカート〕、ガッガラ、花と金銀で飾られた頭飾り、アニ……。これらはすべてルーパの一部であり、踊りにおいてとても重要なものです。ラサとは、楽器と歌（*vādya saṅgīta*）を意味しています。管楽器と太鼓、それにパンバダの小太鼓。〔楽器を〕叩くことは、踊りにおいてとても重要です。ガンダとは、花とプラサーダの香り[16]のことです。これもまた、非常に大切です。これらはみな、儀礼において不可欠なものです。これらのものがあって初めて、儀礼は意味をもつのです。この三つがそろえば、ダイワはおのずから踊り手の身体に入ってくるでしょう。（ジャヤーナンダ・パンバダ、二〇〇八年五月十六日）

踊り手の身体は、儀礼の場を余すところなく満たす音響と振動、芳香と色彩に包まれながら、神霊の装束を身につけることを通して徐々に聖なる状態に近づいていく。こうした準備段階を経た上で、踊り手は儀礼の場における人々との交渉を通して、遂行的に神霊そのものへと変身を遂げていく。

なかでも重要であるのは、四章でみたように、第一位の領主一族の長であるガディパティナールとのやりとりである。大祭の最初の段階において、ガディパティナールは踊り手に向かって祈祷を唱えることで、憑依の兆候である激しい震えを踊り手の身体に惹き起こす。また、神霊に憑依された踊り手は、ガディパティナールの手からヤシの実を受けとり、その汁を床に滴らせた後、祝福とともにその実をガディパティ

神霊になりかわるために装束を整える踊り手

祭主と見つめあう踊り手＝神霊

ナールの手に返すという行為を儀礼の中で繰り返す。最後に、神霊になりかわった踊り手はガディパティナールをはじめとするグットゥの長たちの手に剣でふれながら祝福を与える。

こうした一連の儀礼の過程において、ガディパティナールは常に踊り手＝神霊に付き添い、その一挙手一投足に応じて行為する。このとき、ガディパティナールは儀礼の場に参与しているすべての帰依者たちを代表する者として、神霊に対して適切にふるまうことが期待されている。一方、踊り手＝神霊もまた、ガディパティナールとのやりとりを通してみずからの挙措と力をすべての帰依者に顕示するために、彼の存在を必要としている。このように、大祭の場において踊り手＝神霊とガディパティナールは常に分かちがたい一対として行為しており、相手とのやりとりを通してそれぞれ、人との関係性における「真の神霊」として、あるいは神霊との関係性における「真の人」としての理想的なふるまいを実演しているといえる。

儀礼の場におけるこうしたやりとりを通して、グットゥの長や働き手たちをはじめとする儀礼の参与者たちは、日常的に感知されうる環世界の縁《ふち》に束の間現れた存在者としての神霊と関係を取り結ぶとともに、その深部にあってみずからの生に影響を及ぼす野生の力を感受し、あまつさえそれに働きかけている。

神霊になりかわった踊り手と言葉を交わし、あるいは彼を間近にまなざすことを通して、儀礼の参与者たちの多くは部分的かつ間接的に神霊のパースペクティヴを引き受けるとともに、不可知のマーヤの領域につながる環世界に関係づけられた者として、みずからのパースペクティヴを構成していく[17]。踊り手もまた、儀礼の場において彼を神霊そのものとしてまなざし、ふるまう人々のパースペクティヴを引き受けることを通して、人々の日常世界に関係づけられた神霊のそれへとみずからのパースペクティヴを変容させていく。儀礼における相互のやりとりの反復を通して、このように踊り手と参与者たちはともにみずからのパースペクティヴを変容させていくとともに、互いに対して、ま

神霊と相対するガディパティナール

た互いの出逢いと交流を可能としている世界に対して、特定の仕方で「関係をもつ／ふるまう」（ブランケンブルク 2003：160）ことを学んでいくと考えられる。

以上みてきたように、神霊の踊り手たちはさまざまなレベルでパースペクティヴの変容を経験している。彼らは、踊り手になる過程で他の踊り手たちのふるまいを模倣し、儀礼の場においてみずからの身体の内外に変化を与え、人々との具体的な交渉を繰り返し、そして神霊の憑依を恩寵として被ることを通して、みずからのパースペクティヴを神霊のそれへと生成変化させていく。ときに長期的に持続し、ときに瞬時に起こるパースペクティヴの変容を通して、踊り手は自己の再帰性を完全に失うことなく神霊になりかわるという技芸を身につけていく。

このことはしかし、ヴィヴェイロス・デ・カストロの描くシャマンのように、複数のパースペクティヴを意のままに変換し、他者として自己を主体化する能力を獲得することを意味するものではない。そうではなく、神霊の憑坐の技芸とは、複数のパースペクティヴをみずからの身体において戯れさせるような、受動的であり透過的な自己の状態を能動的に維持する技と能力を意味する。それはいいかえれば、みずからの生のパトス性を十全に発揮しながらも、神霊への変身に伴う力や情動の渦に完全に呑み込まれるのではなく、人と神霊のあいだ、ジョーガの領域とマーヤの領域の縁《ふち》に踏みとどまるような技芸であるといえる。ブータの憑坐である踊り手たちにとって、「規範にみずからを捧げること」とは、このように神霊のパースペクティヴをみずからの身体に受け容れ、そこにおいて戯れさせるために、彼らがみずからの身体を調律するための技法であると考えられる。

ここまで、儀礼の場において神霊になりかわる憑坐の経験とそのパースペクティヴの変容、ならびに神霊と帰依者たちとのパースペクティヴの交換のあり方を検討してきた。憑依を通して顕現する神霊と人々とのこうした具体的な関係性は、前章でみたような人々と神霊の「やりとりのネットワーク」の根底にありながら、このネットワークを流通する野生＝神霊の力の現実性《アクチュアリティ》を生みだし、支えるものである。

憑坐の身体を借りた神霊の姿をまなざし、その言葉や行為に応答するという経験の反復を通して、人々は神霊のパースペクティヴを部分的に引き受けるとともに、神霊の去来を含みこんだ環世界における自己のパースペクティヴを形成していく。のみならず、人々は顕在的なものたちからなるジョーガの領域の深部にあって、みずからの生に影響を及ぼす不可知の野生＝神霊の力を感受するとともに、この力との関係を調整しようと試みる。それはとりもなおさず、不可視の力《シャクティ》としてマーヤの領域を満たしつつ、ときにジョーガの領域に横溢し、あるいは現し身として顕現する神霊との関係性における「人」としてのふるまいを身につけていくことでもある。

このように相互的であり具体的なやりとりの経験を基盤として、前章でみたような物質＝コードのより広範な循環——野生の力《シャクティ》と人々の労働・社会関係の複合物である動植物の生育と供犠、神霊からの祝福と力《シャクティ》の流入、村落と屋敷における日々の生命活動や社会関係の再生産——を伴う、やりとりのネットワークの形成と持続が可能となっているのである。

注

1　本章で検討するヴィヴェイロス・デ・カストロとウィレルスレヴの研究をはじめ、Descola（1996）, Bird-David（1999）, Pedersen（2001）などが代表的な論考として挙げられる。なかでもヌリット・バード＝デイヴィッド（Bird-David 1999）は、ストラザーン（Strathern 1988）による「分割可能な人」の概念やアフォーダンス論（Gibson 1979）を応用しつつ、南インドの狩猟採集民ナヤカと、デワル（*devaru*）と呼ばれる「超人（superpersons）」の関係を論じている。バード＝デイヴィッドによれば、ナヤカの人々とデワルは相互的なかかわりあいを通して互いにとっての「分割可能な人」となる。また、人々は憑依を伴うパフォーマンスの場におけるデワルとの交流を通して、さまざまな人間ならざる人《パーソン》からなる環境への気づきを学習する。以上のようなバード＝デイヴィッドの議論は、神霊をはじめとする非人間的存在との出逢いと交渉を通した環世界の形成という本書の議論と多くの共通性をもつ。ただし、バード＝デイヴィッドの議論は人間とデワルをはじめとする非人間的存在との関係が、差異を包摂する「平等的関係」であることを強調するあまり、ある関係（ネットワーク）の形成が他の関係を制限するという可能性を十分に考察できていないという問題点をもつ（Viveiros de Castro 1999: S79-S80参照）。

2　ミメシスという概念を用いて憑依を論じた研究の多くは、憑依のもつ批判的な機能に着眼している。たとえば先述したボッディやポール・ストーラー、ジュディ・ローゼンタールをはじめとする論者は、啓蒙的理性や近代性、植民地主義、グローバルな政治経済的支配に対する「身体化された批判」（Boddy 1994: 419）として憑依を論じている（Boddy 1994; Stoller 1995; Rosenthal 1998）。

3　こうした見方に対して、「個人」という観点から南インド社会をとらえなおした研究としてMines（1994）参照。

4　たとえばMead（1927），メルロ＝ポンティ（1966, 1967, 1974, 1989），Schütz（1970），ブランケンブルク（2003），廣瀬（2006）参照。

5　ヴィヴェイロス・デ・カストロのパースペクティヴ論には、ライプニッツならびにニーチェのパースペクティヴ論との、ドゥルーズを介したつながりを見てとることができる。パースペクティヴを「主体」の基点として論じるヴィヴェイロス・デ・カストロ（Viveiros de Castro 1998: 476-477, 2004: 467）と、主体なき情動との関連において論じるニーチェとの相違は興味深い。ニーチェのパースペクティヴ論についてはHales and Welshon（2000）参照。

6　この問題について詳しくはIshii（2013）参照。

7　ヴァイツゼッカーは、環世界との関係の変化に対して自己の恒常性を維持しようとする知覚のあり方について次のように述べている。「私は、自分に対して現出してくる運動の一部を本気で受取り、一部は本気で受取らない。［中略］〔外部からの力による運動系の〕障碍の程度に規則正しく対応して、環界の私に対する現出を現状のまま保持しようとする特別な様式がとられ、この保持の仕方によって結果が変ってくるということである。［中略］この『本気に受取らない』ということが生じなかったならば、環界は渾沌とした動きに巻込まれてしまって、われわれはその中で一切の方向性を見失ってしまうことになるに違いない」（ヴァイツゼッカー 2004: 40）。「本気に受取らない」とは、木村敏・濱中淑彦訳『ゲシュタルトクライス』におけるNichternstnehmenの訳語であり、山岸洋ほか訳『妄想とパースペクティヴ性』（ブランケンブルク 2003: 158）では、この言葉は（自己運動［または自己変化］の）「軽視」と訳出されている。

8　長期的な人格の変容に伴うパースペクティヴの移行についてはSwancutt（2007: 240）、精霊との関係における自己の生成についてはSanto（2012）参照。

9　儀礼において、「小さなブータ」が神霊に憑依されることはなく、儀礼の合間に装束を身につけて踊り、「王のダイワ」に従って行進することが主な役割である。

10　このことは神話的な語りにおいて、語り手の人称が多重化していくことと共通性をもつ。石井（2005）参照。

11　同様のことは第一位のグットゥの長であり、儀礼において憑坐に憑依した神霊と直接交渉を行うガディパティナールにも当てはまる。

12　大祭において、神霊に憑依された踊り手が一六の領主の家名を位階の順に呼ぶことを指している。

13　四章でみたように、儀礼において司祭と踊り手が剣の受け渡しなどを通して交互に憑依されることを指す。

14　またこのことは、自他関係と直観に関する次のような西田幾多郎の省察とも呼応している。「直観というのは〔中略〕自己と他が一となるというのではなく、自己の中に絶対の他を見るということでなければならない。〔中略〕私が内的に他に移り行くということは逆に他が内的に私に入って来るという意味を有っていなければならない」（上田編 1987: 317-318）。

15　ヴォルフガング・ブランケンブルク（2003: 155-156）はパースペクティヴの変更という問題について、意志的なパースペクティヴの選択だけではなく、偶有的に与えられるさまざまなパースペクティヴと「戯れる」態度の重要性を指摘している（石井 2013b; Ishii 2013）。また坂部恵は、「ふり」と〔「ふり」を基底的な成層とする）「ふるまい」という言葉がいずれも他者との関係を内包することを指摘し、さらに模倣表現の技としての「ふるまい」が本質的に「あそび」の契機を含むと述べている（坂部 2007: 201, 276-277; Sakabe 1999 も参照）。このことは、次のような白川静の記述と合わせて、憑依儀礼の根源的な意味を考える際に示唆的である。「遊ぶものは神である。神のみが、遊ぶことができた。〔中略〕この神の世界にかかわるとき、人もともに遊ぶことができた。神とともにというよりも、神によりてというべきかも知れない」（白川 1994: 10）。憑依儀礼において、憑坐は神霊の「ふり」を通してみずから神として「遊ぶもの」となり、この神によりて遊ぶことを通して、帰依者は「人」としてのふるまいを身につけることができると考えられる。

16　プラサーダは一般に寺社で授かるお下がりを指すが、この場合は薫り高いビャクダンの練り粉を指す。

17　憑依された踊り手の身体との交渉を通して、儀礼に参与する人々はみずから憑依されることなくして神霊の去来する世界にみずからを関係づけることができる。ただし、儀礼において中心的な役割をもたない一般の帰依者は、まさに憑依の最中にある踊り手や司祭の視線を直接に受けとめることはできない。それは一般の信者にとってあまりに畏れ多く、かつ危険なことなのである。憑依の熱狂が去り、憑坐に「穏やかな心持ち」が訪れたとき、一般の帰依者も憑坐と視線を交わすチャンスが得られる。

第二部　制度的変容と新たな環世界の生成

七章　大社をめぐる抗争と神霊のエイジェンシー

第一部では、ペラールの社会構成や地域の土地・自然と結びついた神霊祭祀の特徴、儀礼の実践とそれを支える慣習法《カットゥ》、そして祭祀にかかわる人々の経験について、人々と神霊との出逢いと交渉に焦点を当てつつ、多角的に検討してきた。これまでの検討は、村落社会における土地と自然、家系と位階、人々の生活と役割、そして神話的歴史と分かちがたく結びつきながら、不可知の野生の領域につながる人々の環世界を創りだしている神霊祭祀のありようを理解するために、まずは不可欠のものであったといえる。

だがいうまでもなく、ペラールの神霊祭祀はより大きな地理的領域の中にあって歴史的な変容を遂げてきた。第二部では、近代法制度の施行や大規模開発をはじめ、地域社会に包括的な変化をもたらしたいくつかの出来事を取り上げ、在来的な制度や力《シャクティ》と新たな制度や力との絡みあいとせめぎあいの中に生きる人々の実践の諸相を、人間と土地・自然、そして神霊との関係に焦点を当てて検討する。

第二部の冒頭となる本章では、植民地期以降のインドにおける寺社管理制度の施行とその影響に焦点を当てて、村落社会における神霊祭祀の変容と人々の実践を検討していく。この検討を通して本章は、第一部でみたような、儀礼の場における人々と神霊の具体的な交渉や、神霊が人々に対して発揮する力の意味を、儀礼を超えた文脈の中でとらえなおすことを試みる。

前章までにみたように、ペラールの神霊祭祀は一六の領主と働き手たちからなる位階的な分業システムによって担われており、それぞれの職務や祭祀の内容は慣習法《カットゥ》によってきめ細かく定められている。他方、儀礼的奉仕への報いとしての地位や権利が特定の家系や人々に付与されうるか否かは、その都度の儀礼における神霊と人々の交渉と、神霊による承認に依存している。このように、神霊祭祀は慣習的な法や制度によって精緻に構築されている一方で、祭祀にかかわる慣習の総体や、儀礼的職務に伴う人々の地位と権利は、神霊と人々の直接的な交渉を要とする儀礼の実践そのものによって根拠づけられている。

さて、神霊祭祀における「法」と「権利」の問題にかかわるいまひとつの重要な次元は、近代国家の法制度である。ペラールの神霊祭祀における権利や責任のあり方は、慣習的な制度と儀礼の実践によって支えられ、実現されてきたというのみならず、植民地期以降における寺社管理制度と近代法の整備と変遷の中で構築されてきたという側面をもつ。

本章でみるように、ペラールの神霊祭祀にかかわる人々は一方において、大社の管理運営の近代化を推し進める法制度の要請に応答し、それへの対処の方法を模索してきた。こうした動きの中で、近代法制度を利用することで大社の管理運営や儀礼の執行にかかわるみずからの権益を獲得し、あるいは拡大しようとする人々も出現している。そうした人々の要求や訴えに対処するにあたって、伝統的な祭主権をもつ高位の領主たちもまた、神霊祭祀にかかわるみずからの権利を近代法制度に即した形で主張する必要に迫られてきた。

他方、儀礼の場においては、神霊との直接的なやりとりを通して、近代法に優越する「至高の法」としての慣習法《カットゥ》の重要性が繰り返し喚起され、高位の領主と神霊の関係性を中心とする伝統的な祭祀のあり方が再構成されている。また、近代法制度の下における神霊祭祀の制度的改変に賛同する者であれ反対する者であれ、帰依者である人々はおしなべて、「至高の人」である神霊の命令に従わざるをえないという状況がみられる。

本章では、ペラールの大社をめぐるふたつの抗争を事例として、近代法制度の要請に対処し、ときにそれを利用しながらも、なおブータ祭祀の核心をなすものとして神霊の力を必要とする人々の実践を検討していく。この検討を通して本章では、近代的な寺社管理制度と村落社会の慣習法《カットゥ》という、相異なる起源と歴史をもち、異なる論理と価値を具現するふたつの制度が、神霊祭祀という場／事象において出逢い、絡みあい、せめぎあう様相を描く。また同時に、こうしたせめぎあいと絡みあいの渦中にあって、法廷による命令と神霊による命令との間を揺れ動きつつ、祭祀をめぐる関係性を再編していく人々の葛藤に満ちた試みを明らかにする。

以下ではまず、ペラールにおける神霊祭祀の現状と問題を理解するための参照点として、南インドにおけるヒンドゥー寺院の制度的変容をテーマとした先行研究を概観する。次に、神像や呪物のエイジェンシーをめぐるアルフレッド・ジェルの研究（Gell 1998）を参照しつつ、ヒンドゥー寺院を対象とした制度史的研究の射程には入らないような神霊のエイジェンシーの現実性《アクチュアリティ》が、寺社の近代化や制度的変容という文脈においてもつ重要性を指摘する。その上で本章では、ペラールの神霊祭祀をめぐるふたつの抗争の変遷と、儀礼における人々と神霊の交渉についてみていく。本章で取り上げるひとつ目の事例は、ペラールの大社の管財権をめぐって、一九三〇年代初頭に上位の領主一族とブラーマン司祭であるアスラーンナとの間で争われた裁判である。いまひとつの事例は、大社の管理運営をめぐって二〇〇〇年以降にムンダベットゥ・グットゥと後述する「管理委員会」の間で生じた、現在に至るまで未解決の争いである。

1　南インドのヒンドゥー寺院と寺社管理制度

インドのヒンドゥー寺院を対象とした人類学的研究では、南インド社会における寺院の制度的変容が中心的なテーマのひとつとされてきた。なかでも一九七〇年代から一九八〇年代にかけては、十八世紀以降の南インド社会における植民地勢力の台頭と王権の衰退、それに伴う寺院の変容を主題とする研究が数多く出版された。[1] これらの研究が扱っているヒンドゥー寺院と伝統王権、植民地政府、および近代国家との動態的な関係は、南インドの宗教施設としてブータの社が経てきた歴史的・政治的変化と重なるものであり、神霊祭祀の変容と現状を考える上でも重要である。ひるがえって本章で試みる、神霊祭祀における慣習的制度と近代法との関係の検討、とりわけ神霊のエイジェンシーに焦点を当てた検討を通して、ヒンドゥー寺院を対象とした先行研究の視座をみなおすことができると考えられる。以下ではまず、アパデュライの研究を中心に、南インドのヒンドゥー寺院研究を概観しておきたい。

アパデュライ（Appadurai 1981）は、タミルナードゥ州マドラス市のシュリー・パールタサーラティ・スワーミ寺院を対象として、十四世紀から二十世紀にかけての社会変動の中で当寺院が経てきた変化を描いている。主軸となるのは、一三五〇年から一七〇〇年までの前植民地期における寺院と王権、宗派間の関係であり、また一七〇〇年以降の植民地勢力の台頭による寺院の制度的変化とそれに伴う紛争の増加である。

アパデュライはまず、前植民地期の南インド社会における寺院の特徴として、模範的君主としての神の重要性を指摘する。五章でもみたように、ここでアパデュライは「特別な人《パーソン》」として信者とのやりとりのネットワークの中心に位置する神の役割に着眼している。アパデュライによれば、寺院の神を至高の君主として位置づけていたものは、寺院における儀礼的な再分配のプロセスであった。神は信者からの供物を受けとり、その見返りとして信者にさまざまな権利や権威を伴う名誉を与える。こうした神との相互的なやりとりを通して、個々人や集団は寺院の神を中心とするやりとりのネットワークに組み込まれていった（Appadurai and Breckenridge 1976; Appadurai 1981: 20-37）。

このように神は、供物と名誉の交換関係を通して人々の上に君臨していたのであるが、アパデュライによれば、神は石像であるがゆえに名誉の分配とそれに付随する権威をめぐって人々の間に生じる争いを実際に調停することができなかった。そこで、寺院の神への最大の寄進者であり、なおかつ神の支配力を共有する王が、紛争を調停して寺院を保護する役割を担うことになった。ただし当時の王は、あくまで立法者ではなく為政者としての役割を担っており、中央集権的な寺院管理の制度はいまだ存在していなかった。

こうしたシステムは、十九世紀初頭以降のイギリスによる植民地支配の本格化によって多大な変化を被ることになる。官僚的な中央集権化が進むにつれて、植民地政府は寺院の日常的な管理や業務に介入することで伝統的な王の地位を骨抜きにしていった。その一方、寺院をめぐる紛争は行政ではなく司法による裁判の対象とされ、行政と司法の分離というこれまでにない事態がもたらされた。寺院を統治する法が整備されていくにつれて、近代法に基づく裁判は、寺院における名誉や権益をめぐる新たな紛争の原因にもなっていったのである。

アパデュライが描いているような前植民地期における寺院と王権の緊密な結びつきと、官僚制と近代法の台頭に伴う王権の衰退と寺院の制度的変容という史的展開は、それぞれの強調点は異なるが、南インドのヒンドゥー寺院研究の多くにおおむね共有されている。たとえば、タミルナードゥ州のヒンドゥー寺院におけるブラーマン司祭の地位と役割の変容を検討したクリストファー・フラーは、前植民地期における王、司祭、神々という三者間の間接的な交換関係を「トライアンギュラー・スキーム」と呼び、伝統王権と寺院の維持における三者関係の重要性を指摘した。その上でフラーは、世俗的な近代国家は神との関係において伝統王権が果たしていた役割を代替しえないがゆえに、王・司祭・神という三者間の交換のサイクルは切断され、破壊されたと論じている（Fuller 1984: 104-109）[2]。

また、現在のタミルナードゥ州に位置するかつての小王国プドゥコッタイ（Pudukottai）の歴史的興亡を検討したニコラス・ダークスは、十九世紀以降の官僚制の台頭によって王権が空洞化するとともに、寺院における名誉や権益をめぐってさまざまなレベルでの新たな紛争が噴出する過程を描いている。ダークスは、従来は王権による調停の対象であった寺院の名誉をめぐる紛争について、人々が官僚制と近代法に基づく新たな言説や定義を利用するようになり、そのことが官僚主義的な統治体制の強化や信仰の商業化を促したと指摘している（Dirks 1987: 358-383）。

ここまで、南インドにおけるヒンドゥー寺院の制度的変容に関する先行研究を概観してきた。次節では、これらの先行研究が看過してきたと思われる点を指摘するとともに、神と人間の関係性における神のエイジェンシーの実効性に着眼する視座を提起したい。

2　やりとりのネットワークと「至高の人」としての神

前節でみたように、南インドのヒンドゥー寺院に関する先行研究では、十九世紀以降、中央集権的な官僚制度が台頭するとともに近代的な法整備が進み、王権が衰退する中で寺院が国家と近代法の統治下に組み込まれていく過程が描かれてきた。こうしたヒンドゥー寺院の制度的変容の過程は、南インドの宗教施設として神霊の社が経てきた変化と大枠において重なっている。後にみるように、十九世紀以降の官僚制の台頭と近代法の整備は神霊祭祀にかかわる人々の間に新たな紛争を生み、その結果として神霊の社もまた制度的変化を余儀なくされてきた。

ただし、現在の神霊祭祀の実践をみるとき、ヒンドゥー寺院に関してアパデュライらが主張しているような、神と王による支配から近代国家と法による統治へという単線的な移行を前提とすることはできないことに気がつく。

本章でみていくように、神霊祭祀にかかわる人々は、確かに近代国家と法による統治と管理の下におかれているのみならず、近代的な法制度の要請に応え、それを利用することで、こうした統治や管理を実質的に支えている。その一方で、人々は儀礼の場における神霊とのやりとりや占星術によるお告げなどを通して、ジョーガの領域における物事の成り行きを方向づけていく神霊のエイジェンシーを読み取ろうとし、それに従って行為している。こうした状況において、近代的な寺社管理制度の下で定められた人々の権利や義務と、神霊との相互的なやりとりによって根拠づけられた慣習的な権利《アディカーラ》と責任とが拮抗しつつ重なり合い、あるいは状況に応じて置き換えられるという事態が生じている。植民地期以降の南カナラにおける神霊祭祀は、このように近代法制度の力と神霊のエイジェンシーがせめぎ合い、祭祀をめぐる規範や制度が二重化する状況の中で執り行われてきた。

この点について、具体的な事例の検討に先立ち、アパデュライが提示している「特別な人」としての寺院の神と信者との交換関係に着眼しながら考えてみたい[3]。

前節でみたアパデュライの論点を振り返ってみよう。アパデュライによれば、前植民地期において寺院の神は信者との間に相互的なやりとりのネットワークを形成することで、至高の君主として人々の上に君臨していた。その一方、神は実際に紛争を調停できないために、神の権威は王による寺院の保護や紛争の調停と相補的な関係にあった。ところが植民地勢力の台頭とともに王の伝統的地位が空洞化したため、寺院における名誉や権利をめぐる紛争は近代法によって裁かれるようになり、寺院は近代国家と法の統治下に組み込まれていった。

アパデュライはこのように、前植民地期のヒンドゥー寺院における「特別な人」としての神の存在と、神と信者間の交換関係の重要性を指摘している。だが、奇妙なことに、植民地期以降の寺院の制度的変化を扱うとき、「特別な人」としての神の存在はアパデュライの記述から姿を消している。その理由としては、以下のふたつが考えられる。

第一に、植民地期以降のヒンドゥー寺院をめぐる紛争や変化を記述する際、アパデュライは主として裁判記録に依拠している。つまり、そもそも近代法の論理と語彙を用いて記述された資料に依拠しているために、植民地期以降における神と信者との具体的な関係性は、アパデュライ自身の記述からも捨象された可能性がある。第二に、アパデュライは、寺院の中心性を支える儀礼的交換関係が成立するための要件として神の社会的人格に注目する一方、神が石像であるという理由から、寺院における名誉の分配や権利をめぐる交渉や紛争に際して、神が人々に対して実際に何らかのエイジェンシーを及ぼしうるという可能性を考慮していない。この第二の点から、神にかわる紛争調停者であった王の失墜による寺院の根本的な変容と、近代国家／法への服従という論理的帰結が導かれるのである。

だが、「特別な人」としての神の存在を、寺院における儀礼的交換関係の前提とみなすのではなく、神と人々のやりとりを通して繰り返し立ち現れるものとして考えるとき、信者との贈与交換の連鎖の中で、人々に対してエイジェンシーを発揮する行為者としての神の可能性がみえてくる。

ここで参考になるのは、交換関係を通して生じる神やモノの社会的エイジェンシーについて検討したジェルの議論（Gell 1998）である。呪物をめぐる論考の中で、ジェルは多くの事例を用いてこの問題を検討しているが、ここではふたつの例を挙げるにとどめたい。まず、ジェルはアラン・ババザンの研究（Babadzan 1993）に基づき、古代タヒチにおける司祭と狩人、そして森の豊饒性であるハウ（*hau*）との間に展開される交換関係を分析している。この三者間の交換関係は、司祭が森のハウに供物を捧げ、森は狩人に獲物をもたらすことによってそれに応え、狩人が得た獲物の一部が司祭に返還されるという循環をなす。ジェルによれば、この交換関係において、森のハウは司祭の行為に対する受動的なエイジェント（passive agent）となるだけでなく、豊饒性というそれ自体のエイジェンシーを引き出される（Gell 1998: 106-109）。

このような司祭・森のハウ・狩人間の循環的な交換関係は、アパデュライやフラーが注目した、ヒンドゥー寺院における司祭・神・王の交換関係のスキームと相似している。[4] 同様に、こうした三者間の交換関係は、五章でみたような神霊祭祀における司祭と神霊、グットゥの長を主な行為者とする贈与交換関係とも共通する構造をもつことに気がつく。ジェルの議論において重要であるのは、この三者間の循環的な交換関係と森の豊饒力の分配を通して、森のハウのエイジェンシーが人間に対して発揮されるという点である。このことを敷衍するならば、ヒンドゥー寺院において供物と名誉のやりとりの中心に立つ神は、交換関係に先立つ与件としての社会的人格であるというよりも、儀礼的な交換関係を通してみずからのエイジェンシーを発揮する社会的行為者になるのだと考えられる。

もうひとつの事例をみてみよう。ジェルはダイアナ・エック（Eck 1985）に基づき、ヒンドゥー神と信者との間に視線を介して交わされる交換／交感関係である「ダルシャン」（darshan, Skt. *darśana*）に注目している。[5] ジェルによれば、神像を見つめることによって信者は神からの祝福を得る。ダルシャンは神からの祝福であるとともに神のエイジェンシーの発露であり、祝福を受けとる信者は神との関係においてペイシェント（受動者）となる。ただし、「見る／見られる」という相互的な関係性の中で、神と信者はいずれも相手に対するエイジェントであると同時にペイシェントにもなる（Gell 1998: 116-120）。[6]

ジェルの議論から明らかになるのは、神と人との相互的な交換関係を通して、神を含めた存在者たちはやりとりのネットワークの中の社会的行為者として位置づけられると同時に、それぞれのエイジェンシーが発揮されるという点である。ジェルの理論に基づくならば、たとえそれが図像であれ石像であれ、やりとりのネットワークの中で神はみずからのエイジェンシーを発揮する。ここから、ヒンドゥー寺院における供物と名誉の交換関係とは、模範的君主としての神の存在を前提として成立するものであるというよりも、それを通して「特別な人」としての神のエイジェンシーが遂行的に発揮され、現実化されるものであると考えられる。このように儀礼的な交換関係を通して顕現する神のエイジェンシーは、やりとりのネットワークの重要な行為者であった王が失墜し、かわって政府の役人が儀礼に参与するようになった現在も（Appadurai 1981: 49; Fuller 1984: 76-77）、儀礼が行われるかぎり繰り返し立ち現れ、分配と交換のネットワークに作用を及ぼしつづけると考えられる。

ジェルが主に検討の対象としたのはモノとしての神であるが、ブータ祭祀のように儀礼において神霊が憑依という形で顕現する場合、信者とのやりとりにおいて発揮される神霊のエイジェンシーはよりいっそう明確なものとなる。以下では、神霊祭祀をめぐる近代法制度と慣習的制度、法廷の力《パワー》と神霊のエイジェンシーの絡みあいとせめぎあいの渦中における、人々の葛藤に満ちた実践の諸相を検討していきたい。

3　大社の管財権をめぐる領主とブラーマン司祭の争議

本節では、ペラールの大社の管財権をめぐって一九三〇年代初頭に上位の領主一族とアスラーンナとの間で争われた裁判抗争についてみていきたい。本節でみる争議の背景となるのは、十九世紀以降の南インドにおける中央集権的な寺社管理制度と近代法の整備である。南カナラがその一部に含まれていたマドラス州では、一八一七年に寺院の財産管理を規定する最初の法律が制定された。その後、一九二六年にはマドラス州における寺社管理政策の一環として、ヒンドゥー宗教寄進委員会（The Board of Hindu Religious Endowments）が設置され、追ってマドラス・ヒンドゥー宗教寄進法（The Madras Hindu Religious Endowments Act, 1927［Madras Act No.2 of 1927］、以下「HRE法」とする）が制定された（Presler 1987: 27-28; 田中 2002: 140-142）。本節でみる領主とアスラーンナの抗争は、このHRE法と密接に関係している。

すでにみたように、ペラールのブータの大社はバラワーンディとアラス、ピリチャームンディを祀った社と、寺院様の建物であるブランマの社から構成されており、ブランマの祭祀は専属のブラーマン司祭であるアスラーンナによって担われてきた。二十世紀の初頭まで、土地と建物を含む大社の全体は第一位と第二位の領主であるムンダベットゥ・グットゥとブラーナベットゥ・グットゥの管理下にあり、アスラーンナの司祭権は五年ごとに更新される暫定的なものであった。

ところが一九二八年、当時のアスラーンナであったL・ウドゥパという人物が、土地を含めた大社の財に対する権利を主張して地方裁判所に訴えを起こした。この訴訟は紆余曲折を経た後、一九三二年にウドゥパを原告とし、第一位と第二位の領主一族の中心メンバー六名を被告として、南カナラの下級裁判所で争われた。この裁判の争点となったのは、第一に、政府から寺社に支給される手当（*tastiku*）を受けとってきたのは誰かという問題であり、第二に、アスラーンナが管財権を主張している宗教施設が、ペラールに存在する複数の寺社のうち、どの施設として同定されうるのかという問題であり、第三に、問題となっている宗教施設がHRE法の適用の対象となりうるのかどうかという問題であった。

マンガルール市にあるダクシナ・カンナダ県の県行政長官庁（The Deputy Commissioner's Office：以下、「県庁」とする）のヒンドゥー宗教・慈善寄進部門に保管されていた裁判記録（Original Suit［O.S.］No.26 of 1932: 9）によれば、ペラールの大社は一八七五年に、「ペラール・シャースターウ・ブラーマ・ブータ」という名でマンガルール郡の宗教施設として政府に登録された。当時、大社の管理者として政府から支給される約九ルピーの手当を受けとっていたのはA・シバラーヤという名のアスラーンナであり、それ以降、一九三二年の裁判の原告であるウドゥパに至るまで、アスラーンナ職にあるブラーマン司祭が政府からの手当を受けとってきた。また、ウドゥパは一九二八年に、HRE

法の下に設立されたマンガロール圏寺院委員会（後の南カナラ地域寺院委員会）によって、パドゥ・ペラールにある「シャースターウ・ブラーマ・バラワーンディ」という宗教施設の管理者に任命されていた。アスラーンナ側の主張に基づけば、この宗教施設は彼が管理してきたペラールのブランマの社（グンダ）に他ならない。以上の事項が、大社の管財権を主張するアスラーンナ側の有力な論拠であった。

これに対して領主側は、パドゥ・ペラールにあるブータの大社の正式名称は「キンニマジャール・イシュタデーワタ・バラワーンディ・ピリチャームンディ・ダイワスターナ（以下、K社と表記）」であり、寺院委員会によってアスラーンナが管理者として任命されたのは、ムドゥ・ペラールにある「シャースターウ・ブラーマスターナ」（以下、S社と表記）という別の宗教施設であると主張した。また、グットゥ側は、K社（つまりペラールの大社）の管理権は代々ムンダベットゥ・グットゥとブラーナベットゥ・グットゥというふたつの家系が担ってきたのであり、なおかつ、K社はHRE法の適用を受けない私設の宗教施設であると主張した。HRE法では寺社の管理者が世襲であった場合、原則としてその寺社は私設の宗教施設とみなされて政府の干渉が制限されたが、領主側はこの原則に訴えて政府と法による介入を回避しようとしたのである。

この裁判の経過をここで詳述することはできないが、一二回に及ぶ審問と、原告と被告の双方から提出された計五七点にのぼる証拠書類、および現地を視察した法廷弁護士らの報告書などの検討に基づき、一九三三年九月に下級判事によってこの訴訟に判決が下された。数ある証拠書類の中でも、判事によってもっとも有力な証拠とみなされたのは、一九三〇年にA・S・パイとP・V・ラオという二人の法廷弁護士が寺院委員会に提出した報告書である。報告書によれば、二人の弁護士はパドゥ・ペラールの問題の宗教施設（つまりブータの大社）に赴き、原告であるウドゥパと被告の代表者であるL・ナイクの二人に事情聴取を行った。この裁判を担当した下級判事は、弁護士らが作成した報告書の内容について、次のように記している。

報告書によれば、ブラーマの偶像（idol）が保管されている建物の外観から、彼ら〔二人の弁護士〕は、この建物は寺

> 院であってダイワスターナ〔ブータの社〕ではないが、同じ敷地内にあるイシュタデーワタ〔アラスの別名〕の「マーダ」とバラワーンディの「チャーワディ」は、ダイワスターナとしての外観を有しているとの結論に至った。〔中略〕さらに彼らは、視察と聴き取りの結果として、原告がマンガロール圏寺院委員会から管理者として指名され、そのために政府から手当を支払われていた施設はパドゥ・ペラールの施設であり、そこにおけるもっとも重要な神（the principal deity）はブラーマであり、三人のダイワ——すなわちイシュタデーワタ、バラワーンディ、ピリチャームンディ——は従属的な神格であると述べている。（O.S. No. 26 of 1932: 7-8［傍点、亀甲括弧内引用者］）

この報告書に基づき、判事はアスラーンナが管理者に任命されたのはムドゥ・ペラールのS社であるとするグットゥ側の主張を退け、当の施設はパドゥ・ペラールの社であると結論づけた。なおかつこの判決では、この宗教施設の中心はアスラーンナが祭祀する「ブラーマ寺院」であり、その他のブータは「従属的な神格」であるとされた。また、この施設は一八七五年から一九三三年現在に至るまで政府からの手当を受けとってきた公的な宗教施設であり、したがってHRE法の適用下にあるために、一九二八年当時の寺院委員会による管理者の任命は有効であるという判決が下された。

その一方でこの判決は、グットゥ側が提出した一八五四年に遡る大社名義の土地売買に関する証書に基づき、少なくとも一八五四年以降、ふたつの家系の代表者が不動産を含む大社の財の管理を担ってきたことを認めた。先述したように大社の保有地は元来、第一位と第二位の領主の管理下にあり、祭儀の働き手たちへの報酬は保有地の収穫物によって賄われてきた。当時のムンダベットゥ・グットゥとブラーナベットゥ・グットゥの家長の連名で購入された大社名義の土地に関する証書が、大社とその財に対するグットゥの世襲的な管理権の証拠として認められたのである。以上の事項から、この裁判では、寺院委員会によって任命された公的な管理者としてのアスラーンナの権利を認め、なおかつ大社の世襲的な管理者としてのグットゥの権利を認めるとし、両者をペラールの大社に属する財の共同所有者とするという判決が下されたのであった。[7]

以上のように、一九三三年に下された判決において、ペラールの大社はブランマの「寺院」を中心とする宗教施設として位置づけられた。この判決は、裁判資料となった報告書を作成した二人の弁護士と、おそらくは判事自身も抱いていたであろう、サンスクリット的な神の優位性を当然視する見解を反映していたと考えられる。また、この判決によって、ペラールの大社の構造にみられるブラーマン的な祭祀の要素――寺院様のブランマの社とブランマ・リンガの中心性――が、祭祀そのものにおけるブランマの中心性として読み替えられるとともに、「ヒンドゥー神」としてのブランマの存在が公的な言説のレベルにおいて実体化されていったといえる。

このように、サンスクリット的な神の優越性を前提とするとともに、大社の外観や公的機関による管理者の任命といった「客観的事実」にのみ目を向ける近代法のまなざしが、前章までにみたような儀礼の場における神霊と祭主たちとの相互的なやりとりの関係や、野生の力《シャクティ》の流通を具現する神霊の儀礼的中心性をとらえることはなかった。近代法の判断において、ブータの存在はブランマに対する「従属的な神格」として周辺化されるとともに、慣習法《カットゥ》に基づいて神霊祭祀の中枢を担ってきた領主たちの役割も、大社名義の土地の管理という一点を除いては評価されることがなかったのである。

ここまでみてきたように、政府への寺社の登録とＨＲＥ法の施行、政府による手当の交付と管理者の任命をはじめ、十九世紀末から二十世紀初頭にかけての一連の法整備と制度化の中で、南インドにおける多くの寺社と同じく、ペラールの大社もまた、政府と近代法による統治の下に組み込まれていった。

ただし、本節でみた裁判の記録からは、歴代のアスラーンナが政府の制度と近代法を積極的に利用しつつ、大社の管理運営におけるみずからの権利を拡大しようと試みてきたのに対して、上位の領主の側はアスラーンナによって一連の争議が開始されるまで、近代法と制度に対しては消極的な立場をとってきたことがみてとれる。たとえば一九三二年の裁判において、第一位と第二位の領主は自分たちの権利がアスラーンナに優越することの根拠として、この大社がＨＲＥ法の適用を受けない私設の宗教施設であると主張していた。上位の領主たちのこうした態度の背景には、政府による中央集権的な寺社管理への反発があったという可能性は否めない。だが、おそらくはそれ以上に、政府によって定められた法や制度よりも、村落社会におけるみずからの地位や社会関係を根拠づけるとともに、村人たちの生命の源である野生の力《シャクティ》との関係性にかかわる慣習法《カットゥ》と神霊の託宣を重視するという彼らの基本的な姿勢があったものと思われる。

すなわち、先祖代々にわたって慣習法の遵守と祭祀の実践を要とする大社の運営を担ってきた領主たちにとっては、神霊自身によって直接的に与えられる権利《アディカーラ》と責任こそが最優先すべき事項だったのであり、ゆえに彼らは政府の付与する権利や手当にさしたる重要性を認めてこなかったと考えられる。本節でみたように、近代法制度の権威と論理に依拠して自己の権益を拡大しようとする者の出現によって、慣習法に基づく伝統的な祭主権が脅かされるという事態に直面して初めて、領主たちもまた法廷での弁明や証拠書類の提出をはじめ、近代法に依拠した形でみずからの権利を主張せざるを得ない立場に立たされたのである。

次節以降でみるように、二〇〇〇年代に生じた大社をめぐる争議において再び同様の苦境に立たされた領主たちは、近代法制度と神霊のエイジェンシーという相異なる力と論理にかかわりながら、問題解決のために試行錯誤を重ねていくことになる。

4 「管理委員会」の設立と伝統的な祭主権の危機

本節から6節にかけては、ペラールの大社の管理運営権をめぐって二〇〇〇年以降に生じた抗争を取り上げ、神霊との交渉を要とする慣習的制度と近代法制度のはざまにおかれた人々の模索や試行錯誤の諸相を明らかにする。本節ではまず、大社の管理運営権を主張する新たな勢力の登場と、それに対する上位の領主層の反応について、近代法制度の利用という側面に焦点を当ててみていきたい。

一連の事件は二〇〇〇年頃、第三位の領主一族の親族を名乗る一人の男性の登場から始まった。S・シェティという名のこの男性は、マンガルール市在住の富裕な飲食店経営者であるが、彼はあるとき占星術師によって、自分の祖先はペラールの第三位の領主一族に出自をもつと告げられたという。祖先の土地に貢献するという目的を掲げてペラールを訪れたS・シェティは、潤沢な資金を用いてさまざまな活動を開始した。彼はまず、第三位の領主が祭祀しているブータとナーガの祠を立派に改築し、二人の民俗学者に依頼してペラールの口頭伝承《パールダナ》を採録した。さらに二〇〇一年には、ペラールのブータ祭祀の運営母体として「奉仕委員会（*sēvā samiti*）」を設立した。この過程でS・シェティは、約八〇名もの村人をこの委員会に勧誘して組織化を進めた。奉仕委員会は主として大祭の準備や実務を取り仕切るようになったが、これらはガディパティナールを統率者として、代々第一位と第二位の領主が担ってきた役割であった。

当初、奉仕委員会とグットゥの長たちとの関係は友好的なものであった。S・シェティは奉仕委員会の設立にあたって、「委員会の目的はあくまで大社の発展にある」として上位の領主たちの説得に努めた。ガディパティナールを務めるガンガーダラ・ライは奉仕委員会の設立に同意し、S・シェティはガンガーダラ・ライを委員会の名誉会長に据えた。

しかし、事態は徐々に領主側に不利な方向に進展していった。二〇〇二年の初頭には、それまでガディパティナールと協力して大社の奉納金を管理していたアスラーンナが奉仕委員会との悶着の末に大社を追われ、奉仕委員会が金庫の鍵を握って大社の財政管理を独占するようになった。このときに大社を追われたアスラーンナはバーラクリシュナ・ウドゥパという人物であったが、彼は前節でみたL・ウドゥパの子孫であり、ペラールの大社で長きにわたってアスラーンナ職を務めてきたブラーマン一族の出身であった。彼が大社から退いた後、S・シェティは新たなブラーマン司祭を村外から呼び寄せてアスラーンナの座に据えた。

このことが引き金となって、上位の領主と委員会との対立は一気に表面化した。ムンダベットゥ・グットゥは県庁に家系図を提出し、当家が代々大社の管理運営を担ってきたことを訴えて管理権を申請した。しかし、この訴えは認められず、県行政長官は二〇〇三年に奉仕委員会の長であるS・シェティに管理権を与えた。これを不服としたムンダベットゥ・グットゥ側は、県行政長官の上役にあたるカルナータカ州のヒンドゥー宗教組織・慈善寄進担当長官（Commissioner for Hindu Religious Institutions and Charitable Endowments）に上訴した。[8] 一方、S・シェティは寺社の管理母体として、二〇〇一年十一月にカルナータカ州で公布されたヒンドゥー宗教組織・慈善寄進法（The Hindu Religious Institutions and Charitable Endowments Act, 1997［Karnataka Act No. 33 of 2001］）に規定された管理委員会を新たに設立し、県庁においてあらためて大社の管理権を主張した。結局、この対立はカルナータカ州の高等裁判所に持ち込まれ、二〇一五年現在に至るまで係争中である。

この一連の争議において、ガンガーダラ・ライを代表者とするムンダベットゥ・グットゥ側と、S・シェティを代表者とする管理委員会はそれぞれ、どのような論理を用いて自集団の権利を主張してきたのだろうか。県庁に保管されていた法的文書資料［Records of disputes on Law CR No. 7/2002-2003］[9] から、それぞれに特徴的な主張をみてとることができる。たとえば、二〇〇三年にガンガーダラ・ライの弁護士が前述したヒンドゥー宗教組織・慈善寄進担当長官に提出した陳述書において、弁護士は県行政長官がS・シェティらに大社の管理権を与えたことを不当とした上で、次のように訴えている。

> 第六の被告〔S・シェティ〕は、大社の受託職を不当に入手し、大社の日常的な管理に介入することを意図している。事実、大社のあらゆる管理運営は合同の世襲的管財人の一人である原告〔ガンガーダラ・ライ〕によってなされてきたのである。〔中略〕第一の被告〔県行政長官〕は、世襲的管財人がいる場合には適任者を選定したりスキームを立案したりする権限をもたない。〔中略〕異議申し立てを受けている当該の命令〔県行政長官による管理者の任命を指す〕は専断的であり、違法である。〔中略〕管理委員会のいかなる活動も、その長である原告とサダシヴァ・シェティ〔第二位のグットゥの長〕の指導の下に実行されてきた。さればこそ原告は、この委員会が管財人としての自分の地位を脅かすとは夢にも思わなかったのである。［Records of disputes on Law CR No. 7/2002-2003: 176-178］

一方、二〇〇二年に県行政長官に提出された陳述書において、管理委員会側の弁護士は、ペラールの大社が公的な宗教施設として法的に認定されており、その中心的神格はブランマであると述べた上で、ガンガーダラ・ライをはじめとする旧来の管理者の怠慢を次のように糾弾している。

原告の知るところでは、被告〔ガンガーダラ・ライ〕の世襲的受託権に関して、マドラス・ヒンドゥー宗教・慈善寄進法[10]の規定の下でのいかなる宣言や命令も存在しない。〔中略〕被告は〔大社の〕収支の会計報告を怠ってきた。彼は大社によって支払われるべき税をまったく支払わず、その収支報告書は何年間も監査を受けないままであった。被告は、当該の施設の発展や改善に対していかなる関心も払ってこなかった。[Records of disputes on Law CR No. 7/2002-2003: 183]

また弁護士は、S・シェティの率いる管理委員会がこれまでに遂行してきた大社の施設改善の実績や財政管理の適正さを列挙した上で、大社のよりよい管理運営のために何らかのスキームを立案することの必要性を訴えている。

そのような規則や規定は、管理を担う者の権力、義務、権利、そして責任を定義するために不可欠である。そのようなスキームによってのみ、説明責任（accountability）が管理に導入されうる。管理運営の権力が付与された際、説明責任と責任（responsibility）がその権力に包含されてはじめて、〔権力の〕コントロールが可能となることは、広く受け入れられた原則である。[Records of disputes on Law CR No. 7/2002-2003: 186]

これらの陳述書にみられるように、一連の争議において、ガンガーダラ・ライを代表者とするムンダベットゥ・グットゥ側は、一貫して当家のもつ世襲的管理権の正統性を訴え、S・シェティを代表者とする管理委員会が大社の管理運営権を不当に乗っ取ったことを非難している。一方の管理委員会側は、ガンガーダラ・ライらによる従来の管理運営の杜撰さを批判するとともに、自分たちは公共施設である大社の財を適正に運用して施設を発展させたと主張している。それぞれの陳述には、大社の管理運営において最重視されるべき事項として、一方が世襲的・伝統的な権利と責任の優越性を訴えるのに対して、他方が大社の公共性に即した管理運営の規律化と合理化を主張するという明らかな対比がみられる。また注目すべきは、いずれの陣営も弁護士を雇用し、近代法の用語と論理にしたがってみずからの主張を展開している点である。

以上のような大社の管理権をめぐる争議のあり方は、前章までにみた事項と合わせて、どのように考えることができるのだろうか。これまでにみたように、神霊祭祀における領主の権利《アディカーラ》と責任は、慣習法《カットゥ》によって定められている一方で、儀礼における神霊との直接的な交渉と相互的な承認を通して実現されるものであった。この場合の権利と責任とは、神話の時代に遡るとされる神霊とグットゥの長たちとの約束に基づくものであり、慣習法に従って滞りなく祭祀を執り行うことが、すなわち神霊に対する祭主としての責任を果たし、かつ権利を行使することを意味していた。こうした慣習法と儀礼の実践の次元において、祭祀にかかわる領主の権利と責任を承認し、あるいは剥奪することのできる至高の権威とは、いうまでもなく神霊自身に存するものであった。

他方、本節でみてきたような大社の管理権をめぐる法廷上の争議においては、法的な手続きと司法による判断に最大の権威が付与されており、託宣や審判を通して発揮される神霊の権威や命令の効力は、当初から問題とされていない。大社の管理権の所在をめぐって法廷で争点となるのは、口頭伝承《パールダナ》に基づく神霊との約束や神霊による祭主の任命ではなく、政府との関係における大社の管理運営のあり方、なかでも財政管理や法的責任といった側面であり、近代法と照らし合わせたときに誰が管理者として適切であるかどうかという問題である。

近代法の用語では「世襲的受託職（hereditary trusteeship）」といいかえられる領主の権利と責任は、実際には起源神話が詠みこまれた口頭伝承ときめ細やかな慣習、そして神霊との相互交渉に基づくものであるが、これらは法的にその根拠を証明することがきわめて困難なものである。

法廷において大社の管理権をムンダベットゥ・グットゥと争ってきたアスラーンナや管理委員会は、ペラールにおける神霊祭祀の起源を詠った口頭伝承に登場せず、神霊によって祭主として任命されたわけでもない。だが、彼らはしかるべき法的な手続きを踏んで「管理者」として登録され、政府と司法による承認を得たという一点において、法廷において領主よりも有利な立場に立つことが可能である。それゆえ、法的な係争に巻き込まれた領主の側もまた、争議の相手に対抗するために、神霊祭祀におけるみずからの権利と責任を近代法によって承認されるような用語と形式において提示する必要に迫られる。弁護士を雇用しての法的文書の作成や法廷への出頭をはじめ、大社名義の土地証書や過去の裁判記録、家系図の提出などがそれにあたる。

四章でみたように、大社における儀礼の場において、グットゥの長たちは神霊による祝福と承認を請い願うとともに、神霊の命令に従うことで、至高の権威としての神霊の力を公の場で承認していた。彼らにとってこのことはとりもなおさず、憑坐の身体を借りて顕在化する神霊との交渉を通して、その深部にある野生の領域との関係を適切に保つための方法でもあった。これに対して、法廷における一連の裁判や請願の過程において、上位の領主一族は司法による承認を求めるとともに、近代法を至上の権威としてこれに服従しているようにもみえる。また、神霊との相互交渉を通して領主や働き手たちに付与され、承認されてきた神話的な権利《アディカーラ》と責任は、近代法制度との関係において付与され、確認される管理運営権にその意味を変容させているようにみえる。

だとすれば、こうした一連の争議において近代法による承認を求めて相争う人々の実践は、慣習的制度から近代法へ、神霊の託宣から司法の審判へ、神霊への権利《アディカーラ》と責任から組織に対する法的な権利と責任へという変化の過程を表しているのだろうか。次節では、二〇〇九年の大祭を事例として、この問題を考えていきたい。

5　大祭における事件と神霊の審判

前節でみたようなムンダベットゥ・グットゥと管理委員会の法的な抗争において、二〇〇九年三月の時点ではS・シェティ側が有利な立場にあり、大祭の準備は管理委員会のメンバーを中心に進められた。しかし、本節でみていくように、管理委員会の指揮の下で円滑に進められるかにみえた大祭は、司祭であるムッカールディに憑依したバラワーンディの激しい怒りによって混乱をきたした。また、大祭の最後に行われた審判では、ムッカールディとパンバ

グットゥの長たちに命令を下す踊り手＝神霊

ダの踊り手に憑依した神霊の託宣に基づき、それまで管理委員会によって掌握されていたガディパティナールの慣習的な権利と責任の一部が、ガディパティナールの下に復権されることになった。この経緯を、以下にみていきたい。

例年ならば大祭前夜の二十二時頃から開始されるはずの祭儀は、ムッカールディの不在のために二十三時を過ぎても始まる気配がなかった。人々は華やかな電飾に彩られた境内の回廊に座りこんで、儀礼の始まりを待っている。日付が替わろうとする頃、バラワーンディに憑依されたムッカールディが、グットゥの長たちに伴われてようやく大社の境内に姿を現した。白いターバンで頭を包んだムッカールディ＝バラワーンディは全身を激しく慄かせ、ときおり唸り声をあげている。彼をなだめようとする家長の一人に突進し、相手を地面に打ち倒したムッカールディ＝バラワーンディをその他の人々が必死で取り押さえる。やがてムッカールディ＝バラワーンディは回廊の貴賓席に座り、その周りを人垣が取り巻いた。人々はどよめきを押し殺して彼の動向を見守り、不穏な空気がたちこめる。突如としてムッカールディ＝バラワーンディが椅子から躍り上がったかと思うと前方に突進し、人々は蜘蛛の子を散らすように逃げまどう。大社の境内を飛び出したムッカールディ＝バラワーンディは宝物殿の方角へ疾走していき、グットゥの長たちが慌てて後を追う。二〇〇九年三月十日から十三日にかけて行われたペラールの大祭は、こうして波乱含みの幕開けとなった。

憤怒をみなぎらせたムッカールディ＝バラワーンディ

ムッカールディ＝バラワーンディの尋常ならざる怒りの背景には、ムンダベットゥ・グットゥと管理委員会の対立が引き起こしたいくつかの事件があった。発端となったのは、大祭の招待状をめぐる事件である。大祭の数週間前、ムンダベットゥ・グットゥは第二位の領主とともに招待状を作成して主要な家々に配布した。これに対して管理委員会側は、ムンダベットゥ・グットゥらが大祭の主催者として招待状を配布したことの「違法性」を糾弾する内容の記事を複数の地方新聞に掲載した。

この事件によってムンダベットゥ・グットゥと管理委員会との緊張が高まっていたところへ、第二の事件が勃発した。

例年、大祭の前日には大社の参拝客にムンダベットゥ・グットゥが昼食をふるまうことになっており、祭りの準備に協力している村人たちは、大祭の二日前に大社の敷地内にある公会堂で食事を準備する手はずであった。ところが、公会堂の鍵を管理している管理委員会のメンバーは、村人たちに鍵を渡すことを拒んだ。鍵をめぐる委員会メンバーと村人たちとの小競り合いは瞬く間にエスカレートし、ついには近郊の町から警官が呼ばれる騒ぎとなった。このことを知ったムッカールディ＝バラワーンディは烈火のごとく怒り、「警察が来るならば私は社には入らない」と宣言した。その翌日、管理委員会を率いるS・シェティみずから、警察沙汰によって神聖な大社を冒涜したことをムッカールディ＝バラワーンディに陳謝したが、神霊の怒りは鎮まることがなかったのである。

大祭は緊張をはらんだまま進行し、ついに最終日のもっとも重要な儀礼である審判のときを迎えるに至った。通常、審判は大社から八〇メートルほど離れたバンタカンバで行われる。しかしムンダベットゥ・グットゥと管理委員会の対立をめぐる審判は、大社の境内にあるブランマの社の前で開かれることになった。ブランマの社の正面にムッカールディ＝バラワーンディとジャヤーナンダ＝ピリチャームンディ、そしてグットゥの長たちが輪になって並び、その周りを人垣が取り囲む。家長たちの輪の中には管理委員会を率いるS・シェティの姿もある。この審判では、警察の介入を招いた委員会と領主の争いを最たるものとして、今回の大祭で生じた重大な慣習違反や凶事についてムッカールディ＝バラワーンディが祭主たちを厳しく糾弾し、ガディパティナールをはじめとする祭主たちが神霊の怒りを懸命になだめるという、怒りと懇願のやりとりが延々と続いた。長時間に及んだ審判は紆余曲折の末、ムンダベットゥ・グットゥと管理委員会の和解と、慣習の遵守を命ずるムッカールディ＝バラワーンディの託宣によって締めくくられた。

「そなたたちはともにあらねばならない。さもなければそなたたちは、ともに災いを受けることになるだろう。我々はペルガデ〔第一位のグットゥの長〕、マディヤスタ〔第二位のグットゥの長〕、一六の領主と村人たちを必要としているのである」

この託宣を受けたグットゥの長たちとS・シェティは、ジャスミンの花房を載せたバナナの葉を全員で捧げ持ち、ブータの審判に同意することを誓った。この託宣と宣誓をもって審判は終了し、大祭の最後にはジャヤーナンダ＝ピリチャームンディが家長たちとS・シェティの手に剣をふれて彼らを祝福した。そしてその翌日には、神霊の命令どおり、S・シェティとガディパティナールがともに奉納金を納めた金庫を開け、管理委員会が設立される前の慣習に従って、大祭の働き手たちに対してガディパティナールの手から賃金が分配されたのであった。

以上のような大祭の経緯は、本章で検討してきた神霊祭祀と近代法制度の関係について、慣習的制度と祭祀の実践の次元から新たな視座をもたらすものである。4節でみたように、大社の管理運営権をめぐる領主と管理委員会の対立において、両者はともに政府の機関と近代法に訴えており、それぞれの立場や権利は近代法の論理と語彙によって規定されていた。このとき、神霊祭祀の実践を根拠づけてきた慣習法《カットゥ》や神話の権威はもとより、祭儀にかかわる人々の権利《アディカーラ》と責任を承認し、命令する神霊の権威もまた、近代法制度の外部にあるものとして度外視されていた。

しかしながら本節でみたように、大祭における儀礼の場では、法的な係争にかかわる人々が儀礼の中心をなす神霊との直接的なやりとりに参与する中で、神霊の権威と命令に服従するという構図がみられた。法的な係争の当事者たちは、怒りと懇願のやりとりと一体となった献供と祝福の応答という、神霊との相互的な贈与交換関係に参与することを通して、儀礼における至高の権威としての神霊の存在を公の場で承認する。それと同時に、裁判における原告と被告、あるいは管理委員会と世襲的管理者というように近代法の用語で規定された人々の関係性は、神霊からの承認と祝福に依拠した慣習的な位階システムの中に置きなおされる。この位階システムにおいては、たとえ法的な係争において優位にあったとしても、管理委員会の関係者たちは神霊との神話的な契りに基づく領主の権威の下位に位置せざるを得ない。

神霊による命令を受けて慣習法《カットゥ》の遵守を約束し、神霊からの祝福に応えるとき、法的係争の当事者たちは、神霊を至高の人《パーソン》とするやりとりのネットワークの中に取り込まれている。同時にまた彼らは、近代法によって定められた大社の管理運営権と部分的に重なりつつ、それとは次元を異にする神話的な権利と責任、すなわちアディカーラをその身に引き受けることになるのである。

6　人々の思惑の錯綜と抗争の変遷

前節までの検討から、近代法制度の領域において大社の管理運営をめぐる争いを繰り広げる一方で、儀礼の場においては神霊の命令に従い、やりとりのネットワークの中に位置づけられる人々のありようが明らかになった。大社をめぐる領主と管理委員会の抗争や駆け引きは、このように近代法廷と神霊祭祀という、相異なる価値と論理、そして力が具現される場において同時に進行している。

本節では、この一連の抗争にかかわってきた人々の立場や思惑に焦点を当て、よりミクロな視点から抗争の経緯を詳しく検討していきたい。それによって本節では、相異なる論理や力のせめぎあいと個々人の試行錯誤の中で、近代法制度の浸透による慣習的制度の衰退という単線的な変化をたどるのではなく、あるいは近代法制度が慣習的制度を包摂しつつ、神霊のエイジェンシーを巧妙に排除していくという過程をたどるのでもなく（cf. de la Cadena 2015）、大社をめぐる抗争の趨勢がいかに変遷していったのかを明らかにする。

前節までにみたような一連の抗争は、近代化の中で台頭してきた新たな論理とシステム、価値や資源に対して、どのように対応すべきかという人々の模索と葛藤の一端を表している。たとえば大社の管理運営の法制度化や管理委員会の設立は、合法性・合理性・民主主義といった近代的論理に基づく新体制を大社の管理運営に導入することで、旧体制の変革を迫るものであった。また、S・シェティのように飲食サービス業で財をなした都市の富裕層が大社の運営に乗り出してくることで、これまでにない規模の資本が大社に投入されるとともに、新たな権益を生む資源としての価値が大社に付加されることになった。こうした新たな論理や価値付けは、神霊の承認を受けた領主が地域社会の土地資源と人的資源を用いて神霊祭祀を統轄するという従来の制度とは矛盾をきたし、人々の間にさまざまな思惑の錯綜や対立を生んでいる。
以下では、この抗争にかかわってきた主要な人々の立場や思惑を織り交ぜながら、二〇〇〇年から二〇一五年に至る抗争の展開をみていきたい。[11]

「大社の発展」と「民主化」への期待

先述したように、一連の抗争の発端は二〇〇〇年代の初頭にS・シェティがペラールを訪れ、大社の運営に対する援助を申し出たことであった。ガディパティナールとして大社の管理運営を担ってきたガンガーダラ・ライは当初、「大社を発展させる」というS・シェティの提案に惹かれてそれに賛同した。彼は、従来の祭祀のあり方に何ら実質的な変更を加えることなく、施設の整備や改築を可能にする資金を、S・シェティが信仰心の証として提供してくれると期待していたのである。

一方、外来者としてペラールにやってきたS・シェティが目論んでいたのは、神霊の帰依者として大社の発展に寄与することばかりではなく、その財力を用いて大社の管理運営権を掌握し、祭主としての権威と名誉を手にすることであった。彼は「大社の発展」という提案を掲げて上位の領主たちを説得する一方、管理運営の民主化や働き手たちの報酬の定額化などを掲げて、大社での奉仕活動に携わる村人たちの賛同を取りつけていった。

後にS・シェティの下で管理委員会を構成することになる村人たちは元々、第一位の領主であるムンダベットゥ・グットゥの指揮の下で大社の整備や大祭の準備などに尽力してきた人々であった。だが、そうした村人たちの中には、第一位と第二位の領主による管理運営の現状に不満をもつ者が少なからず存在していた。端的にいえば、彼らはガンガーダラ・ライをはじめとする上位の領主層の中心メンバーが、大社の奉納金を働き手たちに公平に分配することなく、私的に着服しているという疑惑と不満を抱いていたのである。そうした状況において、領主層ではない村人たちが中心となって委員会を設立し、大社の管理運営方法や奉納金の使途を自分たちで決定するというS・シェティの提案は、村人たちの大半に肯定的に受けとめられるものであった。

ただし、ペラールの大社で祭祀に携わる働き手たちが、この件に関してとった態度は決して一様ではなかった。たとえば、ペラールにおける中心的な踊り手であるヤティシュ・パンバダとジャヤーナンダ・パンバダは、S・シェティの計画に対して対照的ともいえる態度をとった。すなわち、ヤティシュがS・シェティに与する姿勢をみせず、彼の登場による一連の騒動に表立ってかかわろうとしなかったのに対して、ジャヤーナンダはS・シェティと親しい関係を結び、次第に彼の影響下にあるとみなされるようになったのである。

こうした二人の態度の違いは、それぞれが上位の領主たちとの間に形成してきた関係性の相違に起因しており、さらにその背景には、ヤティシュとジャヤーナンダの間の確執があった。すでにみたように、ヤティシュとジャヤーナンダは又イトコ同士であり、それぞれパラワーンディとピリチャームンディという主要な「王のダイワ」の踊り手を務めてきた。だが、ジャヤーナンダは踊り手としてのヤティシュの才能を認めようとせず、自分の実兄こそがパラワーンディの踊り手を務めるべきだという考えを折にふれて漏らしており、そのためにガンガーダラ・ライをはじめとする上位の領主たちの不興を買っていた。また彼は、南カナラにおけるブータ祭祀の文化的重要性について近隣村の祭儀の場でスピーチを行うなど、パンバダの共同体を牽引する役割を進んで担おうとしている。

これらのことから、ジャヤーナンダは上位の領主の采配下にある旧来の祭祀の体制に不満を抱いており、制度の改革によって踊り手の地位の向上や意思決定プロセスへの参与が可能となることを期待して、S・シェティの提案を受け入れたと考えられる。他方、S・シェティの側としても、神霊の憑坐として儀礼で重要な役割を果たすパンバダの踊り手を味方に引き入れることは、大社の管理運営のみならず祭祀の実践にも介入していく上で不可欠であった。

しかし、以下にみていくように、日常的な駆け引きの場においてS・シェティ側に与したかにみえるジャヤーナンダは、みずからが神霊のエイジェンシーを体現する儀礼の場において、従来の祭祀のあり方を強く肯定する立場に立つことになる。

ムンダベットゥ・グットゥの撤退と踊り手の葛藤

5節でみたように、二〇〇九年の大祭ではムッカールディ＝バラワーンディの託宣によって、すでに対立関係にあった上位の領主たちとS・シェティの関係が調停され、ガディパティナールの伝統的権威が一時的に回復された。しかし、S・シェティはその後も大社をめぐる抗争から引き下がることなく、管理委員会の権利の正当性を県庁に訴えつづけるとともに、大社の「改革」を着々と進めていった。

大社をめぐる両陣営の対立が続く中、二〇一二年十一月、県行政長官はガンガーダラ・ライに対し、彼が管理していた宝物殿の鍵を管理委員会に譲渡するよう命じた。このことは、大社の財に対してムンダベットゥ・グットゥが行使してきた伝統的権利の剥奪を決定づける出来事であった。

この出来事を受けて、ムンダベットゥ一族の主要メンバーはすぐさま本家の広間に集まって協議を行うとともに、今後の進退を見極めるために占星術師を招いて儀礼を行った[12]。占星術の結果、一族が現在被っている災難は、「この屋敷に居ながらにして忘れ去られたドゥルガー女神[13]の祟りである」というお告げがもたらされた。占星術師によれば、一族がこの災難から抜け出すためには、まず屋敷地で祭祀を適切に執り行い、女神の怒りを鎮めなくてはならないという。

このお告げを受けた協議の結果、ガンガーダラ・ライをはじめとするムンダベットゥ・グットゥのメンバーは全員、大社の管理運営と祭祀から一旦身を引き、かわって本家の屋敷における女神と神霊の祭祀に専心するという決定が下された。ガンガーダラ・ライ自身も、「尊厳を取り戻せないならば、私は大社には戻らない」という意思を表明した。

一族全体を巻き込むこのような決定が下された後、二〇一三年の二月にムンダベットゥ一族全員が不在のままで大祭が開催された。この大祭では、ガンガーダラ・ライに替わってS・シェティが祭主の長の座に就き、神霊になりかわった司祭や踊り手たちと相対する役割を担った。

ところが、この大祭における審判の儀礼において、おそらくS・シェティにとっては予想だにしなかったであろう出来事が起こった。常日頃、大社をめぐる対立の中でS・シェティ側に与していると思われていたジャヤーナンダ・パンバダであったが、神霊ピリチャームンディとして審判の場で託宣を述べた際、第一位の領主の不在について激しい怒りを表明し、その場にいた多数の帰依者たちの目前でS・シェティを叱責したのである。この託宣について、ジャヤーナンダとS・シェティの親密な関係を知る村人の一人は、「あれは〔ジャヤーナンダではなく〕本当にダイワが語っていたのだ」という感想を述べた。

みずからがピリチャームンディの憑坐を務める審判の場において、ジャヤーナンダがS・シェティの意向に反して伝統的な慣習法《カットゥ》を支持し、ガディパティナールの復帰を命ずる託宣を述べたことの理由と背景については、複数の側面を考慮する必要があるだろう。六章でみたように、憑坐が神霊の力に満たされて忘我に陥るのは「ほんの一瞬の間」であり、彼はその後、神霊と自己の二重のパースペクティヴを維持した状態で神霊としてふるまいつづけることになる。ただし、儀礼の場における「真実の託宣」とは、いうまでもなく人間としての憑坐自身の言葉ではなく、彼の身体を満たす神霊の力が言葉となって現れ出たものだとされる。ジャヤーナンダの場合も、みずからの身体に充溢する神霊の力《シャクティ》の働きによって、神霊としての言葉がおのずとあふれ出てきたという可能性はある。他方でこのことは、儀礼の場における、霊的なものと社会的なものを含む複数の力のせめぎあいという点からも考えてみる必要があるだろう。

審判の場において、ジャヤーナンダは神霊ピリチャームンディとして、バラワーンディになりかわった司祭ムッカールディとともに託宣を述べる。日常的な位階関係において、ジャヤーナンダ・パンバダは領主層に属するムッカールディの下位に位置づけられており、また神霊同士の関係性としても、ピリチャームンディはバラワーンディに比べて周辺的な存在とみなされている。バラワーンディの司祭を務めるバーラクリシュナ・シェティは第五位の領主一族の中心メンバーであり、大社をめぐる抗争においてはほぼ一貫してムンダベットゥ・グットゥを支持する立場をとってきた。また5節でみたように、儀礼の場においてムッカールディ＝バラワーンディは、伝統的な慣習法《カットゥ》の維持と回復を常に強く求めており、彼の言動そのものがいわば慣習法を具現するものとして、人々の畏敬を集めてきた。こうした中、数百人もの観衆が神霊になりかわった憑坐の一挙一動を見守る儀礼の場において、ジャヤーナンダ＝ピリチャームンディがムッカールディ＝バラワーンディとまったく相反する託宣を述べることはほぼ不可能であったと思われる。

ジャヤーナンダは、祭祀をめぐる日常的な駆け引きにおいてはS・シェティに与し、旧来の祭祀制度からの脱却を図りつつも、儀礼の場ではせめぎあう複数の力――みずからを神霊たらしめている野生の力《シャクティ》、強力な他者であるムッカールディ＝バラワーンディの力、そして自分を見守る群衆のまなざし――に突き動かされ、それらの力に従って行為せざるを得なかったのだと考えられる。

大社の改築と管理委員会の迷走

さて、S・シェティは二〇一三年からいよいよ大社の大規模な改築に乗り出した。彼は、改築資金としてペラールの全世帯から五〇〇〇ルピーを徴収し、領主の家に対しては五〇万ルピーもの寄付金を要求した[14]。この改築工事は、大社の既存の建造物をすべて一旦取り壊した上で新たな社を建築するというきわめて大がかりなものであったが、なかでも最大の変更点は、これまで大社の中心とみなされてきた由緒あるブランマの社を境内の「外に出す」というプランであった。

ただし、S・シェティ側の主張するところによれば、当の社を境外に移設する理由は、それが「真のブランマ」ではなかったからである。S・シェティが占星術師に占わせたところ、大社にあった従来の神像はブランマではなく、「シャースターウ・ブランマ」という別の神格であったことが判明したという。このお告げに従って、従来の神像をその社ごと境外に移設し、かわって新しいブランマ像を祀る社を新築することにしたというのである。

これに対して上位の領主たちの間では、一九三〇年代に当時のアスラーンナであったL・ウドゥパとムンダベットゥ一族との間に生じた裁判抗争との関連から、この移設計画の裏事情が取り沙汰された。3節でみたように、一九三〇年代の裁判においてL・ウドゥパはみずからが祭祀するブランマの社に対する管財権を主張したのであるが、今回S・シェティがブランマの社を移設する真の理由は、L・ウドゥパの子孫であり、奉仕委員会によって大社を追われたバーラクリシュナ・ウドゥパの報復を恐れてのことではないか、という憶測がささやかれた。つまり、今後万一、バーラクリシュナ・ウドゥパがブランマの社に対して同様の権利を主張した場合、境内の外の社に対する権利に限って彼に譲渡することで、それ以上の介入を阻むための予防策でないかと疑われたのである。

　こうした疑惑や憶測をよそに、S・シェティの指揮の下で大社の改築工事が進められたが、彼を長とする管理委員会の内部には、次第に綻びが広がっていった。第一に、改築資金と称してほぼ強制的に高額の寄付金が徴収されたことをきっかけに、管理委員会のメンバーをも含む村人たちの間に、S・シェティに対する不満や反感が高まっていった。第二に、S・シェティによる独断的な運営のあり方も、管理委員会のメンバーや働き手たちの離反を促した。たとえば、S・シェティはプージャーリの働き手が社の建物の内部に立ち入ることを禁じる新たな決まりを制定しようとし、当然のことながらプージャーリの働き手たちの怒りを買った。また、彼は自分を支持する働き手の賃金を値上げする一方、そうではない者の賃金は据えおいたままにとどめた。第三に、いざ改築工事を開始したものの、「資金不足」という理由で大工たちへの支払いが滞ったため、長期間に渡って工事が中断された。この工賃の不払い問題に関して、管理委員会のメンバー数名が寄付金の収支を記録した収支簿を開示するようS・シェティに要求したところ、彼は開示を拒んだ。

　こうしてS・シェティと村人たちとの溝が深まりつつあったのと期を同じくして、人々の間にある噂がささやかれるようになった。新たに大社に据え置かれたブランマの神像が「震動している」という噂である。この噂を発端として、「新しいブランマ像は大社にふさわしくないのではないか」という懸念が、管理委員会のメンバーをはじめとする村人たちの口の端に上るようになった。次項でみるように、この「ブランマ像の震動」という現象は、S・シェティに対する村人たちの離反を決定づけ、領主の復権をめざす人々の取り組みの原動力となる。

占星術のお告げと領主一族の復帰

二〇一四年になると、S・シェティの率いる管理委員会が翌年の四月で任期満了になることを見越して、第二位の領主一族や村人たちがムンダベットゥ・グットゥの屋敷を足繁く訪れてガンガーダラ・ライの復帰を懇願するようになった。村人たちの度重なる説得を受けたムンダベットゥ一族の中心メンバーたちは、今後の進退を占うため、二〇一四年の九月に本家の屋敷で再び占星術を行った。その結果、彼らは占星術師を通して次のようなお告げを得た。

「あなた方にとって、村の大社に戻ることは必ずしも必要ではない。だが現在、村人たちは苦境に陥っている。その苦境は神霊《ダイワ》によってもたらされたものだ。第一位と第二位の領主はこの村全体を司る者たちであり、もし村人たちが問題を抱えていれば、それに対して責任を負わなくてはならない。それゆえ、あなた方は〔大社に〕戻るべきである。もし村人たちの面倒をみなければ、あなた方の家系全体がダイワの罰を受けるであろう」

ムンダベットゥ・グットゥの屋敷で行われた儀礼

以上のような占星術の結果は、神霊の承認の下で村人たちを代表し、庇護する者としての領主の権利《アディカーラ》と責任を認め、それに即して大社への復帰を勧めるものであり、ムンダベットゥ・グットゥの人々にとって受け容れやすいものであった。一族の主要メンバーらによる協議の末、このお告げに従って、ガンガーダラ・ライをはじめとする一族全員が同年の十月に大社に復帰するという決断が下された。このことについて、ムンダベットゥ・グットゥの中心メンバーの一人は次のように語っている。

「私たちだけで決断を下すことはできません。占星術を行って、もし許可を得ることができたなら、〔大社に〕戻ることができるのです」

ガンガーダラ・ライもまた、次のような考えを示した。

「もしもクトゥマが〔大社に〕戻るなら、私も戻ろう。もしクトゥマの人々が賛成するなら、私は戻ろう。だが、私一人で戻りたくはない」

このように、大社への復帰という重大な決断に際して、ムンダベットゥ一族は占星術を通して読み取られる神霊のエイジェンシーに最終的な判断を委ねている。また、ガンガーダラ・ライの言葉は、一族の長である彼の決断でさえも、母系親族集団であるクトゥマ全体の決定に依拠していることを示している。

4節でみたように、大社をめぐる法的な係争において、ガンガーダラ・ライは「原告」または「被告」という立場で近代法のシステムに参与し、その論理と語彙を用いてみずからの権利の正当性を訴えていた。だが他方において、彼の言明や行為は常に一族全体の意向や、占星術と託宣を通して明るみに出される神霊や女神のエイジェンシーの影響を受け、それに従っていたのである。

ガンガーダラ・ライのみならず、この抗争に関してムンダベットゥ・グットゥのメンバーに共有された姿勢として、一族の知恵を結集し、その資源を駆使して近代法制度の領域における闘いを繰り広げながらも、進退を見極める最終的な判断にあたっては神霊の託宣や占星術に依拠するという二重性をみてとることができる。次にみるように、ペラールの村人たちもまたこのような二重性を引き受けつつ、大社の管理運営と祭祀の実践をめぐる混乱の中で、自分たちの立場と進退を見極めようとしてきたのである。

女神の呪いとブランマ像の震動、そして新たな委員会の設立

ムンダベットゥ一族が大社への復帰を決断してまもない二〇一四年の十二月二十六日から二〇一五年の一月三日にかけて、九日間にも及ぶ大がかりな占星術の儀礼が村の大社で催された。この儀礼は、大社をめぐる一連の騒動の背景と今後の行く末を占うために、村人たちがみずから資金を出し合って開催したものであった。

この儀礼の過程で、人々を騒然とさせたあるお告げが占星術師を通して伝えられた。それは、「S・シェティは三方を川に取り囲まれた女神に呪われている」というものであった。占星術師によれば、S・シェティを呪詛しているのはドゥルガー女神であるという。このお告げに対して、S・シェティはみずから別の占星術師を呼び寄せ、異なる託宣を提示することで対抗しようとしたが、先のお告げを否定するような占いの結果を得ることはできなかった。このお告げの内容について、村人たちの間でさまざまな憶測や議論が交わされた結果、S・シェティを呪詛している女神とは、三方を川と水路に囲まれた家、すなわちムンダベットゥ・グットゥの屋敷で祀られているドゥルガー女神に違いないという結論が導きだされた。

さらにこの占星術儀礼では、「現在のアスラーンナは大社にふさわしい者ではない」というお告げがもたらされた。このお告げを受けて、かつて奉仕委員会との悶着の末に大社を追われたバーラクリシュナ・ウドゥパに人々が復帰を打診したところ、次のような返答が返ってきた。

「もしも私が戻るとすれば、それはS・シェティの影さえもペラールから消え失せたときだ。そして何より、〔境内の外に出された〕ブランマは元に戻されなくてはならない」

このようなウドゥパの返答を受けて、村人たちの間では、ブランマ像の移設の是非をめぐる議論が巻き起こった。延々と議論が繰り広げられる中で、「新しいブランマ像が震動するのは、この移設が間違いであったことの証拠では

ないか」、「やはり大社を改築したことはよくなかったのではないか」という見方が次第に多勢を占めるようになった。

結局、この占星術儀礼では、大社をめぐる問題とその解決策について村人たちが完全な意見の一致をみることはなかった。しかし、占星術のお告げと「ブランマ像の震動」という現象がともに、大社に加えられた数々の改変の不適切さ、ひいてはその総責任者であるS・シェティの判断の不適切さを示すものとして受けとられることで、それまでS・シェティ側についていた村人たちの多くの離反が決定づけられるとともに、大社をめぐる抗争は新たな段階に入ることになったのである。

大社での占星術儀礼から約二か月後の三月十五日、ムドゥ・ペラールの小さな公会堂で非公式の集会が開かれた。この集会には、ムッカールディを務めるバーラクリシュナ・シェティやムンダベットゥ一族出身の弁護士をはじめ、上位の領主層の主力メンバーと、村人たち約四〇名が参加していた。この集会の主な議題は、現行の管理委員会の任期満了後、大社の管理運営をどのように進めていくべきかという問題であった。なかでも、次期委員会の設置にも必ずや介入してくるだろうS・シェティに対して、どのように対抗すべきかという問題が議論の中心を占めた。「S・シェティ一派と真っ向から闘うべきか、あるいは再度、占星術を行ってお告げを仰ぐべきか?」「そもそもダイワは占星術を欲しているのか?」——これらの問題について活発な議論が繰り広げられた結果、まずは有志の間で寄付を募り、占星術儀礼を再度行うことが決定された。

また、この集会に参加した人々を中心に、新たな社会活動団体を立ち上げて公的に登録することが決定され、その団体は「ペラール文化委員会（Perara Sanskriti Protishtāna）」と命名された。この新委員会を基盤として、大社の実権をS・シェティの手から取り戻すとともに、慣習法《カットゥ》に従いながらもあらゆる村人の参加に開かれた、新たな管理運営の実現を目指すことが確認されたのである。

7　近代法の力と神霊のエイジェンシーのはざまで

ここまで、ペラールの大社をめぐる抗争への検討を通して、近代法制度と慣習法、法廷の力《パワー》と神霊のエイジェンシーという相異なる力と論理のせめぎあいと、その双方にかかわりつづける人々の試行錯誤に満ちた実践を明らかにしてきた。

1節でみたように、南インドのヒンドゥー寺院を対象とした先行研究では、植民地期以降の南インド社会における寺院の制度的変化が重要なテーマとされてきた。なかでもアパデュライ（Appadurai 1981）やダークス（Dirks 1987）をはじめとする諸研究は、十九世紀以降の南インドにおける中央集権的な官僚制の台頭と近代法の整備、それに伴う王権の衰退と寺院の制度的変容の過程を明らかにした。こうしたヒンドゥー寺院の制度的変容は、南インドの宗教施設としてブータの社が経てきた変化と大枠において共通している。

本章でみたように、寺社の登録制度やHRE法の施行をはじめとする中央集権的な寺社管理の進展の中で、ペラールの大社もまた政府と近代法による統治と管理の下に組み込まれていった。その過程で、神霊祭祀にかかわる人々は一方において、近代法制度を活用することでみずからの権益を獲得し、あるいは維持・拡大することを試みてきた。それまで祭主としての地位を独占してきた上位の領主たちもまた、大社に付随する権益の分配や移譲を求める者たちの主張に対抗し、あるいは管理運営の民主化を求める村人たちの要求に直面する中で、近代法制度の枠組に依拠してみずからの権利と責任の正当性を訴える必要に迫られてきた。

他方で、神霊祭祀の実践に目を向けるとき、ヒンドゥー寺院を対象とした先行研究が提示してきたような、神と王による支配から近代国家と法による統治へ、あるいは神と信者をつなぐ供物と名誉の交換関係から「名誉の商品化」

と「信仰の商業化」へ（Dirks 1987: 361, 383）という単線的な史的展開は当てはまらないことに気がつく。

前章までにみたように、大祭をはじめとする儀礼の場において、人々はさまざまな形で神霊と直接に交渉している。なかでも重要であるのは、祭主たちによる献供と神霊による祝福のやりとりである。この供物と祝福の交換を通して、人々と神霊との相互的な権利《アディカーラ》と責任が再確認されるとともに、やりとりのネットワークにおける「至高の人」としての神霊の権威と力が公の場で承認される。

本章でみてきたように、法的な係争の当事者である上位の領主一族と管理委員会の関係者はともに、儀礼の場においてこうした神霊との贈与交換関係に参与している。現し身として現れる神霊とのやりとりを通して、彼らは祭祀における至高の権威としての神霊の力を承認するとともに、そのエイジェンシーの受け手となる。近代法によって規定され、法廷において承認される権利や責任の所在をめぐって争いながらも、彼らは儀礼の実践を通して神霊とのやりとりのネットワークの中に位置づけられるとともに、人間と神霊の関係性を根底的に規定している神話的な権利《アディカーラ》と責任の担い手としてふるまうことになるのである。

このように、神霊祭祀にかかわる人々は近代法廷と神霊祭祀という、相異なる力と論理が具現される場にかかわりつづける中で、みずからの立ち位置やふるまいを模索してきた。彼らのこうした実践の中にはほとんど常に、能動と受動、自律と他律の絡みあいともいうべき二重性がみられる。

本章でみたように、ムンダベットゥ・グットゥをはじめとする上位の領主たち、働き手たちと村人たち、アスラーンナやS・シェティといった抗争の当事者たちはいずれも、刻々と変化する状況の中でみずからの権利や利益を維持・拡大すべく画策し、ときに戦略的に立ちまわっている。だが同時に、彼らはいずれも重要な局面に際して占星術の結果や神霊の託宣に依拠し、みずからの意思決定と行動のよすがとしている。そして、ジョーガの領域とマーヤの領域のあいだに束の間現れる神霊のエイジェンシーに依拠した彼らの行為と意思決定は、裁判の展開や役人との折衝、慣習法《カットゥ》に基づく新委員会の設立にみられるように、近代法制度の下で形成された関係性や抗争の展開に影響を及ぼし、さまざまな応答や変化を引き起こしていく。

ただし、ここで注意すべきことは、近代法制度の領域において合理的かつ自律的に行為する人々が、伝統的な祭祀の領域では神霊の命令に従って受動的かつ他律的にふるまうという図式的な見方もまた、一面的にすぎるという点である。近代法制度を活用し、あるいは法廷のようにその論理と力が強く作用する場に参与するとき、人々は近代法制度の課すさまざまな規範と様式、語彙と体系によって束縛され、その厳格な論理と力に従いつつ、みずからの行為とふるまいを編成しなおしている。同様に、儀礼をはじめとする神霊祭祀の実践においても、人々は慣習法《カットゥ》とされる数多くの規則と禁忌、口頭伝承や神霊の託宣に示される規範と論理、そして何よりも神霊のエイジェンシーに従う中で、みずからのふるまいを律しつつ創りだしている。

おそらくはだからこそ、慣習的制度の下で課される束縛や困難から逃れる術《すべ》を人々は近代法制度の中に求めるのであり、また逆に、近代法制度によって課されるルールや制約を超えて、みずからの生を方向づけていく力《シャクティ》との交流を求めて、人々は儀礼の実践に繰り返し立ち戻るのである。このようにして近代法制度と慣習的制度、あるいは近代法廷と神霊祭祀は、相異なる起源と歴史をもち、異なる価値と論理を具現するものでありながら、その双方にかかわる人々にとっては互いに深く絡みあった、相補的でさえある力の領域として立ち現れている。

本章で検討した一連の事例は、したがって、近代合理的な価値や論理を具現する新たな法制度が、神霊祭祀を核とする伝統的な制度や営みを包摂し、改変し、凌駕していく過程としてとらえられるものではない。あるいはまた、一切の近代的要素を排除し、その影響を回避することで伝統的なるものが維持・回復されていく過程として理解されうるものでもない。

そうではなく、これらの事例に示されていたのは、近代法制度と神霊祭祀という相異なる力と論理の絡みあいとせめぎ合いの渦中に巻きこまれた人々が、その双方に従いつつもそれらを活用しようとする葛藤に満ちた試みの中で、他者との関係性を再編するとともに、みずからの生のかたちを更新していく過程であったといえる。このことは、以下の章でみるように、伝統的な母系制や土地保有制度の再編と土地改革、そして開発をはじめとする大規模な社会変化の下にある人々の実践を検討していく際にも、重要な論点として提起される。

注

1　たとえば、以下の研究が挙げられる。Appadurai and Breckenridge（1976）, Appadurai（1981）, Fuller（1984）, Presler（1987）, Dirks（1987）, 田中（2002: 137-175）。

2　ただし、Fuller（2003）は同寺院の追跡調査を通して、国家政策との絡み合いの中で司祭の伝統主義と寺院の伝統的権威が増大していく経緯を明らかにしている。

3　神と信者間の贈答関係における神の法的人格に関してはSontheimer（1965）参照。

4　一方、閉じた循環を形成しないヒンドゥー教の贈与交換関係についてはParry（1986）参照。

5　トゥル語において*darśana*はヴィジョンや視覚を意味すると同時に、神霊の憑依によって生じる震えを意味する（Upadhyaya 1988-1997: 1571参照）。

6　神と人の相互行為を通したエイジェンシーと力の付与についてはGell（1997）も参照。また、同様の論点を提起した先行研究として、クリストファー・ピネーの論考（Pinney 2001）を挙げることができる。ピネーは、聖なる図像との身体的な交渉の中で、信者たちはみずからの行為を通して図像の力を活性化する能動的なエイジェントとしてふるまうのみならず、図像が具現する聖なる力の受け手にもなることを指摘している。この問題については石井（2010, 2014b）、Ishii（2014a）も参照されたい。

7　大社の管財権をめぐる上位のグットゥとアスラーンナとの抗争はその後も断続的に継続され、一九六〇年にはペラールのブータの大社のうち、ブランマの社に属するもの以外の財に対するアスラーンナの権利を棄却する判決が下された（O.S. No.25 of 1960）。当時の神霊の託宣や審判がこの抗争にいかに関与したのかを現在の資料から判断することは難しいが、領主側に有利な判決をアスラーンナ側が受諾し、なおかつその後も祭祀に協力しつづけたことを考慮すると、後述する領主と管理委員会の抗争の場合と同様に、祭祀における神霊の託宣が両者の関係に少なからぬ影響を及ぼしたのではないかと推測される。

8　長官の下位にあって県レベルの業務を執行するヒンドゥー宗教組織・慈善寄進担当副長官（Deputy Commissioner for Hindu Religious Institutions and Charitable Endowments）は、原則として県行政長官によって兼任される。

9　「Law CR〔Court Records〕No. 7/2002-2003」は、二〇〇三年一月に県行政長官がS・シェティを大社の管理人に任命した際の文書を指す。この命令をめぐる一連の争議に関する文書資料全体のタイトルを、ここでは便宜的にRecords of disputes on Law CR No.7/2002-2003とした。

10　ヒンドゥー宗教組織・慈善寄進法が二〇〇三年五月に施行されるまで効力を有していたThe Madras Hindu Religious and Charitable Endowments Act, 1951を指す。Presler（1987: 28, note32）参照。

11　本節の内容は、アクシャヤ・シェティ、ハリシュ・シェティ、バーラクリシュナ・シェティ、ガンガーダラ・ライ、ムドゥ・ペラール在住の管理委員会メンバーをはじめとする複数の人々との対話と参与観察に基づいている。本章で重要な位置を占めるS・シェティ氏へのインタビューは、私自身がムンダベットゥ・グットゥの客人であったという立場上の問題から、二〇一六年現在いまだ実現できていない。

12　南カナラの人々が占星術儀礼を行う際には、しばしばケーララ州北部からポドゥワール（*poduvāl*）と呼ばれるコミュニティに属する占星術師が招聘される。このときも、ムンダベットゥ一族はケーララ州から評判の高いポドゥワールの占星術師数名を呼び寄せたが、そのために一族は儀礼にかかる費用のみならず、その間の占星術師たちの旅費と宿泊費、食費などをすべて負担しなくてはならなかったという。ポドゥワールについてはThurston（1975［1909］d: 203-205）も参照。

13　ドゥルガーはシヴァ神の妻とされるヒンドゥー教の大女神であり、悪魔たちを殺す恐ろしい女性戦士とみなされている（上村 2012: 543）。

14　調査当時、一ルピーは一・五円から二円の間を推移していた。

八章　南カナラにおける土地制度の変遷

第一部でみてきたように、南カナラの村落部に生きながら神霊祭祀にかかわる人々にとって、神霊は社や祠における祭祀の対象としてあるのみならず、野生の領域と人間の領域を結びつけながら循環する、流動的な力として感受されている。野生＝神霊の力は、次々にその姿を変えながら山野と農地、村落の屋敷地と社の間を流れめぐり、それぞれの土地や家系に豊饒性をもたらすことで、人々の生命活動の持続と再生産を可能にするものである。ただし、こうした野生＝神霊の力は豊饒であると同時にきわめて危険なものでもあるため、人々は儀礼を通してこの力の流れを方向づけ、野生の領域との関係性を絶えず調整しなくてはならない。人々は土地を利用し、野生の豊饒力を受けとるかわりに、その果実を神霊に捧げ、その危険な力を慰撫しつづける必要があるのである。

ペラールに伝わる口頭伝承《パールダナ》と大祭は、こうした人々と土地・自然、そして神霊との関係性を表現している。すなわち、口頭伝承ではバラワーンディをはじめとする神霊たちが、領主の家々に対して村落の土地を支配する権利を与えるかわりに、社を建立してみずからを祀ることを要求したという神話的な祭祀の起源が詠われている。

また、村の大祭では、グットゥの長たちによる農作物の献供と神霊による祝福の授与というやりとりを通して、神霊による祭祀の要求と領主たちへの土地権の付与というドラマが再演される。この儀礼を通して、村落の土地に対する領主層の管理・支配権が更新される一方で、こうした権利は人々の神霊への帰依と、祭祀の滞りない実施に基づく神霊からの承認なしにはありえない、かりそめのものであることが人々の間であらためて了解される。農地や森林、屋敷地を含むペラールの土地とその生産物を統べる者は、山野の深部に棲まう究極的な「土地の主」としての神霊なのであり、人々はブータへの祭祀と慰撫を通して、かりそめの権利を享受しているにすぎないのである。

　神霊祭祀は、このように村落社会における土地の利用と保有、農作物の生産や分配のあり方を根拠づけてきた。同時に、こうした神霊祭祀の存続は、広大な土地を支配する領主層が大社の管理運営を担い、それぞれの家系の儀礼的職分に応じて免税地や生産物を分配するという在来の土地保有制度によって支えられてきた。さらに、九章と十章でみるように、主にバンタの人々からなる領主層における土地と神霊祭祀の維持・継承は、伝統的な母系制と母系親族集団（クトゥマ）の存在によって可能となってきた。

大社に続く畦道をゆくグットゥの長と楽師たち

　さて、その一方で、南カナラにおいて土地（なかでも耕作可能な農地）は、前植民地期から現在にいたるまで、この地域を支配してきた国家や政府にとっての重要な財源であり、なおかつ、その多くが農業を生業《なりわい》とする地域住民の支配と統治の要となるものでもあったがゆえに、公的な施策の重要なターゲットとなってきた。

　したがって土地は、前章でみた神霊の大社と同じく――あるいはそれにも増して――公的な法や政策の具現する論理や価値や力と、人々の間の在来的な関係性をかたちづくってきた論理や価値や力とがそこにおいて出逢い、拮抗しつつ絡みあい、互いに作用を及ぼしあう場／事象でありつづけてきたといえる。そして、こうした拮抗と相互作用の渦中におかれた人々は、身近な土地・自然や他者たちとの従来の関係性と、その再編と改変を導く新たな諸制度との関係を調整すべく、さまざまな工夫と葛藤に満ちた実践を生みだしてきた。

本章では、後の章において、土地をめぐる政策の変遷に対処する人々の実践を、神霊祭祀との関係に焦点を当てて検討していくための前段階として、前植民地期から独立後の土地改革に至る南カナラの土地制度の歴史的展開をみていく。南カナラにおける人々の暮らしに直接的な影響を及ぼしてきた土地制度の歴史的変遷を理解することなくして、植民地期以降の政策や法の施行に対する人々のさまざまな対処や実践の意味を十分に理解し、分析することはできないと考えるからである。

1節では、前植民地期の南カナラにおける土地制度を、歴史学的文献に基づいて概説する。2節では、植民地期におけるライーヤトワーリー制の導入に焦点を当て、先行研究の検討を通して南カナラにおける同制度の特徴を明らかにする。3節では、ペラールにおける地租額査定と「土地所有者（パッタダール *paṭṭadār*）」[1]の登録状況について、二十世紀初頭に作成された公文書資料をもとに分析する。この分析の結果は、次章以降で詳しく検討するように、新たな土地制度の下で既存の領主層がパッタダールに移行したというのみならず、母系制に基づく従来の親族システムが新たな土地制度に応用されたことを裏づけるものである。4節では、十一章の検討に先立ち、南カナラにおける土地改革とその影響について、先行研究の分析に基づいてその概要を提示する。

1　前植民地期における南カナラの土地制度

イギリスの植民地支配を受ける以前の南カナラの歴史は、大まかにいって、①アールパ時代（六世紀頃～十四世紀末）[2]、②ヴィジャヤナガラ時代（十四世紀半ば～十七世紀）[3]、③ケラディのナーヤカ時代（十七世紀初め～十八世紀）、④ハイダル・アリーとティプ・スルターン時代（一七六三年～一七九九年）に分けることができる（Ramesh 1970; Abhishankar et.al.（eds.）1973: 33-85）。

石板と銅板に刻まれた碑文を史料として南カナラの歴史を分析したK・V・ラメーシュ（Ramesh 1970: XVII）は、七世紀半ばからラークシャシ・タンガディの戦いが起こった一五六五年までの碑文資料を以下のように分類している。[4] ①七世紀半ば～十世紀半ば　初期アールパ期、②九六八年～十四世紀末　中期および後期アールパ、ホイサラ朝期、[5] ③一三四五年～一五六五年　ヴィジャヤナガラ期。以下では主にラメーシュの研究に基づき、アールパ期とヴィジャヤナガラ期における南カナラの土地制度と社会経済状況を概観していきたい。[6]

アールパ期の土地制度

初期アールパ期以前の南カナラにおける人々の生活について、明確なことはわかっていない。ラメーシュによれば、七世紀半ばの碑文において、南カナラはアールワラサ（*āḷuvarasa*）という支配者の配下にあったと記されており、後の碑文に登場するその王家の名はアールワ（*āḷuva*）またはアールパ（*āḷupa*）である。南カナラでは古くから農業が盛んであり、土地財は生活と生存を意味するバール（*bāḷu*）という語で呼ばれていた。また、古くから土地は王族だけでなく個々の臣民によっても保有されていた。初期アールパ時代には寺院やブラーマン司祭、農民階層である臣民や戦士などに対する王領の下賜が行われていた。また、王家は稲籾、コメ、コショウ、綿、ビンロウジなどの物税を徴収した（Ramesh 1970: 269-272）。

中期および後期アールパ期になると、バールという語は土地財の同義語となる。この時期には、「ムディ（*muḍi*）」をはじめ、現在の南カナラで一般に用いられている農作物の計量器具の名や、土地保有に関する語彙が碑文に登場してくる。たとえば、ゲーニ（*gēṇi*）は小作地の借用、または小作人から地主に支払われる地代を意味し、[7] ムーリガ（*mūliga*）は土地保有者から耕作可能な土地を恒久的に借り受けている耕作者を意味していた（Ramesh 1970: 276）。

中期および後期アールパ期には、人々は主に農業によって生計を立てており、土地とその収穫物は王家の主な財源でもあった。この時期には多種類の税が土地と農作物、交易に対して課された。当時の碑文によれば、村落は王家の国庫に対して貨幣で納税する義務を負っており、これらの税は集合的な税または賦課金を意味するサムダーヤ（*samudāya*）と記されている。また、土地保有者と耕作者は収穫物の一部を物税として王家の国庫に納めていた。土地保有者（地主）はその保有権にかかる税を貨幣で納めたが、この税は「享受」や「所有」を意味するブクティ（*bhukti*）という語を冠してブクティ・サムダーヤ（*bhukti samudāya*）と呼ばれた。また、耕作可能なそれぞれの土地片は課税の対象となっていた（Ramesh 1970: 277-278）。

以上から、アールパ期の南カナラでは人々の生活にとって土地が重要な資源であり、また国家の主な財源としてさまざまな税が土地とその収穫物に課されてきたことがわかる。[8] 次に、同じくラメーシュの研究に基づき、ヴィジャヤナガラ期における南カナラの社会経済状況をみていきたい。

ヴィジャヤナガラ期の土地制度

ヴィジャヤナガラ王国の支配期には、南カナラはバーラクール・ラージュヤ（*bārakūru rājya*）とマンガルール・ラージュヤ（*maṅgaḷūru rājya*）に二分され、それぞれの地域は王国によって任命される統治者によって統轄されていたが、大部分の地域はローカルな首長の支配下にあった（Ramesh 1970: 279）。

ヴィジャヤナガラ王国が覇権を握り、アールパの王族が衰退すると期を同じくして、南カナラではジャイナ教を信奉するローカルな支配者の家系が数多く台頭してきた。これらの家系は、領主としてそれぞれの地域を支配するとともに、南カナラにおける母系制の普及に寄与したと考えられる。ラメーシュによれば、実は十三世紀半ばまで、南カナラにおいて父から息子へという形態以外の相続システムがあったという記録はない。アールパの王家は、母方オジから姉妹の息子へというアリヤサンターナ制に従ってはいなかったのである。ところがジャイナ教徒の支配者たちは一般に母系制をとっていたために、彼らの台頭とともにこのシステムが南カナラに広まったと考えられる（Ramesh 1970: 279-281）[9]。

ヴィジャヤナガラ期の南カナラでは商業が発展し、多くの都市ではシェッティカーラ（*seṭṭikāra*）をはじめ、商人たちの組織が数多く形成された。また、一部の農作物はガーツ山脈を越えて輸入されるようになった。交易の発展は商人たちに富をもたらしたため、ヴィジャヤナガラ期の記録によれば、王国の統治者たちに次いで、商人とその組織が寺院に貨幣や土地を寄進する重要な寄贈者であった（Ramesh 1970: 283-284）。

一方、ヴィジャヤナガラ期における土地保有と耕作に関する権利のあり方は、アールパ期とほぼ同じであった。多くの場合、村とそれに帰属する耕作可能な土地は国家が所有しており、これらは碑文において、バンダーラ・スタラ（*bhaṇḍāra-sthaḷa*）、アラマネゲ・サルワ・バンダーラ・スタラ（*aramanege saluva bhaṇḍāra-sthaḷa*）などと記されている。また、寺院や臣民の保有する土地は、その保有者に応じてデーワスワ（*dēvasva*）やブラーマスワ（*brahmasva*）などと記されている。この時代においても、やはり地租[10]は国庫の収入の大部分を占めていた。ヴィジャヤナガラ期の碑文には、アールパ期に主流であったものを含めて、多くの種類の土地や地租に関する記述がみられる。[11]

ラメーシュは碑文に登場する土地の種類、土地保有者と農業労働者の種類、地租の種類を数多く列挙しているが（Ramesh 1970: 284-287）、土地および地租に関する語彙の豊富さは、この時代における土地政策の重要性と地租制度の充実を物語っていると思われる。実際、ラメーシュによれば、南カナラにおける土地政策はヴィジャヤナガラ期に大きな進展を遂げた。地租収入は適宜再査定され、土地の売買は行政当局によって定められた規則によって取り締まられていた。寺院や個々人、商人組織などが保有する土地片はそれぞれの境界（*gadi*）を確定された。この時代の碑文には、商人組織によって保有されていた土地の境界についての記述が多くみられる。また、寺院に寄進された土地の管理者は、作物の出来不出来にかかわらず、一定の量の作物を寺院の神々に捧げる義務を負っていた（Ramesh 1970: 287-288）。

以上から、ヴィジャヤナガラ期における南カナラの社会経済状況、なかでも土地に関する行政の一端を理解することができる。ヴィジャヤナガラ期には、アールパ期と比較すると徴税や土地の管理がより厳密に制度化されたが、南カナラのそれぞれの地域は中央政府の直接的な支配下にあるというよりも、小首長の支配を通して中央と関係していたと考えられる（cf. 辛島 1994）。なかでも神霊祭祀との関連において重要であるのは、この時期に南カナラでローカルな支配権を行使していたジャイナ教徒の領主層の存在と、徴税と関連した行政区域の設定である。これらの点について、次に、ブータ祭祀に焦点を当てたチンナッパ・ゴウダの研究（Gowda 2005）をもとに検討したい。

ヴィジャヤナガラ期の行政システムと神霊祭祀

ゴウダ（Gowda 2005: 17-38）は、南カナラにおける神霊祭祀の制度化を、ヴィジャヤナガラ期における行政システムとの関連から考察している。ゴウダによれば、ヴィジャヤナガラ期に南カナラの諸地域は中央の行政システムの下に組み込まれた。当時の碑文には、デーシャ（*dēśa*）、ラージュヤ（*rājya*）、ナードゥ（*nāḍu*）、シーメ（*sīme*）、マーガネ（*māgane*）、グラーマ（*grāma*）、ウール（*ūru*）、チャーワディ（*cāvaḍi*）、グットゥ（*guttu*）といった行政単位の名称がみられる。これらのうち、ラージュヤ、ナードゥ、シーメは広範囲の地域を含む行政単位であり、ナードゥまたはシーメの一部をなすマーガネは、複数のグラーマから構成される中規模の行政単位であった。グラーマは複数の村落からなる行政単位であり、ウールはいくつかのオッカル（*okkalu*：家族）が居住する集落であった。それぞれの行政単位の間には、最大規模であり最上位であるラージュヤ（またはデーシャ、マンダラ）から最小規模であり最下位のオッカルに至る序列が存在していた（Gowda 2005: 27-28）[12]。

これらの行政単位の中でも、グットゥは行政的なユニットであると同時に経済的なユニットとして機能していた。ひとつの村には通常四つから八つの伝統的なグットゥが存在し、グットゥの長は定められた地租を徴収して国庫に納める代理人としての役割を担っていた。また、村落レベルの行政組織にはグラーマ、ジャガットゥ（*jagattu*）、ムッカールディなどがあり、村落行政にかかわる役人はグラーマニ（*grāmaṇi*）、マディヤスタなどの称号で呼ばれた[13]。

ヴィジャヤナガラ期の南カナラにおける以上のような行政システムを神霊祭祀のシステムと比較してみると、両者は対応関係にあることがわかる。ゴウダによれば、ブータの種類は、それぞれのブータによって行使される地域的な権力に基づいて次のように分類することができる。①シーメ（ナードゥ）のブータ、②マーガネのブータ、③グラーマのブータ、④ウール（村落）のブータ、⑤グットゥのブータ、⑥クトゥマ（家系）のブータ（Gowda 2005: 29-30）。神霊祭祀において、シーメ全体はアラス・ブータないし「王のブータ」とも呼ばれる「シーメのブータ」の裁治下にある。「マーガネのブータ」以下のすべてのブータはシーメのブータに従属しており、マーガネ、グラーマ、グットゥなど、それぞれの地理的領域に特化した裁治権を有する。このように、原則としてブータの力は地理的に限定されており、ヴィジャヤナガラ期の行政システムと同じく、それぞれのブータの間にはシーメのブータを頂点とする位階が存在している。

ヴィジャヤナガラ期の行政システムと神霊祭祀との対応関係は、個々のブータの名称や役割にもみられる。ヴィジャヤナガラ期にシーメの王は「二百人の王（*innūrāla arasu*）」や「千人の王（*sāvirāla arasu*）」という名で知られていたが、同様の言い回しがブータに対しても用いられ、たとえばパンジューリ・ブータはしばしば「千人のパンジューリ」と呼ばれる。また、儀礼的文脈においてブータは王の裁治権（*paṭṭa*: royal jurisdiction）をもつとされる。

以上から、ゴウダは神霊祭祀と行政システムとの関連について、次のように結論づけている。神霊の祭事であるネーマやコーラにおいて、ブータは既存の階層的な行政単位とその権威を支持するとともに、その代弁者として機能している。したがって、神霊祭祀はヴィジャヤナガラ期における南カナラの行政システムを儀礼的な文脈において維持・再生産するためのシステムであるといえる。南カナラでは二十世紀にいたるまで、政治経済的な権威と土地保有権は統治者と地主の手中にあったが、神霊祭祀の発展はこうした歴史的経緯と密接に結びついているのである（Gowda 2005: 31）。

ラメーシュとゴウダの研究を総合して考えると、ヴィジャヤナガラ期における行政区域の設定と、領主層による土地の支配が神霊祭祀の組織化と密接にかかわっていたという可能性がみえてくる。先にみたように、南カナラにおける土地政策はヴィジャヤナガラ期に大きな進展を遂げ、南カナラの諸地域は地方君主の支配する小国であるシーメから村落領主の領地であるグットゥにいたる階層的な地理的区分に秩序づけられた。シーメを支配した首長たちの一部は、ヴィジャヤナガラ期に南カナラに台頭したジャイナ教徒の支配者層であったと考えられる。この時期に、神霊祭祀は地理的な行政単位に対応する形へと序列化され、行政単位の長とともに地域社会における裁治権の一部を担ったが、その最上位にあったのはシーメの王とシーメのブータであり、最下位にあったのは家系の長とそのブータであった。

ペラールにおける神霊祭祀の起源を詠った口頭伝承《パールダナ》には、こうした歴史的経緯が反映されている。三章でみたように、口頭伝承によれば、ペラールの地において初めてブータを歓待し、その社を建立して祭祀を開始したコラターイ・バラルティはジャイナ教徒の女性領主であり、彼女が養取した兄妹を通して、ブータの祭祀と領主の地位はともにバンタの家系に受け継がれたとされる。また、ペラールに起源をもつバラワーンディは、「アラス」と呼ばれるブータ、すなわちシーメの王に相当する王のブータに請うて彼をペラールに招聘するのである。

このような口頭伝承の内容と南カナラの歴史を照らし合わせたとき、ジャイナ教徒の支配者層が小国を支配し、その下にグラーマやウールといった規模の異なる地域社会が重層的に配置されたヴィジャヤナガラ期の南カナラにおいて、ブータはそれぞれの行政単位の長と連携して統治の一翼を担うことになり、このことが神霊祭祀の組織化と序列化を促したという状況が推測される。

ここでさらに考えるべきは、南カナラにおいてなぜ、ほかでもなくブータが地域の行政システムや領主の権威を補完する役割を担うことになったのかという問題である。この問いに決定的な答えを出すことは容易ではないが、南カナラにおいてブータはそもそも特定の土地や自然と深く結びついた土着の神霊として広く信仰されており、地域の豊饒性や生産性を左右する「土地の主」としての性格をもっていたことが主な要因ではなかったかと考えられる。土地とその生産物の究極的な「主」であり源とされる神霊を、地租によって支えられた行政システムの中心に組み入れ、それぞれの行政単位の長とブータとを対応関係におくことは、土地とそれを耕作する人々に対する政治的支配を、神霊による庇護と承認を受けたものとして正当化することを可能にしたと考えられる。

ただし、神霊と人々の関係性には、以上のような機能主義的解釈に収まりきらない側面があることにも注意すべきである。第一部でみたように、神霊祭祀は領主の権威を承認するばかりではなく、「至高の人」としての神霊自身の権威を人々に承認させることで、領主を含む帰依者たちの権威を不安定化する作用をもっていた。ゴウダが述べているような神霊祭祀と行政システムの共組織化とは、したがって、為政者による神霊祭祀の政治的利用を意味するのみならず、権力者の側が神霊のもつ異界的な力に従属しつつ、その祭祀を公的に支える制度の形成としても理解することができる。すなわち、統治システムと神霊祭祀の結びつきは、後者の完全な馴化や制度化を意味するものではなく、むしろ野生の力《シャクティ》が政治の領域に浸透し、政治的な力の源となっていくという事態としてとらえられるのである。

ここまでみてきたように、ヴィジャヤナガラ期の南カナラでは、徴税と結びついた行政単位の設定と、それぞれの行政単位において権威をもつ支配者層の序列化と対応するかたちで、土地の主たるブータの権威と力もまた階層的に組織化されていった。このことによって、グラーマやウールといった村落社会のレベルでは、行政単位の長と神霊の社を中心とする政治的・法的・宗教的な統治のシステムが形成され、個々の土地と家系はこの統治システムの下に配列された。またおそらくは同時期に、これらの村落社会では、その中心を占める神霊の社に帰依する家々の序列化が進められるとともに、それぞれの家系の地位と役割に応じた土地の下賜や生産物の分配が行われていたと考えられる。

すでにみたように、ペラールでは村落社会の領主層であるグットゥと神霊の大社を中心として主要な家系が序列化されており、それぞれの家系は神霊祭祀において特定の儀礼的役割を担うことの見返りとして、神霊の祝福とともに大社の保有する土地や収穫物の一部を得るというシステムが存在していた。このときグットゥの長たちは、土地保有を基盤として村落社会を支配する者であるにとどまらず、土地から得られる収穫物や利益の流通と分配を取り仕切り、村落社会の維持・再生産を支える者としての位置を占めていた。そして、土地から得られる収穫物や利益の流通と分配の中心にあったのは、大社の財として広大な土地を領有し、地域の生産物を供物として蓄積するとともに、その帰依者に祝福を与え、グットゥの長を介して土地と生産物の再分配を司る「王のダイワ」たちの存在であったと考えられる。[14]

2　植民地期における南カナラの土地政策——ライーヤトワーリー制の導入

ケラディのナーヤカ時代の土地制度

本節では、植民地期の南カナラにおける土地政策について検討する。それに先立ち、まず、ケラディのナーヤカの統治期からイギリスの支配にいたる十七世紀から十八世紀末までの南カナラの状況を手短に概観しておきたい。南カナラでは十六世紀からケラディ一族が台頭し、十七世紀初めから一七六三年にかけてケラディのナーヤカ[15]による支配期にあったが、この時期の土地政策に関する史料は十分ではない（Stein 1989: 71）。ただし歴史学者のワサンタ・マーダワ（Madhava 1985, 1991）は、碑文をはじめとする一次資料を用いてケラディのナーヤカ時代の南カナラ沿岸部における宗教組織と土地制度のあり方を考察している。マーダワによれば、当時の南カナラでは支配者層や富裕な臣民らによって宗教施設に対する土地の寄進が行われていた。土地の譲渡は神の名において行われ、神自身が所有権（proprietary rights）を有した。これはデーワパッテ（*dēva patte*）として知られており、寄進地（*patti*）は通常免税地とされた。

また、多くの碑文にはイナームやウンバリ、ウッターラ（*uttāra*）と呼ばれた土地の譲渡について記されている。このうち、ウンバリは原則として自給自足用の土地であり、ウッターラは儀礼をはじめとする特別な用途のためにその収益が用いられる土地を指した。当時、宗教施設を管理していた者はしばしばウッターラを譲渡してくれるよう支配者に訴えたという（Madhava 1985: 133-134）。一章でみたように、ペラールではブータ祭祀に携わる「働き手たち」

の家系がウンバリと呼ばれる土地を得ていたが、マーダワの研究に基づけば、これらの土地はブータの大社での奉仕活動への見返りとしてそれぞれの家系に譲渡された自給自足用の免税地であったと考えられる。

このような土地の寄進に関して興味深い点は、支配者層や個々人が元々の土地保有者から購入した土地を宗教施設に寄進する場合があったことである。こうした場合、土地の寄進を受けた者は代金を支払うことでその土地に対する元来の権利（original rights）を得ることができた。[16] また、宗教施設の権威者たちは彼ら自身で土地を売買していた。この場合、彼らは国庫にカーニケ（*kānike*）と呼ばれる税を納めることで新たな土地を購入することができた。また、寄進された土地は抵当に入れたり小作地として賃貸したりすることが可能であった。他方、南カナラ沿岸部の支配者たちは宗教施設に土地を寄進する一方で、これらの施設から税を徴収して収入を得ていた。支配者らはみずからが寄進した土地の用途などについて干渉する場合もあったという（Madhava 1985: 133-142）。

以上のように、ケラディのナーヤカ時代の南カナラにおいて、土地は寄進や譲渡を通して支配者層や一般の人々と宗教施設とを結ぶ重要な媒体であった。また、土地は売買や賃貸借の対象でもあり、寺院をはじめとする宗教施設にとって重要な財源であったことがわかる。[17]

マンローによるライーヤトワーリー制の導入

さて、一七六三年にはハイダル・アリーがケラディのナーヤカを滅ぼして南カナラを占領し、その後一七六七年の戦争を皮切りに、ハイダル・アリーおよびティプ・スルターンとイギリスとの戦争が繰り返される。一七八二年にハイダル・アリーが病死した後、その地位を継承したティプ・スルターンは、最南端を除いてこの地域のローカルな首長を制圧した。一七九九年の第四次マイソール戦争でティプ・スルターンは戦死し、南カナラはイギリスの統治下に入った（Abhishankar et.al.（eds.）1973: 4-5, 61-65; 辛島編 2007：年表42-44）。これによって南カナラの土地政策は新たな局面を迎えることになる。

トマス・マンロー（Thomas Munro）やジョン・ストゥロック（John Sturrock）をはじめ、南カナラの統治にあたったイギリス人の多くはハイダル・アリーとティプ・スルターンによる暴政と苛税、その結果としての地域の荒廃と地主層の困窮について言及している。十九世紀の南カナラにおける植民地行政官の言説を検討した歴史学者のスレンドラ・ラオによれば、「マイソールの支配者たちの破壊的なふるまいは、南カナラとマラバールに関するイギリス人の記述のライトモチーフとなっている」（Rao 1991: 64-65）のである。そして、これら「マイソールの支配者たち」の暴政によって破壊された「古代のヒンドゥー政府の賢明でリベラルな制度」[18]を再構築することが、イギリス人行政官の使命のひとつとされたのであった。カナラ[19]における任期の短さにもかかわらず、当地における税制を立案し統率したトマス・マンローもまた、ヴィジャヤナガラ時代の土地制度をひとつの理想として提示した。以下、マンローによるカナラへのライーヤトワーリー制の導入の経緯とその内容をみていこう。

一七九九年にカナラがイギリスの統治下に入ると、その最初の徴税官に任命されたのがトマス・マンローであった。彼は、翌年の十月に割譲諸県（The Ceded Districts）の徴税官に任命されるまでの約一五か月間にわたり、カナラにおける地租額査定と税制の確立に努めた（Stein 1989: 64）。本節ではまず、アレクサンダー・J・アーバスノットの著作（Arbuthnot 1889）に基づき、カナラにおけるマンローの仕事とそれに対する当時の評価を概観する。[20]つづいて、マンローに関する既存の文書の批判的読解を通して従来のマンロー像の相対化を試みたバートン・スタインの研究（Stein 1989）に基づき、植民地期のカナラにおける土地政策のあり方を検討したい。

アーバスノットによれば、かつては他地域に比べて税も軽く繁栄を誇っていたカナラの地は、マンローが収税官に着任した当時、ハイダルとティプの「悪政」によって混乱し、無政府的な状況にあった（Arbuthnot 1889: 55-56; Stein 1989: 64-65も参照）。そのため、秩序の回復と税制の確立を目指すマンローは苦戦を強いられたが、彼は強固な意志でもってカナラにおける税政の基礎となる制度を築き上げた。それにあたってマンローは多くの古い記録を調査し、カナラがヴィジャヤナガラ王国の支配下にあった十四世紀半ばに遡る土地保有と税額査定の記録をたどったが、この時代はマンローが有効だと考えた地租額査定の基礎をなす査定制度が導入された時期であった。この時代の地租額査定はレーカー（*rekhā*）またはシスト（*shist*）と呼ばれ、マンローによれば、「この地方のあらゆる一般会計簿（general account）のみならず、個々の地主の会計簿にもいまだに記載されている」とされた（Arbuthnot 1889: 58; Beaglehole 1966: 46-47）。

アーバスノットによれば、ケラディのナーヤカ時代の課税は生産物の総計の四分の一を超えないという穏当なものであったが、ハイダル・アリーによってカナラが征服されて以降、人々は重税と圧政にあえぐようになったのである。カナラにおいて従来、土地は私有財産（private property）とみなされており、売却などによる土地の移譲は制限を受けていなかった。土地保有者の多くは小作を用いていたが、これらの小作は多かれ少なかれ恒久的な占有権を有していた。また、カナラにおいて多くの土地は高い販売価値を有していたが、ハイダルとティプの為政によってこうした状況は変化を余儀なくされた。古くからの地主層の多くは根絶され、土地保有者が有していた権利は縮小された。しかし、マンローによれば、今なお残存している権利は「おそらく過去のどの時代にもまして大切にされ、その所有権は執拗に争われている」（Arbuthnot 1889: 60）。

カナラにおいてマンローが推奨した土地・地租制度はライーヤトワーリー制であったが、これはザミーンダール[21]などのいかなる仲介者をも介在させることなく、小規模な地所の保有者から税を徴収しようとする制度であった。ここでいったんアーバスノットの著作を離れ、ライーヤトワーリー制の概要を確認しておきたい。

アレクサンダー・リード（Alexander Read）とマンローによるライーヤトワーリー制の考案と南インド村落への導入について、この査定方式が初めて導入されたバーラマハール地方の特徴に着眼して検討した太田信宏（1994）によれば、この制度は次のような特徴をもつ。すなわち、同制度の下では、すべての土地は国家の所有物であるという前提の下に、土地を利用する農民は国家の借地人とされ、個々に毎年国家と契約を結び、一筆ごとにあらかじめ査定された地租を納入することを義務づけられた。すなわち、①国家的土地所有、②地租の個別負担原則、③中間介在者の排除＝徴税請負制の否定、の三点にライーヤトワーリー制の独自性が認められる（太田 1994: 223; 水島 1999: 443-445も参照）。

太田によれば、こうした特徴をもつライーヤトワーリー制度は、乾燥地帯であるバーラマハールの自然環境や農業の実態をふまえて、基本的にはそれらに適合するように形成された制度であった。すなわち十八世紀末のバーラマハールでは、土地自体が農業生産に占める重要性が低く、土地そのものは商品としての価値をもっていなかった。また、農民の多くは特定の土地への結びつきが弱く、空間的な移動性や階層的な流動性が高かったという。こうした状況において、一年ごとに耕作されている土地のみに地租を付加する土地国有制は合理的な制度であったといえる。だが、湿潤地帯であり土地に高い価値がおかれ、古くからの土地保有層が根強く存在するカナラの状況は、いうまでもなくバーラマハールの状況とは異なっていた。

マンローがカナラに導入したライーヤトワーリー制は、結論からいえば、カナラにおける土地利用形態に即したものであり、ゆえにバーラマハールで導入された同制度とは異なるものであった。アーバスノットは、バーラマハールや割譲諸県の例とは異なるカナラのライーヤトワーリー制の特徴として、次の二点を挙げている。第一に、多くの場合、地租は実際の耕作者に対してではなく、小作を用いて地代を徴収している土地保有者と、ほぼ恒久的な土地占有権をもつ者に対して課された。第二に、地租額の査定はそれぞれの農地に対してではなく、それぞれの地所ないしワルグ（*warg*）に対してなされた（Arbuthnot 1889: 62; Sturrock 1894: 118; Mukherjee 1962: 17; Bhat 1998: 90-91）。

アーバスノットが言及しているワルグと呼ばれる地所は、もともとヴィジャヤナガラ政府による土地の登録簿として用いられた葉[22]を意味していたが、転じてこの葉に記された、同一の家族が保有する複数の地片のまとまりを指すようになった。この保有者はワルガダール（*wargdār*）または、「元来の／世襲の保有者」を意味するムーラワルガダール（*mūlawargdār*）と呼ばれた（Baden-Powell 1990［1892］: 147）[23]。

このような地租額査定と課税の方法は、数か所に散在する複数の地片を地主が保有し、その一部を小作が耕作するというカナラの土地利用の実態に即したものであり、ゆえに既存の土地利用形態に大幅な変更を加えることなく、地租額の査定と徴税を可能にしたと考えられる。カナラにおける、こうしたいわば変則的なライーヤトワーリー制の導入について、アーバスノットはマンローによる現地の土地利用システムの尊重の結果であったと解釈している

(Arbuthnot 1889: 62; cf. Beaglehole 1966: 8-9)。

アーバスノットによれば、マンローの税政策はその地域における既存の制度を受容し、必ずしも必要ではない変化はあえて導入しないというものであった。マンローはカナラにおいて広く確立された土地の「私的所有システム」を見いだしたが、彼はこれを新たな制度に置き換えるのではなく、現地の人々が価値をもつシステムを再構築し、強化しようとしたのである。このような観点からマンローは、ベンガルのザミーンダーリー制の原則が適用できるよう、地域を大規模な地所に分割するための計画案を提出せよというマドラス政府の要請に対して強い抵抗を示した。すなわち、カナラではあらゆる土地は私有財産とされ、土地とその権利証書に重要な価値がおかれている。こうした状況では、既存の地主たちの権利をすべて無効にしない限り、カナラを大規模な地所に分割し、少数の大地主から地租を徴収するようなシステムを敷くことはできないとマンローは主張したのである（Arbuthnot 1889: 62-63）。

マンローによってカナラに導入されたライーヤトワーリー制について、社会学者のチャンドラシェーカラ・ダムレは、アーバスノットの解釈とはやや異なる見解を示している。ダムレによれば、南カナラにおいてライーヤトワーリー制は、区画のサーベイを実施することなく導入された[24]。しばしば異なる場所や村に位置する広さの不明な複数の地片がワルグとよばれるひとつの保有地（holding）を形成していたが、これらの保有地がライーヤトワーリー制の適正なサイズに境界づけられることはなく、土地保有者が政府の査定した地租額を払うことに同意した場合、どのような広さの土地に対する所有権も認可された。ダムレによれば、マンローはその規模に変更を加えることなく、農地に対してではなくワルグに対して地租を課したのであり、ゆえにライーヤトワーリー制は既存の土地保有形態を変えることも、新たな権利を生みだすこともなかった。いいかえれば、既存の土地保有形態が制度化されたことで、地主であるパッタダールの地位が強化されたのである（Damle 1991: 147-148）。

以上のようなアーバスノットとダムレの記述から――前者はマンローの施策に好意的であり、後者は批判的であるという違いはあるが――カナラにおけるライーヤトワーリー制の特徴がみえてくる。カナラに導入されたライーヤトワーリー制は、バーラマハールの同制度とは異なり、複数の地片からなるワルグに対して地租を課し、ワルグの保有者を地租納入者とするという点で、カナラにおける既存の土地保有状況に沿うものであった。したがって、この制度の導入によっても既存の地主層の権益は損なわれることなく、むしろダムレが指摘するように、慣習的な土地保有形態の制度化によって古くからの地主層の地位が強化されたという可能性がある。前節でみたように、ヴィジャヤナガラ時代、村落レベルではグットゥとよばれる村落領主の保有地が存在したが、これら小規模な村落領主の家系が保有する複数の地片がワルグとして認定され、家系の長（もしくは後述するように家系全体の下位集団の代表者）がパッタダールに移行したと考えられるのである。[25]

マンローの思惑と「歴史の創造」

それでは、マンローはカナラにおける土地政策と新制度の導入をどのような論理によって推し進めたのだろうか。これについてスタイン（Stein 1989）は、マンローによる歴史史料の利用に着眼して考察している。スタインによれば、マンローは一八〇〇年五月三十一日と十一月十九日の二度、カナラに関する報告書をマドラス政府に提出している。このうち、五月の報告書においてマンローは、土地の個人的・私的所有（individual, private property in land）はインド古来のものであると主張した。マンローはこの報告書において、みずからの主張はヴィジャヤナガラのハリハラ王が「シャーストラに定められた原則の上に、カナラの新たな査定をつくりだした」十四世紀に遡る「記述と伝統」に基づくとした（Stein 1989: 65-66）。

その約半年後にあたる一八〇〇年十一月の報告書においてマンローは、今度は歴史史料よりも当時のカナラにおける私的所有権の重要性と土地をめぐる訴訟の多さに焦点を当てている。また、この中でマンローは、ベンガルのザミーンダーリー制の実例に則った土地・地租制度をカナラにも導入せよというマドラス政府の要請への応答に腐心している。アーバスノット（Arbuthnot 1889: 63-64）でもみたように、政府の要請に対してマンローは、私的に保有されている地所がすでに存在し、土地権利証書の有効性が裁判で頻繁に争われるような状況にあるカナラでは、既存の地主の権利を無効にすることなくして大規模な地所と大地主をつくりだすことはできないと主張した。マンローはカナラにおける小規模な地所の有用性を説く一方、もし政府が大規模な地所の形成を推し進めるならば、これらの地所は既存の社会共同体的な境界に沿うべきであるとして次のように述べている。

もっとも都合のよい配置とは、マーガネ（maganies）やグラーマム（gramams）といった古代のものであろう。〔中略〕地所を区切るために古代の境界や境界標を破壊することは〔中略〕多くの混乱を招くだろう。〔中略〕なぜならこれらの境界は土地を分割するのみならず、それぞれの村において別個の共同体を形成している特定の部族や家族を分けることに役立っているからである。[26]

このようなマンローの主張は、スタインによれば、カナラにおけるライーヤトワーリー制の導入を推奨する彼自身の論理的基盤を掘り崩しかねないものであった。つまり、地域社会に友愛的な共同性が存在するという主張は、国家と農民個々人の間の同意という、同制度についてのマンローの主張を弱めるものである。また、「別個の共同体」と土地保有への言及は、個人による小規模な私的土地所有というマンロー自身の説に疑問を投げかけざるをえない。こうした立論の危うさにもかかわらず、マンローの報告書はマドラス政府の上官の支持を獲得し、一八〇四年には東インド会社の取締役会（The Court of Directors）が、古代の史料に基づき過去四〇〇年にわたる地租の記録を抽出したというマンローの功績に対して賞賛の意を表した。

しかし、マンローによる古代の税制の「歴史的」再構築は、スタインによれば、実のところきわめて曖昧な証拠に基づく推量にすぎなかった。一八〇〇年五月の報告書においてマンローは、カナラにおける村落の会計係は土地保有と移譲の記録を保持し、また公的な歳入記録を維持するために、何世紀にもわたって歳入報告を記した「黒い本（*kaddatams*）」を保管していたと述べている。マンローは、これら「黒い本」の多くはハイダルとティプの時代に失われたが、それでもなお四〇〇年間の税制を抽出するに足るほどは残存していると述べていた。またマンローは、古代の伝統と記述によれば、すべての耕作可能な土地は私的に保有され、政府によって所有または賃貸されている土地

（*sirkar* land）は、所有者からの請求のない荒廃地（unclaimed waste）だけであったと主張した。さらにマンローは、ヴィジャヤナガラのハリハラ王以前にはカナラには地租は存在しなかったと述べ、ハリハラの支配期（一三三四～一三四七年）以降に土地の生産物を地主と耕作者、政府の間で分割するシステムが開始されたとした上で、これをカナラにおける地租の基準とみなした。

以上のようなマンローの主張は、スタインによれば、これまでその史実性を検証されてこなかった。ただ一人、カナラにおけるマンローの後継者の一人であるストゥロックだけが、マンローの依拠する「黒い本」の実在性に対する疑義を呈し、またヴィジャヤナガラ時代の耕地面積や穀物の貨幣価値に関する史料の乏しさから、マンローが当時の税率を再構成できたはずがないことをほのめかしている（Sturrock 1894: 95-96; Stein 1989: 67-70）。

この問題についてスタインは、主にラメーシュ（Ramesh 1970）とグルラージャ・バット（Bhatt 1975）の中世カナラに関する歴史誌に基づき、マンローの仮説を批判的に検討している。スタインによれば、これらの歴史研究によってマンローの仮説は何ひとつとして支持されない。第一に、ヴィジャヤナガラ王国の支配による地租システムの変容というマンローの説に対して、スタインは、ヴィジャヤナガラ勢力の拡大は沿岸地域に行政的な影響をほとんど及ぼさなかったという見解をとる。スタインによれば、この時期のカナラにおいて古くからの首長の支配力は損なわれることなく持続していた。これらの首長は母系制をとるジャイナ教徒を含んでいたが、彼らはヴィジャヤナガラの行政システムからの政治的独立性を保っていた。加えて、戦士や農民共同体を中心とする村落行政システムもまた存続していた。第二に、ヴィジャヤナガラ期またはそれ以前には国有地（state-held lands）が存在しなかったとするマンローの主張とは異なり、中世の歴史研究は政府レベルでの徴税がなされていた土地（*bhaṇḍāra-sthaḷa*）について言及している[27]。第三に、ヴィジャヤナガラの支配者によって開始された土地行政システムはケラディのナーヤカによって根本的に変更されたというマンローの説に対して、歴史研究によれば、ケラディ王国における土地政策に関する史料はきわめて少なく、マンローの主張するような事実は見いだされない[28]。

以上から、スタインは一八〇〇年の報告書にみられるマンローの仮説に対して次のような批判を加える。すなわち、マンローによるカナラの地租システムの「歴史的」再構築は欺瞞的である。マンローは、古くからの支配的な土地保有者たちからの抵抗を受けることなく地租を徴収できるよう、自身の管轄する地域における地租額査定のレベルを正当化するために、歴史を構築したのである（Stein 1989: 70-71）。

マンローの報告に対する以上のようなスタインの批判は、部分的に妥当性をもつと思われる。カナラに新たな土地・地租政策を導入するにあたって、マンローは当時のカナラにおける土地保有者層の抵抗と混乱を避けることを重視した。そのためにマンローは、①既存の土地利用／保有形態に即したライーヤトワーリー制の導入を考案し、②この制度の導入をヴィジャヤナガラ時代の「記述と伝統」によって正当化することを試みたと考えられる。課税の区分としてワルグを設定し、ワルグの保有者を地租納入者としたこと、ヴィジャヤナガラ時代のものとされる税制を土地政策の原型として提示したこと、既存の「社会共同体的な」境界と土地保有形態の重要性を説いたことなどがこれにあたる。

その一方で、マンローの仮説に対する反証としてスタインが提示している見解の中には、適切ではないと思われる点もある。そのひとつは、ヴィジャヤナガラ期における首長の「政治的独立性」というスタインの見解である。スタインが依拠しているラメーシュの歴史研究は、確かにヴィジャヤナガラ期の南カナラにおけるローカルな支配者層の台頭について述べている。だが、ラメーシュの研究からは、これらの首長がヴィジャヤナガラ王国の支配から政治的独立性を保っていたという事実は導きだされず、むしろローカルな支配者への忠誠を通して、王国の統治者と臣民が結びつくという支配のあり方がみてとれる（Ramesh 1970: 279）。また、ヴィジャヤナガラ王国の支配は沿岸地域に行政的な影響力をさほど及ぼさなかったというスタインの見解に対して、ラメーシュの研究は、ヴィジャヤナガラ期に地租システムが大きな進展を遂げたことを明らかにしている（Ramesh 1970: 287）。

いずれにせよ、カナラにおけるライーヤトワーリー制は、既存の土地保有者層の権益をなるべく損なうことなく、これら支配的な地主層の抵抗を回避し、安定した徴税を可能とするように構想されたといえる。この意味でカナラにおける同制度の導入は、バーラマハールの場合と同様に、当地における既存の土地利用／保有形態からの断絶よりも連続性を重視するものであった（太田 1994: 232参照）。この構想の下にマンローは、ヴィジャヤナガラ時代の土地・地租政策をひとつの理想形として提示し、それを踏襲するものとしてライーヤトワーリー制を位置づけることで、過去の制度と新制度の歴史的な連続性——ハイダルとティプによる「暴政」以前の理想状態への回帰——を訴えたのではないだろうか。

こうしたマンローの施策と歴史の利用は、一方でスタインの述べるように、当時のカナラにおける武装勢力でもあった地主層に対して植民者のプランを正当化し、地主層の抵抗を回避するための歴史の再構築ないし創造であったとも考えられる。しかし他方、一八〇〇年の報告書にみられるマンローの論説は、ベンガルと同様の制度ではなく、あくまでカナラに特有の土地利用／保有形態に即した土地・地租政策を導入するために、ザミーンダーリー制に準じる制度の導入を迫るマドラス政府を説得するための「歴史の創造」であったとも考えられるのである。

植民地期のカナラにおける土地・地租政策の特徴

ここまでの検討から、以下のことが明らかになった。まず、植民地期のカナラにおける土地・地租政策は、新たな変化を導入するというよりも既存の土地利用／保有形態に即したものであり、したがって既存の土地保有者層の権益は保持されたと考えられる。ただし、当時の土地保有のあり方について、アーバスノットがマンローの説をそのまま受容する形で述べているように、「土地の個人的・私的所有」と呼ぶことが妥当かどうかには大いに疑問がもたれる（Stein 1983: 44-45, 1989: 67）。

マンローは、カナラにおける小規模な私的土地所有システムの存在を繰り返し強調しているが、これはザミーンダーリー制に即した地租制度の導入を要請するマドラス政府に対して、カナラにおける同制度の不適合性を説き、ライーヤトワーリー制の導入を推進するための思弁であったのではないかと考えられる。後述するように実際には、南カナラでは村落領主であるグットゥをはじめとする地主層の家系／母系親族集団であるクトゥマが家系全体として複数の地片を保有してきたのであり、これを「個人による私的土地所有」とみなすことは適切ではない[29]。また、領主の家系が保有していた土地とその生産物に対する権利とは、タミル地方のミーラーシダールと同様に、村落社会における儀礼的な職分や権利と不可分のものであった。

さて、植民地期のカナラにおいて勢力をもっていた地主の多くはバンタの人々であった（Madhava 1984; Stein 1989: 71-72）。マンローの土地政策は、当時武装勢力でもあったバンタの地主層の権益に配慮し、彼らの抵抗を回避する方向で進められたため、これら地主層の土地保有権は新たな政策の導入によってもさほど影響を受けなかったと思われる。むしろ、ダムレ（Damle 1991）も指摘しているように、グットゥと呼ばれる村落領主層は、新たな土地政策の下でパッタダールに移行し、村落社会におけるみずからの地位と権威をより強固なものにした可能性がある。

この点と関連して興味深いのは、村落におけるパテーラ（パテール）の役割である。太田（1994: 230-231）がバーラマハールの例をとって述べているように、ライーヤトワーリー制の導入とともに、村ごとに地租を徴収し、村落内の紛争を調停する役割を担う者として上層農民の中からパテーラが任命された[30]。このこともまた、村落領主の家系の権威を強めることに寄与したと考えられる。ペラールのケースをみると、パテーラは第一位の領主であるムンダベットゥ・グットゥに属する年長男性によって代々担われており、ペルガデ（ガディパティナール）に次ぐ重職とされてきた。このことは、神霊祭祀との関連において重要性をもつ。すなわち、ガディパティナールとパテーラは、地域社会の根幹をなす儀礼的・政治的・法的システムを、神霊祭祀と村落の行政という両側面から相補的に統率しつつ構築する役割を担っており、これらの役割は第一位の領主一族によって占有されてきたのである。

植民地期の南カナラにおけるパッタダールの選定とパテーラの任命は、それまで村落領主が神霊祭祀に伴う儀礼的職分と不可分の権限として有していた土地への権利や地域社会における行政的・司法的役割を、儀礼的文脈から離れた世俗的な権利として設定しなおすとともに、植民地政府の権威に従属するものとして定義しなおすことを意味していた。すなわち、従来ブータの権威によって承認され、領主層に付与されてきた諸権利と役割のうち、世俗的領域に属するとされる政治的・司法的諸権利と役割が、植民地政府によって新たに付与されなおすということが生じたのである。だが、この段階では、従来から地域社会において神霊祭祀と結びついた諸権利を行使してきた領主の家系が、植民地化によって設定された世俗的権威をも占有したために、神霊祭祀と慣習法によって定められた諸権利および役割と、政府から付与された政治的・司法的役割が、有力な領主の家系において二重に担われるという事態が生じたと考えられる。

以上のように、植民地期の土地・地租政策は、既存の土地利用・土地保有形態を制度化することによって領主層の権益と地位を弱体化するよりもむしろ強化するように働き、このことが南カナラにおいてバンタを中心とする領主層の権威の存続を可能にした。その結果、後に検討するように、独立後の南カナラにおいて、これらバンタの領主層による土地の占有状況が土地改革のターゲットのひとつとなるのである。次節では、本書の主な調査地であるムドゥ・ペラールに焦点を当てて、二十世紀初頭の南カナラ村落部における土地保有のあり方とパッタダールの登録について検討していきたい。

3　二十世紀初頭のペラールにおける土地保有とパッタダール

南カナラにおけるマンロー以降の土地政策

本節では、二十世紀初頭のムドゥ・ペラールにおける土地保有とパッタダールの状況について、一九〇四年に発行された行政資料に基づいて検討を行う。それに先立ち、ここでは主にストゥロックとK・アビシャンカル、シャム・バットらの著作（Sturrock 1894; Abhishankar et.al.（eds.）1973; Bhat 1998）に基づき、マンローによる土地制度の導入以降の南カナラにおける土地・地租政策の流れを概観しておきたい。

マンローによる土地・地租政策は当時の税務局（The Revenue Board）によって適切なものとみなされ、約一〇年間にわたってマンローの原案に沿った徴税政策が実施された。しかし一八一〇年から一八一二年にかけての税制に関する報告書において、土地保有者たちが過大な地租額査定の影響を受けているという意見が出された。これに基づいて税務局は、当時の徴税官であったアレクサンダー・リードに報告書の提出を求めた。一八一四年一月に提出された報告書においてリードは、マンローが示唆した地租の最大限度額に注意を喚起するとともに、地域によって四パーセントから七パーセントの査定額の減額を推奨した（Sturrock 1894: 101-102; Abhishankar et.al.（eds.）1973: 429）。

リードとその後任者であるトマス・ハリス（Thomas Harris）の報告書によって現行の課税が土地保有者に過重な負担を強いていることを認識した政府は、もっとも妥当な地租額はイギリスの支配以降にそれぞれの地所から徴収された税額の平均であるとして、これを基盤として地租額査定を行うよう命じた。この固定的な地租額査定は、査定暦であるファスリ（fasli）一二二九年（一八一九年～一八二〇年）に実施された（Sturrock 1894: 102-103; Abhishankar et. al.（eds.）1973: 429-430; Maclean（ed.）1989（1885）: 63; Bhat 1998: 107-108）[31]。

一八三四年には当時の徴税官であったヴィヴェーシュ（H. Viveash）によって、単一的で永代的な地租の総合査定（*beriz*）の導入が提案された。ヴィヴェーシュはまた、さまざまな地所（ワルグ）をその徴税状況によって、①バルティ（*bharti*）：固定的査定による地租を全額払うことが可能な地所、②カンバルティ（*kambharti*）：固定的査定による地租を全額払うことが不可能な地所　をはじめとする数種類に分類した。彼の考案した徴税方法は地方の役人によって施行されたが、税務局の最終的な承認を得ることはなかった（Sturrock 1894: 107-108; Bhat 1998: 114-115）。

ヴィヴェーシュによる査定の見直しが不成功に終わったことは、正確な登録が存在しないというカナラの徴税システム自体の問題であるとみなされ、税務局はより公平な査定の方法を模索しはじめた。その一環として、一八四八年には徴税官のブレイン（T. L. Blane）によってカナラの土地利用と徴税に関する詳細な報告書が提出されたが、測量調査と査定の見直しをめぐる議論は一八八〇年代まで続いた（Sturrock 1894: 107-114）。

さて、一八五九年の末には北カナラ県と南カナラ県の分割という行政上の大きな変更がなされた。一八六二年に北カナラ県はボンベイ管区に併合され、南カナラ県のみがマドラス管区に属することになった。南カナラ県では一八八九年から一八九六年にかけて徴税のための測量調査が実施されたが、この調査によって、ワルグの多くは土地保有の単位ではなくなっていることが明らかになった[32]。ワルグにはバイル、マジャル、ベットゥ（ボットゥ）などの数種類の湿潤地、乾燥地、およびバガヤットと呼ばれるビンロウジやココナッツの栽培に適した土地が含まれていたが、土地の種類をさらに細かく分類するための補足的な測量調査が行われ、バガヤットの土壌を分類する調査が一九〇三年まで継続された。さらに一九三四年から一九三五年には、主に標準作物の価格上昇に限定された再査定が行われた（Abhishankar et.al.（eds.）1973: 431-436）[33]。

二十世紀初頭のムドゥ・ペラールにおける土地保有とパッタダール／パッタダールティ[34]

それでは、本書の主な舞台であるムドゥ・ペラールにおいて、植民地期にはどのような土地保有状況がみられたのだろうか。ムンダベットゥ・グットゥをはじめとする領主層は、地租額査定の導入やパッタダールの登録という事態に対して、どのように対応したのだろうか。この点について本節では、二十世紀初頭に文書化された測量と査定の登録簿（*Survey and settlement register, Mudu Perar village*, No.53［Couchman 1904］、以下ＳＳＲＭとする）に基づいて検討したい[35]。

一章で述べたように、ムドゥ・ペラールとパドゥ・ペラールはもともとひとつの村であったが、一九〇四年に行政的に分離された。ＳＳＲＭによれば、ムドゥ・ペラールに地租額査定が導入されたのは、ファスリ一三一二年（一九〇二年～一九〇三年）である。本節で参照するムドゥ・ペラールのＳＳＲＭはその翌年、両村が分離された一九〇四年に、南カナラ県の特別査定官（Special Settlement Officer）であったコーチマン（M.E.Couchman）という人物によって記録され、マンガルールの税査定局（Revenue Settlement Office）から発行されている。以下に、その内容をみていきたい。

SSRMによれば、ムドゥ・ペラールの土地面積は二二〇八エーカーと一セントであり、査定の対象となった土地の内訳は表7の通りである。また、同資料によれば、一八八一年から一〇年ごとに行われたセンサスに基づく村落の人口は表8のとおりである。

表9は、ファスリ一三一二年のムドゥ・ペラールにおけるパッタダールの土地保有状況と査定額を表している。表によれば、ムドゥ・ペラールでは単独（シングル）のパッタダールが一〇四件、複数名による合同（ジョイント）のパッタダールが一〇件、計一一四件のパッタダールが登録されている。これらのパッタダールの保有する土地面積の総計は九三六エーカー三五センツであり、これは表7におけるムドゥ・ペラールの「占有地」の総計に等しい。パッタダール一件あたりの平均土地保有面積は八エーカー二一センツであり、査定された地租額の総額は三三二〇ルピー一〇アンナである。

支払額の範囲ごとのパッタダールの件数をみると、もっとも多い四四件が、「一ルピーより多く一〇ルピー以下」の支払額の範囲にある。この範囲にあるパッタダールの平均土地保有面積は、二エーカー九二センツである。次に多いのは、「一〇ルピーより多く三〇ルピー以下」の範囲に含まれる二六件であり、この範囲の平均土地保有面積は六エーカー九〇センツである。一方、一〇〇ルピーよりも多い支払額の範囲に含まれるパッタダールは九件である。このうち、わずか二件が「二五〇ルピーより多く五〇〇ルピー以下」の支払額の範囲に含まれ、この平均土地保有面積は九三エーカー四二センツとなっている。

以上から、ファスリ一三一二年のムドゥ・ペラールにおいて、登録されたパッタダールの多くは約三エーカーから七エーカーの土地を保有する比較的小規模な「農民（ryot）」であったことがひとまずみてとれる。ただし、全部で一一四件というパッタダールの数は、合同のパッタダールや、寺院、僧院、教会、モスクなどの宗教施設を便宜的にそれぞれ「一名」と換算するならば、一九〇一年当時のムドゥ・ペラールの総人口である一七六八人の六・四パーセントにすぎない。このようにみると、村落の総人口のわずか六・四パーセントにあたる人々が土地を占有していたかの

表7　ムドゥ・ペラールにおける土地利用（ファスリ1312年）

占有地						非占有地		非査定地		公共地		計	
湿潤		菜園		乾燥									
エーカー	センツ	エーカー	センツ	エーカー	センツ	エーカー	センツ	エーカー	センツ	エーカー	センツ	エーカー	セント
468	7	120	15	348	13	1247	47	…	…	24	19	2208	1

出典：Couchman（1904: 1）

表8　ムドゥ・ペラールの人口（1881年、1891年、1901年）

センサス年	戸数	人口総計			宗教			職業				占有地100エーカーあたりの人口
		男性	女性	計	ヒンドゥー	ムスリム	その他	農業		織工	その他	
								土地保有者	労働者			
1881	257	719	792	1511	1121	181	209	…	…	…	…	161
1891	282	819	888	1707	1257	213	237	741	153	11	802	182
1901	303	840	928	1768	1257	234	277	739	215	35	779	189

出典：Couchman（1904: 2）

表9　ムドゥ・ペラールにおけるパッタダールの土地保有と地租額査定（ファスリ1312年）

パッタダールの支払額	件数			広さ				査定額	
	シングル	ジョイント	計	総計		平均		総計	
				エーカー	センツ	エーカー	センツ	ルピー	アンナ*
1ルピーとそれ以下	15	…	15	8	28	0	55	8	10
1ルピーより多く10ルピー以下	37	7	44	128	56	2	92	182	13
10ルピーより多く30ルピー以下	24	2	26	179	51	6	90	532	2
30ルピーより多く50ルピー以下	11	1	12	104	71	8	73	473	13
50ルピーより多く100ルピー以下	8	…	8	128	29	16	4	574	8
100ルピーより多く250ルピー以下	7	…	7	200	16	28	59	900	6
250ルピーより多く500ルピー以下	2	…	2	186	84	93	42	648	6
500ルピーより多く1000ルピー以下	…	…	…	…	…	…	…	…	…
1000ルピーより多い	…	…	…	…	…	…	…	…	…
計	104	10	114	936	35	8	21	3320	10

出典：Couchman（1904: 2）に基づき、広さの平均値を加えて筆者作成。
＊1ルピー＝16アンナ（*anna*）。

ようであるが、実態はそれほど単純ではない。

ここで注意すべきことは、寺院や僧院、教会、モスクなどの宗教施設を別とすれば、一九〇四年のSSRMに登録された人々の多くは、彼ら自身が査定の対象となった土地に対して占有的な権利をもつ「土地所有者」であったわけではなく、当該の土地に対して共同的な権利をもつ親族集団の代表としてその名を登録された者であったという点である。このことは、バンタの母系親族集団に属する女性のパッタダールティについて、特によく当てはまる。たとえば、後にみるように、SSRMの中にもっとも数多く記載されている「ムンダベットゥ　プーヴ」という一人のパッタダールティの名は、彼女ひとりによる多くの土地の支配と占有を意味するものではなく、その名の背後に数多くの親族メンバーの土地に対する権利を擁し、それを代表するものとして理解されるべきなのである。

以下では、SSRMに基づき、一九〇四年当時のムドゥ・ペラールにおけるパッタダールの登録と土地保有状況を具体的に分析していきたい。

表10は、SSRMに登録された一一四件のパッタダールの属性別内訳を示している。表をみると、シン

表10　パッタダールの属性

	帰属集団／施設	件数
シングル	ムスリム	37
	バンタ	31
	ブラーマン	13
	クリスチャン	9
	コンカニ	7
	寺院*	2
	僧院	2
	不明	3
	プージャーリまたはガウダ	1
	モスク	1
	ガウダ	1
	教会	1
ジョイント	バンタ	4
	ブラーマンとバンタ	1
	ブラーマンとムスリム	1
計		114

＊「寺院」として登録されたペラールの大社1件を含む。

グルではムスリムがもっとも多い三七人、次いでバンタが三一人の名前をパッタダールとして登録している。また、ブラーマン、クリスチャン、コンカニに属するパッタダールとして、それぞれ一三人、九人、七人の名が登録されている。SSRMにパッタダールとして登録されている宗教施設のうち、僧院または寺院として登録されているのはウドゥピにあるページャーワラ僧院（God Rama Vittla Matt of Pejawar）[36]、グルプルにあるシュリ・ウェンカタラマナ寺院（God Sri Venkataramana temple of Gurpur）、そしてパドゥ・ペラールにあるブータの大社であり、それぞれの宗教施設の当時の管理人（manager）がパッタダールとされている。興味深いことに、SSRMにおいてブータの大社は「バラマディ神の寺院（God Bala Madi Temple）」と記載されている。このことは当時、ブータの大社が行政的にヒンドゥー寺院と同等のものとみなされ、寺院と同様の取り扱いを受けていたことを示している。また、ムドゥ・ペラールにあるローマン・カソリックの聖フランシスコ・ザビエル（Saint Francis Xavier）教会と、ムドゥ・ペラールのムスリム居住区であるグル・カンブラのモスクも同様にパッタダールとして登録されている。

一方、合同のパッタダールでは、バンタのみで構成されるグループが四件、ブラーマンとバンタ、ブラーマンとムスリムから構成されるグループがそれぞれ一件登録されている。以上から、当時のムドゥ・ペラールにおいて土地を主に保有していたのは、上記の宗教施設を別とすれば、ムスリム、バンタ、ブラーマン、クリスチャン、およびコンカニの人々であったことがみてとれる。しかし、たとえばムスリム三七件、バンタ三一件といったパッタダールの名前の登録件数は、それぞれの集団が保有していた地片の多寡を必ずしも正確に反映していない。なぜなら、一人のパッタダールの名において複数の地片が登録されている場合が少なからずあったからである。

表11は、査定対象となった地片（下位区分 sub division を含む）に対応するパッタダールの延べ登録件数を示している。表11にみられるように、シングルではバンタに属するパッタダールの名で登録されている地片がもっとも多く、続いてブラーマン、ムスリム、クリスチャン、コンカニの順に登録件数が推移している。一方、ジョイントではバンタからなる合同パッタダールが延べ二〇件登録されている。先にみたように、バンタでは計三一名の名前が単独のパッタダールとして登録されていたことから、一名につき平均約一〇・九件、すなわち平均一〇片以上の地片に対す

るパッタダールとしてSSRMに登録されていることになる。このようにSSRMでは、パッタダールとして登録された少数の者の名において複数の地片が登録されているが、なかでもムンダベットゥ・グットゥの「プーヴ」という女性は、下位区分を含めて計六八もの地片のパッタダールティとして登録されている。

表12は、バンタに属するパッタダールの延べ登録件数（すなわち査定された地片数）のうち、家系ごとの内訳を示している。表12にみられるように、家系が特定できたパッタダールのうち、シングルでもっとも多いのはムンダベットゥ・グットゥの延べ九三件であり、第五位の領主であるアラケ・グットゥの延べ三〇件、第三位の領主であるティッディヤムンドットゥ・グットゥの延べ六件が続く。複数名で登録されている合同パッタダールの構成員は、いずれもムンダベットゥ・グットゥのメンバーである。SSRMに登録されているパッタダール／パッタダールティのうち、上記の三つの家系を特定することができるのは、たとえば「ムンダベットゥ　プーヴ」、「アラケ　マン

表11　査定対象となった地片に対応するパッタダールの延べ登録件数

	帰属集団／施設	件数*
シングル	バンタ	337
	ブラーマン	129
	ムスリム	108
	クリスチャン	49
	コンカニ	35
	僧院	28
	プージャーリまたはガウダ**	15
	寺院***	12
	不明	5
	教会	4
	モスク	3
	ガウダ	1
ジョイント	バンタ	20
	ブラーマンとバンタ	6
	ブラーマンとムスリム	3
計		755

＊査定対象となった地片数＝パッタダールの延べ登録件数。
＊＊登録された氏名からいずれのカーストかを判断できなかったもの。
＊＊＊「寺院」として登録されたペラールの大社1件を含む。

ム」のように、登録された者の名前と彼女の属する家系の名が併記されているケースである。[37]

興味深いことに、ムンダベットゥ・グットゥ、アラケ・グットゥ、ティッディヤムンドットゥ・グットゥのいずれにおいても、それぞれの家系の名を冠して登録された人物は全員が女性であり、家系の名を冠した男性のパッタダールは存在しない。ムンダベットゥ・グットゥでは、「ムンダベットゥ　プーヴ」と「ムンダベットゥ　クンニ」という二人の女性の名が、またアラケ・グットゥでは「アラケ　マンム」と「アラケ　クンニ」、ティッディヤムンドットゥ・グットゥでは「サンナ・ムンダベットゥ（*sanna mundabettu*：小さいムンダベットゥ[38]）マンム」という女性の名が、それぞれパッタダールティとして登録されている。このうち、ムンダベットゥ・グットゥでは、先述したようにプーヴが計六八もの地片のパッタダールティとして、クンニが二五の地片のパッタダールティとして登録されている。アラケ・グットゥでは、マンムが二六片、クンニが四片の地片のパッタダールとして登録されており、ティッディヤムンドットゥ・グットゥでは、マンムが六片の地片のパッタダールティとして登録されている。

これらの女性たちは、領主の家系を代表する者として、それぞれの家系ないし母系親族集団（*kutuma Ka.kutumba*）が保有する複数の地片のパッタダールティに選定されたのであり、だからこそ、一人のパッタダールティの名において、かくも多くの地片が登録されたと考えられる。ちなみに、SSRMに登録されている単独のパッタダール／パッタダールティ計一〇八名のうち、女性は一九名（約一七・六％）である。この内訳をみると、バンタ一五名、クリスチャン二名、ムス

表12　バンタに属するパッタダールの延べ登録件数（家系ごと）

	家系	件数*
シングル	特定できず	208
	ムンダベットゥ・グットゥ	93
	アラケ・グットゥ	30
	ティッディヤムンドットゥ・グットゥ	6
ジョイント	ムンダベットゥ・グットゥ	20
計		357

＊査定対象となった地片数＝パッタダールの延べ登録数。

リム一名、帰属が不明である者一名であり、バンタに属するパッタダールティがもっとも多い。また、SSRMに登録されているバンタのパッタダール／パッタダールティ計三一名のうち、半数近くが女性であることがわかる。

次章以降でみるように、以上のようなパッタダールティの登録は、南カナラにおける母系制であるアリヤサンターナ制と近代法制度の出逢いによって可能となったものであった。すなわち、二十世紀初頭における地租額査定の導入によって、ムンダベットゥ・グットゥをはじめとする地域社会の領主層は、それまで母系親族集団が共同で保有・管理してきた土地片の「所有者」を公的に登録する必要に迫られた。このとき、主に植民地期以降に形成された母系制への法的な解釈と定義に則る形で、母系親族集団を代表する年長女性がパッタダールティとして選定されたのである。

以上のようなパッタダールティの選定と登録のあり方から、南カナラでは、ダムレ（Damle 1991）が指摘するように、新たな土地制度の下で既存の領主層がパッタダールに移行したというのみならず、母系制を基盤とする親族システムが新たな土地制度に応用されたという側面をみてとることができる。のみならず、九章と十章で詳しくみるように、地租額査定とパッタダール／パッタダールティの登録、慣習的な母系制の近代法化といった植民地期以降の政策は、その対象となった人々にとって、母系親族集団のカテゴリーを確定するとともに、その構成メンバーの土地権を構築し、実体化することを迫るものでもあったのである。

4　独立後の土地改革

一九四七年にインドはイギリスからの独立を果たし、南カナラの土地政策は主に州政府（マイソール州、後にカルナータカ州）の主導による新たな局面を迎えることになる。本節では、マイソール土地改革法（The Mysore Land Reforms Act, 1961［Mysore Act No.10 of 1962］）とカルナータカ土地改革（改正）法（The Karnataka Land Reforms

（Amendment） Act, 1973 ［Karnataka Act No.1 of 1974］：以下「土地改革（改正）法」とする）を中心に、独立後の南カナラにおける土地改革の内容とその影響を検討する。ただし、本節での検討は先行研究に基づく概説的なものにとどめ、個別の事例に関する具体的な検討は十一章に譲りたい。

本節では、主にカルナータカ州に関する政治経済学者の著作を参照するが、その内容を先取りしていえば、これらの著作に共有されているテーマは、「カルナータカにおいてなぜ土地改革は成功しなかったのか」というものである。政治経済学者のG・ティンマイヤとアブドゥル・アジーズ（Thimmaiah and Aziz 1983, 1984a, 1984b）は、カルナータカ州における土地改革の流れを、①一九四七年～一九五六年：独立後から州の再編まで、②一九五六年～一九七一年：州の再編から土地改革（改正）法の施行前まで、③一九七一年～一九七七年：土地改革（改正）法とその強制的な施行期、④一九七七年以降　の四つの時期に分け、それぞれの時期における土地改革の内容とその結果を、州政治における利益集団の動向に着眼して分析している。ここでは南カナラを中心に、その概要をみてみよう。

一九四七年～一九五六年――独立後から州の再編まで

ティンマイヤらによる第一の時代区分である一九四七年から一九五六年にかけては、ブラーマンに寄進された免税地（イナーム：*inām*）の廃止が推進された時期であった。当時のマイソール州では、オッカリガ（vokkaliga）、リンガーヤット、そしてブラーマンが土地保有者層を形成しており、このうちブラーマン地主の多くはイナームを保有していた。彼らの多くは都市に在住している不在地主であり、その保有地はオッカリガやリンガーヤットをはじめとする農耕カーストの小作によって耕作されていた。

当時、これらの小作層は州政府にとっての票田であった上、非ブラーマンの地主勢力が州政府内で影響力を有していた。独立後まもなく、国民会議派（Indian National Congress）[39]はザミーンダーリー制の廃止をはじめとする革新的な土地改革に乗り出したが、マイソール州ではイナームの保有者が改革のターゲットとなった。州政府はイナームの廃止に向けた法整備に着手したが、実際はその実現にはブラーマン官僚層の協力が必要であり、またブラーマン地主勢力による抵抗によって法の制定は難航した。

一九四七年に立法議会（The Legislative Assembly）はイナームの廃止に関する決議案を通過させたが、この決議案は一九五四年まで法律化されなかった。一九五〇年には、イナーム保有者から小作を保護し小作権を規定するために、マイソール被譲渡村落（借地人の保護およびその他の条項）法（The Mysore Alienated Villages（Protection of Tenants and Miscellaneous Provisions）Act）が制定された。一九五四年にはマイソール（属人およびその他）イナーム廃止法（The Mysore（Personal and Miscellaneous）Inams Abolition Act）が制定され、一九五五年になってようやく宗教的なイナームの廃止を命じるマイソール（宗教および慈善）イナーム廃止法（The Mysore（Religious and Charitable）Inams Abolition Act）が制定された。

一九五六年〜一九七一年——州の再編から土地改革（改正）法の施行前まで

つづいて、ティンマイヤらによる第二の時代区分である一九五六年から一九七一年の土地政策をみていこう。一九五六年には州の再編成が行われ、旧マイソール州、クールグ州、ボンベイ、マドラス、ハイダラーバード各州のカンナダ語地域からなる新マイソール州が誕生した（Iyer 1997: 179）[40]。当時の政治状況をみると、ブラーマンが相変わらず官僚職を占め、リンガーヤットとオッカリガが土地保有者層を形成していたが、州政府の票田として重要性をもったのは貧しい農民や小作、土地なし層であった。そのため州政府は土地改革への要求を退けることができず、一九五七年にはマイソール借用農地法委員会（The Mysore Tenancy Agricultural Land Laws Committee）が設立された。一九五八年には委員会の報告書に基づいて、マイソール土地改革法案（The Mysore Land Reforms Bill, 1958）が州議会に提出され、一九六一年に可決、一九六二年に大統領の承認を得た。しかしながらこの法は部分的な改正が必要となったため、法（Act No.14 of 1965）が実際に施行されたのは一九六五年になってからであった（Abhishankar et.al.（eds.）

1973: 443-445; Thimmaiah and Aziz 1983: 815）。

ティンマイヤとアジーズによれば、この法発効の遅延は、利益集団である地主層の圧力に起因する。一九四〇年代から一九五〇年代初頭にかけて、州政府による法的措置の採択を通して土地改革に関する知識を蓄積した地主層は、あらゆる意思決定段階においてロビイ運動を展開した。伝統的な地主層であるリンガーヤットとオッカリガは自集団の代表を議会に送り込み、これらの共同体出身者が一九七〇年代初頭まで議会の多数を占めた。その結果、土地改革法の内容は地主層の意向を反映するものとなった。第一に、マイソール土地改革法において、一世帯が保有できる土地の最高限度は五人家族につき二七標準エーカーに設定されたが[41]、土地の肥沃さや灌漑設備の有無などによって異なる最高限度が設定され、たとえば乾燥地では二一六エーカーが二七標準エーカーに相当するとされた。他にも、五人を超える家族メンバー各人につき別枠のエーカー保有を認めるという条項や、寡婦や障碍者に対する免除措置を定めた条項などがあり、これらは地主層の利益に沿う形で実質的に土地保有の最高限度を引き上げることに寄与していた。

以上のように、既存の地主集団は土地保有の最高限度に関する条項に関しては自集団の利権を保守するために盛んに働きかけたが、その一方で土地の賃借権に関する規制（tenancy regulations）に対してはさほど抵抗を示していないことは注目に値する。この規制は、主に小作料の規制（regulated rents）と保有権の規制（regulated tenures）からなり、後者は地主が小作を追い出して自作農地として土地を取り戻すことを制限するものであった。しかしマイソール土地改革法においてこの条項は十分な効力を発揮しなかったため、結果として、自作農をするという口実の下に土地を追い出された小作の数は劇的に増加した。

このようにマイソール土地改革法では、一方で土地の賃借権に関する厳しい規制を設け、他方で土地保有の上限を引き上げるような条項を設けるという一見矛盾する方向性がみられるが、実はいずれも支配的な地主層の利益に合致している。すなわち、土地保有の上限に関する規制の緩さは、地方に住む地主にとって自分の土地を完全なまま保持できるよう、土地記録を再編する時間と抜け道を与えるものであった。他方、土地の賃借権に関する厳しい規制によって、支配的な地主層と同じ集団に属する小作たちが、都市に住む不在地主（主にブラーマン）の土地権を取り上げることが可能となった。さらに地方に住む地主は、自作農地として小作から土地を取り戻すことでこの規制から逃れることができた。以上のような法的・行政的な策略によって、既存の地主層の利益は保持されたのである（Thimmaiah and Aziz 1983: 815-822）。

一九七一年～一九七七年――土地改革（改正）法とその強制的な施行期

次に、ティンマイヤとアジーズによる第三の時代区分である一九七一年から一九七七年の土地政策をみていこう。一九六九年に国民会議派が分裂した後、マイソール州では地主層ではない「後進」マイノリティ集団が議会を占め、その結果としてより革新的な土地改革への機運が高まった。

一九六九年には国家計画委員会（The National Planning Commission）によるガイドラインが提出されたが、これによると標準的家族は父母と三人の未成年の子からなる五人家族とされ、土地保有限度の幅は二期作の灌漑農地で一〇エーカーから一八エーカーとされた。また、小作や共同耕作者の耕作権と現存する賃借権が保障されるべきことが示唆された。このガイドラインに基づき、マイソール（一九七三年十一月以降はカルナータカ）州政府はマイソール土地改革法の改正に乗り出した。一九七一年に総合法案（a comprehensive Bill）の草案が出され、合同特別委員会（Joint Select Committee）の勧告を受けたのち、州政府は一九七三年に土地改革（改正）法を可決し、この法は一九七四年三月に大統領の承認を得た。

以下に、土地改革（改正）法の特徴をみていこう。第一に、賃借された土地に対する地主の再占有が完全に禁止された。また、兵士や船員の場合を除いて土地の賃貸借が廃止された。さらに、土地保有の上限は一〇ユニット[42]に削減された。そして、各郡に土地裁判所（Land Tribunal）を設けることとされた。ティンマイヤとアジーズによれば、一九七七年以前にはこの法が強制的に執行されたが、一九七八年以降は土地保有限度に関する申告や小作による申請の受理数が減少するとともに土地裁判所への批判が高まり、土地改革の勢いは次第に減速していった（Thimmaiah and

Aziz 1983: 822-826)。

以上の事項のうち、土地裁判所の機能についてまず確認しておきたい。土地改革（改正）法の施行によって、一九七四年三月一日の時点で賃貸借の対象となっていたあらゆる私的保有地は政府に帰属することになった。土地を賃借していた者は、その土地の所有権（ownership）を得るために土地裁判所に申請する必要があったが、ここで土地裁判所は、①問題の土地が法的な意味で賃借されているか、それゆえに政府に移譲されるかどうか、②申請者は土地の占有権を得る資格をもっているか　を判断した。その上で、もし賃貸借がなされていた場合、土地裁判所は地主と小作間の連関を切り離して次の交渉を進めた。すなわち、地主と政府間における補償金の支払いや、小作と政府間における土地の価格や占有証明などに関する取り決めを行った。また、改訂された土地保有限度を遵守させるため、指定された面積以上の土地をもつ者はすべて申告（declaration）を行う必要があったが、この申告書は照合と調査を経て土地裁判所に提出された。裁判所は申告者の土地のうち、余剰地の広さを決定する権利を有していた（Rajan 1984: 139-140）。

さて、土地改革（改正）法は一見きわめて革新的でありながら、実際には既存の支配的な土地保有層の権益を維持するという結果に終わったとされる。その内容について、以下にみていこう。まず、小作地に関しては、先にもみたように兵士と船員の場合を除いて、寡婦や障碍者などに認められていたあらゆる免除が撤廃されるとともに、地主が小作地を再占有する権利が撤廃された。だが他方で、この法は、地主が他の土地の小作として土地権を主張することを妨げるものではなく、このことはドミナントな地主層に属する小作にとって有利に働いた。すなわち、地主層である小作は貧しい小作と同等の権利を与えられたのみならず、土地の購入に関して有利な立場に立つことができた。ナレンドラ・パニ（Pani 1984: 46）によれば、カルナータカにおける土地改革法は、厳密にいえば小作に土地を与えたわけではなく、前もって設定された価格において土地を購入する権利を与えたのであった。つまり、賃貸借されている土地を、一般の市場価格よりも安い固定価格で政府が地主から買い上げ、小作は同じ価格でこの土地を政府から購入するという仕組みである。したがって、土地を購入する資金をもっている小作のほうが有利であり、資金がない場合にはローンを組む必要があった。

次に、土地保有の最高限度についてであるが、先にみたように土地改革（改正）法では、マイソール土地改革法における最高限度の二七標準エーカーから、一〇ユニットに削減されている。これはみたところ大幅な削減であるが、実際には保有限度を引き上げる他の変更が施されていた。その内実を知るには、エーカーからユニットへの変更の意味を理解する必要がある。マイソール土地改革法では、第一級灌漑地の一エーカーが一標準エーカーとされていた。一方、土地改革（改正）法におけるユニットとは、八アンナ以上として土壌分類されている土地であり、かつ、政府の用水路かタンクによって二期作が可能な程度に灌漑されている土地とされ、この灌漑基準を満たしている土地は土壌の分類にかかわらずAクラスの土地とされた。この意味するところは、私的な水源によって灌漑されている土地は、政府の設備で灌漑されている土地よりも高い保有限度を容認されるということである。したがって、私的な灌漑設備を有する土地保有者が優遇される結果となった。

さらに、土地改革（改正）法における家族の再定義もまた、大規模な土地保有者層に特権を与えるものであった。マイソール土地改革法において家族とは夫と妻、および独立していない子と孫を意味していた。一方、土地改革（改正）法では、家族は夫と妻、未婚の娘と未成年の息子を意味するとされた。いいかえれば、成人した息子は別個の家族として最高限度以下の土地を要求することができたのである。また、大規模な合同家族の場合、ある家族メンバーが別のメンバーの土地を耕作していた場合、前者は後者の「小作」として土地権を請求することが可能となった(Pani 1984: 44-50)。

以上のように、土地改革（改正）法は、一見きわめて革新的な内容であったにもかかわらず、実際には資本をもつドミナントな地主層を優遇する結果となった。この問題について政治経済学者のパニは、カルナータカの地域社会における「所有権（ownership）」と「支配（control）」のずれに着眼した考察を行っている。パニによれば、土地改革（改正）法では土地に対する所有権を攻撃することに重点がおかれ、誰が土地を支配しているのかという問題については考慮されていなかった。しかし、カルナータカの地域社会において、所有権と支配は必ずしも同じではない。たとえば、ある大地主は複数の家族メンバーの名義で土地を登録し、再分配すべき余剰地を残さないことで、数百エーカーもの広大な土地を支配することができる。土地改革（改正）法が行ったような所有権への攻撃は、このように社会的な支配を温存する格好の見せかけを提供するものであった。この法は、所有権のみを攻撃対象として支配を手つかずのままにした結果、地主層に特権を与える一方で小規模な農民や農業労働者にとって不利な結果を招いたのである（Pani 1984: 54）。

「所有」と「支配」のずれに着眼する以上のようなパニの分析は興味深いものである。とりわけ、一九七四年の土地改革（改正）法は地片の「所有権」に標的を定めて改革を行ったが、実際には地片に対する所有権という発想自体が、カルナータカの地域社会における在来の土地保有形態になじまないものであったという指摘は重要である。このことは、植民地行政によるパッタダールの設定についても当てはまる。つまり、徴税官は土地をそれぞれの地片に分け、各地片の地券をもつ者を土地所有者＝地租納入義務を負う者として設定したのであるが、地片とその排他的所有者という一対一の関係は、親族集団を基盤とした在来の土地保有のあり方とは根本的に異なるものであった[43]。

ただし、南カナラに関していえば、「所有権」と「支配」のずれを問題とする以前に、在来の土地保有のあり方をより詳細に検討する必要があるだろう。すなわち、十章以降でみるようにマンガルール市周辺の農村部では、パニが想定しているように一人の地主が家族メンバーの名義を用いて広大な土地を実質的に支配するという形態ではなく、複数の地片に対して母系親族集団（クトゥマ）全体が共同保有権をもち、その中でそれぞれの地片について、クトゥマの下位区分である小規模な母系親族集団カバル（*kabaru* Ka. *kavalu*）を単位とした用益権の行使や、土地と生産物の管理・分配がなされるという土地保有のあり方が存在してきたのである。こうした土地保有のあり方は、各地片に対する「所有権」の所在のみならず、母系親族集団全体が保有する土地に対する「支配権」の所在をも不明瞭にするものである。また、後に詳しくみるように、母系親族集団による土地の共同保有という形態は、クトゥマにおける母系相続や神霊祭祀の継承と密接にかかわっている。

南カナラにおける土地制度の変遷とその特徴

ここまで、アールパ期から植民地期を経て独立後の土地改革にいたる、南カナラにおける土地制度の変遷を概観してきた。湿潤地帯であり農業の盛んな南カナラでは、初期アールパ期から土地とその生産物が人々にとって重要な資源であり、国庫にとっての財源でもあった。また土地は、寄進や譲渡、売買、賃貸借などを通して多様な人々や集団を結びつけてきた。ヴィジャヤナガラ期には土地の種類や地租が細かく分類され、地租額の査定をはじめとする土地政策が進展を遂げた。

一方、植民地化によるライーヤトワーリー制の導入は、重層的な権益の対象であった土地を地片に分割し、それぞれの地片とその所有者＝地租納入者との一対一対応という新たな関係性を持ち込もうとするものであった。しかしながら南カナラでは、在来の土地保有システムに適合的なものへとライーヤトワーリー制が改変され、複数の地片からなるワルグを単位とした地租額査定と、ワルグの保有者を納税者とする徴税制度が採用された結果、既存の土地保有形態は大幅な変更を受けることなく、地主層の権益が維持されることになった。独立後の南カナラは大規模な土地改革を経験したが、これまでにみたように土地保有限度の設定や賃貸借の廃止などの措置にもかかわらず、さまざまな抜け道的な施策を通して、既存の地主層はその権益を維持してきた。このように、南カナラでは植民地期から独立後にいたるまで多様な土地政策が施行されてきたが、そのために在来の土地保有システムが崩壊ないし根本的な変容を被ったとはいえない状況にある。またそれゆえに、領主層による土地保有と密接に結びついた神霊祭祀についても、一部の先行研究（Rajan 1986: 54; Gowda 1991: 18）のように、土地改革による変容や衰退を無条件に前提とすることはできないと考えられる。

時々の政府による土地政策の施行とその変遷は、確かに地域社会における土地保有のあり方に重大な影響を及ぼしてきた。しかし、これらを伝統的な社会システムの変質や解体を導く外部からの圧力としてのみとらえるのではなく、在来の土地保有制度とそれぞれの施策との絡みあいや再帰的な関係性を、より丹念に検討する必要がある。その際、本章でみてきたような、主に政治経済的側面に焦点を当てた分析から抜け落ちてしまうのは、在来の土地保有制度と親族組織、ローカルな宗教祭祀の関係とその動態であるだろう。南カナラに関していえば、それは母系制に基づく土地保有と親族システム、そして神霊祭祀との関係にあたる。

この問題について、続く九章と十章では、植民地期以降の南カナラにおける母系制の近代法化の過程を検討するとともに、新たな法制度の導入に際した人々の対応について、ムンダベットゥ・グットゥにおける土地分割相続の試みに焦点を当てて検討する。

注

1　太田（1994: 228）によれば、パッタダールとは文字通りには地券（パッタ）保有者を意味し、実質的には土地所有者を意味する。ただし後述するように、南カナラにおけるバンタの土地保有者層において、パッタダール（*paṭṭadār* 男性形）またはパッタダールティ（*paṭṭadārti* 女性形）は土地に対して排他的な権利を有する「土地所有者」であったのではなく、土地を共同保有する母系親族集団の代表者として選定されたという特徴をもつ。

2　アールパによる統治の開始時期については明確なことがわかっていない。アールパの支配者についての記述が碑文に現れるのは六世紀である（Abhishankar et.al.（eds.）1973: 37-38）。

3　十六世紀初頭になるとケラディ一族が台頭してくる。ラメーシュ（Ramesh 1970:XVII）はサダーシヴァ・ナーヤカ（Sadashiva Nayaka: 1544-1565）が南カナラを支配していた一五六五年頃までをヴィジャヤナガラ時代としている。

4　「ターリコータの戦い」とも呼ばれる。ヴィジャヤナガラ王国軍とデカンのムスリム五王国連合軍との間で行われた戦いであり、ヴィジャヤナガラ王国の衰亡を決定づけるものとなった（辛島 2012: 481）。

5　ホイサラ朝は、ヴィシュヌヴァルダナ王が即位した一一〇六年から一三四二年までの約二五〇年間、マイソール地方で勢力を誇った王朝である（重松 2012b: 730-731）。

6　南カナラの歴史についてはBhatt（1975）も参照。

7　本書では、主に土地政策と地租徴収の文脈において設定される土地保有・地租納入の主体を指して「地主」と呼ぶ。また本書では、植民地期以降に地租納入の主体として選定されたパッタダールと「地主」という語を互換的に用いる。本書でみていくように、南カナラではバンタの母系親族集団による土地の共同保有という形態が広く見られ、親族集団の代表者がパッタダールとして登録された。なお、本書における「地主」は、村落社会における支配者層であり儀礼的役割を担う「領主（グットゥ）」とは用語上区別される（本書でみていくように、調査地において領主層と地主層は重なり合っているが、すべての地主がグットゥの地位を占めているわけではない）。

8　しかし、この時期の土地保有権がどのようなものであったのか、個々の土地保有者と王家の徴税システムとの関係については、Ramesh（1970）からは明らかではない。

9　なお、マーダワ（Madhava 1984: 5）によれば、ヴィジャヤナガラ期にマーガネと呼ばれた行政区域ではジャイナ教徒の領主層が権力を行使した。ただしハイダル・アリーとティプ・スルターンの時代になるとこれらのジャイナ教徒たちは支配者層から単なる土地保有者に転落した。

10　本書では、土地に課される租税について「地租」という用語で統一する。ただし、地租の徴収については「徴税」と表現する場合がある。また、小作が地主に支払う土地の借り賃については、「地代」または「小作料」と表現する。

11　この中には、たとえばバヤル（*bayalu*）、ベットゥ（*beṭṭu*）、マジャル（*majalu*）など、現在の南カナラにおいても一般に用いられている語彙が含まれている。

12　それぞれの行政単位の長は、オッデヤ（*oḍeya*）、アラス（*arasu*）、ドレ（*dore*）、バッラーラ（*ballāla*）などの称号を有しており、アラスないし王の職位は世襲で継承された。また、シーメの行政にかかわる役人たちが集まって協議する場所はチャーワディと呼ばれ、そこで行政にかかわる重要な決議がなされた（Gowda 2005: 28）。

13　これらの称号はペラールにおいて現在、ブータの司祭や領主一族の長の名として用いられている。

14　このようなシステムは、神霊の社と領主を中心とした「職分権体制」といえるものであり、南カナラにおける領主の性格を考察する上でも重要である。南カナラの土地保有制度に関する植民地期の報告では、南カナラではワルガダールと呼ばれる土地所有者が土地を「私的所有」しているという報告がみられる（Arbuthnot 1889: 62-63; Buchanan 1988［1807］: 33参照）。しかし、これについて英領インドの土地制度をまとめたBaden-Powell（1990［1892］: 144）は疑義を呈している。「これらの報告は、これらのふたつの国（カナラとマラバール）では、他所にはない土地の私的所有（private property in land）がみられると幾度も繰り返している。ある意味において、これはおそらく本当のことであろう。だが、カナラにおけるワルガダールが、タミルと他の地域においてかろうじて残存しているかつてのミーラーシダールよりも真に『所有者（owner）』であるのかどうか、私にはわからない」。ワルガダールと呼ばれた土地保有者は、近代西欧的な意味での私的土地所有者ではなく、タミルにおけるミーラーシダールと同様に、村落社会における職分権体制を支える基幹的階層であったと考えられる。職分権体制について田辺（2010: 57-58）、タミルのミーラース体制について水島（1994, 2007, 2008）参照。

15　ナーヤカとは、ケラディ一族のチャウダッパ・ガウダ（Chaudappa Gauda: 1500-1540）が当時のヴィジャヤナガラ王から授与された称号である（Abhishankar et.al.（eds.）1973: 54）。

16　通常、土地は「完全な領地／所有物の八つの権利」と呼ばれるもの、すなわち現在の利益（*akshini*）、将来の利益（*āgami*）、隠された宝物（*nidhi*）、地下の石（*nikshēpa*）、泉（*jal*）、鉱物（*pāshana*）、実在するもの（*siddha*）、可能なもの（*sadhya*）とともに与えられたという（Madhava 1985: 135）。

17　なお、マーダワは、この時代にブータの一部が「二次的な神格」とみなされ、シーメの神々の従者的な神格に格下げされるとともに、ブータ祭祀の様式は次第にブラーマン的な祭祀様式の影響を受けるようになったと述べている（Madhava 1985: 21-23, 143）。

18　India Office Library and Records, London, *Madras Revenue Consultations*, 19 September 1800, pp.2239-2248（Stein［1989: 67-68］による引用）。

19　カナラは、現在のカルナータカ州ウッタラ・カンナダ県、ウドゥピ県、ダクシナ・カンナダ県、ならびに現ケーララ州のカーサラゴード県にあたる地域である。カナラにおけるマンローの任期は一七九九年七月から一八〇〇年十月であった（Bradshaw 1894: 87）。一八〇〇年十二月にカナラは南北に分割されたが、一八〇五年に再統合され、一八五九年に北カナラ県と南カナラ県に分割されるまで、マドラス管区のひとつの収税区として統治された（Bhat 1998: 4-8）。一八六二年に北カナラ県（南カナラ県に加わったクンダープラ郡を除く）はボンベイ管区に編入され、南カナラ県は一九五六年の州再編の際に新マイソール州と統合されるまでマドラス管区の一部であった。なお、カーサラゴード郡は一九五六年にケーララ州に統合された（Abhishankar et.al.（eds.）1973: 4-5）。以上の歴史的経緯をふまえ、本項ではマンローの任地について基本的に「カナラ」と表記するが、本書の資料に基づく南カナラの状況の記述では、「南カナラ」という表記を用いて区別する。

20　アーバスノットの見解の妥当性については、続く節で批判的に検討する。

21　ここでは一七九三年にコーンウォリス総督によってベンガル管区に導入され、以後イギリス支配期を通じて北インドを中心に実施された土地所有・徴税制度であるザミーンダーリー制において規定された「地主」を指す（重松 2012a: 314-315）。

22　葉を意味するサンスクリット語の *varga*、またはアラビア語の *warq* から派生したと考えられる（Baden-Powell 1990［1892］: 147; Sturrock 1894: 118）。

23　一方、ダムレ（Damle 1991: 158, note15）によれば、ワルグはそれぞれの土地保有者の収入報告（revenue account）を表し、しばしばその中には異なる村や地域に散在する広さの不明な土地が含まれていた。ゆえに、ダムレによれば、ワルグに「地所（estate）」という語を当てることは適切ではない。ワルグについてはBhat（1998: 85）も参照。

24　Maclean（1877: 99-101, 114-115）、ならびにSturrock（1894: 118）参照。ライーヤトワーリー制において実施されるべき区画サーベイや査定の詳細についてはBaden-Powell（1907: 199-206）参照。

25　後述するように、ムンダベットゥ・グットゥでは母系親族集団（クトゥマ）の年長女性をパッタダールティとして政府に登録してきた。なお、タミル地方の村落領主層であるミーラーシダールのパッタダールへの移行について、水島（2007）比較参照。

26　'Memorandum Relative to Revenue Servants: Extracts of a Letter from A. Read [then sub-collector in the CD under Munro] to Another Junior Colleague, James Cochrane'. IOL, MC, F/151/10, f.95（Stein［1989: 66］による引用）。

27　ただし、*bhandāra-sthala* は正確には「国有地」ではなく、免租地ではない土地を指す（この点は太田信宏氏のご教示による）。

28　このようなスタインの主張に対して、十七世紀のシヴァッパ・ナーヤカによる「検地」の重要性を指摘した研究としてChitnis（1974）参照。

29　Gowda（2005: 28）比較参照。Abhishankar et.al.（eds.）（1973: 434-435）によれば、一八九二年から一八九三年にかけては四万五

五三四件の個人の地券保有者があり、二件の共同保有者、および五件の登録された共同の地券保有者が存在していた。このことは個人が地券をもつパッタダールの多さを示しているが、地券をもっている者が実際に排他的な土地所有権を有していたと結論づけることはできない。次節で検討するペラールのケースにみられるように、パッタダールとして家系の長を登録し、実際には複数の親族メンバーが土地の共同保有権をもつ場合が多かったものと考えられる。後述するように、独立後に実施された土地改革について論じたPani (1984) は、カルナータカの地域社会では土地に対する所有権 (ownership) と支配 (control) が同一であるとはいえないことに注意を喚起しているが、この指摘は植民地期の土地政策を分析する上でも重要である。

30　Maclean (ed.) (1987 [1885]: 154-155, 1989 [1885]: 64) 参照。

31　一八三一年には重税に耐えかねた農民らによる「無税キャンペーン」がカナラで展開された (Sturrock 1894: 104-105; Abhishankar et.al. (eds.) 1973: 68; Rao 1991; Bhat 1998: 112-113)。

32　ムドゥ・ペラールとパドゥ・ペラールもこの時期に測量調査の対象となった。現在、両村の地図としてダクシナ・カンナダ県の県庁やパドゥ・ペラールのパンチャーヤット事務所をはじめとする公的機関に保管されている地図は、一八九三年のリトグラフ版の地割図を原版としている。

33　この再査定の結果、ライーヤトワーリー制度下に含まれる土地面積は一〇二万二二一二エーカー、地租額査定の総額は二五七万二一〇〇ルピーから二八五万三二五七ルピーに増加した (Abhishankar et.al. (eds.) 1973: 436)。

34　パッタダールは男性に対する、パッタダールティは女性に対する名称である。

35　この文書は、県庁の資料庫に保管されていた基本的に非公開の資料である。この文書のコピーを取得するに至った経緯については、石井 (2011b) 参照。

36　ページャーワラ僧院は登録番号37と38として二回登録されており、登録番号38ではブラーマンのムーラ・ゲーニの名が登録されている。

37　また、SSRMでは、女性のパッタダールティについて、登録された者の名の後に「ムンダベットゥ　プーヴ (女性)」のように性別が記載されている場合がある。

38　「サンナ・ムンダベットゥ」はティッディヤムンドットゥと同義であり、第三位の領主を指す。

39　国民会議派は一八八五年十二月にボンベイで開催されたインド国民会議を起源とし、インドでもっとも古い歴史をもつ政治組織・政党である。詳しくは三輪 (2012a: 275-277) 参照。

40　マイソール州は一九七三年十一月一日をもってカルナータカ州に改称された (Kamath et al. (eds.) 1982: 388)。なお、一九九七年にそれまでの南カナラ (ダクシナ・カンナダ) 県は現在のウドゥピ県とダクシナ・カンナダ県に分割された。

41　マイソール土地改革法では第一級灌漑地 (first class irrigated land) における一エーカーが標準エーカーとされた (Pani 1984: 48)。

42　Thimmaiah and Aziz (1983: 823) では「一〇標準エーカー」とされているが、これは「一〇ユニット」の誤りではないかと思われる。一九七四年の土地改革 (改正) 法におけるユニットとは、「八アンナ以上として土壌が分類されている土地」であり、「二期作が可能な水が政府の用水路かタンクから供給されている土地」と定義された (Pani 1984: 48-49)。

43　インドにおける在来の土地保有制度と近代的な土地所有概念のズレについては、下記の研究を比較参照のこと。水島 (1994, 1999, 2007)、田辺 (1999)、佐藤・中里・水島 (2009: 374-386)。

九章　母系制の近代法化と母系親族集団

前章でみたように、南カナラでは植民地期以降、ライーヤトワーリー制の導入や土地改革をはじめ、さまざまな土地政策が実施されてきた。これらの政策のターゲットのひとつとなったのは、この地域の大部分の土地を保有するバンタの地主層であったが、彼らの土地保有と相続のあり方は、「アリヤサンターナ制」と呼ばれる南カナラの母系制に依拠するとともに、この制度によって規定されてきた。

十九世紀末以降、植民地政府と法廷は南カナラにおける財の相続や婚姻をはじめ、法的領域にかかわる人々の実践を規定するものとしてアリヤサンターナ制に着眼するとともに、この制度を近代法として再構築してきた。前章でみたように、二十世紀初頭の地租額査定に伴うパッタダールティの登録もまた、このように近代法化されたアリヤサンターナ制の定義に則る形で行われたのである。

それでは植民地期以降、アリヤサンターナ制に対する解釈と定義は、近代法制度の領域においてどのように進められ、いかなる変遷を遂げてきたのだろうか。またそれは、バンタの人々にとっての母系親族集団のあり方や、親族メンバーの権利にどのような影響を与えてきたのだろうか。そして、慣習法としてのアリヤサンターナ制と近代法化された制度との間にはどのような差異やずれがあり、人々はそれに対してどのように対処してきたのだろうか。これらの問いを考えるにあたって本章では、アリヤサンターナ制の近代法化とその後の法修正の過程において焦点のひとつとなった、母系親族集団における「財の分割（不）可能性」という問題を中心に検討していきたい。

なお、「母系親族集団」の現地語について本書では、原則として近代法による定義について述べる場合はカンナダ語の「クトゥンバ（Ka.*kutumba*）」を、慣習的な制度や実践について述べる場合はトゥル語の「クトゥマ（*kutuma*）」を用いる。[1] 法的用語としての「クトゥンバ」が、後述するように女性を基点とする母系出自集団としての側面、および「財の共同体」としての経済的機能に焦点を当てたものであるのに対して、「クトゥマ」は一般に、ブータ祭祀をはじめとする宗教祭祀や儀礼をともに執り行う親族集団を意味する（Upadhyaya 1988-1997: 819参照）。また、本章でみるように、慣習的なアリヤサンターナ制の下におけるクトゥマは、経済的な共同体であるのみならず祭祀共同体でもあり、親族組織であると同時に日常的な生活空間でもあり、何よりも人々と神霊、土地・自然を結ぶやりとりのネットワークの重要な結節点として存在していたのである。

1　植民地期におけるアリヤサンターナ制と近代法の出逢い

十九世紀の終わりに南カナラの徴税官であったストゥロックは、当地におけるアリヤサンターナ制について、次のように述べている。

トゥルの人々の唯一の際立った慣習は〔中略〕アリヤサンターナ相続法である。〔中略〕家族の財産は女系で付与され、母から娘へと受け継がれる。一方、職位（titles）と位階（dignities）は男性に付与され、財産の管理もまた通常は兄弟によってなされ、相続のラインは普通、亡くなった保有者からその姉妹の息子に受け継がれる。男性による財産の管理が近

> 年に起源をもつものであるかどうかを示すものはない。理論的には、それが男性であれ女性であれ、今でももっとも古い系（branch）の最年長のメンバーが「エジマン（*Ejmán*）」〔原文ママ〕つまり管理者となるが、実際には「エジマン」は、必要な援助を提供する能力にもっとも長けているとみなされた他の家族メンバーの助力を得て、その役割を果たしている。財産の分割は強制されえず、事実禁止されているが、一時的に管理を分けるような取り決めは便宜的になされており、多くの場合、時がたつにつれて実質的に恒久的な分割となっている。（Sturrock 1894: 140-141）

ストゥロックの説明は、以下にその詳細を述べるアリヤサンターナ制の特徴を簡潔に表していると一応はいえるだろう。アリヤサンターナ制は、以下にみるように、バンタやプージャーリ（ビッラワ）、ジャイナ教徒をはじめ、母系制をとる南カナラの人々の財の保有と相続のあり方を現在も規定している重要な制度である。ただし、この制度は「トゥルの人々の慣習」であるのみならず、植民地期以降の法廷における解釈や判例の積み重ねと、独立後の法制度によって再構築されてきたという側面をもつ。したがって、南カナラにおけるアリヤサンターナ制のあり方を理解するためには、近代法による母系制の解釈と制度化に関する検討が不可欠である。[2] 以下では、シャンケル・バットの研究（Bhat 2004）に基づいて南カナラのアリヤサンターナ制に関する基本事項を概説するとともに、一九四九年に制定されたマドラス・アリヤサンターナ法（The Madras Aliyasantana Act, 1949［Madras Act No.9 of 1949］）の内容を検討していきたい。

バットは、マドラス・アリヤサンターナ法を中心に、南カナラにおけるアリヤサンターナ制とこれにかかわる法の変遷について、多くの裁判事例の検討を交えながら考察している。バットによれば、南カナラに起源をもつ慣習的なアリヤサンターナ制は、財や属人法（personal law）にかかわる慣習や用例の総体であり、一般の人々の間ではアリヤサンターナ・カットゥまたはアリヤカットゥと呼ばれてきた。トゥル語で「アリヤ」はオイまたは義理の息子、「サンターナ」は家族やクランを意味し、アリヤサンターナ・カットゥとは母系ラインで継承される相続システムを意味する（Upadhyaya 1988-1997: 212, 2865）。この慣習的制度の正確な起源は不明であるが、インドにおける多くの近代法と同じく、アリヤサンターナ制もまた、イギリス的な司法制度と財の所有制度が確立された時期に近代的な属人法として形成されていった。以下に、その経緯をみていきたい。

アリヤサンターナ制の起源伝承と植民地法廷における「法典」化

バットによれば、南カナラの法廷では一八五〇年頃から一九一三年頃まで、「紀元七七年頃にブータラ・パーンディヤ（Bhuthala Pandya）という名の王子がアリヤサンターナ制を創始した」という説が受容されていた。南カナラにおけるアリヤサンターナ制の起源伝承であり、法廷において「法典」化されたブータラ・パーンディヤの伝説とは、以下のようなものである。

あるとき、ブータラ・パーンディヤの母方オジにあたるデーワ・パーンディヤという王が、新しく建設した船に多くの貴重な荷を載せて進水させようとした。そのとき、クンドダラという悪魔の王が人身供犠を王に求めた。デーワ・パーンディヤは、彼自身の七人の息子のうちの一人を犠牲にするよう妻に求めたが、妻はこれを拒否した。一方、彼のシマイであったサッティヤヴァティは、彼女の息子であるジャヤ・パーンディヤを犠牲として差し出した。悪魔の王はこの子供〔ジャヤ・パーンディヤ〕が将来偉大な者となる徴を帯びているのを認めたため、この子を犠牲にすることなく船の進水を許し、子供にブータラ・パーンディヤという名を与えた。

その後、何艘かの船が莫大な富を載せて戻ってきたとき、悪魔は再びデーワ・パーンディヤに対して人身供犠を要求した。王は再び息子を捧げるよう妻に求めたが、妻はこれを拒否した上、船が持ち帰った富に対する彼女自身と息子たちの権利を放棄すると公言した。そこでクンドダラはデーワ・パーンディヤに対して、船が持ち帰った富と王国を彼自身の息子たちに相続させるのではなく、彼のシマイの息子であるブータラ・パーンディヤに与えるように命じた。このようにしてブータラ・パーンディヤは、父からではなく母方のオジから王国を受け継ぐことになった。ブータラ・パーンディヤは、彼の臣民たちにもみずからの例に従うようにさせ、ここにアリヤサンターナ法が確立されたのであった。（Rao 1898: 7-8,

16; Bhat 2004: 6-7)

十九世紀末に『アリヤサンターナの法と用法に関する論文（*A treatise on Aliya Santana law and usage*）』（Rao 1898）を著したガンゴーリ・クリシュナ・ラオによれば、一八四三年頃に『ブータラ・パーンディヤの規則と掟（*Bhutala Pandya's Kattu Kattale*）』というカンナダ語の小冊子が発行され、法廷の注目を集めた。この冊子は一八五九年にジャーマン・ミッション・プレスによって出版され、一八六四年と一八七三年にその英語版が出版された。地方裁判所と高等裁判所において、この冊子は慣習的なアリヤサンターナ制のあり方を規定する「ブータラ・パーンディヤ法典（The Code of Bhutala Pandya）」として参照されるようになり、その内容に依拠して判決が下された。

たとえば、一八六三年のムンダ・シェティとティンマジュ・ヘングスの裁判（Munda Chetty vs. Thimmaju Hengsu. *Madras High Court Reports* 1, 1863: 380）において、マドラス高等裁判所の判事であったフレレ（J. Frere）とホロウェイ（J. Holloway）は、この「法典」に基づいてアリヤサンターナ制の下における家財の強制的な分割権を否認した。後述するように、このときフレレらが依拠した「法典」の根拠は後に疑われることになるが、この裁判において提示された「家財の強制的な分割権の否定」という原則自体は、一九四九年のマドラス・アリヤサンターナ法の施行まで維持されることになる。このように初期の裁判において、「ブータラ・パーンディヤ法典」はその権威を疑われなかったのみならず、慣習的なアリヤサンターナ制に関する法的な判断の根拠として用いられたのであった（Rao 1898: 104-105; Bhat 2004: 7）。

一八八〇年代になると、一部の判事の間でブータラ・パーンディヤ説への疑義が提起されるようになったが、これは一八七二年に出版されたアーサー・コーク・バーネルの著作中にあるブータラ・パーンディヤ説への軽侮を込めた批判によるところが大きい。[3] マドラス高裁判事であったルイス・ムーアは、彼が編纂した『マラバールの法と慣習（*Malabar law and custom*）』（Moore 1905）において、以下のバーネルの文章を引用している。

ある種の明白な詐欺であり、それにもかかわらず法廷において証拠として受け入れられているのは、アリヤサンターナの規則と掟（*The Aliya Santanada Kattu Kattale*）であるが、これは南カナラの慣習についての誤った記述である。インドの書物の多くがそうであるように、これもまた馬鹿げており、他に類をみないほどに子供じみており、愚かな小冊子である。（Burnell 1872: 12［Moore 1905: 81による引用］）

当時、南カナラの地方裁判所判事であったバーネルの見解は法廷において大きな影響力を有していた。結果として、一九一三年の裁判（Secretary of State vs. Santaraja Shetty. *Madras Law Journal* 25, 1913: 411）以降、「ブータラ・パーンディヤ法典」は慣習的なアリヤサンターナ制を規定する権威とはみなされず、判決の根拠として参照されることもなくなった。

以上の経緯は、慣習法としてのアリヤサンターナ制が近代法として再定義されていく過程を考察する上で興味深い。母系制をとるバンタの人々の相続や婚姻、扶養などにかかわる慣習的行為と実践は、十九世紀以降、植民地統治の下で法廷における裁判の対象となった。このとき、イギリス人判事たちはまず、みずからの司法判断に根拠を与えうる「真正な」古典として「ブータラ・パーンディヤ法典」を見いだし、これを活用したのであった。この「法典」の真正さに対して疑義が提起された後も、「法典」に基づいてなされた判決の原則の一部は維持された[4]。また、相続や婚姻などにかかわる人々の慣習的行為や実践の総体としてのアリヤサンターナ制は、先例拘束性の原理の下で判例の積み重ねを通して明文化され、近代法として実体化されていくことになる。

本章でみるように、慣習法としてのアリヤサンターナ制の「近代法化」の過程とは、イギリス人判事とインド人判事をはじめ、司法にかかわる人々が「法典」や判例の参照を通して「真正な法」を遡及的に再発見しつつ、近代法としてのアリヤサンターナ制を再帰的に構築していく過程として考えられるのである。

2　マドラス・アリヤサンターナ法と母系親族集団の再定義

マドラス・アリヤサンターナ法とクトゥンバ

マドラス・アリヤサンターナ法は一九四九年四月十三日に総督（Governor General）の承認を取得し、同四月二十六日にフォルト・セント・ジョージ官報（Fort St. George Gazette）において公布された。この法は、アリヤサンターナ制の下にある人々の婚姻、扶養、後見、無遺言の相続（intestate succession）、家族の管理ならびに分割に関する法を定義し、部分的に修正したものである。この法の序文には、「この法は、アリヤサンターナ相続法の下にあるすべてのヒンドゥー教徒ならびにジャイナ教徒に対して適用される」という記述があるが、バットによれば、この場合の「アリヤサンターナ相続法」とは、単に相続にかかわる法だけを意味するものではなく、慣習法の総体を意味していた（Bhat 2004: 13-19）。

この法において、「アリヤサンターナ」という語の意味があらためて定義されるとともに、アリヤサンターナ制の下にある「家族」に関する重要な用語がカンナダ語で再定義された。その内容は、以下の通りである。

①「アリヤサンターナ」とは、出自が女系で辿られる相続のシステムであり、ただしマルマッカターヤムとして知られる〔マラバールの〕相続システムを含むものではない。

②「カヴァル（Ka. *kavalu*）」とは、女性との関連における用法では、その女性と彼女の子供たち、および彼女のすべての

女系子孫を含む人々の集団を意味する。また、男性との関連における用法では、その男性の母のカヴァルを意味する。

③「クトゥンバ」とは、アリヤサンターナ相続法の下にある財の共同体（community of property）として、合同家族（joint family）を形成する人々の集団を意味する。

④ニッサンタティ・カヴァル（Ka. *nissaṃtati kavalu*）とは、サンタティ・カヴァル（Ka. *saṃtati kavalu*）ではないカヴァルを意味する。[5]

⑤サンタティ・カヴァルとは、少なくとも一人の成員が五〇歳未満の女性であるカヴァルを意味する。

⑥ヤジャマーナ（Ka. *yajamāna*）とは、クトゥンバまたはカヴァルにおける男性または女性の最年長の成員であり、クトゥンバまたはカヴァルの財を管理する権利を与えられた者、または家族の慣習、契約、法廷の判決などによってそうした権利を与えられたその他の成員を意味する。（Act No.9 of 1949: Definitions 3［Bhat 2004: 25による引用］）

以上の定義について、以下にもう少し詳しく検討してみたい。

まず、「カヴァル」は一般にカンナダ語で「分岐」を意味するが（Učida and Rajapurohit 2013: 220）、アリヤサンターナ制の文脈では「女性の系」を意味する。母系相続をとるアリヤサンターナ制では、女性が相続者であり、かつ系譜上の出発点に位置する。カヴァルとは、この女性と彼女の子供たち、およびその女系子孫から構成される集団である。カヴァルはクトゥンバの下位区分（sub-division）として位置づけられ、クトゥンバはいくつかのカヴァルから構成される。法廷はこのカヴァルを法的実体として取り扱ってきた（Bhat 2004: 27）。

一方、マドラス・アリヤサンターナ法において、「クトゥンバ」はまずもって「財の共同体」として定義された。この法では、マドラス・マルマッカターヤム法（The Madras Marmakkattayam Act, 1932）におけるタラワード（母系制をとる合同家族）の場合と同じく、クトゥンバの財はメンバー全員の同意なしには分割することができないとされた。[6]また、どの個人もクトゥンバの財に対する明確な取り分をもたず、財の分割によって取り分に対する権利を強制的に要求することはできないとされた。

以上のことから、マドラス・アリヤサンターナ法においてクトゥンバとは、「その成員が財に対して共同の権利をもつ母系出自集団」として定義される。このようなクトゥンバの定義は、バットによれば、十九世紀を通した法的手続きの中で形成されてきた「母系制」の概念に適合するものであった（Bhat 2004: 32）。二十世紀半ばに施行されたマドラス・アリヤサンターナ法は、植民地期の司法による現地概念に対する解釈や定義を受け継ぎつつ、南カナラの「母系制」を再構築しようとするものであったといえる。

一九四九年のマドラス・アリヤサンターナ法は、このように、「アリヤサンターナ」、「クトゥンバ」、「カヴァル」をはじめ、南カナラのアリヤサンターナ制にかかわる重要な語彙を定義するとともに、この制度の基盤となる母系親族集団を「財の共同体」として明確に意味づけるものであった。また、注目すべきは、この法によってアリヤサンターナ制における「相続者」、「始祖」ないし「出自の基点」としての女性の立場が明確にされたことである。この点についてさらに注意すべきことは、出自と相続の基点となりうる「女性」とは、「（系譜を次世代につなぐことのできる）女子を産んだ／産む可能性をもつ女性」として規定された、ということである。つまり、マドラス・アリヤサンターナ法において明示された女性の重要性とは、まずもって「財の共同体」たるクトゥンバの維持・再生産という観点からみた重要性であったといえる。

近代法による母系親族集団の再定義――祭祀共同体から「財の共同体」へ

先述したように、一九四九年のマドラス・アリヤサンターナ法は、母系出自集団としてのクトゥンバを「財の共同体」として意味づけるものであった。これと関連して、同法はクトゥンバの長であるヤジャマーナに対し、ファスリ暦の一年ごとにクトゥンバの収支決算を行うという義務を課した。バットによれば、この法によって初めて「クトゥンバの財の収支決算」という、それまでにはなかった任務がヤジャマーナの義務として法的に定められた（Bhat 2004: 71）。

マドラス・アリヤサンターナ法は、このようにクトゥンバの長の役割を新たに定義するものであったが、それではクトゥンバの長の役割とは、そもそもどのようなものであったのだろうか。この点について以下に、神霊祭祀とクトゥマの関係に焦点を当てて考えてみたい。

慣習的なアリヤサンターナ制において、クトゥマの長（ヤジャマーナに相当する）は家系の財を管理するとともに宗教祭祀を統轄する義務と権利を有していた。バンタの領主の家系において、家系の長は今なおクトゥマの財と神霊祭祀を管理運営する権利と義務を有しており、この双方の領域、つまりクトゥマの財・資源と神霊祭祀は分かちがたく結びついている。

すなわち、ひとつのクトゥマにおいて神霊祭祀は母系で継承され、祭祀に必要な経費や物資を賄うための財や土地もまた母系で継承されてきた。なかでもクトゥマのブータ（*kutumada būta*）は、その本家の屋敷が位置する土地と密接に結びついており、儀礼の中でクトゥマの長に対して土地の資源を用いる権利を与え、あるいは承認する存在である。このように、クトゥマが保有し、管理運用する財や資源は儀礼を通して神霊から一時的に授けられるものであり、その維持と繁栄は祭祀の継続によって保証されてきた（Claus 1991: 163）。また、四章と五章でみたように、これらの資源の一部は供物として神霊に贈与／返還された後、プラサーダとして人々の間に再分配される。

したがって、クトゥマにおける財・資源の保有や運用のあり方は本来、母系親族集団の「家産」としての経済的な領域において完結するものではなく、まずもってクトゥマの存続と豊饒性を司る神霊祭祀との関係において規定されるべきものであった。五章の検討をふまえるならば、土地や作物をはじめとしてクトゥマが管理運用する財・資源は、当のクトゥマが排他的な権利を有する「分割不可能な家財（*indivisible* family property）」（Bhat 2004: 91）であったのではなく、人々と神霊、そして土地・自然の間を循環する物質＝コード、あるいは「分割可能な人《パーソン》（*divisible* person）」として存在していたといえる。

また、人々と神霊、土地・自然を結ぶやりとりのネットワークの中で、クトゥマは周囲の土地・自然と不可分に結びついた生活空間である「屋敷」として、また婚姻や生殖、養育、食事などの生命活動を通して継承されていく物質＝コードの流れそのものとして、それ自体がやりとりのネットワークを構成する重要な要素のひとつであった（cf.

Moore 1985)。[7]

以上のことから、クトゥマにおいてその財・資源と神霊祭祀の両方がともに母系で継承されることの必然性が理解される。神霊祭祀は、儀礼の実践を通して神話的過去から未来にわたる家系の存続と繁栄を約束するものであり、したがって神霊祭祀とそれによってもたらされる財・資源はともに、家系を次世代につなぐ女性のラインにおいて継承されていくべきなのである。クトゥマとは、したがって「財の共同体」として定義される以前に、「祭祀共同体」として定義されるべきものであったといえる。[8]

一九四九年のマドラス・アリヤサンターナ法では、しかしながら、上述のような祭祀共同体としてのクトゥマの意義や、クトゥマにおける財・資源の管理運用と神霊祭祀との不可分の関係は無視され、「財の共同体」ないし経済共同体としてのクトゥンバの重要性のみが焦点化された。[9] 同様に、クトゥンバの長は「家財の管理者」として定義され、家系の宗教祭祀を司る職能者としての役割は法的な定義の外部に取り残された。

さて、バットによれば、クトゥンバの年少の成員がヤジャマーナによって扶養される権利は、合同家族の財に対するすべての成員の権利に付帯するとされたが、裁判を通した法解釈の変遷につれて、この権利はそれぞれの成員がその他の合同家族とともにクトゥンバの本家に住み、クトゥンバのために働かなくてはならないという義務と結びつくようになった（Bhat 2004: 91-93）。つまり、「家財の分割不可能性」という法的な原則が、「共住する合同家族」という生活様式をクトゥンバのあるべき姿として提示し、人々の実践を方向づけていったのである。以上のようにマドラス・アリヤサンターナ法は、「クトゥンバにおける財の共同保有」という原則を核として、日常的なクトゥマのあり方を規定し、それに変更を加えていくものであった。

クトゥンバの財とカヴァルによる分割要求権

さて、一九四九年のマドラス・アリヤサンターナ法は、それぞれのカヴァルに対して、そのカヴァルが属するクトゥンバの家財に対する分割要求権を認めたという点で画期的なものであった。バットによれば、この法が制定される以前には個人やカヴァルによる家財の強制的な分割は認められていなかったが、この法によってまず、カヴァルによる家財の分割要求権が承認されるようになった（Bhat 2004: 119）。その具体的な内容は、以下のとおりである。

（a）四世代以上にわたって分裂（分家）していないクトゥンバの場合

（1）クトゥンバの財の四分の三は、生存しているクトゥンバの成員全員の間で頭数ごとに（per capita）分割され、カヴァルはその取り分を割り当てられるべきこととする。

（2）残りの四分の一は、カヴァルの間で系ごとに（per stirpes）分割され、カヴァルはその取り分を割り当てられるべきこととする。

（b）（a）以外の場合

（1）クトゥンバの財の二分の一は、生存しているクトゥンバの成員全員の間で頭数ごとに分割され、カヴァルはその取り分を割り当てられるべきこととする。

（2）残りの二分の一は、カヴァルの間で系ごとに分割され、カヴァルはその取り分を割り当てられるべきこととする。[10]（Bhat 2004: 116-117）

一九四九年の法制定時において、以上の事項はマドラス・アリヤサンターナ法の施行後一五年間に限って有効であり、この期限の満了日以降は「カヴァルの系ごとの分割」方式が一律に実施されるとされた。しかし、一五年という期限満了に先立つ一九六二年にマドラス・アリヤサンターナ（マイソール改正）法（The Madras Aliyasantana（Mysore Amendment）Act, 1961［Act No.1 of 1962］：以下、「マイソール改正法」とする）が施行され、「頭数ごとの分割」方式が一律に導入されることになった。この点については後述する。

さて、先にふれたようにマドラス・アリヤサンターナ法では、男性のみ、または五〇歳以上の女性と男性のみからなるカヴァルは「ニッサンタティ・カヴァル（子孫のいないカヴァル）」とされた。カヴァルによる財の分割要求権を認める上で、同法は、分割された財に対してニッサンタティ・カヴァルの成員が行使できる権利は彼らの生存中に限るとし、死後にその権利はもっとも関係の近い「サンタティ・カヴァル（子孫のいるカヴァル）」に移譲されるべきと定めた。

この意味するところは、カヴァルによるクトゥンバの家財の分割要求権を認めるにあたって、マドラス・アリヤサンターナ法では、母系の系譜を継続しうる（またはその可能性をもつ）カヴァルと、そうではないカヴァルが区別されていたということである。つまり、すでに生殖能力がないとみなされる女性と男性のみからなるニッサンタティ・カヴァルは、母系の系譜を次世代につなぐことができないために、死後は財に対する権利を失い、その権利は母系の子孫をもつカヴァルに移譲されるべきとされた。この場合、たとえニッサンタティ・カヴァルを構成する男性に子孫があったとしても、彼らは母系の子孫ではないためにクトゥンバの財を相続する権利をもたないのである。以上から、マドラス・アリヤサンターナ法の施行時には、カヴァルによる分割要求権は認められたものの、クトゥンバの財はあくまで母系親族集団の内部で継承される共有財としてとらえられていたことがわかる。

以下にみていくように、クトゥンバの財に対する司法の認識は、植民地期から二十世紀半ばにかけて、あらゆる分割要求権の否認からカヴァルによる分割要求権の承認へ、そして、クトゥンバまたはカヴァルの成員による分割要求権を認めるまでに変化していく。

3　近代法化によるクトゥマの変容——「分割可能な人」から「個人の財」へ？

マイソール改正法

マイソール改正法は、一九六二年一月二日に大統領の承認を受け、同年一月十一日に公布された。これに先立ち、一九五六年に制定されたヒンドゥー相続法（The Hindu Succession Act, 1956）の内容とそれに伴う変化を概観しておきたい。先にみたとおり、マドラス・アリヤサンターナ法では、クトゥンバの財に対する分割要求権の主体はその下位区分であるカヴァルに限られていた。これに対してヒンドゥー相続法では、クトゥンバまたはカヴァルの分割されていない家財に対して権利をもつ男性または女性が亡くなった場合、その当人の取り分は、もし彼／彼女の死の直前に頭割方式での分割がなされていたならば、当人が受け取っていたはずの割り当て分とみなす、とされた。また、この場合、亡くなった当人が受け取っていたはずの割り当て分は、彼／彼女がニッサンタティ・カヴァルの成員であるかないかにかかわらず、その子孫に完全に相続されるものとされた。

このようにヒンドゥー相続法では、クトゥンバの家財の分割要求権がその成員個々人にも拡大された。ただし、その権利は成員自身が生前に享受しうるものではなく、あくまで成員の死後における子への財の相続可能性に重点がおかれていた。

これに対して、マイソール改正法では、クトゥンバの成員が生存中にクトゥンバの家財に対する分割要求権を行使できるものとした。また、頭割による分割方式が、クトゥンバにおける成員間の自主的な分割にも適用されることになった。このようにマイソール改正法は、クトゥンバの成員個々人に、その家財の割り当て分に対する生存中の権利を与えるものであった。また、個人の割り当て分は、彼／彼女がその子孫に相続させることのできる分割財（separate property）としての位置づけを得た（Bhat 2004: 127-128）。

「分割可能な人《パーソン》」から「分割不可能な財の共同体」へ、そして「個人」へ？

ここまでみてきたように、慣習法としてのアリヤサンターナ制は、①イギリス人判事による「法典」の「発見」と先例拘束性の原理に基づく近代法化、②一九四九年のマドラス・アリヤサンターナ法による定義と修正、③一九五六年のヒンドゥー相続法、および④一九六二年のマイソール改正法による修正　という変遷を経てきた。

こうした法の変遷をみるとき、アリヤサンターナ制という制度に対する司法の認識は、「『財の共同体』であるクトゥンバの共有財の分割不可能性」という原則重視の立場から、「カヴァルによる分割要求権の承認」、そして「個人による分割要求権の承認」へと移行していったことがわかる。このような法の修正を通した家財に対する権利の「個人化」の流れについて、バットは一九五五年の裁判におけるマドラス高裁判事の判決文を引用している。

> イギリス領インド政府によって法廷が設立される前、この国における慣習法は、それ自体が成長の原理を反映した変化のメカニズムを有していた。状況の変化は慣習の変化を導き、法と実践の多様性はそのような変化と足並みをそろえて生みだされてきた。イギリス政府によって、先例拘束性の原理に基づく法廷が設立されて以降、こうした〔中略〕自然な成長の過程は阻止されてしまったのである。（Santhamma vs. Neelamma. *All India Reporter*, Madras, 1956: 642［Bhat 2004: 121-122による引用］）

この判決文においてマドラス高裁判事は、①植民地政府による法廷の設立以前のインド社会における、時勢に応じて変化するフレキシブルな慣習法のあり方と、②植民地政府の法廷における「法典」の参照および先例拘束性の原理の導入による法の固定化（具体的には家財の分割不可能性の原則の確立）を指摘し、このように固定化された保守的な法は、③個人主義の台頭による過去の家族概念の衰退という現状にそぐわないと主張している。バット自身もまた、クトゥンバの財に対する権利の個人化という法修正の傾向を指摘し、マイソール改正法の施行以降、「伝統的なアリヤサンターナ法」は衰微の過程にあると述べている（Bhat 2004: 164, 189）。

以上のように、慣習法としてのアリヤサンターナ制は、植民地期における近代法化と独立後の法修正の中で変化を遂げてきた。アリヤサンターナ制が近代法として確立されていく過程において、「アリヤサンターナ」、「クトゥンバ」、「カヴァル」をはじめとして、南カナラにおける母系制と家族共同体のあり方が定義されるとともに、近代法による拘束の下で人々の実践が規定され、方向づけられていったといえる。このことは一面において、近代法によるアリヤサンターナ制と家族共同体の再構築であり、先に引用したマドラス高裁判事の指摘のとおり、近代法による実践の固定化の過程として解釈することができるだろう（cf. Jeffrey 2004/2005）。

あるいは五章の内容をふまえるならば、アリヤサンターナ制の変遷の過程とは、人々と神霊、土地・自然を結ぶやりとりのネットワークを構成する「分割可能な人《パーソン》」として存在していたクトゥマとその財・資源が、近代法によってまずネットワークから切り離された分割不可能な「財の共同体」＝クトゥンバとして定義され、やがて近代的な「個人（individual）」が財の所有の主体として設定されることで、クトゥンバとその財が切り離され、クトゥンバ自体が解体されていく過程として考えられるかもしれない。

ただし、先にみたマドラス高裁判事の見解のように、「財の共同体」としてのみクトゥンバをとらえた上で、近代法によるクトゥンバの再構築と法修正によるその解体を論じることは、性急にすぎると思われる。クトゥンバの「経済共同体」としての側面だけに着眼してその内容を評価するという姿勢は、近代法によるアリヤサンターナ制の解釈と共通するものであるが、こうした見解の中には、クトゥンバやカヴァルの共同性や実体性を成立させているいまひとつの重要な側面、すなわち、祭祀の母体としての側面についての考察が含まれていないからである。

近代法の用語によって定義される「分割不可能な財の共同体」としてのクトゥンバとは異なり、慣習的なアリヤサンターナ制の下におけるクトゥマは、経済共同体であると同時に祭祀共同体であり、親族組織であると同時に日常的な生活空間でもあり、人々と神霊、土地・自然を結ぶやりとりのネットワークを構成する要素でもあった。このように複合的な共同体としてのクトゥマのあり方は、当然ながら近代法制度によって一方的に構築されたものではなく、ゆえに法の修正によっても容易には解体されえない側面をもつ。したがって、「財の共同体」としてのクトゥンバの共同性の揺らぎや変容と、神霊祭祀を核とする複合的な共同体としてのクトゥマの共同性の持続（ないし、クトゥマに属する人々自身による持続への希求と要請）との間にあるズレや相互作用に着眼する必要があるだろう。

以上のことから、南カナラにおけるアリヤサンターナ制の変遷について考察するとき、「伝統」としての慣習法から「近代」を具現する近代法へという単線的な見方をとることは必ずしも適切ではない。また、植民地期の言説によって、「原初的な母系制」としての「アリヤサンターナ制」や「クトゥンバ」が創造されたのに対して、共同体よりも個人の権利を優先させるという独立後の「より正しい近代化」の過程において、植民地期の偏見が是正されたというような見方もまた、事態を適切にとらえてはいないと思われる。[11]

植民地期と独立後を通して、南カナラのアリヤサンターナ制は近代法として構築され、司法による定義と解釈は財の相続や分割、婚姻や扶養などにかかわる人々の実践を方向づけてきた。だが、司法の言語はそもそもアリヤサンターナ制がかかわりをもつ膨大な事象の一部のみを取り上げて定義し、規定してきたのであり、人々は近代法による定義や規定と折り合いをつけようとし、ときにそのことに失敗しながら、近代法によっては完全に言語化されることのないさまざまな事象——その最たるものは神霊祭祀である——にかかわる実践を執り行ってきた。このように、近代法によって確かになかば構築され、しかし法によって定義された「アリヤサンターナ」や「クトゥンバ」などの姿に完全には一致しないという違和や矛盾をはらんだまま、人々は近代法制度の変遷を経験し、彼らにとってのアリヤサンターナ制やクトゥマのあり方を再帰的に創出しつづけてきたのである。

次章では、ペラールの領主一族であるムンダベットゥ・グットゥを中心に、人々にとってのアリヤサンターナ制の実践と経験について検討していきたい。

注

1 また、本書では文脈に応じてクトゥンバを「母系出自集団」と訳す。

2 南インドの母系制を主題とした研究の多くは、ケーララ州のナーヤルにおけるマルマッカターヤム（*marumakkattāyam*）を対象としており、南カナラのアリヤサンターナ制はしばしばマルマッカターヤムとの対比において論じられてきた。南インドの母系制についてはGough（1952, 1974）, 粟屋（1994）, Saradamoni（1999）, Kodoth（2001, 2002）, Jeffrey（2004/2005）, Ishii（2014b）参照。

3 バーネルはイギリス人のサンスクリット学者であり、一八七二年から一八七四年まで南カナラの地方裁判所判事（The Judge of the District Court）を務めた。バーネルは英語で著されたブータ祭祀に関する最初の書物とされる『トゥルワの悪魔信仰（*The devil worship of the Tuluva*）』（1894-1897）の著者でもある（Navada and Fernandes 2008）。

4 先例拘束性の原理（stare decisis）とは、判例法主義の下で、ひとつの判決により定立された法の原理は後の同一または類似の事件において、先例として同じ裁判所または下位の裁判所の判断を拘束するという法理を指す。

5 *samtati* はカンナダ語で一般に集団、子孫、リネージなどを意味し、*nissamtati* は「子供のいないこと」を意味する（Učida and Rajapurohit 2013: 589, 897）。

6 マラバールにおけるマルマッカターヤム制について、詳しくは粟屋（1994）参照。

7 ナーヤルのタラワードについて論じたメリンダ・ムーア（Moore 1985）は、財を共有する母系出自集団としてではなく、儀礼的重要性を備えた「家—土地」のユニットとしてタラワードをとらえる見方を提起している。ムーアはこの「家—土地」ユニットの不可分性と、包括的な領域としてのタラワードの分割不可能性（impartibility）を主張すると同時に、タラワードにおける身体的物質（bodily substance）の流通や混淆を可能とする諸儀礼の重要性を指摘している。ムーアの主張するタラワードの全体性や分割不可能性とは、したがって近代的な意味での家産の非分割性とは異なり、儀礼によって互いに結びつけられた「家—土地」ユニットとその成員たちの包括的な関係性を意味している。このことは、五章の検討に基づいて解釈するならば、特定の家系に属する人々と神霊、土地・自然の間の物質＝コードの流通からなる、境界づけられたやりとりのネットワークそれ自体の全体性を意味していると考えられる。Fuller and Moore（1986）も参照。

8 マラバールの事例についてMoore（1985: 531）, Menon（1993）比較参照。クトゥマは元来、死や出産に伴うケガレと禁忌を等しくひきうける親族の範囲を意味することから、「ケガレの共同体」であるともいえる。なお、クトゥマの財・資源とブータ祭祀がともに母系で継承されることと表裏一体の事柄として、ブータ祭祀の不履行に対するブータの呪詛は、祭祀の責任を負うクトゥマの子孫（つまり母系親族メンバー）にのみ降りかかり、母系親族の男性の子孫は呪いの対象とならないとされる。

9 このことはまた、クトゥマの日常的な営みや存続に密接に関与している非血縁者（使用人、家内労働者やその他のサービス提供者など）とクトゥマを結ぶ儀礼的紐帯を無視することを意味していた。Sreenivas（2008: 26）比較参照。

10 （a）と（b）のいずれの場合も、カヴァルの系ごとの分割において、系の基点となる女性は子供と同様の権利をもつとされた。

11 「個人の権利の優先」、または「婚姻による家族理念（conjugal family ideal）」（Sreenivas 2008）の優先と考えることもできるかもしれない。ただし南カナラにおける法改正の主眼は、夫婦という単位を重視するというよりも、実子への財の相続と、個人の生存中における利益の享受を可能にするという点にあった。

十章　人々にとっての母系制

前章でみたように、十九世紀以降の植民地支配下において、南カナラにおける慣習的なアリヤサンターナ制は近代法として定位され、母系親族集団のあり方にかかわる用語もまた、近代法の言語によって定義されていった。一九四九年のマドラス・アリヤサンターナ法の施行以降、相次ぐ法の施行と修正の下で、南カナラの人々はどのようにアリヤサンターナ制を実践し、またその実践はどのような変化を遂げてきたのだろうか。

以下ではまず、ペラールの領主一族であるムンダベットゥ・グットゥにおいて歴史的に形成され、実践されてきた「アリヤサンターナ制」のあり方について、一族のメンバーたち自身の今日の一般的な理解のあり方を整理する。グットゥの人々による慣習的なアリヤサンターナ制の解釈と実践は、前章でみた近代法としてのアリヤサンターナ制の内容と大枠において重なりつつ、部分的にそれとは相違する独自性をもつ。なかでも注目すべきは、ムンダベットゥ・グットゥにおけるアリヤサンターナ制と神霊祭祀との密接な結びつきである。次に、マドラス・アリヤサンターナ法をはじめとする近代法の施行に対処するためにムンダベットゥ・グットゥの内部で一九五〇年代に考案された、母系親族集団の共同保有地の分割相続案を詳しく検討する。これらの検討を通して、アリヤサンターナ制の下にあるクトゥマにおける慣習《カットゥ》法の実践と、近代法への対処の仕方を明らかにしていきたい。

1　法の施行と修正の下で

クトゥマ、家長《ペルガデ》、神霊祭祀

以下ではまず、ムンダベットゥ・グットゥの複数のメンバーへの聞き取りによって得られた、慣習的なアリヤサンターナ制の内容をみていきたい。

バンタの母系親族集団ないし家系は、「クトゥマ」と呼ばれる。家系のラインは母から娘へと母系で受け継がれ、始祖的な祖先であるシマイの数によって、ひとつの家系は「カバル（*kabaru*）」と呼ばれるいくつかの小集団に分かれる。母系制をとるバンタの場合、このように家系の継続とカバルの分岐の基点となりうるのは女性のみであるが、家系の長としてクトゥマ全体を統率するのは、母系親族の男性または女性である。ムンダベットゥ・グットゥの場合、家系を統轄するグリカーラ（*gurikāra*）ないしペルガデの役職は、原則として母方のオジ（MB）からシマイの息子（ZS）へと継承される。彼はクトゥマの共同保有地の管理を担うとともに、クトゥマが祭祀するブータの祭主（ガディパティナール）として祭祀の全体を統轄する。

このようにムンダベットゥ・グットゥでは従来、家長（ペルガデ）の役割を担う

ムンダベットゥ・グットゥの現在の中心メンバーたち。左から二番目はガンガーダラ・ライ（現ガディパティナール）

母系親族の男性がクトゥマ全体の土地と神霊祭祀をともに統轄し、管理運営するという方法がとられてきた。その際、ペルガデ職の継承はそれぞれのクトゥマの内部で決定され、承認される事項であった。また、クトゥマの共同保有地の管理は原則としてペルガデに一任され、保有権を有するその他のメンバーは、ペルガデを通して収穫物の一部を受けとるという方法がとられていた。そのため、親族メンバーの間で共同保有地の分割相続や不動産としての名義登録などはなされていなかった。[2]

その一方で、八章でみたように、二十世紀初頭にクトゥマの共同保有地の代表者かつ納税者であるパッタダール／パッタダールティを選定する必要が生じたとき、パッタダールティとして政府に登録されたのは、家系の継続の要となりうるクトゥマの年長女性たちであった。また、後に詳しくみるように、一九四〇年代の末頃からクトゥマの共同保有地を親族メンバーの間で分割相続しようとする試みが始まったが、その際には、母系親族の男性が土地に対して当代限りの権利しかもたないのに対して、女性には母からその子へと相続可能な土地権が与えられた。

以上のようにムンダベットゥ・グットゥでは、母から娘へ（シマイからシマイの子へ）という母系ラインでの家系の継続が最重要視され、女性を基点として神霊祭祀の継承や土地の相続が行われた。その際、母系親族の男性は神霊祭祀の祭主（*malpāvunāye*）[3]や土地の管理者（*tūvonuni/tūvoiduppuni*）としての役割を担い、その役割は原則として母方のオジからシマイの息子へと継承された。[4]

クトゥマによる土地保有——伝統的な共同保有地と母系親族メンバーの購入地

ペラールにおいて今日、母系制をとる人々によって保有されている土地は、その起源または取得経路によって、①母系親族集団（クトゥマ）の伝統的な共同保有地、②購入によって取得された土地、③土地改革によって取得された土地　の三つに大別される。このうち、領主の家系において特徴的であるのは、クトゥマの共同保有地のあり方である。すなわち、クトゥマの伝統的な共同保有地（*kutumada būmi*：母系親族の財産／土地）と、母系親族メンバーが過去に購入した土地（*ajjeruḍu baidina*：祖父からきた土地）に分けられる。

このうち、クトゥマの伝統的な共同保有地は、数百年にわたって母系で受け継がれてきたとされる土地であり、クトゥマのメンバー全員がこの土地に対する権利を有する。ただし先にみたように、領主の家系では従来、家系を統轄するペルガデが共同保有地全体の管理と運用を一括して担ってきた。他方、母系親族メンバーが過去に購入した土地は、クトゥマ全体の伝統的な共同保有地とは異なり、クトゥマの成員である男性が、現在から系譜をたどることができる過去のある時点においてみずから購入したものである。このような土地は、[5]購入者の名義で登録され、さらに購入者の実子にその登録が更新されていない限り、購入者の死後は彼の姉妹と姉妹の子に保有権が譲渡されることになる。つまり、母系親族メンバーの購入した土地は、彼の母を基点とした小規模な母系出自集団（*oiṃappa jōkulu*:「一人の母の子どもたち」）の共同保有地となるのである。

先述したように、ひとつのクトゥマの内部において、シマイを基点として分岐した下位集団はカバルと呼ばれるが、この名称は、現在からはすでに起源をたどることのできない始祖的なシマイから分岐した主要な下位集団にのみ適用されるものであり、クトゥマにおけるカバルの数は世代を経ても変わることがないとされる（この点は、前章でみたマドラス・アリヤサンターナ法における「カヴァル」の定義と異なる）。他方、クトゥマのメンバーであるそれぞれの女性を基点として分岐する小規模な母系出自集団については、「一人の母の子どもたち」という説明的な呼び名以外には特定の名称がない。本書では、クトゥマの下位集団であり、基本的な構成単位でもあるこうした小規模な母系出自集団を、クトゥマの主要なカバルに対して、「ウラカバル（*ula kabaru*:「副カバル」）と呼んでおきたい[6]。

クトゥマの成員全員が潜在的な保有権を有する伝統的な共同保有地とは異なり、母系親族メンバーの購入地の場合、当の土地に対して権利を有する母系親族の範囲は、購入者の母を基点とする小規模なウラカバルのメンバーに限定されている。そのため、母系親族メンバーの購入地は、近代法の施行に対処しつつ、みずからの土地権を保守しようとする人々による試行錯誤の主な対象となってきた。この点については5節でも検討する。

2 近代法への対処と共同保有地の相続――「人口による分割」と「カバルによる分割」

先にみたように、クトゥマの共同保有地は伝統的にペルガデによって管理されており、土地の分割相続や個人による登録はなされてこなかった。こうした状況において、地租額査定に際してクトゥマの共同保有地の代表者を政府に報告する必要性が生じたとき、「土地保有者（*kuḍutaḷudārti/kuḍtaḷε*）」として指名されたのは、母系親族の年長女性であった。[7]

これらの年長女性たちは、家系の継続とウラカバルの分岐の要であるとともに、それぞれの女性を基点とするウラカバルの成員がもつ土地保有権の代表者としての位置を占めていた。同様に、ウラカバルの共同保有地である母系親族メンバーの購入地についても、政府にパッタダールを報告する必要性が生じたが、その場合に土地保有権の代表者として指名されたのは、当該の土地に対して保有権をもつウラカバルの年長の女性であった。

さて、前章でみたように、一九四九年には南カナラにおける母系制のあり方を法的に規定したマドラス・アリヤサンターナ法が施行された。さらに、一九五〇年代には一九五六年のヒンドゥー相続法や土地改革法の施行に向けた法整備の動きが始まった。こうした動きを受けてペラールのムンダベットゥ・グットゥでは、クトゥマの土地権を確保する試みの端緒として、クトゥマ全体の共同保有地と、ウラカバルの共同保有地である母系親族メンバーの購入地のそれぞれについて、土地保有権の代表者である年長女性たちを基点として、当該の土地に対して権利をもつ親族メンバーの間で分割相続を行い、各代表者の名義で政府に登録しようとする試みが開始された。

その際、広大な土地を保有するこの一族において採用されたのは、「人口による分割（*janasaṅkyεpāḷu*）」と「カバルによる分割（*kabarupāḷu*）」という二種類の分割相続システムであった。このふたつの相続システムは、原則として、前章でみた一九四九年のマドラス・アリヤサンターナ法に準拠している。すなわち、「人口による分割」はマドラス・アリヤサンターナ法における「頭数ごと（per capita）の分割」に相当し、「カバルによる分割」は同法における「系ごと（per stirpes）の分割」に相当する。以下では、母系制をとるバンタの領主層の間で、現在に至るまでクトゥマの土地分割の際に採用されているふたつの相続システムの内容を概説する。[8]

「人口による分割」

「人口による分割」と呼ばれる相続システムの基本は、あるクトゥマ（またはウラカバル）において、相続の主体となる世代の男女に土地を分配する際に、女性の場合は当人とその母系子孫[9]の人数をカウントし、当人分プラス母系子孫の分として土地を分配するという方法である。

この方法では、多くの母系子孫をもつ女性は、そうでないシマイよりも収穫量の多い、あるいは広い面積の土地の配分を得ることができる。[10]他方、男性の場合は、その実子は異なるクトゥマに属するために分配の対象とならず、当人の取り分のみが与えられる。また、男性の死後、男性に分配された土地をその妻子が相続することはできず、当該の土地は男性のシマイとその子に与えられる。[11]

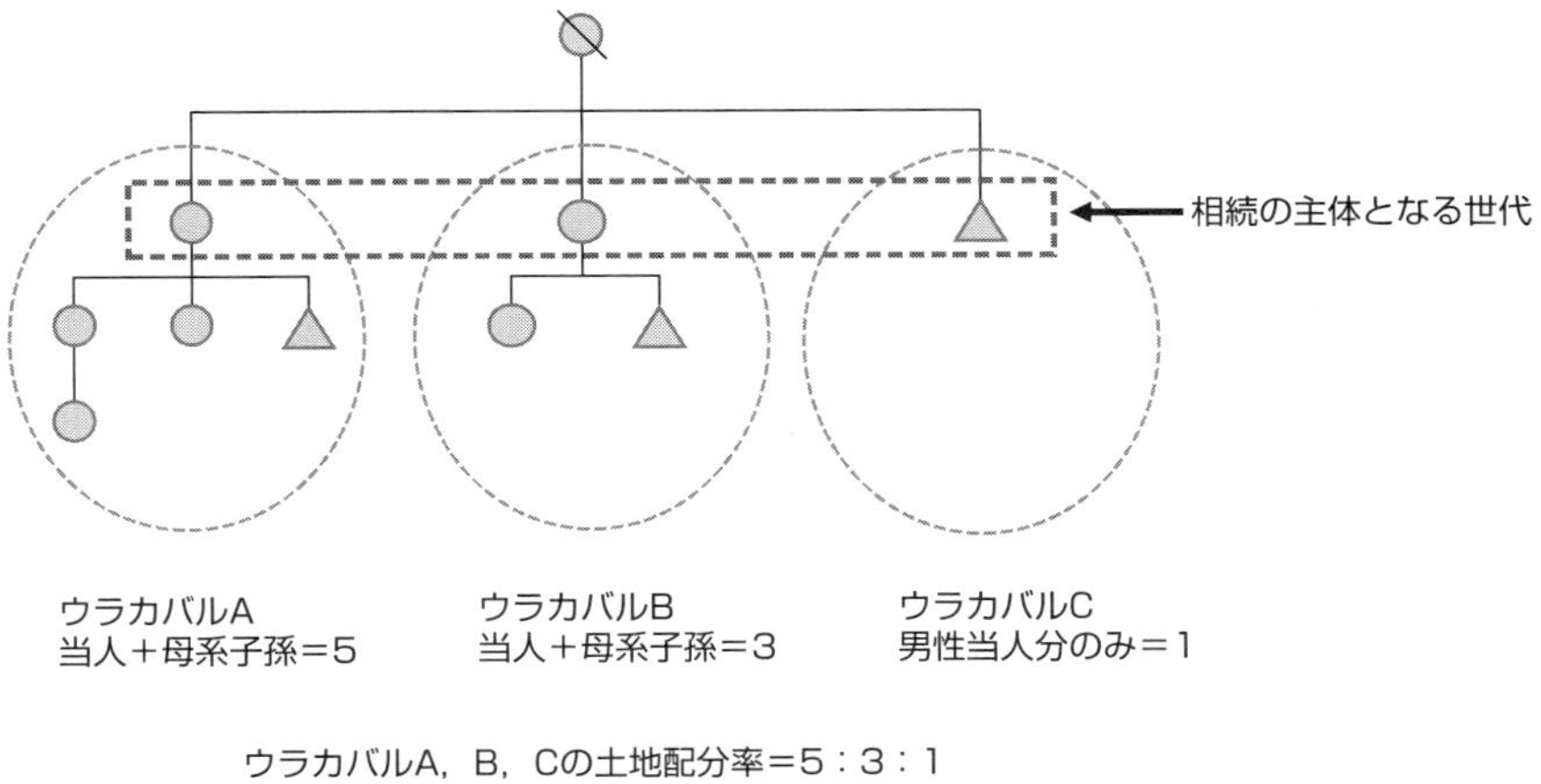

図5　「人口による分割」の模式図

以上のように、「人口による分割」という相続システムは、当該の土地に対して権利をもつ母系親族の全メンバーに対して、できるかぎり公平に土地を分配しようとする方法であったといえる。なおかつこのシステムでは、母系親族の男性には当代限りの権利しか与えず、男性の死後にその土地をシマイが回収することで、クトゥマの内部に土地を維持することが可能となっていた。

「カバルによる分割」

「カバルによる分割」と呼ばれる相続システムは、相続の主体となる世代の女性を基点として、クトゥマを複数のグループ（ウラカバル）に分け、グループごとに土地を均等に分配するという方法である。相続の主体となる世代の男性は、彼一人でひとつのグループを構成するとみなされ、土地の均等な分配を得る。ただし、男性の死後、この土地は男性のシマイによって回収される。ウラカバルごとに分配された土地は、「人口による分割」システムを用いて、それぞれのウラカバルの内部でメンバーに割り振られる。

先にみたように、「人口による分割」システムでは、相続の主体となる女性の母系子孫の数（つまり、女性を基点としたウラカバルのメンバーの数）によって、ウラカバルごとに配分される土地の面積や収穫量が異なっていた。これに対して、「カバルによる分割」システムで

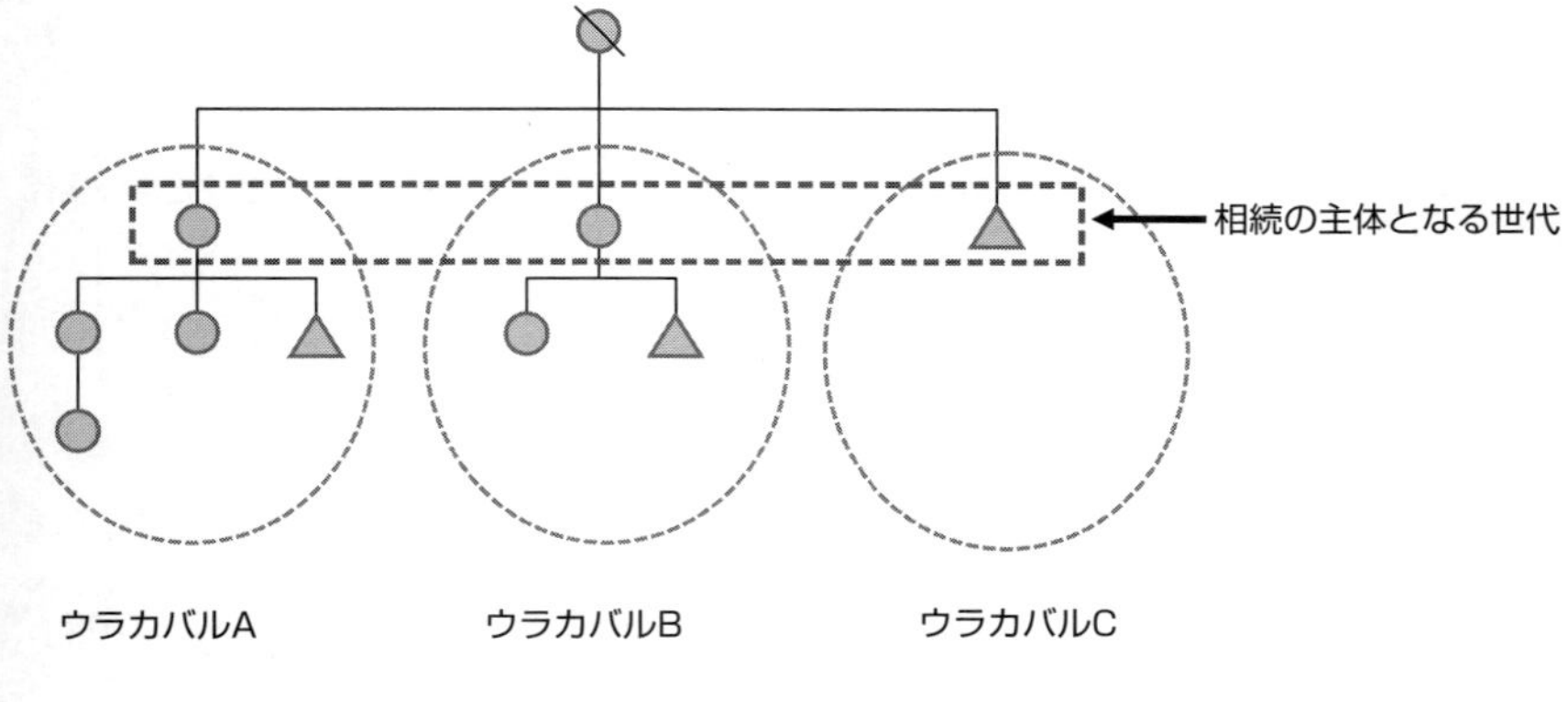
ウラカバルA，B，Cの土地配分率＝1：1：1

図6　「カバルによる分割」の模式図

は、女性のもつ母系子孫の数によらず、それぞれのウラカバルに均等に土地を分配することで、ウラカバルごとの土地配分の不均衡を是正することが可能となっている。

ペラールのムンダベットゥ・グットゥでは、一九五〇年代初頭に母系親族集団の共同保有地の分割相続が試みられた際、総計約六〇〇ムディゲーニの収穫量[12]をもつ土地全体のうち、半分を「人口による分割」によって分配し、残りの半分を「カバルによる分割」によって分配するという方法が考案された。次節以降では、ムンダベットゥ・グットゥの試みを詳しく検討していきたい。

3　母系親族集団における土地保有——「土地所有者」としての女性たち

ムンダベットゥ・グットゥにおける土地保有と土地管理者

はじめに、ムンダベットゥ・グットゥにおける共同保有地の保有と管理のあり方をみていきたい。ペラールにおける第一位の領主であるムンダベットゥ・グットゥは、一九七四年の土地改革（改正）法の施行以前、クトゥマ全体で約六〇〇ムディゲーニの収穫量をもつ広大な農地（約七九エーカー）と、約八三エーカーの森林（グッデ）を保有していた。このうち、四〇〇ムディゲーニ分の土地はムドゥ・ペラールに位置しており、残りの二〇〇ムディゲーニ分の土地はバダカレという近郊の村に位置していた[13]。ムンダベットゥ・グットゥは、三人のシマイを始祖とする三つの主要なカバルに

母系親族が集住するムンダベットゥ・グットゥの屋敷の中庭

分かれているが、そのうち第一のカバルと第二のカバルはムドゥ・ペラールにあり、第三のカバルはバダカレにあった。

クトゥマ全体の共同保有地である農地と森林は、家系全体の長であるペルガデか、もしくはムンダベットゥ・グットゥのメンバーの中から選ばれるムドゥ・ペラールの村長であるパテーラが管理を担っていた。[14] ムンダベットゥ・グットゥの場合、六〇〇ムディゲーニ分の土地のうち約八割は小作や家内労働者によって耕作されており、母系親族のメンバーは、土地の管理者であるペルガデまたはパテーラを通して収穫物の一部を受けとっていた。[15]

ペルガデとパテーラの職務を務める母系親族の男性は、原則として第一のカバルと第二のカバルからそれぞれ選ばれ、両者の職務は母方オジからシマイの息子へと継承された。ただし、現職のシマイの息子が若すぎる場合や、職務に向いていないと判断された場合などは、別のカバルに属する適切な人物に職務が継承された。ムンダベットゥ・グットゥにおける歴代の土地管理者は、現在から遡って確認できる限り、表13のような人々によって務められてきた。

現在のペルガデであるガンガーダラ・ライから遡ること六代前の土地管理者であったサンク・ライは、第一のカバルに属するペルガデであった。その次に土地管理者となったジャール・ナイクは、同じく第一のカバルに属しており、先代であるサンク・ライの姉妹の息子であった。ジャール・ナイクの次に土地管理者となったのは第二のカバルに属するイーシュワラ・シェティという人物であり、彼はペルガデではなくパテーラ職に就いていた。イーシュワラ・シェティの次には、第一のカバルから選出されたペルガデであるムッタヤ・シェティが土地管理者の役割を担っ

表13　ムンダベットゥ・グットゥの土地管理者たち

カバル	職名	氏名	生没年
1	ペルガデ	サンク・ライ	不明
1	ペルガデ	ジャール・ナイク	不明
2	パテーラ	イーシュワラ・シェティ	不明
1	ペルガデ	ムッタヤ・シェティ	1879－1952
2	ペルガデ	プーワッパ・チョウタ	1909－1989
2	ペルガデ	ナーラーヤナ・ライ	不明－1999
2	ペルガデ	ガンガーダラ・ライ	1931－

たが、彼は先代のペルガデであるジャール・ナイクの姉妹の息子であった。

ムッタヤ・シェティの後、土地管理者は第二のカバルから選出されたペルガデであるプーワッパ・チョウタが担っている。このときにペルガデ職は第一のカバルから第二のカバルに移行しているが、これは、ムッタヤ・シェティの実の姉妹の息子よりも、第二のカバルにおける同世代のプーワッパ・チョウタの方が年長であり、かつプーワッパ・チョウタ自身が、家系の長でありブータ祭祀の責任者としてのペルガデ職に強い関心を示していたからだという。プーワッパ・チョウタの後、土地管理者は同じく第二のカバルから選出されたペルガデであるナーラーヤナ・ライに受け継がれたが、彼は先代のペルガデであるプーワッパ・チョウタの母方祖母コロポルの姉妹の娘、ルック（彼女はイーシュワラ・シェティの姉妹にあたる）の娘であるクーサンマの長男であった。ナーラーヤナ・ライの死後に土地管理者となったのは、ナーラーヤナの弟であるガンガーダラ・ライであるが、彼は現職のペルガデとして土地の管理とブータ祭祀の統轄を担っている（図7参照）。

「土地所有者（パッタダールティ）」となったクトゥマの年長女性たち

さて、ムンダベットゥ・グットゥでは、このようにペルガデやパテーラをはじめとする母系親族の年長男性が共同保有地の管理を担い、その他のメンバーは土地管理者を通して収穫物の一部を享受していた。ただし前章でみたように、母系制をとるバンタの家系では、家系の継続を支えているのは母から娘へとい

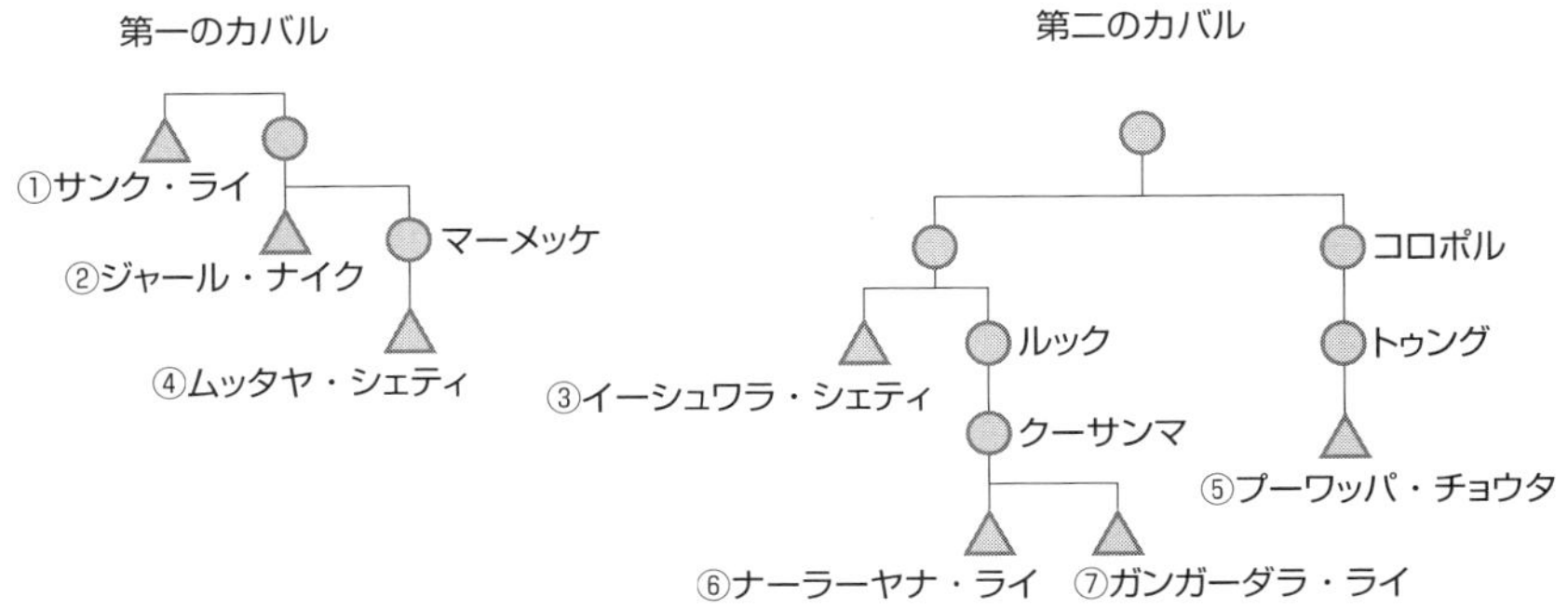

図7　ムンダベットゥ・グットゥにおける歴代土地管理者の系譜関係（関係者以外は省略）

う母系のラインであり、クトゥマの土地や神霊祭祀の継承の基点となるのは、男性ではなく女性である。したがって、ムンダベットゥ・グットゥにおいて、クトゥマの共同保有地の代表者かつ納税者であるパッタダールティとして政府に登録されたのは、母系親族の年長の女性たちであった。

査定暦であるファスリ一三一二年（一九〇二年〜一九〇三年）にムドゥ・ペラールに地租額査定が導入されて以降、政府に登録された歴代のパッタダールティのうち、現在からその名前と系譜をたどることができるのは、現ペルガデであるガンガーダラ・ライから遡ること三代前にペルガデを務めたムッタヤ・シェティの時代（一九三〇年代末〜一九五二年）以降である。[16] ムッタヤ・シェティのペルガデ時代には、ムンダベットゥ・グットゥの共同保有地のパッタダールティとして、第一のカバルからはアンタッケ、第二のカバルからはルック、第三のカバルからはもう一人のアンタッケという女性がそれぞれパッタダールティとして選ばれた。[17] このうち、第一のカバルに属するアンタッケは、ムッタヤ・シェティの姉である。また、第二のカバルに属するルックは、ムッタヤ・シェティの前にパテーラを務めたイーシュワラ・シェティの姉である。[18] この三人の女性以降、ムンダベットゥ・グットゥの共同保有地のパッタダールティは表14のように継承された。

表14にみられるように、第一のカバルでは、ムッタヤ・シェティの姉であるアンタッケからディーランマという女性にパッタダールティの役割が受け継がれている。ディーランマは、アンタッケの母マーメッケの姉妹の一人であるドゥッガンマの娘であり、つまりアンタッケとディーランマは母方平行イトコ同士である。第二のカバルでは、ルックという女性から、トゥング（トゥンガンマ）へ、さらにトゥングからセーサンマへとパッタダールティの役割が受け継がれている。この三人の系譜関係をみると、トゥングはルックの母（名前不詳）の姉妹コロポルの娘であり、ルックとトゥングは母方平行イトコ同士である。トゥングの後にパッタダールティとなっ

表14　共同保有地のパッタダールティ

カバル	一代目（ムッタヤ・シェティ時代）	二代目	三代目
1	アンタッケ	ディーランマ	—
2	ルック	トゥング	セーサンマ
3	アンタッケ	—	—

たセーサンマは、初代のパッタダールティであるルックの娘であり、トゥングからみると母方平行イトコの娘にあたる（図8参照）。

つまり、第一のカバルでは、ムッタヤ・シェティの母であるマーメッケを含めた四姉妹（マーメッケ、ウンチャッケ、ドゥッガンマ、コドールダッペ）を基点として形成される四つのウラカバルのうち、マーメッケとドゥッガンマを基点としたふたつのウラカバルにおける、ムッタヤ・シェティと同世代の年長の女性にパッタダールティの役割が付与されている。他方、第二のカバルでは、ムッタヤ・シェティの母と同世代である二人の姉妹（コロポルと名前不詳の女性）を基点として形成されるふたつのウラカバルにおける、ムッタヤ・シェティと同世代の女性に対して年長順にパッタダールティの役割が付与されており、かつこの役割はふたつのウラカバルの間で交互に担われている。バダカレにある第三のカバルでは、初代のアンタッケ以降、パッタダールティの役割についた女性の名は更新されていない。

以上のようなパッタダールティの系譜について特筆すべきことは、第一のカバルと第二のカバルでは、ムッタヤ・シェティの母の世代の女性を基点として形成される複数のウラカバルの間で、なるべく公平にパッタダールティの役割を担当させる方法がとられているという点である[19]。このことからもわかるように、クトゥマの共同保有地のパッタダールティとなった女性たちは、あくまで彼女が属するカバルおよびウラカバルの代表者として選出されたのであり、彼女らに付与されたパッタダールティとしての役割は、当該の土地に対する彼女ら個々人の排他的な所有権や義務を意味するものではなかった。

また、もうひとつ注目すべきことは、ムッタヤ・シェティの時代以降、第一のカバ

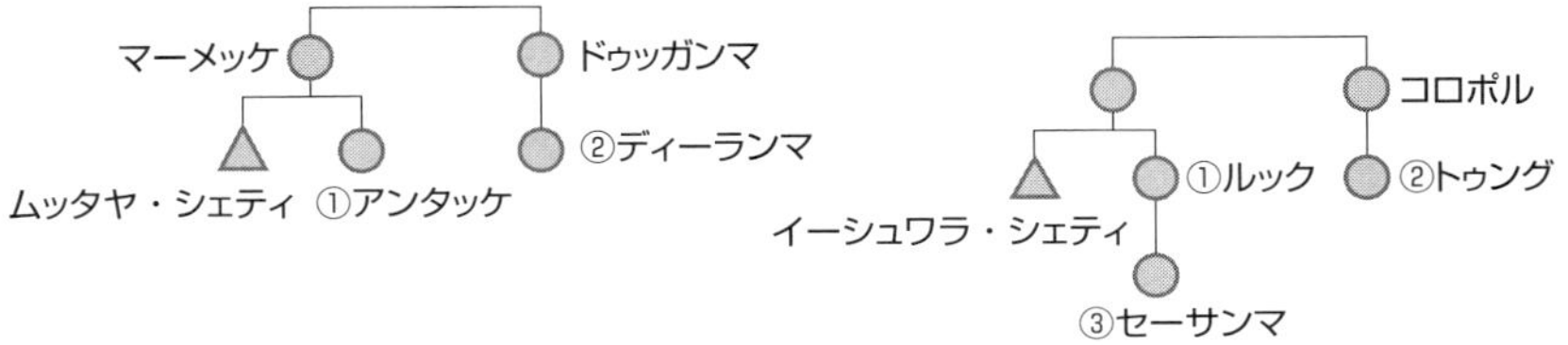

図8　パッタダールティの系譜関係（関係者以外は省略）

ルでは二代目のディーランマ、第二のカバルでは三代目のセーサンマ、第三のカバルでは一代目のアンタッケを最後として、共同保有地の代表者ないしパッタダールティが更新されていないという点である。[20] しかも、彼女らの名前は納税者として政府の税務局に登録されていたものの、ムンダベットゥ・グットゥの共同保有地を特定の個人の不動産として登録する手続きはなされてこなかった。

以上の事項から、ムンダベットゥ・グットゥの保有する土地について、現在にいたるまでその代表者として登録されているのはいずれもすでに逝去している三人の女性（ディーランマ、セーサンマ、アンタッケ）であり、なおかつ共同保有地の一部をなすそれぞれの地片を個人名義の不動産として登録する手続きはいまだになされていないという事態がみてとれる。このことは、クトゥマの共同保有地に対する親族メンバー個々人の権利をきわめて曖昧なものとしているが、こうした事態は、一九五〇年代の初頭に当時のペルガデによって考案された土地分割相続の試みの挫折によって結果的にもたらされたものであった。

次に、ムッタヤ・シェティによるクトゥマの共同保有地の分割相続案についてみていきたい。

4 クトゥマの共同保有地の分割相続案——ムッタヤ・シェティの計画

ブータの広間を含む分割単位の設定

現在から遡ること三代前にペルガデを務めたムッタヤ・シェティは、彼の死の数年前である一九五〇年頃、ムンダベットゥ・グットゥの保有する広大な農地と森林をクトゥマのメンバーの間で分割相続させるという壮大な計画を開始した。彼は頭脳明晰な数名の親族メンバーとともに綿密な分割相続案を作成し、分割すべき土地片の測量にまでこぎつけた。しかし、この計画は、土地片の測量をめぐる一部の親族メンバーからの異議申し立てと、ムッタヤ・シェティ自身の死によって挫折を余儀なくされた。彼の計画した土地分割案は一九五四年にカンナダ語で書き留められ、その文書の複写版はそれぞれのウラカバルの土地保有権の根拠として、母系親族の有力なメンバー数名によって現在も大切に保管されている。以下に、ムッタヤ・シェティの土地分割相続案の詳細を検討していきたい。

先述したように、土地改革以前、ムンダベットゥ・グットゥは約六〇〇ムディゲーニの収穫量をもつ約七九エーカーの農地と、約八三エーカーの森林を保有していた。このうち、約六〇〇ムディゲーニ分の農地を母系親族メンバーの間で分割相続させるにあたって、ムッタヤ・シェティは「人口による分割」と「カバルによる分割」というふたつの方法を併用した。その際にムッタヤ・シェティは、土地の面積ではなく一年あたりの収穫量を基準として、それぞれの親族メンバーへの割り当てを計算した。つまり、すべての農地から一年に得られるコメの収穫量である約六〇〇ムディゲーニを半分に分割し、三〇〇ムディゲーニ分を「人口による分割」によって、残り三〇〇ムディゲーニ分を「カバルによる分割」によって親族メンバーに割り当てるという方法をとったのである。その内容は、具体的には以下のようなものであった。

「人口による分割」では、三〇〇ムディゲーニの収穫量を母系親族メンバー全員の人数（当時二三一人）で割ると、一人につき約一・三ムディゲーニの割り当てとなる。これを、一八才未満の未成年者を含む各メンバーに直接配分するのではなく、相続の主体となる世代であるムッタヤ・シェティと同世代の男女に分配するという方法が採用された。その際、相続の主体となる世代の女

ムッタヤ・シェティ（1879~1952）の肖像画

性については、当人分に加えて母系子孫の分（つまり、女性を基点とするウラカバルの人数分）が分配された。たとえば、娘が一人、息子が一人、娘にも息子と娘が一人ずついる女性の場合は、当人分プラス四人分の割り当てを得るため、計算上は一・三×（一＋四）＝六・五ムディゲーニの配分を得ることになる。一方、相続の主体となる世代の男性の場合は、彼自身が母や姉妹の代理である場合を除いて、原則として当人分のみの収穫量を割り当てられた。男性に配分された収穫量を得られる土地の分配に際しては、後に詳しくみるように、当該の土地は男性の死後、そのシマイに引き渡されることが取り決められていた。

他方、「カバルによる分割」では、クトゥマ全体を複数のウラカバルに分け、それぞれのウラカバルに対して均等に収穫量を分配するという方法がとられた。その際、原則としてムッタヤ・シェティと同世代の女性を基点としてウラカバルが設定されたが、ムッタヤ・シェティと同世代の女性がすでに死去している場合は、女性の兄弟や息子が故人の代理としてウラカバルの代表者とされる場合や、女性の娘がウラカバルの基点とされる場合もあった。また、相続の主体となる世代の男性は、彼一人でひとつのグループとみなされた。具体的には、第一から第三までの三つの主要なカバルからなるクトゥマ全体を、相続の主体となる世代の女性を基点とするウラカバルと、同世代の男性一人を一グループとする合計二一のグループ（スケジュールと呼ばれた）に分け、それぞれのグループを「Cスケジュール」から「Wスケジュール」までアルファベット順に配列した。

また、注目すべきことに、ムッタヤ・シェティはこれらのスケジュールに加えて、ムンダベットゥ・グットゥがムドゥ・ペラールの本家で祭祀しているブータの祭壇と広間を「Aスケジュール」とし、バダカレにおいて祭祀されているブータの祭壇と広間を「Bスケジュール」とした。クトゥマ全体にとってブータ祭祀の執行と継承はきわめて重要な責務であり、かつ、祭祀には相当の費用がかかることから、祭祀用として特別に収穫量を割り当てておく必要があったのである。このことにみられるように、ムッタヤ・シェティによる土地分割案は、来るべき土地改革に先立ち、クトゥマにおける神霊祭祀に必要な土地を確保し、祭祀を滞りなく続行するために考案されたという側面をもつ。ムッタヤ・シェティによる土地分割案の序文には、次のような一文がある。

アリヤサンターナ法とクトゥマの決定に従って、我々はこの家の土地を分割することとする。すべての儀礼は中断されることなく実施されなくてはならない。Aスケジュールと Bスケジュール〔の土地〕は、ダイワのチャーワディ〔広間〕のためにかかる費用に充てられる。

以上から、ふたつのブータの広間（Aスケジュールと Bスケジュール）とその他の二一のグループ、すなわち第二のカバルに属するスケジュール（C〜H）、第一のカバルに属するスケジュール（I〜S）、第三のカバルに属するスケジュール（T〜W）の計二三のグループが設定された。

このうちブータ祭祀用としては、Aスケジュールに一七ムディゲーニ分、Bスケジュールに六ムディ一カラセ七セール分（約六・五ムディゲーニ）が配分された[21]。残りの二一グループには、三〇〇ムディゲーニから AスケジュールとBスケジュールに分配された約二三・五ムディゲーニを差し引いた約二七六・五ムディゲーニが均等に割り振られたため、計算上は一グループあたり約一三・二ムディゲーニの配分となる。それぞれのグループに配分された約一三・二ムディゲーニは、グループの代表者がウラカバルの基点となる女性（またはその代理の男性）である場合には、それぞれのウラカバルの内部で各メンバーに配分される。また、相続の主体となる男性に割り当てられた収穫量を得られる土地は、男性の死後はそのシマイに引き渡されるべしとされた。

以上から、クトゥマの各メンバーの取り分は、原則として①「人口による分割」によって各人に割り当てられた収穫量と、②「カバルによる分割」によってそれぞれのウラカバルに配分された収穫量を、ウラカバルのメンバー間で分割して得られた収穫量　を足した合計となる。また、相続の主体となる男性の場合は、彼が母や姉妹の代理である場合を除いて、原則として「人口による分割」と「カバルによる分割」によって当人に配分された収穫量の合計となる。

土地分割相続案における周到な計算と工夫

ムッタヤ・シェティは、総計約六〇〇ムディゲーニの収穫量をもつクトゥマの共同保有地について、以上のような収穫量の分配方法を考案しただけではなく、この計算上の配分になるべく近似するように、CからWまでの二一のスケジュールに分配されるコメの収穫量と、それだけの収穫高を得られる土地の面積、および農地に加えて分割相続されるべき森林の面積までを計算していた。表15は、カンナダ語で文書化されていた土地分割案の詳細を表にしたものである。この表15に基づいて、以下にムッタヤ・シェティによる土地分割案の内容を検討していきたい。

表は左から、スケジュール名、スケジュールの代表者、代表者の性別、当スケジュールに含まれる母系親族メンバーの人数、当スケジュールに割り当てられるべき一年あたりの収穫量、割り当て分の収穫高を得ることができる農地の面積、農地に加えて当スケジュールに割り当てられる森林の面積、農地と森林の面積の合計、そして当スケジュールへの収穫量（ないし土地）の分配に関する補足説明または但し書となっている。

スケジュールの代表者は、いずれも原則として相続の主体となる世代の男女であるが、女性の場合は彼女を基点とするウラカバルの代表者であり、したがってスケジュールに含まれる母系親族メンバーの人数は、当人プラス彼女の母系子孫の人数である。男性の場合は、彼自身が母や姉妹の代理を務めている場合を除いて、原則として彼一人がひとつのスケジュールを構成している。

それぞれのスケジュールに割り当てられる収穫量は、代表者が女性の場合は、当人を含めたスケジュールの人口に応じて、「人口による分割」によって配分された収穫量と、「カバルによる分割」によって各スケジュールに割り当てられた収穫量を足した総計となる。代表者が男性の場合は、先述したように、原則として「人口による分割」と「カバルによる分割」によって当人のみに割り当てられた収穫量の合計となる。

たとえば、セーサンマを代表者とするスケジュールCをみてみよう。このスケジュールに割り当てられる収穫量は、

表15　ムッタヤ・シェティの土地分割相続案

スケジュール	代表者名	性別	人口	収穫量（ムディ．カラセ．セール）	農地面積（エーカー．センツ）	森林面積（エーカー．センツ）	土地総面積（エーカー．センツ）	補足／「但し書」
A	ムドゥ・ペラールの広間	–	–	17	1.64	0	1.64	
B	バダカレの広間	–	–	6.1.7	0.67	0	0.67	
C	セーサンマ	f	31	55.1.3.	8.21	8.38	16.59	
D	ラクシュミー	f	9	28.2.6	4.93	4.97	9.9	
E	トゥング	f	25	48	6.02	9.94	15.96	
F	スッバヤ・シェティ	m	22	44.1.8	3.82	5.39	9.21	スッバヤは男性であるが、母パラメーシュワリのウラカバルを代表している。
G	キンチャンナ・ヘグデ	m	1	12	1.63	0	1.63	「死後、この土地はEが相続すべし」
H	ワーチャンナ・ヘグデ	m	1	12	1.7	0	1.7	「死後、この土地はFが相続すべし」
I	ムンダップ	f	9	22.11	2.52	2.24	4.76	
J	ソーマッケ	f	8	21.0.5	2.77	3.07	5.84	
K	チンナ・カージャワ	m	1	13	1.38	0.04	1.42	「死後、この土地のうち1エーカー18センツはIが相続すべし。残り20センツはJが相続すべし」
L	アンタッケ	f	16	36.0.13	6.68	6.47	13.15	
M	プーワッケ	f	29	51.0.10	7.36	11.8	19.16	
N	ムッタッケ	f	14	28.0.1	3.72+1.74（コンパダウ）	2.29+13.63（コンパダウ）	21.38	「コンパダウの土地については4ルピー42アーネを支払うべし」
O	ルッカヤ・シェティ	m	1	13	1.47	0	1.47	「死後55センツ（ムドゥ・ペラール）はQが相続すべし。92センツ（ムルル村）はPが相続すべし」
P	コロポル	f	11	24.1.10	2.97	2.19	5.16	
Q	ディーランマ	f	15	29.0.7	3.65	4.41	8.06	
R	ラーダンマ	f	9	22.0.11	2.45	0.69	3.14	
S	スッバヤ・ナイク	m	1	13	1.28	0	1.28	「死後はRとNに分配すべし」
T	トゥング	f	11	32.1.5	4.17（ムルル村）	2.2	6.37	
U	アンタッケ	f	4	19.2.7	2.70（ムルル村）	2.28	4.98	
V	ラッマンナ・セミタ	m	12（姉妹を含む）	34.0.11	3.65（ムルル村）	2.66	6.31	ラッマンナは男子だが姉妹を代表している。
W	ヴィッタル・シェティ	m	1	14.1.4	1.75	0	1.75	「ヴィッタルの死後は70センツ＋25センツ分はVが相続すべし。20センツ＋60センツ分のうち、10センツはUが相続すべし。残り70センツはTが相続すべし」
計				593ムディ 21カラセ 108セール	78.88	82.65	161.53	

先の計算に基づけば、一・三ムディゲーニ×三一人＋一三・二ムディゲーニ＝五三・五ムディゲーニとなるが、実際にはこれよりも二ムディほど多い五五ムディ一カラセ三セールが割り当てられている。ラクシュミーを代表者とするスケジュールDでは、収穫量の計算上の割り当ては、一・三ムディゲーニ×九人＋一三・二ムディゲーニ＝二四・九ムディゲーニとなるが、実際にはこれよりも四ムディほど多い二八ムディ二カラセ六セールが割り当てられている。トゥングを代表者とするスケジュールEでは、収穫量の計算上の割り当ては、一・三ムディゲーニ×二五人＋一三・二ムディゲーニ＝四五・七ムディゲーニであるが、実際には二ムディほど多い四八ムディゲーニが割り当てられている[22]。

このように、女性を代表者とするスケジュールの場合は、「人口による分割」における一人あたりの割り当て量×人数分に、「カバルによる分割」による割り当て量を足した数値に近似した収穫量が分配されている。スケジュールFやスケジュールVのように、男性の代表者が母や姉妹の代理を務めている場合も、同様にスケジュールの構成人数に応じた収穫量が割り当てられている。

一方、スケジュールG、H、K、O、S、Wは、男性が一人でひとつのスケジュールを構成しているケースである。先述したように、これらの男性に分配される収穫量は、原則として「人口による分割」と「カバルによる分割」によって当人に割り当てられた収穫量の合計となる。この場合、収穫量の計算上の割り当ては、一・三ムディゲーニ＋一三・二ムディゲーニ＝一四・五ムディゲーニであるが、実際に分配されている収穫量は一二ムディゲーニから一四ムディ一カラセ四セールまでの幅があり、平均して一スケジュールあたり約一二・九ムディゲーニの収穫量が割り当てられている。

また男性の場合は、割り当てられた収穫量を得ることのできる土地の分配にあたって、いずれもある条件が付与されている。すなわち、男性の死後は、割り当て分の収穫量を得ることができる土地を、彼のシマイの一人を基点とするウラカバルに相続させるという条件である。男性一人を構成員とするそれぞれのスケジュールとその付帯条件について、以下にみていきたい。

スケジュールGとスケジュールHは、いずれも第二のカバルに属している。キンチャンナ・ヘグデを構成員とするスケジュールGについては、「死後、この土地はEが相続すべし」と取り決められているが、Eとはすなわち、キンチャンナの妹であるトゥングを基点としたウラカバルのことである。キンチャンナの弟であるワーチャンナ・ヘグデを構成員とするスケジュールHについては、「死後、この土地はFが相続すべし」と取り決められているが、Fは、キンチャンナ、ワーチャンナ、トゥングの妹であるパラメーシュワリの息子であるスッバヤが、母の代理として代表者を務めるスケジュールFのことである。つまり、スケジュールGとHでは、兄弟に分配された土地がその死後に姉妹を基点とするウラカバルに相続されるように取り決められている。

　スケジュールK、O、Sは第一のカバルに属している。チンナ・カージャワを構成員とするスケジュールKでは、一三ムディゲーニの収穫量をもつ一・三八エーカーの土地が割り当てられている。このスケジュールについては、「死後、この土地のうち一エーカー一八センツはIが相続すべし。また、残り二〇センツはJが相続すべし」と取り決められている。Jとは、チンナ・カージャワの姉であるソーマッケを基点とするウラカバルであり、Iとは、チンナの妹であるエンカンマの娘であるムンダップが母の代理として代表者を務めるウラカバル（スケジュールI）である。つまり、スケジュールKでは、チンナの姉妹を基点とするウラカバルに土地が相続されるよう取り決められている。

　ルッカヤ・シェティを構成員とするスケジュールOでは、一三ムディゲーニの収穫量をもつ一エーカー四七センツ（一四七センツ）の土地が割り当てられている。この土地については、「死後、ムドゥ・ペラールにある五五センツの土地はQが相続すべし。ムルル村[23]にある九二センツについてはPが相続すべし」と取り決められている。Qは、ルッカヤ・シェティの母マーメッケの妹ドゥッガンマの娘であるディーランマを基点とするウラカバルであり、ルッカヤとディーランマは母方平行イトコ同士にあたる。Pは、ルッカヤの妹コロポルを基点とするウラカバルである。

　スッバヤ・ナイクを構成員とするスケジュールSについては、「死後はRとNが相続すべし」と取り決められている。Rはスッバヤの母コダールダッペの姉ドゥッガンマの末娘ラーダを基点とするウラカバルであり、Nはスッバヤの母コダールダッペの姉マーメッケの娘ムッタッケを基点とするウラカバルである。つまり、スケジュールSでは、スッバヤの母方平行イトコを基点とするふたつのウラカバルに土地が相続されるよう取り決められている。

以上のように第一のカバルでは、スケジュールKの土地を当人の姉妹を基点とするウラカバルに相続させ、スケジュールOとSの土地を姉妹と母方平行イトコを基点とするウラカバルに相続させることで、第一のカバルに含まれる女性を代表者とするスケジュールのうち、LとMを除くすべてに、同じカバルに属する男性のスケジュールの土地を相続させることが可能となっている。

最後に、第三のカバルに属するスケジュールWについてみておこう。ヴィッタル・シェティを唯一の構成員とするウラカバルに割り当てられた、一四ムディ一カラセ四セールの収穫量をもつ一エーカー七五センツ（一七五センツ）の土地については、「死後は、七〇センツ＋二五センツ分はVが相続すべし。二〇センツ＋六〇センツ分のうち、一〇センツはUが相続すべし。残り七〇センツはTが相続すべし」と取り決められている。正確な系譜関係は不明であるが、相続先として指定されているV、T、Uはいずれも、ヴィッタルと同じカバルに属する女性（および姉妹の代理である男性）を基点とするウラカバルである。

以上から、男性一人を構成員とするスケジュールG、H、K、O、S、Wに割り当てられた土地は、当人の死後、スケジュールC、D、L、Mを除いて、女性を基点とする残りのすべてのスケジュールに割り振られるよう取り決められていたことがわかった。[24]

ここまでみてきたように、ムッタヤ・シェティは、ムンダベットゥ・グットゥの保有地が母系親族メンバーの間でできるだけ公平に分配されるよう、それぞれのウラカバルの状況やウラカバル間の系譜関係に気を配りつつ、きわめて周到な計画をたてていたことがわかる。すべてのスケジュールに分配されるべき収穫量を総計すると約六〇二・六ムディゲーニとなり、約六〇〇ムディゲーニ相当の農地を収穫量に基づいて全メンバーに分配するという構想は、この計画において見事に具体化されている。

この分割案に基づいて実際に土地の分割相続が行われ、各スケジュールの代表者の名で政府に登録がなされていたならば、ムンダベットゥ・グットゥの土地保有状況は、現在とは違ったものになっていたに違いない。だが、すでに述べたように、この土地分割案は測量をめぐる親族メンバー同士の意見の不一致と、計画の支柱であるムッタヤ・シェティ自身の死によって挫折を余儀なくされた。この挫折によって、ムンダベットゥ・グットゥはその広大な保有地を母系親族メンバーの間で分割相続することなく、なおかつ存命しているパッタダールティも不在のまま、一九七四年のカルナータカ土地改革(改正)法の施行を迎えることになる。

さて、ムンダベットゥ・グットゥにおいて、母系親族メンバー間の分割相続の対象となったのは、クトゥマ全体の共同保有地だけではなかった。ムッタヤ・シェティが約六〇〇ムディゲーニ分の土地の分割相続案を作成したのとほぼ同時期に、ムンダベットゥ・グットゥの第二のカバルの内部において、母系親族メンバーの一人が過去に購入した土地を分割相続する試みがなされた。この試みについて、次にみていきたい。

5 「祖父から来た土地」の分割相続案

「祖父からきた土地」とは、先に説明した通り、現在から系譜を遡ることの可能な過去のある時点において、母系親族メンバーの一人によって購入された土地のことである。この土地は、慣習的には購入者の死後も彼の妻子に相続されることなく、「人口による分割」によって購入者の姉妹に分配されることを通して、クトゥマの中に回収されていった。ここで取り上げるのは、現在から遡ること四代前、ムッタヤ・シェティの前にムンダベットゥ・グットゥのペルガデを務めたイーシュワラ・シェティの母方オジが「購入」したとされる土地の分割相続である。

第二のカバルのメンバーであるハリシュ・シェティによれば、この土地の「購入」経緯は以下のようなものであった。イーシュワラ・シェティの母方オジは、もともとページャーワラ僧院の小作（ムーラ・ゲーニ *mūla gēṇi*）であった。次章でみるように、ムーラ・ゲーニは先祖代々特定の土地を耕作してきた小作を意味するが、地主はこの小作を勝手に退去させることができず、小作料を変更することもできないなど、ムーラ・ゲーニは小作農地に対して比較的強い権利を有してきた。この小作農地について、イーシュワラ・シェティの母方オジは地主であるページャーワラ僧院にいくらかの金銭を払って、寺院から土地保有者としての権利（*mūla hakku*）を手に入れた。ただし、その後も彼はページャーワラ僧院に少額の小作料を支払い続けた。

この土地に関する保有権の継承の過程は明らかではないが、おそらくイーシュワラ・シェティの母方オジの死後、その姉妹であるイーシュワラ・シェティの母に移譲されたものと思われる。この土地の分割相続案が浮上したのは、イーシュワラ・シェティの姉妹の子の世代であった。系譜からいえば、この土地に対して権利をもつのは、イーシュワラ・シェティの姉妹であるルックとムットゥ、ムンジャップの三姉妹である。このうち、ムンジャップには子どもがなかったため、分割相続に際してはルックとムットゥの子孫が権利をもつことになった。

結果からいえば、この土地は一九四九年にルックの娘であるセーサンマ、クーサンマ、アンタッケの三姉妹と、ムットゥの娘であるラクシュミー（三姉妹の母方平行イトコ）のそれぞれを基点とする四つのウラカバルに対して、「人口による分割」に基づいて分割相続された。先にみたムッタヤ・シェティによる母系親族保有地の分割相続案では、相続の主体となる世代の女性を基点とするウラカバルに加えて、男性もまたひとつのグループとして当人分の配分を得ていたが、この場合も同様に、ルックの息子であるアンタッパ・シェティと、ムットゥの息子であるサンカッパ・ライは当人分のみの配分を得た（図9参照）。

この土地に関して、一九四九年の分割に至るまでには紆余曲折があったようである。四人の女性を基点とするウラカバルに土地が分割相続される前に、ルックの長男であり、三姉妹の兄弟であるアンタッパ・シェティが、この土地を自分の妻の名義で登録しようと試みた。当時、ムドゥ・ペラールのパテーラ職を務めていたアンタッパ・シェティは、母系親族の中でも有力なメンバーの一人であった。アンタッパの妻の名義で土地が登録されてしまえば、その夫であるアンタッパ自身を除いて、ルックやムットゥの子孫であるその他の母系親族メンバーは、この土地に対していかなる権利も行使することができなくなる。このアンタッパの策略に対して、セーサンマの夫が抗議し、四人の女性を基点とするウラカバルへの土地の分割相続が実現されることになった。この分割相続と政府への登録に際して、後に再び土地をめぐるトラブルが起こらないよう、相続の主体となる四人の女性とその子どもたち、およびその夫たちを含めて「証拠写真」が撮影された。

　イーシュワラ・シェティの母方オジがページャーワラ僧院から「購入」した土地は、このようにして一九四九年に四人の女性を基点とするウラカバルに分割相続され、それぞれの代表者である女性の名義で政府に登録された。その後、セーサンマのウラカバルに分配された土地は、一九六六年に彼女の娘であるジャラジャクシ、スンダーリ、デーワキと、息子であるジャナールダナ・バンダーリに対して、「人口による分割」に基づいて相続された。[25]

　当時、セーサンマの娘である三姉妹にはそれぞれ六人、一人、八人の子どもがいたため、四人の取り分の割合は、女性の場合は当人分＋子の分、男性の場合は当人分のみとして七対二対九対一となるはずであった。息子であるジャナールダナ・バンダーリは、本来は当人の取り分のみを受けとるはずであったが、クトゥマ全体の共同保有地の配分を受けとらないかわりに、この土地に関して二人分の分配を得た。

　法律家であったジャナールダナ・バンダーリは、一九六六年の分割相続とマイソール政府への登録に際して中心的な役割を果たした一方で、分割相続され

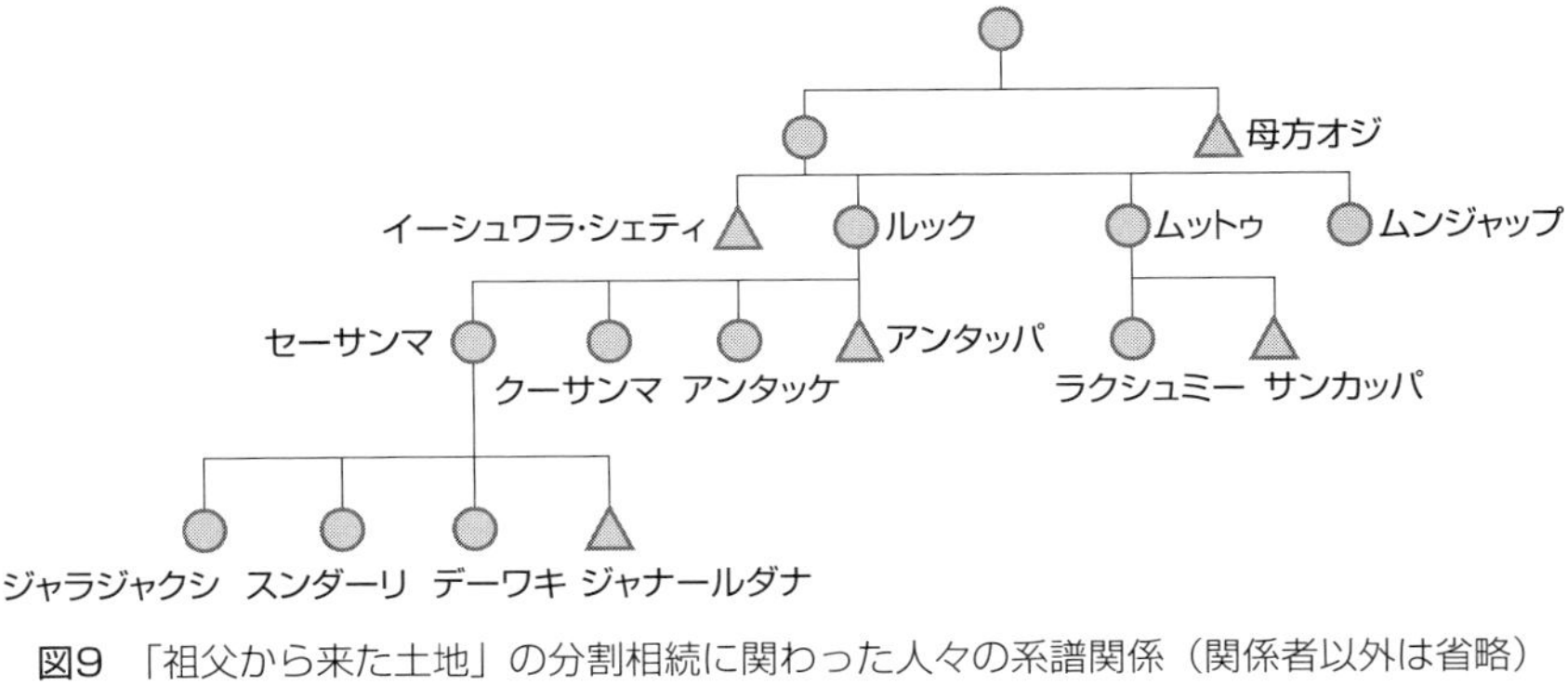

図9　「祖父から来た土地」の分割相続に関わった人々の系譜関係（関係者以外は省略）

土地の分割相続にあたって撮影された関係者の写真（1949年）。下段右端がセーサンマ、三人おいて中央がクーサンマ、下段左端から二人目がラクシュミー、一人おいてアンタッケ。最後列中央は若き日のガンガーダラ・ライ

るべき土地の選定に際しては、自身に有利な取り決めを行ったようである。すなわち、ジャナールダナの姉であるデーワキの息子によれば、ジャナールダナは、小作との間でもめ事が起こっている厄介な土地を姉妹の名義で政府に登録し、自分のためにはそのような問題のない土地を確保したという。一九七四年の土地改革（改正）法施行の際に、ジャラジャクシ、スンダーリ、デーワキの三姉妹とジャナールダナは、いずれもこの土地の「耕作者（自作農）」として政府に申請し、みずからの土地権を確定しようとした。その際、ジャナールダナの申請した土地の登録は順調に進んだが、デーワキがパッタダールティとなっていた土地は、その土地の小作との間で裁判となり、結局一九八二年に至るまで権利を得ることができなかった。

近代法への対処とクトゥマの存続

ここまでみてきたように、ムンダベットゥ・グットゥでは一九四九年のマドラス・アリヤサンターナ法の施行を受けて、一九五〇年頃からクトゥマの共同保有地の分割相続が試みられてきた。これは、それぞれの土地片に対する権利の主体を確定することで保有地に対する一族の権利を確保するとともに、土地をめぐる親族内部の紛争を回避しようとする試みであった。

ただしムンダベットゥ・グットゥの場合、クトゥマ全体の共同保有地については、結局のところ分割相続と政府への登録は達成されず、土地に対する親族メンバーの権利は現在に至るまで曖昧なままにとどまっている。他方、母系親族メンバーの購入地である「祖父から来た土地」については、分割相続をめぐるトラブルが頻発してはいるものの、ともかくも分割相続と政府への登録が達成されている。このことは、後者では土地の購入から分割相続にいたるまでの世代深度が比較的浅く、分割相続にかかわる親族メンバーの人数が限られていたために可能となったと考えられる。

一九四〇年代以降の政府による法整備の動きは、広大な土地を保有するムンダベットゥ・グットゥにとり、土地への権利を近代法に準拠したかたちで確保するための対策を迫るものであった。一族のメンバーたちにとって、それはみずからのクトゥマが保有する土地片の全容を把握しなおし、土地の種類と収穫量、面積と所在地などに照らしてそれぞれの土地片の価値を算出し、相互に比較する作業を意味していた。なおかつ、ムッタヤ・シェティが試みたように、それぞれの土地片をクトゥマの構成メンバーに適切に割り当てることは、クトゥマ内部の小規模な母系出自集団であるウラカバルを明確にグループ化し、グループ相互の関係性を定義しなおすとともに、それぞれのメンバーの帰属と系譜関係を再確認し、母系親族集団における各人の立場を他のメンバーや土地との関係において再定義する作業を意味していた。こうした意味で、ムンダベットゥ・グットゥにおける土地分割相続の試みは、クトゥマが保有する土地とクトゥマの双方を、相互の関係において同時に再編成しようとする試みであったといえる。

一九四九年のマドラス・アリヤサンターナ法は、したがって、単に既存の「伝統的な母系制」を定義し、明文化したにとどまるものではなかった。それは、クトゥマにおける土地への権利を近代法に準拠したかたちで確保し、権利の主体を確定することを通して、クトゥマやカバル、ウラカバルといった母系親族集団のカテゴリーと、それぞれの集団や構成メンバーの土地権を構築し、実体化することを要請するものであった。ただし、ムンダベットゥ・グットゥの場合、土地分割相続の試みは完全に達成されることなく、クトゥマの共同保有地とメンバーの権利は、政府への登録を免れた曖昧な領域にとどまっている。また、このことによってムンダベットゥ・グットゥでは、クトゥマの財の分散とウラカバルの分裂が最小限にとどめられ、結果として神霊祭祀を中心とする祭祀共同体であり、なおかつ財の共同体としての複合的なクトゥマの形態が現在に至るまで維持されている（Ishii 2014b 参照）。

ムンダベットゥ・グットゥのメンバーの多くにとって、このことは両義的な意味合いをもつものであった。すなわち、広大な共同保有地を擁し、神霊祭祀の実践を支える複合的な共同体としてのクトゥマとは、家系の存続と繁栄を願う人々が維持継承すべき、生命活動の基盤であり結節点としてのクトゥマの姿そのものである。他方、共同保有地の分割相続が実現されなかったことによって、それぞれの土地片に対する親族メンバーの権利は法的に確定されず、個々人の権利は不安定なままにとどまっている。

こうした状況において、人々はクトゥマへの責務と個人の権利の追求、あるいは神霊との紐帯と近代法制度とのはざまで、土地権の所在をめぐって生起する問題に対処すべく、さまざまな方策を試みてきた。とりわけ一九七四年の土地改革（改正）法の施行前後には、領主の家系に属する「地主」たち――実際には、クトゥマが保有しているそれぞれの土地片の管理者たち――の間で、土地片に対するみずからの権利を維持し、あるいは確定するためにさまざまな策略が試みられることになった。

次章では、地主と小作の関係を中心に、土地改革をめぐる人々の対応と実践を具体的な事例から検討していきたい。

注

1　グリカーラは家系の長や家長を指す一般的な名称であり、前章でみたヤジャマーナに相当する。すでにみたようにムンダベットゥ・グットゥの場合、家系の長はペルガデという名称で呼ばれる。

2　八章でみたように、一九〇四年のSSRMではパッタダール／パッタダールティとその土地が登録されているが、これは当時の税務局に登録されたということであって不動産としての名義登録とは異なる。

3　村落レベルでの祭主は、*tūvomunaye*（世話人、後見人）と呼ばれる。

4　現在も母系制に基づいて土地の保有者を選定しているバンタの家系では、土地の名義人である女性の兄弟や息子が土地管理者として土地から得られる利益を管理分配し、あるいは独占している場合が少なくない。ただし、バンタの家系では一九六〇年代以降に生まれた壮年・若年世代がムンバイなどの大都市に移住するケースが多く、母系親族メンバーの中で適当な土地管理者をみつけることは容易ではない。したがって、土地保有者である女性の兄弟や息子の一人が土地を管理してその利益を独占していることは、当該土地に対して潜在的な権利を有する他の親族メンバーにとって、ほとんど問題視されていないようである。

5　土地購入者の兄弟は、購入者の死後、新たに保有者となった姉妹の兄弟の責務としてこの土地の管理を担うことはあるが、原則としてこの土地に関する権利をもたない。また、姉妹の子のうち、女子の保有権はその子に受け継がれるが、男子の保有権は当代限りである。

6　一九四九年のマドラス・アリヤサンターナ法では、カヴァルは母とその母系の子孫からなるとされているが、ここではペラールの慣習を優先して記述する。なお、後述するムッタヤ・シェティの土地分割案の前文では、クトゥマ内部の小規模な母系出自集団について「ウラカバル」という名称が用いられている。

7　八章でみたように、二十世紀初頭の地租額査定において、ムンダベットゥ・グットゥではプーヴをはじめとする数名の女性の名の下に多くの土地片が登録されたが、彼女たちもまた、クトゥマ全体を代表する者として選定された。

8　この相続システムはムンダベットゥ・グットゥに独自のものではなく、現在に至るまでバンタの地主層の間で一般に採用されている。たとえば、十二章でみるように、一九九〇年代からこの地域では大規模な開発事業による土地収用が進められてきた。収用の対象となった世帯には七センツから二三・五センツ規模の居住地が補償として与えられるが、収用の対象となった土地がクトゥマの共同保有地であった場合、補償として得られた居住地は当該の母系親族集団の間で分割される。その際、まず「カバルによる分割」によってカバルごとに土地を分け、その後、それぞれのカバルの中で「人口による分割」方式で各メンバーに土地を分配するという方法がとられている。

9　相続の主体となる女性の孫の世代については、女性の娘の子のみがカウントされ、息子の子は異なる母系出自集団に属するために分配の対象とはならない。

10　各人に割り振られる土地片の価値は、原則としてコメの収穫量に基づいて査定された。

11　女性の子の世代についても、同様に「人口による分割」が適用される。すなわち、母から土地を分割相続する子どものうち、女子に対しては当人分+子の分が分配され、男子については当人分のみが与えられる。男子の土地権は死後、シマイに移譲される。

12　ムディはもともと穀物の収穫量を表す単位であるが、土地の広さを表すためにも用いられる。一ムディ（穀物の収穫量）＝約三九・二キログラム。一ムディ（面積）＝八〇センツ＝〇・八エーカー（一セントは〇・〇一エーカーに相当）。この場合の「六〇〇ムディゲーニ」とは、ムンダベットゥ・グットゥが保有するすべての農地から一年間に得られるコメの収穫量が、総計で約六〇〇ムディ（約二万三五二〇キログラム）であったことを意味する。

13　当時、コメを収穫できる農地の面積の総計は七八・八八エーカーであった。また、六〇〇ムディゲーニの収穫量をもつ農地に加えて、ムンダベットゥ・グットゥは八二・六五エーカーの森林を保有しており、後述するように森林も分割相続の対象となった。

14　パテーラとは村長職のこと。村落会計官（village accountant）職が設置されるまで村落における徴税、法と秩序の遵守、誕生・死亡の報告などの任務を担っていた（Abhishankar et.al.（eds.）1973: 423参照）。ムドゥ・ペラールの最後のパテーラはガンガーダラ・バンダーリという人物である。

15　ムンダベットゥ・グットゥの母系親族メンバーはブータの祭壇と広間のある本家とその近隣に集住しており、約三〇〇人ものメンバーがひとつの竈で調理された食事を食べていたという。このような共住形態は、共同家屋での生活と労働を条件としてクトゥマの財に対する成員の権利を認めるというマドラス・アリヤサンターナ法の規定によって「再構築」されたという可能性も考えられる。

16　ムッタヤ・シェティがペルガデ職に就いた正確な年は不明であるが、一九三〇年代末から彼が逝去する一九五二年までペルガデを務めたと推定される。なお、八章でみたように、一九〇四年のSSRMにおいても、ムンダベットゥ・グットゥのパッタダールティとして女性が登録されていたことにみられるように、ムンダベットゥ・グットゥでは保有地のパッタダールティは母系親族の女性が担ってきた。

17　県庁に保管されていた過去の土地登録台帳（*patte*）によれば、第三のカバルに属するアンタッケは一九三八年に、第一のカバルに属するアンタッケは一九五〇年にパッタダールティとして登録された。

18　第三のカバルについてはムドゥ・ペラールから地理的に離れていることもあり、詳しい系譜関係が現時点では不明である。

19　パッタダールティの選定に際しては、村落会計官であり土地測量担当者であったセーネル（*sēneru*）が重要な役割を果たした。あるパッタダールティが逝去すると、セーネルは当該の親族集団の家系図に基づいて次にパッタダールティとなるべき親族メンバーを選定し、親族集団の年長者たちからの承諾書を得る。その後、セーネルは徴税地区の税務官であるタハシールダール（*tahasīludāru*）の認可を得て登録簿を修正した。ムンダベットゥ・グットゥの場合は、パッタダールティの選定に際して、ペルガデやパテーラをはじめ母系親族集団の有力者の意見が重視された。一九三〇年代から一九六〇年代までムドゥ・ペラールのセーネルを務めたU・V・ラオ氏の息子であるC・S・ラオ氏と、ムドゥ・ペラールの最後のパテーラであったガンガーダラ・バンダーリ氏への聞き取り（それぞれ二〇〇九年八月三日と二〇一〇年一二月三〇日に実施）による。

20　ムンダベットゥ・グットゥの共同保有地については、現在、各地片を管理し、かつ優先的に用益権を行使している親族メンバーが各地片にかかる税金を納めているが、これらの土地の保有者ないしパッタダールティとして登録されているのはディーランマ、セーサンマ、アンタッケのままである。

21　一ムディ＝三カラセ＝四二セール。

22　逆に、計算上の割り当てよりも少ない配分となっているスケジュールもある。たとえばムンダップを代表者とするスケジュールIは、スケジュールDと同じく九人のメンバー構成であるが、二二ムディ一カラセ一セールの収穫量を割り当てられている。各スケジュールに割り当てられている収穫量は、必ずしも厳密に計算通りではなく、各スケジュールのメンバーの経済状況や、配分されるべき土地の所在や肥沃さなどの諸条件によって多少の偏差を伴っている。

23　ムルル村はバダカレにある小村の名である。

24　スケジュールCとDは、相続の主体となったムッタヤ・シェティのシマイの娘の世代であり、これらのスケジュールのみ娘の世代を基点としてウラカバルが設定されている。また、マーメッケの娘アンタッケ、プーワッケ、ムッタッケをそれぞれ代表者とするスケジュールL、M、Nのうち、Nのみが母方平行イトコからの相続の対象として選ばれている。スケジュールNに分配された土地については、「四ルピー四二アンナを支払うべし」という但し書がついており、この分の埋め合わせとして母方平行イトコからの土地相続を約束されたのではないかと推測される。

25　セーサンマのウラカバルが権利をもつ「祖父から来た土地」には、実際にはページャーワラ僧院からの「購入」地と、「自分の／保有者の土地（*varga būmi*）」と呼ばれる農地の二種類が存在した（さらに一八・五エーカーの森林も存在したが、その分割については省略する）。ジャラジャクシ、スンダーリ、デーワキの三姉妹とジャナールダナへの土地相続では、四箇所に分散したこれら二種類の土地を合わせて「人口による分割」によって分割するという方法がとられた。それぞれの土地の面積は不明であるが、三姉妹とジャナールダナそれぞれの取り分を総計すると、これらの土地片は合わせて一〇四ムディゲーニの収穫量をもっていたと推計される。

一一章　「土地の主」としての神霊と土地改革

前章までにみたように、南カナラでは植民地期から独立後まで、土地保有と母系親族集団のあり方をめぐるさまざまな法と政策が施行され、人々はその時々の施策への対応を余儀なくされてきた。新たな施策への対処を通して、人々は従来の母系制や土地保有、親族集団のあり方を再編すると同時に、近代法による「アリヤサンターナ制」や「クトゥンバ」、「土地所有」などの定義とは必ずしも一致しない独自の実践を執り行ってきた。この意味で、アリヤサンターナ制と土地保有、親族集団をめぐる法的・政治的な施策と人々の実践は、互いに再帰的な関係にある一方で、相互のズレや緊張をはらんだものであったといえる。

八章でみたように、ライーヤトワーリー制の導入から一九七四年の土地改革（改正）法の施行に至るまで、南カナラではさまざまな土地政策の実施にもかかわらず、既存の地主層の権益の大部分が保持されてきた。このうち、とりわけ土地改革と地主層の権益の維持という点に関しては、八章で概観したような政治経済的分析によるのみならず、公的な施策の領域には必ずしも含まれない、人々のミクロな実践という側面から検討していく必要がある。本書の観点からいえば、神霊祭祀の実施に基づいて土地に対する優先的な管理・支配権を得てきた領主層と、それ以外の農民はどのような関係を取り結んできたのか。また、地域の土地や自然と密接に結びついた「土地の主」としてのブータの存在は、土地改革をめぐる人々の実践といかに絡みあってきたのか、という点が重要な論点となる。

本章では、一九七四年の土地改革（改正）法施行前後に焦点を当て、土地権をめぐる地主と小作の交渉や、土地権を維持ないし獲得しようとする人々の試みがどのようなものであったかを、ムドゥ・ペラールの事例を通して明らかにしていきたい。まず、調査地における小作と家内労働者について概説するとともに、戸別訪問調査の結果に基づき、土地改革以前における地主と小作、家内労働者の集団構成を近似的に再構成することを試みる。次に、バンタの地主層に焦点を当て、母系制をとる人々の土地保有と相続形態の特徴を明らかにする。最後に、土地改革に対する地主層の対処のあり方を検討するとともに、土地権をめぐる地主と小作の交渉や抗争、あるいは土地改革による土地権の移譲という事態に際して、神霊祭祀がどのようにかかわってきたのかを具体的な事例から明らかにする。

1 ペラールにおける小作と家内労働者[1]

二種類の小作――ムーラ・ゲーニとチャーラ・ゲーニ

土地改革以前のペラールでは、第一位と第二位の領主をはじめ、広大な土地を保有する地主の家系が保有地の一部を複数の小作に耕作させ、小作料を現物（コメ）で徴収するという方法がとられていた。また、地主の一部は屋敷の敷地内に労働者とその家族を住まわせ、彼らの労働力を用いて農地や森林をはじめとする保有地の耕作と管理を行っていた。

地主の土地で働く人々は「オッケル（*okkelu*）」と総称されるが、これらの人々は、ゲーニ・オッケル（*gēni okkelu*）

とカーリ・オッケル（*kāli okkelu*）というふたつのカテゴリーに分けられる。ゲーニ・オッケルとは、地主から土地を借りて耕作し、地主に年貢米（ゲーニ）を支払う、いわゆる「小作」のことを指す。一方、カーリ・オッケルとは、地主の土地に住み込んで農作業や家畜の世話などを行う「家内労働者」を指す。[2]

小作であるゲーニ・オッケルは、ムーラ・ゲーニ（*mūla gēni*）とチャーラ・ゲーニ（*cāla gēni*）というふたつのカテゴリーに分けられる。ムーラ・ゲーニとは「昔からの／もともとの小作」を意味し、特定の土地で先祖代々働いてきた小作の一族を指す。[3] 地主は、自分の土地であるにもかかわらず、ムーラ・ゲーニを一方的に追い出したり、他の小作に変更したりすることはできない。後述するチャーラ・ゲーニに比べてムーラ・ゲーニの小作権は安定しており、その小作権は世襲で継承される。[4]

一方、チャーラ・ゲーニは、比較的新規に小作農地を得た「移動可能な小作」を意味する。先にみたムーラ・ゲーニとは異なり、チャーラ・ゲーニの小作権は一年か季節ごとのスパンで契約がなされ、地主の一存で年貢米の量を変更されたり、土地を追われたりすることもあった。このように、チャーラ・ゲーニの小作権はきわめて不安定なものであった。[5]

以上のように、ムーラ・ゲーニとチャーラ・ゲーニを比較すると、前者の方が特定の耕作地に密着しており、耕作地に対して強い権利を有していたことがわかる。ただしペラールの場合、土地改革以前に地主の土地を耕作していた小作（ゲーニ・オッケル）全体のうち、大多数はチャーラ・ゲーニであった。[6]

家内労働者（カーリ・オッケル）

次に、地主の地所に住み込んで耕作や雑役を行っていた家内労働者についてみていきたい。彼らは、地主の土地の耕作や家畜の世話、家畜の飼料の採集や森林の管理をはじめ、地主によって命じられるさまざまな労働をこなしていた。地主の土地を耕し、収穫物の一部を小作料として地主に収めるゲーニ・オッケルとは異なり、家内労働者はみずからが耕作した土地の収穫物を取得することができず、したがって地主に小作料を収めることもなかった。

家内労働者の労働に対する報酬としては、一家族（五人～六人）あたり、一日約一キロから二キロのコメを地主から支給されていたという。[7] また、家内労働者とその家族は、地主の屋敷地の外れや地主の保有する森林内部などに住居をあてがわれた。この住居は通常、土壁に草葺きのきわめて質素なものであり、一家族が一部屋を使用する形で、ひとつの住居を五家族ほどが共用していた。これらの住居は雨季などにしばしば倒壊し、労働者たちは地主の牛舎に住まわされることもあったという。

土地改革施行後の一九七七年頃から一九八〇年代にかけて、多くの家内労働者とその家族は政府が提供する五センツ規模の小区画に移住し、日雇い労働者となった。他方、五センツの土地を購入して家を建てる余裕がないために、土地改革の施行後も地主の地所に残って元々の住居に住み続けた家内労働者の家族も少なからず存在していた。

元家内労働者の家族が今も暮らす草葺の家

2 村落社会における土地改革——土地権申請の登録資料から

本節では、県庁に保管されていた土地改革当時の行政資料に基づき、ムドゥ・ペラールにおける土地権申請の概要を明らかにする。分析の対象となるのは、一九七四年から一九七九年の間に土地裁判所に提出された土地権申請の登録簿（*Villagewar resister of applications filed under section 48-A before the tribunal*: 以下、VRAと略記）である。

VRAによると、一九七四年から一九七九年にかけてのムドゥ・ペラールにおける土地権申請数は延べ三七九件であり、申請された土地の総面積は九一八・〇八エーカーにのぼる。[8] 申請者の属性をみると、ムスリムがもっとも多く、全体の約半数を占めている（表16）。このことは、表17にみられるように、地主の属性において宗教施設であるモスクがもっとも多い数（一四九件）を占めていることに対応している。VRAでは、一九七五年の末から一九七九年に至るまで、グル・カンブラと呼ばれるムスリムの集住地にあるモスクの所有地の一部を、同地域に居住するムスリム住民が申請するというケースが非常に多くみられる。多くの場合、それぞれの住民が申請している土地片は一エーカーにも満たない零細地である。したがってこの時期、グル・カンブラではモスクが所有する広大な土地が、土地改革を通して周辺のムスリム世帯に分配されるという動きが生じていたことがわかる。同様に、シュリ・ウェンカタラマナ寺院やページャーワラ僧院をはじめとする寺院・僧院やカソリック教会の所有する土地もまた、土地改革を通して小作に分配されていったことが表17からみてとれる。[9]

地主の属性をみると、モスクの次に高い件数を示しているのはバンタ（九二件）である。この内訳をみると、表18に示したようにムンダベットゥ・グットゥがもっとも多い四三件であり、次いでその他のバンタ（三六件）、第三位の領主であるティッディヤムンドットゥ・グットゥ（七件）、第五位の領主であるアラケ・グットゥ（六件）と続く。したがって、モスクなどの宗教施設を除く一般の地主層の中ではバンタ、とりわけムンダベットゥ・グットゥが土地改革によって大きな影響を被ったことが推察される。

ただし、興味深いことに、申請者の属性の中でも比較的上位にバンタ（三〇件）が挙がっており、このうち一〇件はムンダベットゥ・グットゥが占めている。このことから、次節以下で詳しくみるように、この土地改革では地主層から小作層への土地移譲がある程度進んだというのみならず、村落部に居住する地主／自作農が土地裁判所への申請を通してみずからの土地権を確定する動きや、地主層の間で土地を移譲する動きがあったことがわかる。

また、申請の対象となったムンダベットゥ・グットゥの保有地の内訳をみると、「祖父から来た土地」と呼ばれる母系親族の購入農地がもっとも多く、四三件中二一件を占めている（表19）。このことは、土地改革の際に「祖父から来た土地」が小作によって取得されたというのみならず、これらの土地が、それを共同保有する小規模な母系出自集団（ウラカバル）のメンバーによる土地権申請の対象となっていたことに関係している。

表16　土地権申請者の属性

帰属集団	件数
ムスリム	189
クリスチャン	55
プージャーリ	35
バンタ	30*
ガウダ	27
不明	14
モイリ	8
ブラーマン	7
アーチャーリ	7
その他のヒンドゥー	3
バンダーリ	1
デーワリガ	1
コンカニ	1
ＳＣ	1
計	379

＊このうち10件はムンダベットゥ・グットゥのメンバーである。

表17　地主の属性

帰属集団／施設	件数
モスク	149
バンタ	92
ムスリム	41
寺院・僧院	26
不明	22
クリスチャン	13
ブラーマン	12
カソリック教会	11
コンカニ	8
その他のヒンドゥー	2
ガウダ	1
プージャーリ	1
モイリ	1
計	379

表18　バンタ地主の家系

家系	件数
ムンダベットゥ・グットゥ	43
その他のバンタ	36
ティッディヤムンドットゥ・グットゥ	7
アラケ・グットゥ	6
計	92

表19　申請対象となったムンダベットゥ・グットゥの土地

土地の種類	件数
「祖父から来た土地」	21
母系親族の共同保有地	12
購入農地	10
計	43

次節以下では、私がムドゥ・ペラールで行った戸別調査に基づき、地主と小作の双方を含めた村人たちにとっての土地改革の実態と経験を明らかにしていきたい。

3　ムドゥ・ペラールにおける地主・小作・家内労働者の集団構成

土地改革以前のペラールでは、地主と小作、および家内労働者はそれぞれどのような人々によって占められていたのだろうか。土地改革以前のペラール全体における地主・小作・家内労働者の集団構成を正確に再現することはきわめて難しい。本節では、ムドゥ・ペラールで実施した戸別調査をもとに、この三つのカテゴリーの集団構成を近似的に再構成し、それぞれの内容を検討したい。

戸別調査の方法と対象

具体的な検討に入る前に、戸別調査の方法と対象について説明しておきたい。本節の基盤となる戸別調査は、二〇〇八年七月十八日から八月二十八日にかけて、ムドゥ・ペラールに位置する二一七世帯（全人口一〇八二人）を対象に行われた[10]。この調査では、調査助手であるアクシャヤ・シェティ氏と私の二人が調査票を携えて各家を訪問し、インタビューを行った。ときに、アクシャヤの父であるハリシュ・シェティ氏が私たちに同行して、道案内と紹介役を担ってくださった。戸別調査を行った時期はちょうど雨季にあたり、連日降りしきる雨の中、私たちは水に沈んで池のようになった草原をじゃぶじゃぶと歩き、藪に覆われた山道を這い登り、ときに畦道で滑って転んだりしながら、村の家々をめぐり歩いた。村人のほとんどはハリシュ氏とアクシャヤの知己であり、こちらの意向を説明するところろよく質問に応じてくださった。

この戸別調査は、ムドゥ・ペラールのムスリム居住区であるグル・カンブラを除くヒンドゥー教徒居住地域を中心に行った。調査対象となった二二七世帯のうち、カソリックを除く二一九世帯は、ムドゥ・ペラールにおけるヒンドゥー世帯（計六八九世帯）の約三一・八パーセントにあたる（一章参照）。この二二七世帯の帰属集団別世帯数と人口を表20に示した。表にみられるように、戸別調査の対象となった二二七世帯のうち、ヒンドゥーである二一九世帯のカースト構成は、一章でみたムドゥ・ペラールにおけるカースト構成と近似している。

以下では、戸別調査で収集したデータに基づき、ペラールの土地保有と地主、小作、家内労働者のあり方を検討していきたい。はじめに、調査対象となった二二七世帯のうち、土地改革以前に地主、小作、家内労働者、その他の職業に就いていた世帯の集団構成を明らかにする。

地主出身世帯の集団構成

調査対象となった二二七世帯のうち、一九七四年の土地改革（改正）法の施行以前から地主であった家出身の世帯（以下、地主出身世帯と呼ぶ）は、全体の約一八・九パーセントにあたる四三世帯である。[11] この四三世帯の帰属集団別世帯数を表21に示した。表にみられるように、地主出身世帯の約九三パーセントにあたる四〇世帯がバンタに属している。さらに、バンタ世帯の家系別の内訳（表22）をみると、バンタ世帯

表20　戸別訪問調査対象世帯の帰属集団別世帯数と人口

帰属集団	世帯数	人口
ガウダ	79	436
バンタ	56	203
プージャーリ	47	224
アーチャーリ	9	61
モイリ	8	37
カソリック	8	25
SC*	5	25
ベルチャダ	5	25
ブラーマン	4	15
プルサ	3	18
バンダーリ	2	9
ムーリヤ	1	4
計	227	1082

＊表中の「SC」はマンツァの他、「ハリジャナ（harijana）」（ハリジャンと同義。「不可触民」に替わる呼び名としてM・K・ガーンディーによって与えられた名称。「神の子」を意味する［山崎 2012: 687］）と自称する人々の世帯であるが、正確なカースト名は不明である。

表21　地主出身世帯の帰属集団別世帯数

帰属集団	世帯数	%
バンタ	40	93.0
ブラーマン	2	4.7
カソリック	1	2.3
計	43	100

表22　バンタの地主出身世帯の家系

家系	世帯数	%
ムンダベットゥ・グットゥ	19	47.5
その他のバンタ	13	32.5
アラケ・グットゥ	4	10.0
ティッディヤムンドットゥ・グットゥ	4	10.0
計	40	100

表23　小作出身世帯の帰属集団別世帯数

帰属集団	世帯数	%
ガウダ	27	39.7
プージャーリ	18	26.5
バンタ	8	11.8
アーチャーリ	6	8.8
カソリック	4	5.9
その他 *	5	7.4
計	68	100

*「その他」の内訳：SC2、ブラーマン1、プルサ1、バンダーリ1

表24　家内労働者出身世帯の帰属集団別世帯数

帰属集団	世帯数	%
ガウダ	40	55.6
プージャーリ	17	23.6
モイリ	7	9.7
バンタ	3	4.2
プルサ	2	2.8
ベルチャダ	2	2.8
SC	1	1.4
計	72	100

の中でも四七・五パーセントにあたる一九世帯が、第一位の領主であるムンダベットゥ・グットゥの家系に属している。

小作出身世帯の集団構成

次に、小作出身の世帯についてみてみよう。調査対象となった二二七世帯のうち、土地改革以前に小作（ゲーニ・オッケル）であった家出身の世帯（以下、小作出身世帯）は六八世帯である。[12] この六八世帯の帰属集団別世帯数を表23に示した。ガウダとプージャーリに属する世帯が、全体の約六六パーセントにあたる四五世帯を占めている。その後、バンタとアーチャーリ、カソリックが続く。

家内労働者出身世帯の集団構成

二二七世帯のうち、土地改革以前に家内労働者（カーリ・オッケル）であった家出身の世帯（以下、家内労働者出身世帯とする）は七二世帯である。[13] この七二世帯の帰属集団別世帯数を表24に示した。小作出身世帯と同じく、上位はガウダとプージャーリに属する世帯であるが、なかでもガウダに属する世帯が全体の五五・六パーセントを占めている。その後、モイリ、バンタ、プルサなどが続く。

その他出身世帯の集団構成

二二七世帯のうち、土地改革以前に地主、小作、家内労働者のいずれでもなかった世帯（以下、「その他出身世帯」とする）は四〇世帯である（表25）。このうち二六世帯が現在、一九七〇年代以降に政府によって造成された五センツ規模の居住地に居住している。その他出身世帯の多くは、土地改革以前には、住み込みの家内労働者ではない日雇いの農場労働者やその他の労働者として働いていた。

以上から、土地改革以前のムドゥ・ペラールでは、バンタの人々が農地と森林の多くを占有する一方、ガウダとプージャーリの人々が小作や家内労働者として実際の農業労働を担うという社会経済構造があったことが確認された（地主・小作・家内労働者出身世帯数については表26参照）。

4　バンタの地主層における土地保有と相続の特徴

地主出身世帯の土地保有状況と土地の取得方法

本節では、引き続きムドゥ・ペラールで実施した戸別調査の結果に基づき、ムドゥ・ペラールにおける地主出身世帯の土地保有状況を分析する。まず、地主出身世帯の現在の土地保有状況と、土地の取得方法についてみてみよう。土地改革以前から現在に至るまで土地を保有している四三世帯の二〇〇八年現在の土地保有面積は、表27のとおり

表25　その他出身世帯の帰属集団別世帯数

帰属集団	世帯数	%
ガウダ	12	30.0
プージャーリ	12	30.0
アーチャーリ	3	7.5
ベルチャダ	3	7.5
バンタ	2	5.0
カソリック	2	5.0
SC	2	5.0
モイリ	1	2.5
ムーリヤ	1	2.5
バンダーリ	1	2.5
ブラーマン	1	2.5
計	40	100

表26　地主・小作・家内労働者出身世帯数

属性	世帯数	%
家内労働者	72	32.3
小作	68	30.5
地主	43	19.3
その他	40	17.9
計	223*	100

*戸別調査の対象227世帯から、土地に関する情報が不確実な1世帯と土地改革以前の属性が不明な現地主3世帯を除く。

である。

表27のように、地主出身世帯の保有する土地は総計で約三三四エーカーであり、各世帯の保有する土地の平均面積は、農地と森林を合わせて約七・八エーカーである。それでは、それぞれの世帯はどのようにして土地を取得したのだろうか。土地改革以前からの地主である四三世帯の保有地の取得方法を分類すると、表28のようになる。

表28にみられるように、多くの地主出身世帯が保有する土地は、もともと①母系親族集団（クトゥマ）の伝統的な共同保有地、または②母系親族のメンバーが過去に購入し、購入者の母を基点とする小規模な母系出自集団（ウラカバル）の共同保有となった土地であった。現世帯主による土地改革以前の購入によって土地を取得した五世帯（うち四世帯がバンタ、一世帯がカソリック）と、父が購入した土地のみを相続した二世帯（ともに

表27　地主出身世帯の土地保有面積（2008年）

（単位：エーカー）	農地	森林	計
総面積	129.41	201.05	333.96*
平均面積**	3.16	4.9	7.77

＊農地と森林（内訳）の合計に内訳不明な2世帯の保有地総面積3.5エーカーを足した総計。
＊＊農地と森林の平均面積は保有地の内訳が不明な2世帯を除く。

表28　地主出身世帯の保有地の取得方法による分類

土地取得方法	世帯数	%
母系親族集団の伝統的保有地*を相続	16	37.2
母系相続農地＋母系親族メンバーの購入地**を相続	9	20.9
土地改革以前に購入	5	11.6
母系相続農地＋母方祖父または母方曽祖父が購入した土地を相続	4	9.3
母系相続農地＋土地改革で取得***	3	7.0
父が購入した土地を相続	2	4.7
母系相続農地＋土地改革以前に購入	1	2.3
母系相続農地＋土地改革以前に購入＋土地改革で取得	1	2.3
母系相続農地＋母系親族の購入地＋父が購入した土地を相続	1	2.3
母系親族の購入地を相続	1	2.3
	43	100

＊ 以下、表中では「母系相続農地」とする。
＊＊ 以下、表中では「母系親族の購入地」とする。
＊＊＊土地改革で土地を取得した地主世帯は、土地改革以前に他の地主の小作であった。

ブラーマン）を除くと、残りのすべての地主出身世帯（すべてバンタ）が、母系親族集団の伝統的な共同保有地、または母系親族メンバーの購入地の一部を相続している。

このようにムドゥ・ペラールでは、地主出身世帯の現世帯主の多くは、母系親族が保有する土地の一部を相続した者、あるいはその管理者としての立場にある。ここで注意すべきことは、十章で検討したムンダベットゥ・グットゥの例にみられるように、クトゥマにおけるそれぞれの土地片の現在の相続人または管理者が、その土地の名義人として公的に登録されているわけでは必ずしもない、という点である。したがって、これまで便宜的に「地主」と呼んできた人々は、一片の土地に対して法的かつ排他的な権利をもつ「土地所有者」であるというよりも、クトゥマが共同保有する土地片の管理代表者という性格をもつものである。

以下では、バンタの地主出身世帯の土地保有のあり方について、具体的な事例に基づいて検討していきたい。

母系親族の伝統的保有地と母系親族の購入地の相続

◆事例1　故人名義の共同保有地の相続と管理（1）

バンタ、アラケ・グットゥ（第五位の領主）の家系。サンパワティ（七七歳・女性）、その長男であるヴィッタルと妻子、サンパワティの長女（ヴィッタルの妹）という世帯構成。この世帯は、三エーカーの農地と七エーカーの森林を保有している。これらの土地はすべて母系親族集団の保有地であるが、サンパワティの亡母の名義で登録されており、その後の世代で分割相続や登録はなされていない。この計一〇エーカーの土地は、現在ヴィッタルが管理しており、収益をこの世帯のみで消費している。

◆事例2　故人名義の共同保有地の相続と管理（2）

バンタ、アラケ・グットゥの家系。バーラクリシュナ（三六歳・男性）とその妻、子ども二人の世帯構成。この世帯は、五エーカーの土地を保有している。この土地はバーラクリシュナの母が母系相続したが、バーラクリシュナの母方曾祖母の姉（MMMZ）の名義で登録されている。以前はバーラクリシュナの母方オジがこの土地を管理していたが、オイであるバーラクリシュナが管理を引き継いだ。

事例1と2は、すでに逝去している母系親族メンバー（女性）の名義で登録されている共同保有地（場合によってはその一部）を、ウラカバルの現代表者である年長女性が相続し、その息子が管理を担っているというケースである。事例2にみられるように、土地の管理権は通常、相続者である女性の兄弟から姉妹の息子に引き継がれる。

◆事例3　さまざまな母系相続による女性地主の形成

バンタ、ムンダベットゥ・グットゥの家系。デーワキ（八二歳・女性）とその娘という世帯構成。デーワキは、①母系相続した約二エーカーの土地、②デーワキの母とその姉妹の子孫が共同保有する二・五エーカーの土地、③母系親族の購入地約三エーカー（うち一エーカー六八センツは森林）を保有している。また、以上の土地に加えて土地改革以前には、④ムドゥ・ペラール外に位置する母系親族の購入地約七エーカーを保有していた。

①母系相続した土地について。この土地は、デーワキの母セーサンマが保有していた四エーカー強の土地を、セーサンマの娘であるデーワキとその姉妹の間で分割相続したものである。現在、この三姉妹の土地はすべてデーワキの長男が管理し、収益を換金して姉妹に分配している。

②デーワキの母セーサンマとその姉妹の子孫が保有している土地について。この土地はセーサンマら姉妹の母を基点とするウラカバルの共同保有地の一部である。

③④母系親族の購入地について。これらの土地はいずれも、デーワキの母方祖母の母方オジ（MMMB）が購入し

た土地の一部である。このうち、ムドゥ・ペラール外に位置する七エーカーの土地（④）は、土地改革の際にガウダの小作の手に渡った。

この事例は、クトゥマのメンバーである年長の女性が、母系親族集団の伝統的な保有地と母系親族の購入地を含めて複数の土地を相続・保有しているケースである。バンタでは、母系親族メンバー（男性）の購入した土地が購入者の姉妹とその娘たちへと母系で受け継がれることによって、母系親族集団に属する女性が多くの土地を相続する機会をもち、保有地を集積する傾向にある。

バンタにおける父から子への相続

表28でみたように、土地改革以前からの地主出身世帯の多くは、母系相続によって土地を取得している。他方、母系親族集団の伝統的保有地や母系親族メンバーの購入地の相続といった、通常の母系相続とは異なる相続経路を通じて土地を取得した世帯がある。表28では、四世帯（すべてバンタ）が母系親族集団の伝統的保有地の相続に加えて、母方祖父（MF）または母方曽祖父（MMF）が購入した土地を相続・保有している。母系制をとるバンタでは、母方祖父または母方曽祖父は相続者である本人とは異なる母系親族集団に属するため、これは通常の母系相続とは異なる相続形態であるといえる。こうした土地相続のあり方について、以下にみていきたい。

◆事例４　クトゥマの農地の相続＋母方祖父の購入地の相続

バンタ、ムンダベットゥ・グットゥの家系。ジャヤシラ（六七歳・男性）とその姉であるロヒニ、ロヒニの娘とその子という世帯構成。①母系相続した四エーカー八六センツの土地と、②二一ムディゲーニの収穫量をもつ母方祖父の購入農地（面積は不明）を保有している。

①母系相続した土地について。ジャヤシラとロヒニの母方祖母であるアンタッケの時代に、当時のクトゥマの年長者たちがアンタッケの娘であるラーマッケ（ジャヤシラとロヒニの母）とマンジャッケの姉妹に、土地を分割相続させることを口頭で約束した。現在ジャヤシラとロヒニの保有する土地は、二人の母ラーマッケが相続した土地の一部である。

②母方祖父の購入地について。この土地は、ジャヤシラらの母方祖母アンタッケの夫であるアッパンナ・ライ（第二位の領主の家系出身）が購入した一〇〇ムディゲーニ相当の土地（約六〇エーカー）の一部である。アッパンナの遺言により、この土地はアッパンナの実子であるラーマッケとマンジャッケの姉妹に相続された。このうち、現在二一ムディゲーニ分の土地をジャヤシラが管理し、六三ムディゲーニ分の土地はマンジャッケの息子が管理している。残りの土地は、土地改革の際にカソリックの小作に取得された。

この事例では、母系制をとるバンタの家系において、ジャヤシラとロヒニの属するクトゥマの保有地の一部が母系相続される一方、彼らの母方祖父が購入した土地が、実子とその子孫に相続されている。先にみたように、母系制をとるバンタでは、母系親族メンバーが購入した土地が、購入者（男性）の実子ではなく姉妹とその子に相続されることで、個人が購入した土地が購入者の属する母系親族集団の内部に回収されていくという状況がみられた。だが、事例4では、購入者であるアッパンナ・ライが、自身の購入地は姉妹ではなく実子が相続するよう遺言していたため、アッパンナとは異なる母系親族集団に属する娘たちが土地を相続することが可能となったのである。

ここでは、このように母系制をとるバンタにおいて、土地が購入者である父からその実子へと相続される形態を、母系相続に対して「父子直系相続」と呼んでおきたい[14]。

◆事例5　クトゥマの農地の相続＋母方曽祖父の購入地の相続

バンタ、ムンダベットゥ・グットゥの家系。スマティ（六七歳・女性）の独居世帯。スマティは現在、母系相続した約四エーカー六〇センツの土地を保有している。土地改革以前には、①ムドゥ・ペラール内に二エーカーの母系相続農地を保有し、また、村外にある母系親族集団の共有農地二五エーカーのうち、三エーカーの土地に対する用益権をもっていた。このうち、二エーカー三八センツの土地は土地改革の際にバンダーリとアーチャーリの小作に取得された。②土地改革以前、スマティはムドゥ・ペラール内に四二ムディゲーニの収穫量をもつ農地（約八エーカー）を保有していた。この土地は、スマティの母方曾祖母であるウンニャッケの夫が購入した土地であるが、土地改革の際にプージャーリの小作の手に渡った。

上記の事例は、世帯主である年長女性が、自身の属するクトゥマの保有地を母系相続するとともに、母方曽祖父の購入した土地を、曽祖父→祖母→母→本人というラインで相続している例である。母系親族の男性が購入した土地は、「祖父から来た土地」として母系相続の対象となりうる一方、事例4と事例5でみたように、男性の実子とその子孫へと直系相続される場合がある。後者の場合、男性の属する母系親族集団とは異なる親族集団に土地が相続されることになるため、父子直系相続は購入者の母系親族メンバーと購入者の実子との間に確執を生む場合がある。ただし、土地保有者の実子と母系親族間の土地相続をめぐる確執は、保有者自身が購入した土地に関してのみ生じるわけではない。以下の事例は、母系親族メンバーが過去に購入し、その後分割相続された土地をめぐって、土地保有者（故人）の姉と実子との間で対立が生じている例である。

◆事例6　故人の土地をめぐる実子と母系親族との対立

バンタであるディナカラ（五二歳・男性）とその妻子という世帯構成。ディナカラは現在、①二・五エーカーの森林のみを保有している。この土地は、ディナカラの父が三五年前にムンダベットゥ・グットゥの地主から購入した。また、②土地改革以前には三エーカーの母系相続農地を保有していたが、この土地は土地改革によってプージャーリの小作に取得された。さらに、③ディナカラの父ナーラーヤナは、母系親族の購入農地の一部（面積は不明）を保有していた。この土地は、ナーラーヤナの属する母系親族集団のメンバーが過去に購入した土地であるが、ナーラーヤナとその兄弟姉妹に「人口による分割」によって分割相続された。

この分割相続において、ナーラーヤナとその弟二人に対しては、男性であるため本人分のみが割り当てられ、ナーラーヤナの姉には本人分＋子の分が割り当てられた。ナーラーヤナの死後、彼の土地はナーラーヤナの姉（ディナカラの父方オバ）が相続したが、このことによってディナカラと父方オバの間で土地をめぐる対立が生じ、現在、法廷で係争中である。

すでにみてきたように、ムドゥ・ペラールでは、その多くがバンタである地主層が土地改革以前から農地と森林を保有してきた。これら地主出身世帯の多くは、クトゥマの共同保有地、または母系親族メンバーの購入地を母系相続によって相続・保有している。母系制に基づく土地保有と相続の形態は、母系親族の女性に土地相続の優先的な機会を与えるとともに、女性の兄弟または息子に実際の土地管理者としての権限や利益を与えている。通常の母系相続とは異なる相続形態として、父の購入地を実子（多くは娘）が相続しているケースもあるが、このような相続形態は母系相続に比べて少数である。

さて、クトゥマの伝統的な保有地は、現在の相続者または管理者の名義ではなく、すでに逝去した数世代前の母系親族女性の名義のままであるケースが少なくない。十章で検討したムンダベットゥ・グットゥの事例にみられたように、大規模な土地を保有する母系親族集団ほど、メンバー間での土地の分割相続と登録が円滑に進まず、クトゥマ全体による共同保有という形態が現在に至るまで維持されている。

このように、土地が個人名義で登録されておらず、あるいは過去の登録が更新されていないことによって、共同保有地の一部をなす土地片に対する親族メンバーの権利が確定されず、個々人の権利が制限されるという事態が生じている。たとえば、クトゥマの保有地の一部をある個人が母系相続したとしても、その土地が相続者本人の名義で登録されておらず、数世代前の親族女性の名義のままであった場合、相続者はその土地を不動産として売却したり、土地を抵当に入れて銀行から金を借入したりする権利をもたない。それゆえ、以下の事例にみられるように、土地の名義自体を変更しないまま、同一の母系親族集団の内部で土地を売買するという方法がとられるケースもある。

◆事例7　名義変更を伴わない「内々の」土地売買

バンタ、ムンダベットゥ・グットゥの家系。ハリシュ（五五歳・男性）とその妻子という世帯構成。ハリシュは現在、七エーカー七五センツの土地を保有している。ハリシュは、この土地を同じクトゥマに属する親族メンバーから購入した。この土地は、ハリシュの母方祖母であるセーサンマの名義で登録されているが、同じくセーサンマの子孫にあたるふたつの世帯が共同管理者としての権利を有していた。ハリシュはこの二世帯の成人メンバー全員の合意を得て土地を購入し、その代金を支払ったが、土地の名義はセーサンマのままである。そのため、将来、もともと管理権をもっていた世帯の子孫が土地に対する権利を主張するなどした場合、この土地を手放さなくてはならない可能性があることをハリシュは懸念している。

母系制に基づく土地保有と相続のあり方は、このようにクトゥマ内部における土地の維持と集積を可能とする一方、それぞれの土地片に対する親族メンバーの権利を曖昧なままにとどめるという特徴をもつ。

それでは、こうした土地保有と相続の方法を実践してきたバンタの地主出身世帯は、土地改革によってどのような影響を被り、また土地改革に対してどのように対処してきたのだろうか。以下では、地主出身世帯と土地改革との関係をみていきたい。

5 カルナータカ土地改革（改正）法の施行と人々の実践

ペラールの地主層と土地改革

本項では、ムドゥ・ペラールで実施した戸別調査に基づき、地主出身世帯のうちでも①土地改革によって土地を失った世帯、②土地を失わなかった世帯 について順に分析する。まず、①についてみていこう。

戸別調査の対象となった世帯の中で、土地改革以前からの地主である四三世帯のうち、土地改革（改正）法の施行によって土地を失った世帯は、四三世帯全体の三四・九パーセントにあたる一五世帯である。表29は、この一五世帯について、それぞれの世帯（もしくは、土地が分割相続されていない場合は世帯主の属するクトゥマ）が土地改革で失った土地の面積、取得経緯に基づく土地の種類、所在地を示している[15]。

表にみられるように、一五世帯すべてを合わせると、土地改革によって地主の世帯が失った土地の総面積は四八・二七エーカーであり、各世帯が失った土地の平均面積は約三・二二エーカーである[16]。取得経緯による土地の種類別にみると、一五世帯全体の八〇パーセントにあたる一二世帯が、母系親族集団の保有地（母系親族メンバーの購入地を含む）の一部を土地改革によって失っている。土地の所在地をみると、一三世帯がムドゥ・ペラール内に位置する土地を小作に取得されている。以上から、戸別調査の対象となった地主出身世帯では、多くの場合、ムドゥ・ペラールに位置する母系親族集団の保有地の一部を小作によって取得されたことがわかる。

ただし、地主出身である四三世帯全体の六五・一パーセントにあたる二八世帯は、土地改革によっても土地を失っ

表29　土地改革で土地を失った地主出身世帯

世帯番号*	土地改革で失った土地面積（エーカー）	取得経緯に基づく土地の種類	所在地
38	1.5	世帯主の購入農地	ムドゥ・ペラール
157	11.2	世帯主の父の購入農地	ムドゥ・ペラール
47	0.16	母系親族の保有地**（屋敷地）	ムドゥ・ペラール
146	2.1	母系親族の保有地	ムドゥ・ペラール（農地）、ムドゥ・ペラール外（森林）
147	0.43	母系親族の保有地	ムドゥ・ペラール
152	1エーカー＋200ムディゲーニ相当の土地	母系親族の保有地	ムドゥ・ペラール（1エーカー）、ムドゥ・ペラール外（200ムディゲーニ相当の土地）
153	152と同じ	母系親族の保有地	152と同じ
162	1.5	母系親族の保有地	ムドゥ・ペラール
163	8	母方曾祖父の購入農地	ムドゥ・ペラール外
196	4	母系親族の保有地	ムドゥ・ペラール
197	196,198と同じ	母系親族の保有地	ムドゥ・ペラール
198	196,197と同じ	母系親族の保有地	ムドゥ・ペラール
148	10.38	母系親族の保有地、母方曾祖父の購入農地	ムドゥ・ペラール内と村外（母系親族の保有地）、ムドゥ・ペラール外（母方曾祖父の購入農地）
149	1エーカー＋26ムディゲーニ相当の土地	母系親族の保有地、母方祖父の購入農地	ムドゥ・ペラール
158	7	母系親族の購入農地	ムドゥ・ペラール外
	計48.27エーカー＋226ムディゲーニ相当の土地 平均約3.22エーカー＋15.1ムディゲーニ相当の土地		

＊戸別調査における各戸の通し番号。
＊＊分割相続されていない共同保有地を含む。

ていない。また、表27でみたように、地主出身世帯は現在、総計で約三三四エーカーの土地を保有しており、各世帯は農地と森林を合わせて平均約七・八エーカーの土地を保有している。戸別調査の対象となった地主出身世帯では、このように土地改革によっても土地を失わなかった世帯数が土地を失った世帯数を上回っており、小作に取得された土地を差し引いても、いまだ土地改革以前からの地主層が多くの土地を維持している状況にある。

それでは、地主による土地の維持は、どのようにして可能となったのだろうか。この点について、以下では戸別調査の対象となった地主出身世帯のうち、②土地改革によっても土地を失わなかった世帯に焦点を当てて検討していきたい。

先述したように、調査対象となった地主出身四三世帯のうち、二八世帯は土地改革によっても土地を失っていない。この二八世帯の土地改革（改正）法施行以前における小作または家内労働者の使用状況は以下のとおりである。二八世帯のうち、四世帯は小作（ゲーニ・オッケル）を用いず、家内労働者（カーリ・オッケル）のみを用いていた。また、一五世帯は小作と家内労働者のいずれも用いておらず、うち三世帯は地主である世帯主自身が他の地主の小作であった。残りの九世帯は、土地改革以前に小作を用いていたが、何らかの事情で小作が土地改革の施行時に土地権を申請しなかったため、小作による土地の取得を免れた世帯である[17]。小作を用いていたにもかかわらず、これらの世帯が土地を維持できた理由としては、土地改革（改正）法の施行前に小作がみずから農地を出て行った、または法施行の前後に地主が小作を出て行かせたというケースがほとんどである。以下に、具体例をみていきたい。

◆事例1　地主による小作の追い立て（1）

バンタであるイーシュワラ（七五歳・男性）とその妻子と孫二人という世帯構成。この世帯は、一九六八年にイーシュワラが購入した農地と森林合わせて一四エーカーを保有する。購入した土地には購入以前からの小作がいたが、土地改革が施行される前にイーシュワラが小作に頼んで地所から立ち退かせた。そのため、土地改革によって失った土地はない。

◆事例2　土地権申請をめぐる地主と小作の対立

バンタ、ムンダベットゥ・グットゥの家系。マハーバラ（八五歳・男性）とその妻へマバティという世帯構成。ヘマバティが母系相続した三エーカー四〇センツの農地と森林を保有する。土地改革以前、カソリックの小作とガウダの家内労働者を用いていた。土地改革が施行された際、カソリックの小作が土地権を申請しようとしたため、この小作とマハーバラの間で諍いが生じた。結局、マハーバラは小作にいくらかの金を渡して申請を諦めさせた。

事例1と2は、一九七四年の土地改革（改正）法の施行にあたって、地主が小作を地所から退去させ、自身の土地権を保守した事例である。上記の事例はいずれも、小作による土地権の申請に先立って、地主が農地から小作を立ち退かせている。一方、以下にみるのは、土地改革によってすでにある土地片を小作に取得された地主が、別の地所を保守するために当該の土地で働いていた小作を追い出した事例である。

◆事例3　地主による土地の死守

バンタであるルクムニ（六五歳・女性）とその娘という世帯構成。ルクムニは母系相続した二・五エーカーの農地と森林を保有している。土地改革以前、ルクムニの家族はムドゥ・ペラールの隣村であるコンパダウに住んでいたが、土地改革によって保有地を失ったため、一九七六年にムドゥ・ペラールのコッカール（地名）に移住した。ルクムニの母系親族が保有していたコッカールの土地には、もともとルクムニの母方オジとその妻子が住んでいたが、母方オジが死去した後、ルクムニの母系親族は母方オジの妻子に金を払って地所から出て行かせた。その後、この土地ではガウダの小作が働いていたが、この小作が土地権を申請しないうちにルクムニの家族が地所を占有し、小作を出て行かせた。ルクムニによれば、彼女の家族は、コンパダウのみならずコッカールの土地まで小作に取られることを恐れて、ガウダの小作を農地から出て行かせたのである。

◆事例4　地主による小作の追い立て（2）

バンタ、ムンダベットゥ・グットゥの家系。ラリタ（六〇歳・女性）とその息子という世帯構成。一カラセ相当の農地と〇・五エーカーの森林、およびムドゥ・ペラール外に二エーカーの土地を保有する。ラリタの亡夫の母であるラクシュミーの母系親族が保有していた四エーカーの土地は、土地改革によってプージャーリの小作に取得された。そのため、ラクシュミーの母方オジであるイーシュワラ・シェティは、自身が地主であった土地からプージャーリの小作を出て行かせた。

◆事例5　小作の退去と短期的な小作使用

バンタ、ムンダベットゥ・グットゥの家系。ラマニ（八四歳・女性）とその娘、息子夫婦と孫という世帯構成。ラマニがその母から母系相続した五エーカーの農地と森林に加えて、一九九三年に購入した四エーカーの森林と三エーカーの農地を保有する。母系相続した農地では、昔からバンタの小作が働いていたが、一九六八年にこの小作が死去すると小作の妻子は土地を出て行った。その後はラマニの母のキョウダイが土地を管理し、小作は入れかわり立ちかわり短期雇用で働いていた。

以上のように、小作による土地権の申請を恐れた一部の地主たちは、一九七〇年前後に相次いで小作を地所から退去させ、自身の土地権を保守したのであった。また、事例5にみられるように、土地改革（改正）法の施行前後には、一年から二年ほどの短期間で小作を解雇し、使用する小作を次々と変更することで、特定の小作に土地権を申請する機会を与えないという方策をとる地主もみられた。

在村地主層による土地権の申請――共同保有地の維持と個人の土地権追求との妥協点を求めて

さて、先述したように、ある土地を管理し、その土地の収穫物に対する権利をもっていた人々は、必ずしも当該の土地に対する権利を政府への登録という形で確定していたわけではなかった。とりわけ、クトゥマが共同保有する土地に対する母系親族メンバーの権利は曖昧なものであった。以下にみるように、土地改革（改正）法の施行は、こうした土地片の管理者たちがみずから自作農として土地権を申請することで、クトゥマの共同保有地の一部に対する自身の権利を確定する機会を与えるものであった。以下に、具体的な事例をみていきたい。

◆事例1　母系親族メンバーの購入地（「祖父から来た土地」）の申請（1）

土地裁判所への申請登録簿（VRA）によれば、一九七四年八月二十七日、ガンガーダラ・バンダーリの妻マロティは、ページャーワラ僧院の所有する〇・七エーカーの土地権を申請し、受理された。ムンダベットゥ・グットゥの主要メンバーであるハリシュ・シェティ氏によれば、この申請は以下のような背景をもつ。ムッタヤ・シェティの前にムンダベットゥ・グットゥの家長を務めたイーシュワラ・シェティの母方オジは、地主であるページャーワラ僧院にいくらかの金を払って寺院から土地保有者としての権利を手に入れた。ただし、その後も彼はページャーワラ僧院に少額の小作料を支払いつづけていた。その後、当該の土地は母系親族のウラカバルのメンバー間で分割相続された（十章5節参照）。ガンガーダラ・バンダーリの妻が申請した〇・七エーカーの土地は、このときに分割相続された土地片のひとつであったが、この土地はガンガーダラの母方オジであり、マロティの父であるサンカッパ・ライが、婚資の一部としてガンガーダラに贈ったものであった（つまり、ガンガーダラとその妻は交叉イトコ婚を行っていた）。この土地はプージャーリの小作が耕作していたが、ガンガーダラはこの土地に対する自分の権利を確定するために妻の名前で土地裁判所に申請し、土地権を得た。

◆事例2 「祖父から来た土地」の申請(2)

VRAによれば、一九七四年十二月三十一日、プーワッパ・シェティの妻ギリジャは、ムンダベットゥ・グットゥの保有する総計一〇・八八エーカーの土地権を申請し、受理された。これらの土地片は、プーワッパ・シェティの母が相続した母系親族の購入地であった。プーワッパはこれらの土地片に対するみずからの権利を確定するために、妻の名前で申請を行い、土地権を得た。

◆事例3 「祖父から来た土地」の勝手な申請と親族間の対立

VRAによれば、一九七六年六月二十九日、ブーバ・シェティというムンダベットゥ・グットゥの男性が総計三九・〇八エーカーもの複数の土地片の権利を申請し、受理された。ハリシュ・シェティ氏によれば、この土地はムンダベットゥ・グットゥに属するウラカバルの保有地であり、その分割をめぐって以前から親族メンバー間に対立が生じていた。ブーバは、これらの土地片に対するみずからの権利を確定するために、実際に耕作していなかったにもかかわらず土地権を申請したのである。ブーバの申請に対して、同じウラカバルに属する彼の母方オジが訴訟を起こし、この件は高等裁判所でいまだに係争中である。

以上の三つの事例はいずれも、地域の地主層であるムンダベットゥ・グットゥの一員が、母系親族メンバーの購入した農地(「祖父から来た土地」)の一部に対するみずからの権利を確定するために土地改革を利用している例である。ただし、VRAでは、ムンダベットゥ・グットゥのメンバーがクトゥマ全体の伝統的な共同保有地の一部に対する権利を土地裁判所に申請したという例はみられない。このことから、母系親族集団のメンバーにとって、クトゥマ全体の共同保有地に対する個人の権利を主張することはきわめて難しく、それに対して自身のウラカバルに属する「祖父から来た土地」に対する権利を主張することの方が容易であったことがみてとれる。このことは、十章でみたように、クトゥマ全体の共同保有地については分割相続が容易に進まず、土地に対する親族メンバーの権利が現在に至るまで曖昧なままにとどまっているのに対して、母系親族メンバーの購入地である「祖父から来た土地」については、当該の土地に対して権利をもつ親族メンバーの人数が少ないために、分割相続が比較的円滑に進んでいることにも対応している。

十章でみたように、第一位の領主であるムンダベットゥ・グットゥの人々は、慣習法《カットゥ》や神霊祭祀の実践、そして日々の生命活動に基づく土地とクトゥマ、神霊との紐帯と近代法制度のはざまにあって、クトゥマの存続に対する責任と個々人の権利の追求とのジレンマに悩まされてきた。土地改革は、広大な共同保有地に支えられた包括的で複合的なクトゥマのあり方に危機をもたらす一方、個々の母系親族メンバーにとっては、土地裁判所への申請を通してみずからの土地権を公的に確定する機会を与えるものでもあった。

こうした状況において、「祖父から来た土地」は、比較的近い祖先による購入地であるがゆえにクトゥマの祀る神霊との結びつきが弱く、クトゥマ全体の資源としての歴史的深度と重みをもたないという点で、個々人がその所有権を主張しやすいものであったと考えられる。つまり、クトゥマの共同保有地を全体として保守すべしという要請と、個々人の土地権を確定させるという課題の間のジレンマに対して、「祖父から来た土地」は一定の妥協点を提供しうるものであった。

最後に、再び戸別訪問調査から、ムンダベットゥ・グットゥの男性が母系親族集団の保有地を含む複数の土地片の権利を申請した例をみていきたい。

◆事例4　地主による小作の追い立て、土地権の申請と確定

バンタ、ムンダベットゥ・グットゥの家系。ヤショーダ（七七歳・女性）、ヤショーダの長男夫婦とその子、次男の妻とその娘という世帯構成。ヤショーダが母系相続した一〇エーカーの土地と、土地改革によって権利を得た総計一六エーカーの土地を保有する。ヤショーダによれば、彼女の亡夫スンダール・ライは、土地改革以前にページャーワラ僧院の小作（ムーラ・ゲーニ）であった。彼は土地改革の施行時にこの小作農地の土地権を申請し、権利を得た。

また、ヤショーダが母系相続した土地ではプージャーリの小作が働いていたが、土地改革の施行時にスンダールが小作を立ち退かせた。

事例4は、地主であると同時に他の地主の小作であった男性が、土地改革（改正）法の施行時に、みずからの属するウラカバルの保有地を含む複数の土地に対する土地権を申請し、広大な土地の所有権を手にしたケースである。

この事例は、実は、ムンダベットゥ・グットゥに属する別の世帯の土地問題とかかわっており、ヤショーダとその息子による上記の説明よりも複雑な内容をもっている。スンダール・ライと同じくムンダベットゥ・グットゥの家系に属する八二歳の女性デーワキとその息子によれば、スンダール・ライはもともとページャーワラ僧院のムーラ・ゲーニではなかった。ページャーワラ僧院のムーラ・ゲーニであったのはデーワキであり、スンダールはデーワキが僧院から借りていた土地を耕すために雇った又小作（*ulamūlagēni*）であった。デーワキは一九六六年に、ページャーワラ僧院の土地を含めて自身が分割相続した母系親族集団の保有地を政府に登録したが、その後もページャーワラ僧院に対しては、ムーラ・ゲーニとして毎年三八ルピー八八パイサの地代と一七ムディのコメを支払いつづけていた。

ところが一九七四年の土地改革（改正）法施行時に、スンダールはページャーワラ僧院の土地を含めて、自身が小作として働いていた三つの農地と、自分の属するウラカバルの保有地の土地権を政府に申請した。ウラカバルの保有地について、その土地の耕作者ではないスンダールが土地権を申請したわけは、通常の母系相続に従えばこの土地は彼の姉妹に相続されてしまうため、土地権を申請することによって自分自身の権利を確定しようとしたのである。ページャーワラ僧院の土地についても、デーワキの観点からすれば、スンダールは実際にはムーラ・ゲーニではなく又小作であったため、土地権を申請する権利をもたないはずであった。だが、この土地の実権はスンダールが握っていたため、ムーラ・ゲーニであるデーワキは揉め事を避けるためにあえて土地権を申請しなかったのだという。この申請の結果、スンダールはページャーワラ僧院の土地を含めて複数の土地に対する権利を取得し、広大な土地を保有することになったのである。

ペラールにおける小作層と土地改革

ここまで、ペラールにおける土地改革の影響について、地主出身世帯を中心にみてきた。それでは、土地改革（改正）法の施行当時、小作の立場にあった人々は土地改革をどのように経験したのだろうか。

戸別調査の対象となった小作出身世帯（六八世帯）のうち、土地改革で土地を取得した世帯は六八世帯の五八・八パーセントにあたる四〇世帯である。この四〇世帯が取得した土地の総面積は一二二・八三エーカーであり、一世帯あたりの平均面積は三・〇七エーカーである。

このようにみると、土地改革によって多くの小作が成功裏に土地を取得したようにみえるが、その道のりは決して平坦なものではなかった。多くの小作世帯が、土地権をめぐって地主との争いや他の小作との競合を経験しており、長期にわたる裁判を経てようやく土地を取得したケースも少なくない。また、戸別調査の対象となった小作世帯のうち、全体の約四一・二パーセントにあたる二八世帯は土地改革によっても土地権を取得していない。こうした小作世帯出身者の経験について、以下に具体的な事例からみていきたい。

◆事例1　土地権の申請をめぐる地主との争い

バンタであるクンニャンナ（七八歳・男性）とその妻、娘とその子という家族構成。クンニャンナの家系は母方祖母の代から、ある地主の土地（三エーカー）の小作であった。一九七四年頃に土地権の申請をめぐって地主と諍いが起こり、契約書（「ゲーニ・シート」と呼ばれる地主と小作の契約証書）の提出を地主に要求したが拒否された。クンニャンナは地租を支払っていなかったために他に証明書類はなかったが、土地裁判所の審査に通り、土地権を得ることができた。

◆事例2　地主による虚偽の申告

バンタであるリーラ（七〇歳・女性）とその息子夫婦という世帯構成。リーラの亡夫とその父は、ある地主の土地（三・七五エーカー）の小作であった。一九七四年に土地改革（改正）法が施行された際、地主は「私の土地はすべて森林なので小作はいない。日雇い労働者だけを雇っている」と土地裁判所に虚偽の申告をした。リーラの夫らは無学だったため、地主に騙されていたことを知らなかったが、後に兄弟の助けを得て土地権を申請し、権利を得た。

◆事例3　土地権をめぐる地主との裁判

プージャーリであるラクシュミー（五五歳・女性）と息子二人、娘一人という世帯構成。ラクシュミーの亡夫とその父は、一九六四年以降、マンガルール市在住の不在地主の小作であった。一九七四年に土地権を申請し、一九七五年に権利を得た。ところがこれに対して地主が異議を唱え、みずからの土地権を主張したために裁判となり、一九九八年にラクシュミーの夫が勝訴した。

◆事例4　他の小作との競合

プージャーリであるムットゥ（七〇歳・女性）その息子夫婦、その子たちという世帯構成。ムットゥとその亡夫は一九七四年以前、ムンダベットゥ・グットゥに属する地主の小作であった。しかし、一九七四年に突然、プージャーリの隣人が彼らの小作農地の小作となり、ムットゥらは農地から追い出された。新たに小作となったプージャーリの男性は、土地改革によってこの土地の権利を得た。

◆事例5　地主の策略

プージャーリであるシナ（五〇歳・男性）とその姉、妻、息子たち、シナの弟夫婦とその子たちという世帯構成。シナの父はムスリムの地主の小作であった。シナの家族は地主の地所に住んでいたが、土地改革（改正）法施行直前の一九七二年に、同じく小作であったバンタの男性がこの地主から土地を購入した。その際、地主はシナの家族にわずか一二センツの土地を与えて地所から追い出した。シナによれば、地主は土地改革（改正）法がまもなく施行されることを見越して、シナたち一家が土地権を申請する前に自分の土地を売却したのである。

◆事例6　他の小作との裁判

ガウダであるアンマ（八〇歳・女性）、アンマの息子とその妻子という世帯構成。アンマの家系は父方曾祖父の代からムンダベッットゥ・グッットゥに属する地主の小作であった。土地改革（改正）法の施行時、もう一人の小作だったバンタの男性とアンマの父の間で土地権をめぐって諍いが生じ、一九七四年に土地権を申請してから五年もの間、裁判で土地権を争った。裁判で勝訴した後、アンマの父は政府銀行を通して土地の査定価格である七五〇〇ルピーを支払った。

◆事例7　地主の策略と土地の売却

プージャーリであるコラグ（六六歳・男性）とその妻、娘夫婦とその子という世帯構成。土地改革以前、コラグとその妻はある地主の土地（二ムディゲーニ相当）の小作であった。土地改革の施行時、地主は「この土地は地主のものである」という証書をみずから作成し、コラグに拇印を押させた。コラグは無学であったため、その書類が何を意味するのかが分からないままに拇印を押してしまい、結果として土地権を申請することができなかった。地主はその後、自分の土地を売却し、コラグら一家は土地の買い手であったプージャーリの男性からわずか一〇センツの土地のみを得た。

この最後の事例について、「なぜ、土地改革で土地を得られなかったのですか？」という私の質問に対して、コラグ氏は最初、その理由を言い渋っていたようであった。その様子をみていた妻や娘たちが口々に、「父さんは教育がなかったから、地主に騙されたのよ」と語りだした。その時の妻や娘たちの悔しく腹立たしげな口ぶりと、コラグ氏の無念そうな様子は非常に印象的であった。

ここまでみてきたように、土地改革（改正）法が施行された当時、地主と小作、あるいは同じ地主の土地を耕す小作同士の間に土地権をめぐる諍いが生じることは稀ではなかった。すでにみたように、農村部に居住する「地主」の多くは排他的な土地所有者とはいえず、実際には母系親族が共同で保有する土地の管理者としての立場にあった。こうした地主／土地管理者からみた場合、自身が管理する土地を保守することは、単に自分の権益を維持するというだけではなく、当該の土地に対するクトゥマ全体の権利を保守するという意味をもっていた。同時に、こうした地主／土地管理者にとって土地改革は、母系親族集団の共同保有地——なかでもウラカバルに属する「祖父から来た土地」——に対するみずからの権利を公的に申請することで、従来は曖昧であった土地権の所在を明確化する機会でもあった。

他方、小作の側にとってみれば、小作農地の土地権を得るために申請を行うことは、地主との諍いや他の小作との競合、さらには小作農地からの追放といったさまざまなリスクを伴う、容易ならざる試みであったといえる。

6　土地権の移譲をめぐる神霊の呪詛

それでは、前節でみたような土地権をめぐる地主と小作の交渉において、あるいは、土地改革による土地権の移譲という事態に際して、「土地の主」としての神霊の存在はどのようにかかわっていたのだろうか。この点について、以下にみていきたい。

◆事例1　地主と小作の対立と「ブータの呪い」

バンタ、アラケ・グットゥの家系。バーラクリシュナ（三六歳・男性）とその妻子という世帯構成。バーラクリシュナは現在、ペラールにおける中心的なブータであるバラワーンディの司祭（ムッカールディ）を務めている。

この世帯は母系相続した五エーカーの農地と森林を保有している。土地改革以前、バーラクリシュナの母方オジはプージャーリの小作一家を用いて三エーカーの農地を耕作させていた。土地改革の施行時、母方オジと小作一家は小作農地の土地権をめぐって対立した。この対立の最中に、プージャーリの一家は次々と精神に異常をきたした。このことは、バーラクリシュナの母方オジらにとってのみならず、プージャーリの一家にとっても、アラケ・グットゥが祭祀している神霊の呪詛によるものであると解釈された。その結果、プージャーリ一家は神霊の呪いを畏れて土地権の申請を諦めた。この小作一家は一六センツの屋敷地のみを得たが、二〇〇六年にバーラクリシュナは小作一家にいくばくかの金を与えて立ち退かせ、一六センツの地所を取り戻した。

◆事例2　土地改革で得られた土地をめぐる親族内部の対立とブータ祭祀

プージャーリであるクーサ（四七歳・男性）とその妻子という世帯構成。クーサの母方祖父は土地改革以前からムンダベットゥ・グットゥに属する地主の小作であった。一九七四年の土地改革で祖父が得た農地はその後、母の兄からその息子へと受け継がれた。クーサの母とその姉妹に対する土地の分配はなく、かわりに一一センツの屋敷地のみを与えられた。クーサは、母系制をとるプージャーリの家系において、本来の相続者であるはずの母が土地を得られず、母方オジからその息子へと土地が相続されたことを非難している。しかし、この件について母方オジ側と法廷で争うことになれば、当該の土地に祀られている「土地のダイワ」の祭祀を中断せざるを得ず、そのことによって神霊の呪詛を招く恐れがあるため、クーサは土地権について法に訴えることを諦めている。

◆事例3　土地改革による土地権の移譲と祭祀の引き継ぎ

プージャーリであるモーナッパ（六〇歳・男性）とその母、妻という世帯構成。モーナッパの家系はペラールの大祭においてバラワーンディの木馬に花を飾り、その手綱を曳くという役割を果たしてきた。また、この家系はペラールにある一六の領主の家系のうち第一五位にあたり、バラワーンディの臣下とされるカダルタ・パンジューリ（*kadaluta panjurli*）と呼ばれるブータを祭祀している。

モーナッパの父と祖父は、一九四八年頃からムンダベットゥ・グットゥに属する地主の小作であった。父と祖父が小作であった時代は、カダルタ・パンジューリのための四年に一度の祭儀をムンダベットゥ・グットゥが主催し、その他の日常的な祭祀はモーナッパの家族が担っていた。モーナッパの父らは一九七四年に土地権を申請し、一九七九年に土地を得たが、それ以降は託宣による神霊の許しを得た上で、モーナッパの家族がこの神霊のために年ごとの祭儀を行っている。

◆事例4　大社名義の土地の小作

モイリであるハリシュ（三八歳・男性）とその妻子という世帯構成。ハリシュの家系はペラールの大祭においてピリチャームンディの面を担ぐとともに、大祭の期間中、大社の祭壇に祀られた神具を見張るという役割を果たしてきた。ハリシュの父はもともとガウダの地主宅の家内労働者であったが、一九五八年に当時のガディパティナールであったプーワッパ・チョウタから、大社における儀礼的奉仕への見返りとして一ムディ相当の土地を貸与された。一九七四年に土地改革（改正）法が施行されたとき、ハリシュの父は自分が小作として働いていた他の農地については土地権を申請したが、ガディパティナールから貸与された土地については、「ダイワの土地（*daivada jāgu*）であるから」という理由で土地権を申請しなかった。そのため、この土地は現在も大社名義のままである。

上記の事例1と2は、土地権をめぐって地主と小作、または親族間に対立や緊張関係が生じた際に、当該の土地で祀られている神霊の呪詛への畏れが、両者の抗争の発展に歯止めをかけているケースである。事例1の場合、ブータの呪詛は、小作一家に土地権の申請を諦めさせることで、地主の権益を維持する方向に働いている。事例2では、土地改革によって得られた土地の相続をめぐる親族内の利害対立において、やはりブータの呪詛への畏れによって、対立の表面化が回避されている。このように、特定の土地で祭祀されている神霊の存在は、当該の土地をめぐる紛争をある程度抑止し、結果的に既存の土地権を維持することに寄与しているようにみえる。

だが実のところ、土地を保有する地主側にとっても神霊の呪詛は恐るべきものであった。なぜなら、不適切な土地の移譲によって神霊祭祀が滞った場合、神霊の呪詛は新たに土地を譲り受けた者ばかりではなく、本来の土地保有者の家系にも降りかかってくるからである。したがって、神霊と結びついた土地を地主が死守しようとすることは、単にみずからの利益を守るという目的のためばかりではなく、家系と土地、神霊との結びつきの維持を求める神霊の命に従ってのことであるという点を見逃すことはできない。このことは、次章でみるように、大規模開発による土地接収の圧力に対する領主の抵抗運動の中にも見てとられる。

他方、事例3は土地改革によって地主から小作へと土地権が移譲された際、その土地に祀られている神霊の祭祀権もまた、地主の家系から小作の家系へと移譲されたケースである。事例4は、ペラールの大社に属する土地が「神霊の土地」であるとみなされることによって、小作による土地権申請の対象とされなかったケースである。この事例においてモイリの小作は、「ダイワの土地」の保有者は大社の管理運営者であるムンダベットゥ・グットゥをおいて他にないという見地から、みずからの土地権申請を諦めている[18]。

これらの事例は、土地改革によって表向きに土地の名義が変更されたにせよ、ある土地の究極的な「主」は当該の土地に祀られた神霊なのであり、その土地を管理する者が神霊の祭祀にも責任をもつべきであるという、村人たちの認識の一端を示している。逆にいえば、その土地に棲まうブータの祭祀を適切に執り行うことができなければ、その土地の所有者として行政上認定されていたとしても、その土地ならびに土地の主たるブータと長期的によい関係を結ぶことは困難であると認識されている。人がある土地を使用することは、その土地と結びついた神霊、ひいては野生の領域と親密な関係性を取り結ぶことを意味しており、土地への権利を行使するにあたって、人はまず神霊に対する権利《アディカーラ》と責任を引き受けなくてはならないのである。

以下にみるように、同様の論理は特定の土地と結びついたブータのみならず、地母神とされるナーガについても適用されている。

先にもふれたように、一九七四年に土地改革（改正）法が施行されると、それまで家内労働者として地主の地所に住んでいた人々は棲家を失い、政府の用意した小区画に移り住むようになった。この区画は、およそ一軒あたりの土地の面積にちなんで一般に「ファイブセンツ」と呼ばれているが、その多くはそれまで誰も利用する者のなかった丘陵の乾燥地帯に設けられた。この無人の乾燥地帯はクンキ（*kumki*）と呼ばれ、慣習的にはその近隣に住む領主の家が用益権を有していた[19]。

一九七〇年代後半以降、政府が整備したファイブセンツの区画に移り住んだ人々は、この土地の近隣に住む領主の家系が祭祀しているナーガの社の儀礼に参列するようになった。彼らは政府からファイブセンツの区画を購入したのであるが、村におけるその土地の本来の保有者は政府ではなく近隣の領主であるとみなされており、さらにいえば、この土地の究極的な「主」は、そこに社を構える神霊であると考えられていたからである。人々は、みずからが暮らすことになった土地の「主」と適切な関係性を結び、それを維持するために、ナーガの社に参拝するようになったのであった。

クトゥマと神霊への責務と個人の権利追求とのはざまで

ここまで、一九七四年の土地改革（改正）法の施行前後に焦点を当て、土地権をめぐる人々の交渉のあり方を具体的事例から検討してきた。本章の検討から、八章でみたようなカルナータカの土地改革に関する政治経済学者の分析（Thimmaiah and Aziz 1983; Pani 1984）とほぼ一致した状況として、ペラールにおいても地主層から小作層への土地の移譲は徹底されておらず、結果的に従来の土地保有システムが大枠において維持されてきたことがわかった。

本章でみてきたように、行政による土地改革は、村落社会における従来の土地制度に介入したというにとどまらず、人々が親族や隣人、農地や神霊といったさまざまな存在者たちと取り結んできた関係性そのものに介入し、その改変を迫るものであった。クトゥマの成員同士や地主と小作間の関係をはじめ、人々は土地をめぐるさまざまな社会関係を再編しつつ、法の要請と制度的変化に対処してきた。

なかでもムンダベットゥ・グットゥをはじめとする上位の領主層は、クトゥマの共同保有地の維持と個々人の権利の確立という、容易に両立しがたい要請の間の葛藤を抱えてきた。土地改革は、広大な共同保有地に支えられた包括的で複合的なクトゥマのあり方に危機をもたらす一方で、クトゥマに属する個々人にとっては、土地裁判所への申請を通してみずからの土地権を公的に確定する機会を与えるものでもあった。クトゥマの成員たちは、自身が管理する共同保有地の一部が小作の手に渡ることを阻止することで、母系親族集団全体の利益を守ろうとする一方、みずからのウラカバルに属する「祖父から来た土地」への権利を申請することで、個人として土地権を獲得しようと試みてきたのである。

領主層に属する人々は、このように、農民と土地の関係の大規模な再編を促す土地改革を危機として受けとめ、神霊やクトゥマの存在と密接に結びついた従来の土地保有のあり方を維持しようと腐心する一方、土地改革をある種の機運ととらえ、クトゥマ全体の利益をなるべく損なわないような形で自己の権利を確保しようと画策してきた。それは彼らにとって、近しい親族や小作、土地裁判所の役人、それに呪詛や託宣を通してみずからのエイジェンシーを発揮する神霊といったさまざまな他者との交渉や折衝を必要とする、決して容易ではない試みであった。それはいいかえれば、日々の生命活動と祭祀の実践を通して、身近な土地・自然と連続した野生の領域と結びつき、神霊と土地への権利《アディカーラ》と責任を担ってきた人々が、近代法制度による統治と管理の下にある「土地《ランド》」としてもそれらを明確にとらえなおしつつ、土地・自然との新たな関係を編成していく過程であったといえる。

一方、領主層の土地を耕作する小作たちにとって、土地改革は自身が日々の農業労働を通して密接にかかわっている土地への権利を獲得する機会を与えるものであった。ただし、彼らにとって土地権の申請を行うことは、地主からのハラスメントや他の小作との競合、農地からの追放といったさまざまなリスクを伴う困難な試みであった。なかでも当時の小作たちがもっとも畏れたことは、領主の家系とその土地、そして神霊との根源的ともみえる結びつきを阻む事態にみずからが荷担しており、ゆえに「土地の主」たる神霊の呪詛の対象になるかもしれないということであった。

近代法制度において、単に地主から小作への土地所有権の移譲とされる事柄は、土地・自然と具体的な関係を取り結んできた人々からすれば、神霊祭祀を介した人間と野生の領域との生命的なつながりが維持されうるかどうかが賭けられた出来事であった。それゆえに、小作であった人々はときに神霊からの呪詛を畏れるあまりに土地権の申請を諦め、あるいは自身が土地と神霊に対する権利と責任《アディカーラ》を引き受けるにふさわしい者かどうかの判断を神霊に委ねるといった事態が生じてきたのである。

前章と本章を通してみてきたように、ペラールの人々は、法的にみて適正とされる人間と土地の関係を規定し、要請する近代法制度に対して、土地所有者の登録や共同保有地の部分的な分割相続、土地裁判所への申請といった形でその都度対処を試みてきた。同時に人々は、クトゥマによって維持継承され、祭祀の実践によって具現される農地と山野、神霊との生命的な結びつきを維持するためにさまざまな方法を模索してきた。近代法制度の要請に即して身近な他者との関係を再編しつつ、なお神霊によって課された権利と責任《アディカーラ》を遂行しつづけようとする人々の模索と葛藤に満ちた実践を通して、近代法制度による統治と管理の下にありながら、野生の力《シャクティ》が流通する経路を保ち、人間と神霊、野生の領域とのやりとりのネットワークを不断に形成しつづけることが可能となってきたのである。

ここまでみてきたように、近代法制度は従来の母系親族集団や土地保有のあり方に介入し、法に即した改革を要請することで、それらの存在を危機に晒すものであった。同時に、こうした危機的な事態への対応を通して、人々にとって保守されるべきクトゥマのかたちや土地との関係性が明確に認識され、近代法制度との関係において再編されてきたといえる。ただし、土地改革を経てもなお人々が神霊や野生の領域との根源的なつながりを維持・更新しえたことは、この改革がクトゥマと共同保有地の分断や土地の再分配を促す一方で、人間と土地の関係に関しては、「農民とその生命を支える母体としての土地」という、人々に広く共有された前提自体を覆すものではなかったことによるところが大きい。

しかし、次章でみるように、この地域に生きる人々は二〇〇〇年代以降、こうした前提を根本から覆すような新たな危機に直面することになる。それは、マンガロール経済特区という名の大規模な開発プロジェクトの進展である。

注

1　本節の記述は、主に3節で述べる戸別調査の過程で聞き取った内容に基づいている。

2　ゲーニ・オッケルであるムーラ・ゲーニとチャーラ・ゲーニ（後述）は一般に「ゲーニ」と総称されている。一方、地主の領地内に住み込んで労働を行うカーリ・オッケルは一般に「オッケル」と呼ばれている。本書では、原則としてムーラ・ゲーニとチャーラ・ゲーニを「小作」と表現し、住み込みの労働者であるカーリ・オッケルを「家内労働者」と呼ぶ。

3　ムーラ・ゲーニとチャーラ・ゲーニについてはSturrock（1894: 130-131）, Abhishankar et.al.（eds.）（1973: 432）, Maclean（ed.）（1989［1885］: 64）, Bhat（1998: 86-89）参照。

4　このように安定した土地権をもつムーラ・ゲーニは「小作」というより「副次的な土地保有者」とみなされうる（Maclean（ed.）1989［1885］: 64）。そのため、植民地政府が地券をもつパッタダールを登録しようとした際、土地保有者とムーラ・ゲーニのいずれがパッタダールとして登録されるべきかという問題すら生じた。Vidyapurna Thirthaswami vs. Ugganna（*Indian Law Reporter* 34, Madras, 1911: 231）参照。

5　植民地期の南カナラにおいて、ムーラ・ゲーニの耕作地に課される税はムーラ・ゲーニか地主のいずれかが支払い、チャーラ・ゲーニの場合は常に地主が支払っていたという。また、ムーラ・ゲーニはチャーラ・ゲーニよりも、稲作農地の場合一エーカーあたり平均して四〜六ルピー、ココナッツとビンロウジ農園の場合、平均一〇ルピー高い地租を地主に納めていた（Abhishankar et.al.（eds.）1973: 434; Maclean（ed.）1989［1885］: 64）。ペラールでの聞き取り調査によれば、ムーラ・ゲーニとチャーラ・ゲーニのいずれについても、土地保有者である地主がパテーラを通して納税していたという。

6　チャーラ・ゲーニはムーラ・ゲーニの又小作である場合があった。ムドゥ・ペラールでは、地主であるバンタの世帯が他の有力なバンタや村外の僧院のムーラ・ゲーニとなっていたケースがみられる。ムドゥ・ペラールの二二七世帯を対象に行った戸別調査では、地主または小作出身である一一一世帯のうち、一九七四年の土地改革（改正）法の施行以前にムーラ・ゲーニであったと答えた世帯は三世帯のみであった。このうち二世帯はバンタ（うち一世帯は地主でもあった）、残り一世帯はガウダであった。

7　コメの配給以外には、たとえば家内労働者の家族の葬儀や結婚式などの際にも、地主からの援助は特になかったという。

8　同一の申請者が地主を異にする複数の土地片を申請している場合、申請者を延べ人数でカウントしている。なお、表16・17中の「不明」は、VRAに手書きで記載されている情報が読み取れなかったケースである。

9　カソリック教会の土地を申請した小作の多くはキリスト教徒であり、ヒンドゥー寺院の土地を申請した小作の多くはヒンドゥー教徒であるという特徴がみられる。

10　本章の事例中に出てくる家族構成員の年齢は、すべて二〇〇八年現在のものである。

11　世帯主自身が土地改革以前から、①親族集団（クトゥマ）の共同保有地、②母系親族の購入農地、③その他の購入地のいずれかの地主であった世帯、または土地改革以前からの親族の土地の一部を世帯主が管理／保有している世帯を含む。現在地主であるが情報が不確実なバンタ一世帯と、一九七四年以前の属性が不明であり、土地改革以降に土地を購入して地主となった三世帯（バンタ二世帯とカソリック一世帯）は除外している。なお、土地改革以前に自身が地主であり、かつ他の地主の小作でもあった世帯については、属性を「地主」としている。地主世帯のうち、六世帯が土地改革以前に他の地主の小作であり、うち一世帯はページャーワラ僧院のムーラ・ゲーニであった。

12　世帯主自身または世帯主の父母、祖父母の世代が小作であった世帯、および世帯主（女性）の亡夫が小作であった世帯を含む。

13　世帯主自身または世帯主の父母、祖父母の世代が家内労働者であった世帯、および現在の世帯主（女性）の亡夫が家内労働者であった世帯を含む。

14　父から実子への土地相続は、ヒンドゥー相続法、ならびにマイソール改正法の施行による実子の権利の拡大に対応していると考えられる。ただし、ムドゥ・ペラールの戸別調査では、父子直系相続した土地をもつ四世帯すべてが「父から娘へ」という相続形態であったことは注目に値する。また、事例5にみられるように、父子直系相続された土地は、祖母→母→娘のように母系ラインで相続されている。このことから、父子直系相続の対象となった土地についても、男子ではなく女子に優先的な相続権が与えられている可能性がある。つまり、一度ある母系親族集団に相続された土地は、同一の母系親族集団の内部で維持され、男子が相続の対象から除外されていると考えられる。

15　表29の「世帯番号」は、戸別調査の際に筆者が各世帯につけた番号である。表にあるように、世帯番号152と153、および196・197・198はそれぞれ同じ母系親族集団に属しており、そのため同一の農地について回答している。土地面積の総計については、複数世帯の重複分は加算せず、平均については土地面積の総計を一五世帯で割って算出した。なお、世帯番号152と153は土地改革以前にはムドゥ・ペラールの隣村であるコンパダヴに居住する地主であったが、土地改革で土地を失いムドゥ・ペラールに移住してきたという経緯をもつ点で、ムドゥ・ペラール出身の他の世帯とは異なる。

16　面積が不明で収穫量のみわかっている二二六ムディゲーニ相当の土地面積分を除く。

17　このうち一世帯は、小作を使用していたと同時に世帯主自身が他の地主の小作でもあった。

18　土地改革にかかわるケース以外にも、一般に神霊の社に属するとされる土地は売買の対象としてはならず、土地の移譲は贈与によってなされるべきであるとされている。

19　クンキとは一般に、定住者や利用する者のない荒蕪地を指す。近隣の領主が潜在的な保有権をもつが、必要に応じて政府が収用することができる。ペラールでは、一九七七年頃から丘陵地のあちこちに五センツ規模の住宅用地が造成されはじめ、現在に至るまで土地なし層の移住が行われている。

十二章　大規模開発の中の神霊たち

前章までに検討してきたように、一九四九年のマドラス・アリヤサンターナ法や一九七四年の土地改革（改正）法をはじめ、南カナラの人々が経験してきた近代法制度の多くは、従来の慣習的な親族システムや土地保有制度を部分的に組み替え、あるいは近代法の言語に置き換えることによって、その変容を迫るものであった。しかしながら、これらの法や政策によっても、地域の土地や自然に根ざし、神霊との贈与交換関係に基づいた親族共同体や土地保有のあり方が根本的に改変され、あるいは壊滅的な打撃を受けることはなかったといえる。たとえば前章でみたように、土地改革によって地主層から小作層への土地移譲がある程度達成された状況においても、バンタの地主層に属する土地の大部分はクトゥマによる共同保有の下に維持されてきた。また、特定の土地と結びついたブータやナーガの祭祀は、土地そのものの名義が変更された場合もほぼ間断なく継続されてきた。

　ところが近年、神霊祭祀を核とする人々と土地・自然との関係は、この地域におけるきわめて大規模な開発プロジェクトの進行によって、かつてない危機に晒されている。近代的な法制度や政策の施行は、たとえば母系親族集団の役割や土地相続のしくみをはじめ、人々の日常的な生活実践と慣習の細部にまで干渉し、新たな法制度に対する人々の再帰的な応答を促すことで、従来の慣習的制度と実践の改変、ないしはそれらの法的な実体化を達成しようとするものであった。これに対して本章で検討するのは、上からの変革に対する地域社会からの応答をほとんど求めることなく、村落に生きる人々の生活への関与をそもそも志向することなく、村落社会自体の物理的な抹消を達成していくようなプロジェクトである。このプロジェクトの主眼は、農村部における農民と土地の不可分性という、これまでの制度変革においても担保されていた前提自体を覆し、人々をその土地から引き離した上で、従来とはまったく異なる形で広大な土地を利用することである。

本章では、マンガルール郡における大規模開発の進展が地域社会にもたらした影響と、開発プロジェクトによって新たに生じた人々の実践と運動について、神霊祭祀を基軸として検討する。本章でみていくように、大規模開発と土地接収[1]、そして村落社会の破壊という未曽有の事態に直面した人々の試行錯誤の中で、村落に基盤をもつ神霊祭祀もまた、新たな局面を迎えている。だが同時に、開発と神霊祭祀をめぐる人々の抗争や連携のあり方は、これまでみてきたような神霊祭祀をめぐる人々の抗争や連携のあり方と連続性をもち、なおかつその根底をなしているのは人々と神霊との具体的な関係性である。

以下ではまず、開発プロジェクトの概要とその影響を概観する。次に、開発プロジェクトの一部を白紙撤回に追い込んだ反開発運動の展開を、領主層と小農層の立場の差異に着眼しつつ明らかにする。さらに、土地接収や移住をめぐって現在も続く複数の抗争に焦点を当て、開発を契機とした人々と土地・自然、神霊の関係の複雑なせめぎあいと、それに伴う地域社会の勢力関係の変化を明らかにする。

1　マンガロール経済特区と神霊祭祀の新たな役割

マンガロール経済特区とは何か

ペラールから隣村のバジュペを経て沿岸部に抜ける曲がりくねった山道の途中、鬱蒼と茂る木々の間から突如として巨大な鉄骨の建造物群が姿を現す。建造物が林立する敷地はどこまでも続く高い塀と鉄条網で覆われ、いくつかあるゲートには複数の警備員が常駐している。工業プラントの敷地に沿って車を走らせると、建設中の工場施設周辺の山林はブルドーザーで切り崩され、赤く乾いた土肌を露わにしている。土砂を載せたトラックが土煙を上げて何台も往き来し、道端には砂埃にまみれたヤシの木が数本と、無人になった廃屋が取り残されている。すでに稼働している工場群のエリアに入ると、巨大なパイプラインが高速道路のように整然と空中に伸び広がり、その間に円筒形のタンクと煙突、メタリックな工場設備が屹立する景色が延々と続く。

山上に黒々とそびえ立つ鉄骨群と、ひときわ高い煙突の先端に昼夜を問わず燃え盛る赤い炎は、数キロ離れた地点からも見てとることができ、夜ともなると工場地帯の中心部は煌々と輝く照明で照らし出される。だが、すでに数千エーカーにも及ぶ開発区域の全容をつかむことは容易ではない。私がはじめてこの工業プラント群を目にした時の印象は、まるで別世界からやってきた異様な都市のようだ――というものであった。

この工業プラント群は、マンガロール経済特区（Mangalore Special Economic Zone: MSEZ）と呼ばれる大規模開発区域の一画を占めている。マンガロール経済特区とは、インド中央および州政府、それに複数の企業や財閥が推進す

領主の屋敷と森林の背後に広がる経済特区

る一大プロジェクトであり、プロジェクトを統轄する組織は二〇〇七年に設立されたマンガロール経済特区有限会社（Mangalore Special Economic Zone Limited: MSEZL）である。[2] インドにおけるさまざまな開発プロジェクトの中でも、経済特区は自由市場原理に基づき、国家の通常の法的支配を超えた特殊な領域を形成している（Levien 2011; Bedi 2013: 38）。また経済特区は、多国籍企業の誘致、互いに関連する複数の工業セクターの建設と稼働、多数の従業員が生活する近代的な居住区域の建設、経済特区全体の囲い込みと監視などを通して、地域社会からほぼ隔離された「工業化社会」を短期間につくりだすという点でもきわめて特殊であるといえる（石井 2013a, 2015 a, b）。[3]

この経済特区の建設に先立ち、一九八〇年代半ばから一九九〇年代初頭にかけて、マンガロール石油精製・石油化学有限会社（Mangalore Refinery and Petrochemicals Limited : MRPL）によって約一七〇〇エーカーの土地が収用され、当該の土地に居住していた六〇九世帯が他の地域に移住させられた（Dhakal: n.d.）。マンガロール都市開発局（Mangalore Urban Development Authority）の資料によると、二〇一四年一月現在、MSEZをはじめとする複数の開発プロジェクトによって総計約二三三〇エーカーの土地が収用され、一七九五世帯が立ち退きの対象となっている。[4]

MRPLによる石油精製・石油化学関連工場の建設と、それを拡大する形で進められた経済特区「フェイズ1（第一段階）」の建設によって、パドゥ・ペラールに隣接するバジュペをはじめ、ペルムデ、トークル、カラワル、バラ、クッテトゥールという複数の村落の大部分の土地が収用された（地図5参照。以下ではMSEZのフェイズ1とフェイズ2の収用対象となった村落群を「バジュペ周辺地域」と呼ぶ）。[5] 経済特区の建設は地域社会に新たな雇用を生みだす一方で、収用の対象となった土地に居住していた人々は農地と家屋を失い、他地域への移住を余儀なくされている。

MRPLとMSEZLによる大規模開発に対して、この地域に暮らす人々はどのように対処してきたのだろうか。また、開発事業の進展の中で、地域の土地・自然と深

開発区域内の様子。石油化学関連の工業プラントが林立している

く結びついた神霊祭祀はいかなる状況にあるのだろうか。本節では、企業による土地接収と環境破壊に対する反対運動の展開と、その中で神霊祭祀に付与されつつある新たな役割についてみていきたい。

「抵抗のシンボル」としての神霊祭祀？

この地域で進行した一連の開発事業に伴う村落の破壊と住民の強制移住、産業廃棄物による環境汚染と生態系への影響、工場による河川と地下水の大規模な利用が引き起こした水不足などに対して、主に二〇〇〇年代以降、多くの抗議運動が繰り広げられてきた。なかでも、工場排水による海洋汚染を訴える漁民団体が路上を封鎖して座り込みを行い、あるいは環境保護団体が工場建設による環境への影響に関する独自の調査を実施するなど、初期の運動の多くは大規模な開発に伴う環境破壊への批判と抗議を主眼に据えていた（Hosbet and Bhatta 2003参照）。また、土地の接収によって先祖伝来の農地や家屋を失った農民たちをはじめ、マンガルールを拠点に活動する多くの社会運動家や宗教団体、学生団体などが集会やデモなどを通して開発事業による暴挙の実態を世論に訴えてきた。

開発区域に取り残された領主の屋敷

こうした反開発運動の展開の中で、近年、企業による環境汚染と土地接収への反対に加えて、「地域の文化と伝統を守れ」というスローガンが前景化している。本章の冒頭でもふれたように、MRPLとMSEZLによる工場建設の過程において、農地や人家のみならず、多くの神霊の社や祠が破壊され、収用の対象となった村落での祭祀の続行は不可能となった。こうした状況の中、地域の自然や土地と密接に結びつき、村落社会を基盤として祀られてきたブータやナーガの祭祀は、開発によって危機に晒された自然と文化の象徴として、ひいては地域住民のアイデンティティの拠り所として頻繁に言及されている。また、新聞やテレビ、インターネットをはじめとするマス・メディアでは、土地接収を迫られた村落における神霊の託宣が、企業の暴挙に対する神霊からの「異議申し立て」として大々的に取り上げられている（図10参照）。

こうした状況の背景には、開発に反対する社会運動家らによるローカルな「文化」への注目と、メディアへの働きかけがある。たとえば、マンガルールを拠点に活動している社会運動家であり写真家でもあるU・ウダイ氏は、開発プロジェクトによって壊滅の危機に晒された農村に赴き、農作業や儀礼をはじめとする人々の生活を写真に収めてきた。彼が二〇〇四年にマンガルール市内で開催した写真展は、農民文化という視点から反開発のメッセージを訴える企画として地方新聞各紙で取り上げられ、大きな反響を呼んだ。このことについて、ウダイ氏は次のように語っている。

> 「当初、人々は〔開発による〕環境への影響についてばかり語っていて、文化への視点が欠けていた。だが、あの写真展がひとつの転換点になったと思う」[6]

また、反開発運動や女性の権利運動をはじめ、マンガルール市を中心に展開する複数の社会運動を率いる女性運動家であるヴィッディヤ・ディンカール氏は、

Kalavar's Guliga Daiva refuses to let base for SEZ!

By CT reporter

MANGALORE : Even as all the residents of Kalavar village, the lands of which is part of the 1800 acres being acquired for the first phase of MSEZ, have agreed to let their lands, the Guliga Daiva of the village has refused to let its base to the SEZ. Recently when the Nemotsava of the Guliga Daiva of the village was held at Mittabettu in Kalavar village, the Daiva has clearly refused to shift its base even as a senior member of the Guttu family appealed for the same.

It may be recalled here that earlier, even the Kodamanittaya Daiva of Kalavar Paralaguttu had refused to shift. On this occasion the then DC Maheshwar Rao and MSEZ chief operating officer AG Pai were also present. The Daiva which had then ruled that its order was above the administrative order, had directed the DC himself to refrain from the eviction process. Now it seems it is the turn of the Guliga Daiva of Kalavar to follow suit.

The Nemotsava of the Mittabettu Guliga Daiva of the historic Benkinatheshwara Temple of Kalavar was held recently when Chittaranjan Shetty of the Guttu house explained to the Daiva the inevitability to shift. However, the Daiva refused to budge saying " Enna nile budaye. Nikul lettinalpa mukkal galige battedala enna nile unde (I will not leave my base, though I may come to the place you summon me for some time, this is my permanent base," It has also warned by saying " I have already shown by powers twice and would not remain silent if anyone interfered in my matter."

It is strongly believed that an ancient and huge palm tree close by the Guligana Katte of Kalavar had a very strong bonding with the Guliga Daiva. Reports say whenever labourers had been near the tree to axe it they had seen a cobra at its base. This incident had shaken the SEZ officials and they had seen to it that some labourers from Andhra were deputed for the work. However they too had similar experience and the tree remains unfelled even now.

The daivasthanas of Kalavar are not only ancient but also have Karnika power. Some years ago, when an ancient Daivasthana was being shifted to facilitate setting up of MRPL, a prominent person of the Guttu family had passed away.

Now when attempts are being made to shift the Daiva base a person related to the Guttu house has died in Mumbai.

Chittaranjan Shetty of the Guttu House who is very well aware of the powers of the Daivas of Kalavar now does not know what action he could take to shift the Daiva base and has remained silent. Presently the Guttu house of Kalavar which has been sold to SEZ is being shifted to a rented house in Bajpe. But the Guliga Daiva of the family has been retained in Kalavar itself.

図10　土地の移譲を拒否する神霊の託宣を取り上げた新聞記事（The Canara Times 2009）

私への私信の中で次のように述べている。

私は、環境汚染の問題は普遍的なものだと思っています。一方、〔ブータ祭祀に関する〕あなたの調査が重要であるのは、それがしばしばコミュニティにより深く結びついた事柄――しかも、NGO団体の中では記録されず、語られないような事柄をとらえることができるからです。伝統的な信仰システムは、〔企業の搾取に対する〕抵抗を打ち立てていくための支えになりえます。もしそれが人々から奪われてしまったなら、彼らの内面的な強さは完全に失われてしまうでしょう。（ディンカール氏からの私信、二〇一二年三月十五日）

このディンカール氏の発言には、反開発運動をリードする社会運動家たちが抱いているローカルな「文化」や「信仰」のイメージが端的に示されている。すなわち、社会運動家の多くは、村落に暮らす人々のアイデンティティや共同性の象徴として神霊祭祀を位置づけた上で、農民を主体とする反開発運動の礎になりうるものとして神霊の存在を活用しようとしている。[7] こうした状況において神霊祭祀は、開発に対する「抵抗のシンボル」としての新たな役割を担わされつつある。

だが、開発に対する人々のさまざまな対処のあり方や、開発によって生じた新たな社会関係や抗争の諸相を仔細に検討するとき、開発との関係における神霊の存在は、「抵抗のシンボル」としての一元的な意味に還元できるものではないことが理解される。本章でみていくように、託宣を通して土地の死守と祭祀の続行を命じる神霊の存在は、開発に対する抵抗運動の原動力となると同時に、人々を故地に縛りつける強制力としても働いている。また、土地接収や移住をめぐって人々の間に生じた不和や軋轢は、その土地で祀られている／祀られるべき神霊をめぐる争いを招き、人々の対立と連携の構図は神霊の存在によってさらに複雑化していく。

次節ではまず、バジュペ周辺地域を中心とする反開発運動の勃興と展開の経緯を、領主層と小農層のそれぞれの立場に焦点を当てて検討する。領主一族と小農たち、そして元「不可触民」の社会運動家をはじめとするさまざまな行為者たちが入り交じる中で、「土地と祭祀の死守」を目指した人々の運動は大きなうねりを生み出し、結果的にフェイズ2の用地収用の中止を導いた。以下に、その経緯を順次みていきたい。

2　農民たちの反開発運動――そのふたつの側面

領主一族と「村の神霊」が率いた反開発運動[8]

はじめに、反開発運動の拠点のひとつとなったテンカ・イェッカール村の領主一族を中心に、運動の展開をみていきたい。テンカ・イェッカールは、隣村であるバダガ・イェッカールと対《つい》になった村であり、カワラマネ・グットゥと呼ばれる領主一族が第一位の領主の地位を占めている。この領主一族は、青々とした広大な田園風景を臨む小高い土地に、伝統的な建築様式で建てられた典雅な屋敷を構えている。屋敷の中庭には、「村の神霊」であるコダマニッターヤの宝物殿が設えられている。

カワラマネ一族の現当主であるニティン・ヘグデ氏によれば、彼は二〇〇七年頃、一族が共同保有する約一五〇エーカーの土地の収用を告げる通告書をカルナータカ工業地域開発局（The

カワラマネ・グットゥの屋敷地にあるコダマニッターヤの宝物殿

Karnataka Industrial Area Development Board: KIADB）から受けとった。ＭＳＥＺＬは、二〇〇六年からフェイズ1の用地となった複数の村落の土地収用を開始したが、早くも二〇〇七年にはフェイズ2の用地の収用に乗り出していた。フェイズ2は、四つの村にまたがる約二〇三五エーカーもの広大な土地に工業プラントを建設するプロジェクトであったが、テンカ・イェッカールはその四ヶ村の中に含まれていたのである。

一族が通告を受けとってまもなく、開発局は村で土地の測量を開始した。土地接収の危機を察知したヘグデ氏はすぐさま、土地改革以前に当家の元で働いていた元小作や元家内労働者たちからなる村人たちに招集をかけた。領主の呼びかけに応えて二〇〇人余の村人たちが集合し、彼らの抗議によって開発局による測量作業は一時中断された。

この出来事が起こってまもなく、村の神霊であるコダマニッターヤの祭儀が村の大社で行われた。この儀礼の場において、憑坐に憑依した神霊は、領主と村人たちに向かって次のように告げた。

「そなたたちは、これ以上いかなる揉め事も引き受けるな。前へ進め、私がそなたたちの土地を守る」

この託宣を受けた領主一族と村人たちは、村の大社に属する公会堂で集会を開いて協議を行い、土地接収に対する反対運動の母体として「農地を守る委員会（Krishi Bhumi Sanrakshan Samiti）」を設立することを決定した。その後、この委員会を中心として領主一族と元小作・家内労働者たちが団結し、「農地を守れ！」をスローガンとする運動を発展させていったのである。

以上のように、領主層を中心にみた場合、ＭＳＥＺに対する反対運動はテンカ・イェッカール村の領主一族が主導権を握り、村落社会における元小作層や元家内労働者層との古くからの紐帯を基盤として進められていったようにみ

土地接収を免れたイェッカール村の田園風景

える。またそのとき、領主一族を祭主とする「村のダイワ」の存在は、守るべき土地のシンボルとして人々を団結させるとともに、企業の圧力に抗する人々の運動の原動力となるものであった。このように、土地接収に対する反対運動はその一面において、村の土地と神霊、領主一族と村人たちの強い結びつきを核として進められたことは確かだろう。

だが、領主一族の視座を離れてこの運動をみなおした場合、それとは異なる側面がみえてくる。次項では、ダリト（元「不可触民」）[9]の運動家の視座から、反開発運動の展開を検討したい。

小農たちの反開発運動の展開――企業と大土地所有者への抵抗[10]

ラーグ氏は一九七五年生まれ、テンカ・イェッカール村出身の農民であり社会運動家である。彼は、経済特区の建設に対する反対運動に携わる以前から、ダリトの人々の権利獲得と生活の向上を目指す「カルナータカ・闘うダリトの会（Karnataka Dalith Sangharsh Samiti）」という団体にかかわってきた。彼の家系は、土地改革以前にはカワラマネ・グットゥの家内労働者として働いており、土地改革の後も十分な農地を得ることなく、狭小な居住地に作物を植えて日々の生活を営んできた。

ラーグ氏が反開発運動に携わることになったきっかけは、テンカ・イェッカール村の大土地保有者が企業と結託して土地移譲を進めようとしていることに気づいたことであった。収用の対象となった村の土地は総計約四四七エーカーであったが、そのうちの約一三〇エーカーをアーガル・グットゥと呼ばれる一族が保有していた。アーガル一族は元来、カワラマネ一族と同じ母系親族集団を構成していたが、現在の家長から遡ること四代前に両一族は別々の集団に分裂した。先にみたようにカワラマネ一族は、彼らの保有する土地と結びついた神霊の託宣に従って、企業への土地移譲を拒否するという決断を下した。これに対してアーガル一族は、共同保有地の大部分を早々に企業に移譲して補償金を受けとったのみならず、元小作層をはじめとする村人たちにも、それぞれの農地を企業に移譲するよう勧めはじめたという。

企業になびく一部の領主の動きをみてとったラーグ氏は、このままでは村落における土地の移譲がなし崩しに進んでいくだろうことに強い危機感を抱いた。彼は親しい仲間を集めて計画を練り、まずは開発や土地接収についての基礎的な知識を村人に伝えるための活動を開始した。具体的には、数人ずつのグループに分かれて村中の家々を訪問し、土地を移譲した場合に生じる問題や不利益に関する知識や情報を村人たちに伝え、問題意識を共有することを目指した。

この地道な活動ののち、ラーグ氏らはフェイズ2の収用対象となった四ヶ村すべてが団結して反開発運動を組織することを計画し、テンカ・イェッカール村の公会堂で集会を催した。この集会には、各村からやってきた村人たちをはじめ、二千人以上もの人々が参加した。次いでラーグ氏らは「農地を守る委員会」を設立し、ラーグ氏が委員長に選出された。この委員会の設立にあたって、彼らはマンガルール市内で記者会見を開くとともに、ダクシナ・カンナダ県の県行政長官とカルナータカ州政府に対して、「我々はフェイズ2の開発に断固反対し、土地の移譲を拒否する」という旨の声明書を提出した。

ラーグ氏らの活動は、メディアの報道も手伝って人々の注目を集め、マンガルール郡のカソリック司教団体、ムスリム団体、大学生有志団体などから続々と支援の声が寄せられた。支援者の中には、西ガーツ山脈における環境保護運動の経験をもつ著名な宗教指導者もいた。ラーグ氏らはこのように、宗教団体や一般市民の支援を取りつけるとともに、この地域に縁故のある州議会議員や国会議員への働きかけを行った。だが当初、多くの議員は企業側を支持し、「農地を守る委員会」の活動に理解を示す者は少なかった。そうした中、ラーグ氏らによる支援の依頼を無視した国会議員がバジュペ周辺地域を訪問した際には、村落部の女性たちがデモ行進を行い、当議員への抗議と侮蔑の念を表すために一斉に自分のサンダルを掲げるというユニークな運動が展開した。

二〇〇八年一月、「農地を守る委員会」をはじめとする一〇〇以上の団体が主催した大規模なデモ行進がマンガルール市で実施され、このデモには六千人以上の人々が参加した。その際、大衆社会党（Bahujan Samaj Party: BSP）、社会党（Samajwadi Party: SP）、インド共産党（Communist Party of India: CPI）など複数の政党の代表者が反開発運動への支持を表明した[11]。また、インド人民党（Bharatiya Janata Party: BJP）の中からも、運動への支持を表明する政治家が現れはじめた[12]（*The Hindu* 2008参照）。農民の率いる持続的な運動の力は次第に州政府をも動かし、二〇一〇年八月、カルナータカ州首相はついにフェイズ2の開発中止を命じたのであった[13]。

以上のように、ラーグ氏をはじめとする小農層を中心として反開発運動をみた場合、前項で提示されたものとは異なる側面がみえてくる。すなわち、土地接収に対抗する人々の運動は、カワラマネ一族の視座からみたそれとは異なり、村落部における領主一族の主導力に依存したものでは必ずしもなかった。それは、MSEZLという大企業に対する地域住民の抵抗運動であったと同時に、土地移譲を推進する一部の大土地保有者（領主）層に対する小農（元小作・家内労働者）層の闘いでもあったのである。

アーガル一族のように、農村部に広大な土地を保有していながら、親族メンバーの多くがすでに故地を離れてマンガルール内外の都市部で暮らしているような領主一族の場合、村落部の土地を企業に移譲して多額の補償金を受けとることは、ある意味で魅力的な選択肢であったといえる。だがその一方で、カワラマネ一族のように農地に深い愛着をもち、神霊と結びついた土地の保守を選択する領主層も存在する。このように、広大な土地を保有する領主層の内部においても、開発プロジェクトに対する立ち位置や判断は一様ではない。他方、土地に替わる財をもたず、狭小な農地に依存して生計を立ててきた農民たちにとっては、土地と引き換えに得られる補償金だけで今後の家族の生活を支えていくことはきわめて困難であるため、土地の保守はまさに死活問題である[14]。

「農地を守る委員会」の活動は、こうした小農たちが中心となって、企業と結託して土地移譲を推進する一部の領主層の動きを阻止することを目指すものであった。その過程で、彼らの運動は地域の内外から幅広い支持を得ることに成功し、さまざまな団体からの支持を一時的にせよ団体間の連携につなげることで、運動を拡大することに成功したといえる。またその中で、ラーグ氏のようなダリト運動の活動家たちが重要な役割を果たしたことは注目に値する。大きな展開をみせた反開発運動への関与は、実はラーグ氏自身の人生にも転機をもたらすものであった。「農地を守る委員会」での活動の功績が評価され、彼は二〇〇九年から二〇一〇年にかけて、イェッカールの村落パンチャーヤット[15]の議長を務めることになったのである。

以上みてきたように、大規模開発プロジェクトの進展を契機として起こった農民たちの運動は、農地の保守や生活の維持のように、いわば「これまでと変わらないこと」を希求するものでありながら、村落部における従来の社会関係や人々の生のあり方に少なからぬ変化をもたらすものであった。この運動を通して、開発に対する大土地保有者(領主)層と小農(元小作・家内労働者)層の立場の差異が歴然と示されると同時に、ダリトの人々や女性を筆頭とする小農たちの運動が、開発を推進する大企業とそれに追随する一部の大土地保有者に「勝利」するという、従来の力関係を揺るがすかにみえる事態が実現したのである。

本節の検討から、フェイズ2の開発を中止に追い込んだ運動のもつ複数の側面が明らかになった。一面においてそれは、地域の土地・自然や神霊の存在と深く結びついた領主一族と村落住民の紐帯に基づき、神霊の存在を原動力として展開された。だが同時に、この運動は企業とともに土地移譲を進める一部の大土地保有者に対する、小農たちによる対抗運動としての側面をも有していた。さらに5節でみるように、この運動はクドゥビ台地(*kudubi padavu*)と呼ばれる土地をめぐる領主一族と元小作一族、企業幹部と政治家、社会運動家と宗教指導者といったさまざまな行為者間の駆け引きや、対立と連携のせめぎあいの中で展開していったのである。

本節でみたように、開発プロジェクトの進展とそれに対する運動の展開の中で、「土地と祭祀の死守」を命じる神霊の存在は、土地接収に対する人々の意思決定や行為を方向づけるという重要な役割を果たしてきた。だが、そうした神霊の存在は、土地接収に対する人々の抵抗運動の「成功」を保証するものではもちろんない。次節以降でみるように、神霊の力はときに人々をその故地に縛りつける枷《かせ》ともなり、あるいは土地をめぐる複数の神霊の力のせめぎあいが、人々の抗争を思わぬ方向へと動かしていく。続く3節から5節にかけては、土地接収をめぐって今なお継続している人々の運動と抗争を取り上げる中で、大規模開発が人々の間にどのような対立や葛藤を生みだしているのか、そして人々は土地と自然、神霊との間にどのような新しい関係を取り結ぼうとしているのかを検討する。

3 神霊への服従と土地接収への抵抗——ある領主一族の苦悩

前節でみたように二〇〇八年以降、バジュペ周辺地域を中心に、開発プロジェクトに対する大規模かつ持続的な反対運動が巻き起こった。その結果、カルナータカ州首相は二〇一〇年八月にフェイズ2の用地の収用を禁じる命令を下し、二〇一一年七月には収用予定地の大部分に対する通告が正式に取り下げられた。

しかし実際には、土地接収をめぐる人々の抗争がそれで完全に終結したわけではなかった。なぜなら、二〇一一年に州政府によって収用が撤回されたのは、フェイズ2の建設用地約二〇三五エーカーのうち一九九八エーカー分のみであり、二〇〇八年の時点ですでに物理的な収用の段階に移っていたフェイズ1の用地と、フェイズ2のうち収用撤回の対象外となった三七エーカー分については、土地の収用と工業プラントの建設が続行されたからである。そのため本節でみるように、フェイズ1、ならびに収用撤回の対象外となったフェイズ2の圏内の住民は、土地接収に対して今なお抵抗運動を続けている。

本節では、フェイズ1の収用対象となったバジュペ村の領主一族による抵抗運動に焦点を当て、一族の祭祀する神霊の存在が、開発をめぐる彼らの意思決定のよすがとされると同時に、企業との折衝においても重要な役割を果たしていることを示す。つづく4節では、一族の抱える問題が開発によってのみもたらされたものではなく、村落内で長年にわたって繰り広げられてきた、神霊祭祀をめぐる領主の家系間の対立に根をもつことを明らかにする。この事例の検討を通して、先にもみたような開発に対する領主の両義的な立場があらためて浮き彫りになるとともに、土地の死守を命じる神霊の存在が、それに従う領主一族を窮地に陥れるという、ある意味で皮肉ともいえる状況を生みだしていることが示される。

企業による暴力的な土地接収と神霊の託宣に基づく抵抗

まず、バジュペ村の領主一族であるネリダーディ・グットゥの現状についてみていこう。この一族の屋敷地と農地は、フェイズ1の建設用地として開発プロジェクトの早期に収用の対象となった。保有地の一部はすでに物理的に収用されて工事現場と化しているが、二〇一五年現在、彼らは屋敷地と神霊の社を死守するために粘り強い抵抗運動を続けている。

ネリダーディ・グットゥの屋敷は、バジュペ村を横断する幹線道路から外れた小高い丘の中腹にある。屋敷の周りの森林は、わずかな農地を残してすでに大部分が伐採され、舗装されていない道路を工事車両が頻繁に往き来する。屋敷に向かう山道からは、眼下にアメリカ資本の化学工場と労働者のバラックが立ち並んでいるのが眺められる。ネリダーディ・グットゥの一員であるキショワ氏は、砂埃を被ったヤシの木に囲まれ、こんもりとした土砂の山に埋まった敷地の一角を指さしてこういった。

ネリダーディ・グットゥの屋敷地に隣接する化学工場。二〇一二年九月の撮影時点では建設中だった

「あそこも私たちの農地だった。連中がブルドーザーでやってきて、土砂を落としていったんだ[16]」

ネリダーディ・グットゥはバジュペ村にある一六の領主の家系のひとつであり、家長のチョウタ氏によれば、その屋敷地はおよそ八〇〇年の歴史をもつ。一族は、バジュペ村全体を司る神霊である「ジュマーディ（*jumādi*）」の祭祀において中心的な役割を担っており、屋敷の広間に重厚な祭壇を備えているほか、敷地の一角にジュマーディの社を有している。また、社専用の井戸水はコブラの毒消しに効くといわれ、「聖なる水」として近隣住民の信仰を集めてきた。

この地域に暮らす農民の多くと同じく、水田稲作と食用作物の栽培によって生計を立ててきたチョウタ氏らが、はじめてこの土地における開発計画の進行に気づいたのは二〇〇五年頃のことであった。チョウタ氏によれば、企業は二〇〇五年にネリダーディ・グットゥの保有地を含む近隣の土地の測量を始めた。「その当時は、彼らが何をしようとしているのか、誰にもわからなかった」とチョウタ氏は語っている。

二〇〇七年、政府から一族に対して一枚の通告書が届く。それは、ネリダーディ・グットゥが保有する三五エーカーの土地すべてを政府が収用するという通達であった。[17] 二〇一一年、チョウタ氏らの抵抗にもかかわらず三エーカーの保有地が強制的に接収され、キショワ氏の家をはじめ、その土地にあった複数の住居が破壊された。さらに二〇一二年五月、企業が雇用した多数の労働者と暴漢たちがブルドーザーなどの重機とともに一族の保有地を急襲し、水田に大量の土砂を投下して作物を壊滅させるという事件が起こった。暴漢たちは一族の水田に土砂を落とし、数本のヤシの木を伐り倒したのみならず、子どもや年長者を含む複数の親族メンバーに暴力を振るった。また彼らは、止めに入ったチョウタ氏らに向かって次のような暴言を吐いたという。

「お前らは政府から金を受けとっているのに、何でここに居座っているんだ。出て行かないならお前ら

更地にされていく森林

強制的な土地接収の過程で破壊された家屋

を殺して、この土砂の下に埋めてやろうか」[18]

前述した社会運動家のヴィッディヤ・ディンカール氏は、この事件の最中にチョウタ氏から助けを求める電話連絡を受けるやいなや、カメラマンとともに現地に向かい、企業のブルドーザーが一族の農作物をなぎ倒していく様子や、暴力を受けた子どもや女性たちがむせび泣く様子をテレビカメラで撮影した。チョウタ氏もまた、カメラを前にして、企業による暴力行為の酷さと一族の窮状を訴えている。この事件はテレビやインターネット、新聞などで広く報道され、一時世間の注目を集めた。同年六月、チョウタ氏らはカルナータカ高等裁判所において、企業による強制的な土地接収の不当性を訴える訴訟を起こし、現在も係争中である。

このように、しばしばきわめて暴力的な手段をもって土地接収を強行しようとする企業側に対して、ネリダーディ一族は社会運動家やメディアの力を借りつつ、必死の抵抗を試みている。メディアの報道において、チョウタ氏をはじめとするネリダーディ一族の人々は、農民から土地を剥奪する暴力的な開発事業の犠牲者として、かつ、大企業の圧力にも屈せず草の根の抵抗運動を続ける「小農的主体」として描写されている。

しかし、ネリダーディ一族が立ち退きや企業からの補償金の受けとりをあくまで拒否し、みずからの土地を死守しようとすることの背景には、ほぼ唯一の生計手段である農地への執着や、農民としての誇りがあるだけではない。彼らが自分たちの屋敷地を去ろうとしない、あるいは去ることができない最大の理由は、そこにジュマーディという神霊が祀られているからである。以下にみるように、MSEZLの土地収用に対するネリダーディ一族の抵抗は、ジュマーディからの至高の命令として彼らに課されたものなのである。

至高の命令者としての神霊

先にみたような土地収用をめぐる企業とネリダーディ一族の抗争は、マス・メディアを利用した抗議運動や高等裁判所への訴えなどにみられるように、一面においては近代的かつ法的な領域において争われている。その一方で、両者の抗争は当地に祀られている神霊ジュマーディの介入によって、いわば霊的な領域における折衝という様相を呈している。以下に、その経緯をみていきたい。

二〇一二年五月に起こった暴力事件の約ひと月後に、ネリダーディ・グットゥの人々は屋敷地において神霊ジュマーディに捧げる年中儀礼を行った。この儀礼の中で、憑坐に憑依したジュマーディは人々に向かって次のような託宣を述べた。

「私はここを去るつもりはない。私はこの屋敷を欲している。この屋敷は私のものである。〔中略〕私の社の敷居に少しでも彼ら〔企業側の人間〕をふれさせてみるがよい。そうしたならば、私が誰であるかを見せつけてやろう！」

ネリダーディ一族の人々にとって、神霊によるこうした託宣は、企業の侵入を阻止し、ジュマーディの社を擁する屋敷地を死守せよとの厳命として受けとられる。ジュマーディの命令に背くことは、一族全体にとって神霊の呪詛を被る危険を引き受けることを意味する。第一部でみたように、村落全体で祭祀されている神霊は地域の土地・自然と結びついているのみならず、不可知の野生の領域を具現するものであり、村全体の存続と繁栄を左右するものと考えられている。祭祀の円滑な実施と神霊からの祝福こそが領主一族ならびに村落の安寧と繁栄を約束するのであり、人間の過誤に対する神霊の怒りと呪詛は、領主の家系と村の存続を危機に陥れかねない。先にみた社会運動家の言説にみられるような、農村に暮らす人々のアイデンティティと共同性の象徴としての静態的でポジティヴな神霊像とは異なり、人々のブータへの帰依は、儀礼において体現される神霊からの加護と祝福への希求と、祝福と表裏一体となった呪詛へのリアルな畏れに根ざしているのである（cf. Shah 2010: 117）。

立ち退きを求める企業の圧力に抗する神霊ジュマーディの力について、チョウタ氏は次のように述べている。

「われわれは、ダイワのお陰でここに残ることができているのだ。もしもダイワの力がなければ、連中はこの屋敷をとっくに破壊し尽くしているだろう」

チョウタ氏の言うように、神霊の加護によってネリダーディ一族が先祖伝来の土地を保守しえているという側面があることは確かである。しかしながら、それと表裏をなすものとして、まさにジュマーディの命令があるがために一族はこの土地を出ていくことができないのだという側面を看過することはできない。企業による土地接収に対するネリダーディ一族の行動や意思決定は、ある面において、彼らにとって至高の命令者であり最高審級としてのジュマーディに委ねられているのである（ネリダーディ一族と神霊とのこうした関係性は、七章でみたムンダベットゥ・グットゥと神霊の関係性と共通していることに気がつく）。

また、村の神霊は地域の土地や自然と不可分の関係にあるが、この場合の土地や自然とは、南カナラにおける環境運動の中でしばしば注目される「西ガーツ山脈」や「アラビア海沿岸部」といった広範囲の自然環境とは異なり、マーヤの領域から流れ込んできた神霊の力がその周辺に滞留し、横溢し、流通するとされる具体的な場所や領域を意味している。だからこそ、土地収用をめぐる企業側と村民との抗争や折衝において、特定の土地と結びついた神霊の意志と力が大きな意味をもちうるのである。

以下では、ネリダーディ・グットゥの開催した年中儀礼において、憑坐に憑依したジュマーディと企業幹部の面々が直接に交渉を行い、ジュマーディの託宣が企業幹部の意思決定に影響を与えた事例をみていきたい。

企業幹部との交渉とジュマーディのエイジェンシー

二〇一二年五月に発生した暴力事件の直後にネリダーディ・グットゥが開催した年中儀礼には、ネリダーディ一族のメンバーや村人たちに加えて、ＭＳＥＺＬの幹部ら数名が列席していた。儀礼に参加した幹部らの意図は、ネリダーディ・グットゥの屋敷地を収用するにあたって、ジュマーディの社を他の地域に移転することの許可を神霊自身から得ることであった。儀礼の中で、パンバダの憑坐に憑依したジュマーディと企業幹部たちとの対話は次のように進行した。

ジュマーディ：ここは私の土地である。私はここを去るつもりはない。

幹部：私たちはあなたのためにあらゆるものを用意いたします。あなたのために、新しい社を建立しましょう。

ジュマーディ：そなたたちは私の社について何でも好きなようにするがいい。だが、そなたたちは私の井戸の礎石を他の場所に置くことができるというのか？　私の井戸を動かすことができるというのか？

幹部：それならば、私たちはこの件について中央〔政府〕に諮らざるを得ないでしょう。

ジュマーディ：私こそが「中央」である！

この儀礼の後、ジュマーディの託宣を受けた企業幹部らはこの問題について協議し、神霊の社と井戸を含む屋敷地の収用を一時的に中断するという判断を下した。先にみたチョウタ氏の言葉どおり、ジュマーディの力によって、ネリダーディ・グットゥの土地は暫定的にせよ、一族の元に残されたことになる。この事例にみられるように、MSEZLによる開発と土地収用をめぐっては、企業幹部を含めて開発を推進する側に立つ人々が儀礼を通して神霊と直接に交渉し、神霊の命令に従うという事態がたびたび生じている。

この点については次章で詳しく検討することとして、次節ではやはりネリダーディ・グットゥを事例として、開発プロジェクトと村落内のポリティクス、そして神霊祭祀の関係を考察していきたい。

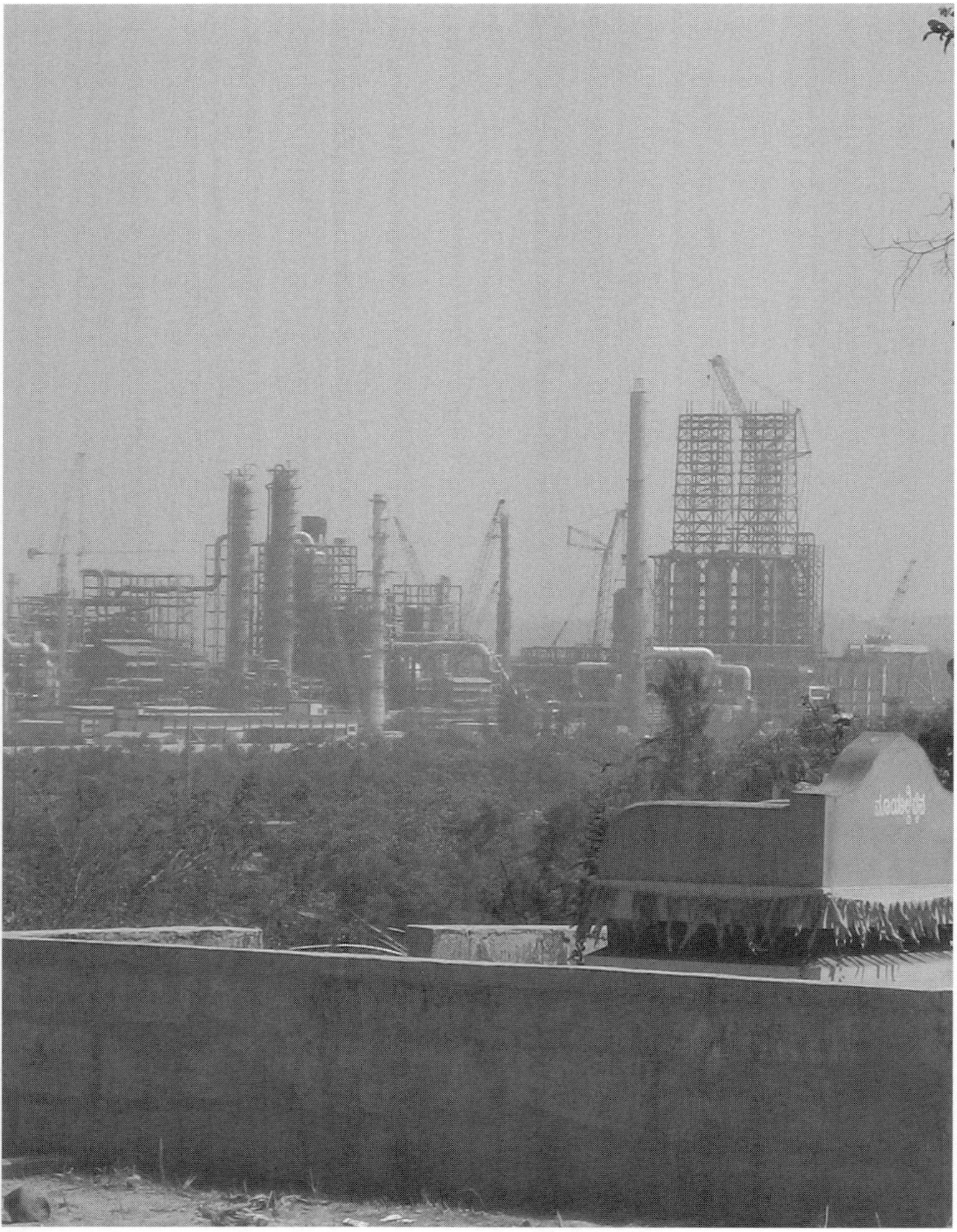

開発区域に取り込まれた神霊の社から経済特区を臨む

4 神霊祭祀をめぐる領主間の対立と土地収用のポリティクス

先にみたように、反開発を唱える社会運動家やメディアの言説において、神霊祭祀は地域の人々のアイデンティティと抵抗の基盤として描かれてきた。だが、土地収用によって立ち退きを迫られた人々は、たとえ同じ村落に暮らす者同士であったとしても、神霊祭祀を核とする一体性や統一見解を有しているわけでは必ずしもない。

七章でみたペラールの領主一族と管理委員会との確執に顕著にみられるように、地域社会における土地の支配や位階のあり方と密接に結びついた神霊祭祀は、儀礼を通して人々を結集させる力をもつ一方で、名誉や権益をめぐる対立と分裂の要因にもなってきた。また本章の2節でもみたように、村落の土地・自然と神霊祭祀を守る義務を負っていながら、企業への大規模な土地移譲によって利潤を得られる可能性をもつ領主層は、開発に対して両義的な立場にあり、そのことがそれぞれの領主一族の立ち位置や判断に大きな差異を生みだしている。

本節でみるように、開発プロジェクトの進展は人々の間に新たな紛争の火種を生みだした。だが同時に、開発プロジェクトによってもたらされたかにみえる人々の紛争や排除の構造は、プロジェクトの開始以前から続く村落内のミクロなポリティクスの分析を通してのみ理解することができる。以下では、バジュペ村のネリダーディ・グットゥと上位の領主一族とが神霊祭祀をめぐって繰り広げてきた抗争を取り上げ、この対立が土地収用をめぐるポリティクスにどのような影響を与えてきたのかを明らかにする。

村の分裂への序奏——神霊祭祀をめぐる領主間の裁判闘争

前節でみたように、ネリダーディ・グットゥはＭＳＥＺＬによる開発プロジェクトの進出によって農地のほとんどを破壊され、かろうじて残った屋敷地も立ち退きを迫られるという苦境に立たされている。近隣に住んでいた村人の多くはすでに他の土地に移住し、工場建設が進む開発現場の只中に、ネリダーディ・グットゥの屋敷地だけが孤島のように取り残されている。バジュペ村の由緒ある家系のひとつであり、広く人々の信仰を集めるブータの社を有するにもかかわらず、なぜ彼らはこのような窮状に陥ることになったのだろうか。その背景を理解するためには、神霊祭祀をめぐってネリダーディ・グットゥと上位の領主一族との間で一〇年近くにわたって繰り広げられてきた抗争について知る必要がある。

ネリダーディ・グットゥの屋敷地内にあるジュマーディの社

先述したようにバジュペ村には一六の領主の家系があるが、これらの家系はすべて、最高位である第一位の領主から最下位とされる第一六位の領主まで位階的に順序づけられている。この家系間の序列は、この地域の他の村々と同じく、村落における神霊祭祀と不可分の関係にある。すなわち、それぞれの家系の位階は、村の神霊祭祀の由来を詠った口頭伝承《パールダナ》に描かれる神話的過去において、神霊自身によって定められたとされる。また、村落レベルの大祭の場において、憑坐に憑依した神霊が位階に従ってそれぞれの家系の長に祝福を与えることで家系間の序列が可視化され、承認される。

通常、ひとつの村落にある複数の領主の家系のうち、祭主の長として村の神霊祭祀の管理運営を指揮するのは第一位の領主一族の家長である。だが、バジュペ村の場合、第四位の領主であるネリダーディ・グットゥが村全体を司る神霊であるジュマーディの祭祀において中心的な役割を果たしてきた。前節でみたように、ネリダーディ・グットゥの屋敷の広間にはジュマーディの壮麗な祭壇があり、その社はネリダーディ・グットゥの敷地内に位置している。また、祭主の長であるガディパティナールの役職は、代々ネリダーディ・グットゥの年長男性の中から選ばれてきた。

このように社の管理者であり祭主の長として代々ジュマーディの祭祀を担ってきたネリダーディ・グットゥの立場は、第一位の領主であるスンドットゥ・グットゥのメンバーが社の管理者としての権利を主張しはじめたことによって、ある危機を迎えることになる。以下では、二〇〇一年から二〇〇九年にかけて、ネリダーディ・グットゥの家長であるチョウタ氏を原告とし、ダクシナ・カンナダ県のヒンドゥー宗教・慈善寄進担当副長官（Deputy Commissioner for Hindu Religious and Charitable Endowments）と同担当長官補佐（Assistant Commissioner）、ならびにスンドットゥ・グットゥの中心メンバーであるライ氏以下、バジュペ村の村民八名を被告として争われた裁判の記録から、両者の抗争の過程をみていきたい。

はじめに、チョウタ氏が政府の役人とライ氏らを相手どって訴訟を起こすに至った経緯を簡単に説明しておきたい。スンドットゥ・グットゥのライ氏が二〇〇一年五月二十三日付で前述のヒンドゥー宗教・慈善寄進担当長官補佐に提出した文書によれば、同年五月十三日、ライ氏をはじめとするジュマーディの帰依者たちはこの神霊の社で集会を開き、社の運営を担う管理委員会を設立することを決定した。この集会で、九名の村人が五年任期の委員として選出されるとともに、ライ氏は社の管理責任者（*moktēsare*）としての職務を生涯務めることが決定された。ライ氏によれば、このとき五年任期の委員としてネリダーディ・グットゥのチョウタ氏も選出されていた。

一方、チョウタ氏は、二〇〇一年五月二十一日付の長官補佐宛の文書において、同年五月十一日にネリダーディ・グットゥの屋敷地で開かれた集会において、チョウタ氏自身が社の管理責任者として選出されたと主張した。この件について、長官補佐はバジュペに調査員を派遣して双方に聞き取り調査を行った。その結果、長官補佐はチョウタ氏が選出されたという集会の有効性について疑義を呈し、ライ氏を筆頭とする管理委員会の決定を承認した。以下でみる裁判は、この長官補佐の判断に対するネリダーディ・グットゥからの不服申し立てとして始まった。
カルナータカ高等裁判所の裁判記録（Writ Petition No. 40504 of 2001）によれば、二〇〇一年九月二十九日、ダクシナ・カンナダ県マンガルール郡のヒンドゥー宗教・慈善寄進担当長官補佐によって、バジュペ村に位置する「シュリ・カンタナディカリ・ダイワスターナ〔ジュマーディの社を意味する〕」の管理責任者としてスンドットゥ・グットゥのライ氏以下、八名が任命された。これに対してチョウタ氏側は、ネリダーディ・グットゥこそがこの社の世襲的管財人（hereditary trustee）であり、長官補佐によるライ氏らの任命は無効であるとする訴えを起こした。チョウタ氏側の弁護士の主張は、長官補佐による管理責任者の任命は一九五一年のマドラス・ヒンドゥー宗教・慈善寄進法（The Madras Hindu Religious and Charitable Endowments Act, 1951）三九条から四二条に基づくものであるが、これらの条項は最高裁判所の承認の下に高等裁判所によって無効とされていることから、長官補佐は管理責任者を任命する権限をもたないというものであった。

　この訴えに対し、二〇〇二年二月の命令書において裁判官は、チョウタ氏側は自分たちが社の世襲的管財人であったことを証拠立てる資料を何ひとつ提出しておらず、神霊自身の命令と占星術の結果のみを根拠としていることから、チョウタ氏は世襲的管財人ではなく「神霊の帰依者らによって指名された者」とみなされるべきであり、したがって長官補佐の決定に異議を申し立てる権限をもたないとした。また、長官補佐による管理責任者の任命はマドラス・ヒンドゥー宗教・慈善寄進法三九条から四二条に基づくものではなく、神霊の帰依者（ここではライ氏らのこと）による管理責任者の選出結果を承認したものとみなされるべきであり、したがって、長官補佐による任命を不当とするチョウタ氏側の主張は無効であるとされた。結論として、この裁判において裁判官はチョウタ氏の訴えを棄却するという命令を下した[19]。

　しかし、社の管理運営権をめぐるネリダーディ・グットゥとスンドットゥ・グットゥの抗争は、これで一件落着したわけではもちろんなかった。二〇〇一年の判決以降も両一族の確執は続き、公的な管理責任者としての権利を主張するスンドットゥ・グットゥに対して、チョウタ氏側は神霊自身の命を受けた世襲的管財人としての権利を訴えつづけた。この件に関して、やはりチョウタ氏を原告とし、ダクシナ・カンナダ県のヒンドゥー宗教・慈善寄進担当副長官とスンドットゥ・グットゥのライ氏以下八名を被告として高等裁判所で争われた裁判（Writ Petition No. 18958 of 2007）の判決が二〇〇九年に下された。以下に、この判決の内容をみていこう。

二〇〇七年、チョウタ氏側は、副長官がライ氏らを社の管理責任者に任命する一方、チョウタ氏を世襲的管財人として宣言することを拒否したとして、この副長官の命令を不服とする訴訟を起こした。二〇〇九年一月の判決において、裁判官は一九五四年から一九九四年までに社の管理責任者として任命された人々の氏名を列挙し、これらの人々とチョウタ氏の関係を示す有効な証拠がない上、彼らは世襲的管財人として任命されたわけではないと指摘した。また、裁判官はネリダーディ・グットゥが過去に社の維持管理を担ってきたことを認めつつも、問題の社（裁判資料では「寺院（temple）」と表記されている）は特定の家系に属する私的な宗教施設ではなく、「カルナータカ州ヒンドゥー宗教寄進局（Muzarai Department）の管理下にある公的な寺院である」とした。結論として、二〇〇九年の裁判において裁判官は副長官の命令を有効であるとし、チョウタ氏の訴えは再び棄却された。

以上のように、ジュマーディの社の管理運営権をめぐる両一族の争いにおいて、法的にはスンドットゥ・グットゥが社の管理責任者としての地位を獲得し、神霊自身の命を受けた伝統的祭主としてのネリダーディ・グットゥの立場は無視された形となった。こうした法的な抗争に加えて、ライ氏をはじめとするスンドットゥ・グットゥのメンバーは、二〇〇〇年代の終わりにジュマーディの社に関する冊子を刊行した。この冊子には、口頭伝承に基づくジュマーディの社の由来が記載されているほか、祭祀の責任者としてスンドットゥ・グットゥの主要メンバーの顔写真が見開きで印刷されている。また、冊子の中ではネリダーディ・グットゥについても言及されているものの、ジュマーディの祭壇と社が位置する一族の屋敷は祭具を保管する「宝物殿」として位置づけられており、祭主の長としてネリダーディ・グットゥが果たしてきた役割については何ら言及されていない。このように、この冊子ではジュマーディの祭祀におけるスンドットゥ・グットゥの中心性がアピールされている一方、ネリダーディ・グットゥの存在は意図的に周辺化されているといえる。

ジュマーディの祭祀をめぐる両一族の対立は、当然のことながら村落における他の家系間の関係性や祭祀の執行にも少なからぬ影響を及ぼしてきた。ネリダーディ・グットゥの屋敷に保管されている神霊の祭具は、慣習的には大祭の際にそれぞれの領主の屋敷の間を巡回することになっていたが、スンドットゥ・グットゥとの対立が始まって以来、一〇年近くにわたって巡回が中止されているという。また、村人たちの中でもスンドットゥ・グットゥとネリダーディ・グットゥのそれぞれに与する者の間で意見の相違が生じてきた。社の管理運営権をめぐる両一族の対立は、潜在的な形であったにせよ、村落社会に暮らす人々の間に不和と分裂を招いてきたのである。

開発ブローカーとなった領主一族

さて、ジュマーディの祭祀をめぐる一連の抗争をみるとき、それぞれの一族の主張や立論のあり方には異なる傾向があることに気がつく。すなわち、スンドットゥ・グットゥは管理委員会の設立や政府による管理責任者の任命、祭祀に関する冊子の出版といった公的で近代的な手段によって社の管理運営権を獲得し、それを正当化しようとしている。これに対してネリダーディ・グットゥの側は、みずからの権利を主張する際に神霊の託宣や口頭伝承に根拠を求め、先祖代々継承されてきた祭主としての立場を堅守しようとしている。だが、神霊自身の命に基づくネリダーディ・グットゥの主張は近代法廷の言語には馴染みがたいものであり、ネリダーディ・グットゥ側の提出した資料は法廷において有効な証拠として認められず、二度の裁判でチョウタ氏は敗訴した（こうした両一族の対立のあり方や立論の対照性は、七章でみたムンダベットゥ・グットゥと管理委員会との対立の構図に似通っていることに気がつく）。

ふたつの領主一族の主張と立論にみられるこうした対照性は、以下にみるように、バジュペ村に進出してきた開発プロジェクトへの対応において、より鮮明に表れることになる。二〇〇〇年代の後半にMSEZLによるバジュペ村の土地収用計画が持ち上がると、スンドットゥ・グットゥの中心メンバーであるライ氏は企業側と結託し、MSEZLと村人を仲介する役割を担うようになった。ライ氏の勧告に従って、ネリダーディ・グットゥほか数世帯を除く多くの村人たちが企業に土地を引き渡して再定住地域に移住した。スンドットゥ・グットゥは、みずからの家系に属する神霊として「タッパイディ」と呼ばれる神霊を祭祀していたが、バジュペ村の屋敷地を手放すにあたって、彼らは一時的に神霊の力（*akarṣaṇe*）を祭具から抜きとる儀礼を行った後にこの神霊の祭具を移動させたという。

このように、村落社会において上位を占める領主一族が率先して土地を移譲し、他地域に移住するという選択をしたばかりか、仲介者として村人の土地移譲を推し進めるという状況は、2節でみたテンカ・イェッカール村の事例と類似している。ただしテンカ・イェッカール村の場合、土地移譲を推進したアーガル一族が不在地主であったのに対して、土地の保守を決断したカワラマネ一族は村落部に居住しており、村人たちとの紐帯を維持していたことや、領主層の意向に完全に依存することなく小農中心の運動を組織しえたラーグ氏のような人物がいたことが、当村における反開発運動の推進を可能にしたと考えられる。

これに対してバジュペ村の場合、一〇年近くに及ぶ領主同士の対立の影響を受けて村人の間にも分断が広がっていたことに加えて、土地移譲を推進したスンドットゥ一族は、村の第一位の領主であると同時に神霊祭祀の管理責任者として、村落政治において中心的な位置を占めてきた。こうした状況にあって、バジュペ村の住民がスンドットゥ一族の意向に反して、一致団結して土地接収に対する抵抗運動を組織することはきわめて困難であったと考えられる。村人たちが続々と土地を手放して村を去っていく中、長年にわたってスンドットゥ一族と対立してきたネリダーディ一族と他の数世帯だけが、ジュマーディの社とともに村に取り残されたのである。

バジュペ村の場合、開発プロジェクトの介入は、このように長い年月をかけて徐々に進行してきた村落内部の亀裂と分断を一挙に顕在化させた。このとき「村のダイワ」である神霊の存在は、地域の土地・自然や社の死守を命じることで、神霊と分かちがたく結びついた事実上の祭主であるネリダーディ一族の抵抗運動を促すと同時に、彼らを故地に縛りつける強制的な力としても作用することになった。

一方、スンドットゥ一族にとって開発プロジェクトの進出は、保有地の移譲を通して補償金を獲得する機会であったと同時に、村落全体における土地の移譲と村民の移住を主導することで、仲介者としての利益を得るのみならず、第一位の領主としての地位と権力を顕示し、実体化する機会を与えるものでもあった。

前項でみたように、スンドゥットゥ一族のライ氏らは、ジュマーディの社の管理権を獲得し、それを正当化するためにさまざまな手段を講じてきた。地域の土地や自然と結びついた存在である神霊祭祀の管理権を追求する一方、企業による土地収用に積極的に加担するライ氏らの姿勢は、一見矛盾しているように思われる。だが、神霊ジュマーディが村落全体で信奉されている「村のダイワ」であり、その祭祀が村落社会における家系間の地位や名誉と密接にかかわってきたことを考えるとき、スンドゥットゥ一族のとった選択と戦略はむしろ終始一貫していることに気がつく。

すなわち、スンドゥットゥ・グットゥの面々が神霊祭祀の管理権をめぐる裁判を通して追求してきたのは、村落の代表者としての権威と立場であった。この裁判において彼らが目指していたのは、村における最高位の領主かつ神霊祭祀の管理責任者、つまりは村落の最有力者としての地位を公に獲得することであった。この姿勢の下に、ライ氏らは村落の代表者として企業と接触し、土地の移譲や村民の移住に関する交渉を行ってきたのである。

神霊ジュマーディとともに故地に残ることを選択したネリダーディ一族とは対照的に、開発の進展に際してスンドゥットゥ一族は、みずからが主導権をもって村人たちと一族の神霊を別天地に移動させることを選択した。[20] それは、スンドゥットゥ一族に限らず、開発の進展と土地収用という事態に直面した領主層があえて選びうる選択肢のひとつである。ただし、移住計画の先頭に立つ一部の領主たちの予想とは異なり、人々の移住と神霊の移動は常に成功裏に終わるとは限らず、その「新天地」においてさまざまな問題を引き起こしている。

つづく5節と6節では、ペルムデ村のクドゥビ台地を事例として、人々の移住と神霊の移動に伴って生じた紛争の経緯と展開をみていきたい。

5 「新天地」における人々の軋轢と神霊祭祀の競合

前節ではバジュペ村を事例として、神霊祭祀をめぐる領主間の対立関係が、開発プロジェクトの進展に際して人々の分断を促し、結果的に村落社会の分裂と事実上の離散を招いた経緯をみてきた。これに対して本節では、開発に伴う人々の移住と神霊の移動によって生じた領主一族と元小作一族の軋轢を中心に検討していく。

十一章でみたように、土地改革の際に生じた地主と小作間の土地権をめぐる対立において、争いの対象となった土地に祭祀されている神霊の存在は、祭祀の中断や祭主の変更に対する呪詛への畏れをかきたてることで小作による土地権の申請を阻み、結果的に既存の土地権を維持することにある程度寄与していた。本節でみるクドゥビ台地の事例もまた、土地をめぐる地主一族と元小作一族の争いであるといえるが、開発という要素が絡むことによって、その構図はより複雑かつ動態的な様相を呈している。

すなわち、本節でみていくのは、人々の移住に伴って生じた人間と土地と神霊の関係のせめぎあいが、村落内外の多様な行為者間の対立と連携を生みだしつつ、土地収用の是非をめぐる攻防と神霊祭祀の正当性をめぐる競合へと発展していく過程である。本節と次節で順次みていくように、クドゥビ台地における神霊祭祀の競合とは、領主一族の祭祀する「王のダイワ」と元小作層の祭祀する低位のブータとの競合であるのみならず、村落全体を司る神霊を「誰が」「どこで」祭祀すべきかをめぐる競合としても立ち現れている。

以下ではまず、ペラールを含めたバジュペ周辺の村落部において、主に元小作や元家内労働者層によって祭祀されている低位のブータの特徴を概観する。これらのブータは、組織的な祭祀の有無や憑依のきっかけといったさまざまな点において、第一部で詳述した「王のダイワ」とは異なっている。続いて、MSEZLによる土地収用の対象となったペルムデ村を事例として、土地収用に伴うバンタの領主一族の大規模移住と、彼らの移住先となった土地に暮らすガウダの元小作一族との軋轢を検討する。

家庭における「野生のブータ」の祭祀

二章でふれたように、南カナラの人々は神霊のヒエラルキーの上層を占める「王のダイワ」を信奉するのみならず、それぞれの家庭において、より低位にあるとされるブータを日常的に祭祀している。これらのブータは、「野生の・粗野な・飼いならされていない」を意味する形容詞「カートゥ」を付して、「カートゥ・ブータ」と総称されている。本項ではまず、これらの神霊の概要をみていきたい。

家庭におけるブータの祭壇

ペラールを含むバジュペ周辺地域において、それぞれの家庭や農地の隅の祠などに祭祀されているブータは、カルーティ、サッティヤデーワテ、マントラデーワテ、グリガをはじめとして数多く存在する。村の領主層が祭祀に関する主要な役割を担う「王のダイワ」とは異なり、これらのブータの祭祀は通常、各家庭の家長が執り行う。家庭で祭祀されるブータの依代は、小さな銀の神像や面などの神具である場合もあれば、木の棒や石などの自然物の形態をしている場合もある。また、ブータの祭壇についても、独立した建造物としての社や祠から、家の壁に取りつけられた簡素な木の神棚に至るまで多様な形態がみられる。

これらのブータの中には、その土地に棲むとされる「土地のダイワ」の他に、さまざまな理由でその家に「やってきた（*baidena*）」とされるブータが存在する。なかでもマントラデーワテと呼ばれるブータの祭祀は、家族の死や病、引き続く災難といったネガティヴな経験を契機として開始されることが多い。家庭内で引き続く災厄の原因について家族が占星術師などに伺いを立てた結果、災厄を引き起こしているブータを祭祀し、慰撫するように指示される、というケースである[21]。カルーティやマントラデーワテをはじめ、「王のダイワ」と比べて周辺的な位置にあるこれらの

儀礼の準備をするマントラデーワテの踊り手

ブータは、領主層ではなく、土地改革以前に小作や家内労働者であった世帯において多く祀られている。以下では、家庭における下位のブータ祭祀の契機について、典型的な事例をいくつか紹介したい。[22]

◆事例1　突発的な憑依とマントラデーワテの「来訪」

ガウダ、元小作の家系。パーンデ（三一歳・男性）とウェダパティ（三〇歳・女性）は二〇〇六年に結婚した。結婚後まもなく、ウェダパティに憑依の徴候である震えの発作がみられるようになった。発作が始まると彼女は井戸に身を投げようとしたり、突如として母方の生家に走って行ったりし、男性が四人がかりで取り押さえようとしても止めることができない。マンガルール市近郊にあるカティール寺院のブラーマン司祭に相談したところ、「悪霊を信じてはならない」と言われるが、発作はひどくなる一方であった。そうした折、マントラデーワテ自身がウェダパティに憑依して、儀礼を行うよう要求した。占星術師に相談したところ、「すでにマントラデーワテが来ている」と言われ、ウェダパティの身体から神像（*pāpe*）へと神霊の力を移す儀礼を行った。以降、マントラデーワテの神像には毎日水と花を供え、年ごとの儀礼を行っている。

◆事例2　病を通したマントラデーワテの顕現

ベルチャダ、元家内労働者の家系。二〇〇一年頃、ライタ（四八歳・女性）が病気にかかった。この病気について占星術師に相談したところ、マントラデーワテを祀るようにという助言を受けた。だが、当時は貸部屋に住んでいたため、祭壇を設置することができなかった。その後、政府が用意した五センツの土地に移ったが、今度はライタの娘であるママタ（二八歳）が、恒常的に月経になるという病にかかった。マントラデーワテの司祭（*māni*）に伺いを立てたところ、「ライタの母方の家からマントラデーワテがやってきている」と言われた。儀礼において、ライタら家族はマントラデーワテの依代であるヤシの実に向かって、「ママタの病を治してくださったら、私たちはあなたをお祀りします」と誓った。その後、ライタらはブラーマン司祭に頼んで神霊の力をヤシの実から神像に移す儀礼を行い、役目を終えたヤシの実は川に流した。

◆事例3　「土地のダイワ」による土地への呪縛

プージャーリ、元家内労働者の家系。カルーティ・パンジューリ、サッティヤデーワテというふたつの「土地のダイワ」と、マントラデーワテを家庭内で祭祀している。サラスワティ（三八歳・女性）によれば、これらふたつの「土地のダイワ」は彼女の家族を現在の居住地に「縛りつけている」という。以前、サラスワティの亡夫の親族が儀礼を行い、これらのブータを亡夫の生家の土地に移そうと試みたが成功しなかった。サラスワティは政府が用意した五センツの土地を購入したが、これらの「土地のダイワ」を置き去りにした場合、神霊の呪詛による災厄が起こるのではないかという恐れから、いまだに移住を躊躇している。

以上の事例にみられるように、家庭内で祭祀されている低位のブータの特徴として、災厄や呪詛、邪術などの要素と結びつく危険性を強く帯びていること、また、組織的な祭祀のシステムが発達しておらず、私的な領域において日常的な祭祀の対象となっていることが挙げられる。五章でみたように、「王のダイワ」もまた、危険と豊饒性に満ちた野生の力《シャクティ》を体現しており、その祭祀は祝福と表裏一体となった呪詛への畏れによって支えられていた。だが、「王のダイワ」の存在が領主層による土地の支配や家系間の位階といった地域社会の政治経済構造の核心を占めているのに対して、下位のブータ祭祀の場合、それぞれの神霊とそれを祭祀する家庭や個々人とは、より偶有的でありパーソナルな形で結びついている。

以上をふまえた上で、次項では、ペルムデ村の領主一族と元小作一族との開発事業を契機とした対立関係についてみていきたい。

領主一族の移住による元小作一族への圧迫

はじめに、ペルムデ村の領主一族であるトードゥ・グットゥの概要を紹介したい。この一族の長老の一人であるブジャンガ・シェティ氏によれば、トードゥ・グットゥの家系は千年近い歴史をもつという。この一族は、ソーマナーテーシュワラ寺院というヒンドゥー寺院の他に、コダマニッタ－ヤをはじめとする五つのブータを祀る社を有している。従来、これらの神霊のための大祭はペルムデと境界を接する四つの村（イェッカール、バジュペ、クッテトゥール、カラワル）のいずれかにおいて順繰りに行われてきた。

二〇〇六年以降、MSEZLによる開発事業の進展がペルムデ村にも及び、トードゥ・グットゥの保有地も収用の対象となった。このため、トードゥ一族は約三〇エーカーの保有地と屋敷地を企業に移譲し、近隣の村人たちとともに、同じペルムデ村に位置する再定住地域に移住することになった。その際、一族が祭祀するソーマナーテーシュワラ寺院とブータの社もまた、一族の新たな居住地に移設された。このことについてブジャンガ氏は、「村のすべての寺院と社は、儀礼上必要な手続きをすべて踏んだ上で、尊厳に満ちた方法で滞りなく移設された」と述べている。また、ブジャンガ氏はトードゥ一族が移住した再定住地域を、自分たちが祭祀している寺院にちなんで「シュリ・ソーマナーターダマ」と呼んでいる[23]。

しかし、一族が移住した土地は当然のことながら無人の空き地ではなく、そこには先住者が住んでいたのであり、その土地は従来、住民のカースト名を冠して「クドゥビ台地[24]」と呼ばれていた。つづいて、トードゥ一族の移住先となったクドゥビ台地にもともと住んでいたガウダの一族についてみていきたい[25]。

クドゥビ台地に住むガウダ一族の長老であるギリヤ・ガウダ氏によれば、この一族は四人の男性始祖に起源をもつ四つの家系からなる。一族はカルーティ・パンジューリとサッティヤデーワテを祭祀しており、他にも村全体の信仰を集めている神霊として、ナーガブランマとパンジューリをはじめとする六つのブータが祭祀されている。ギリヤ氏

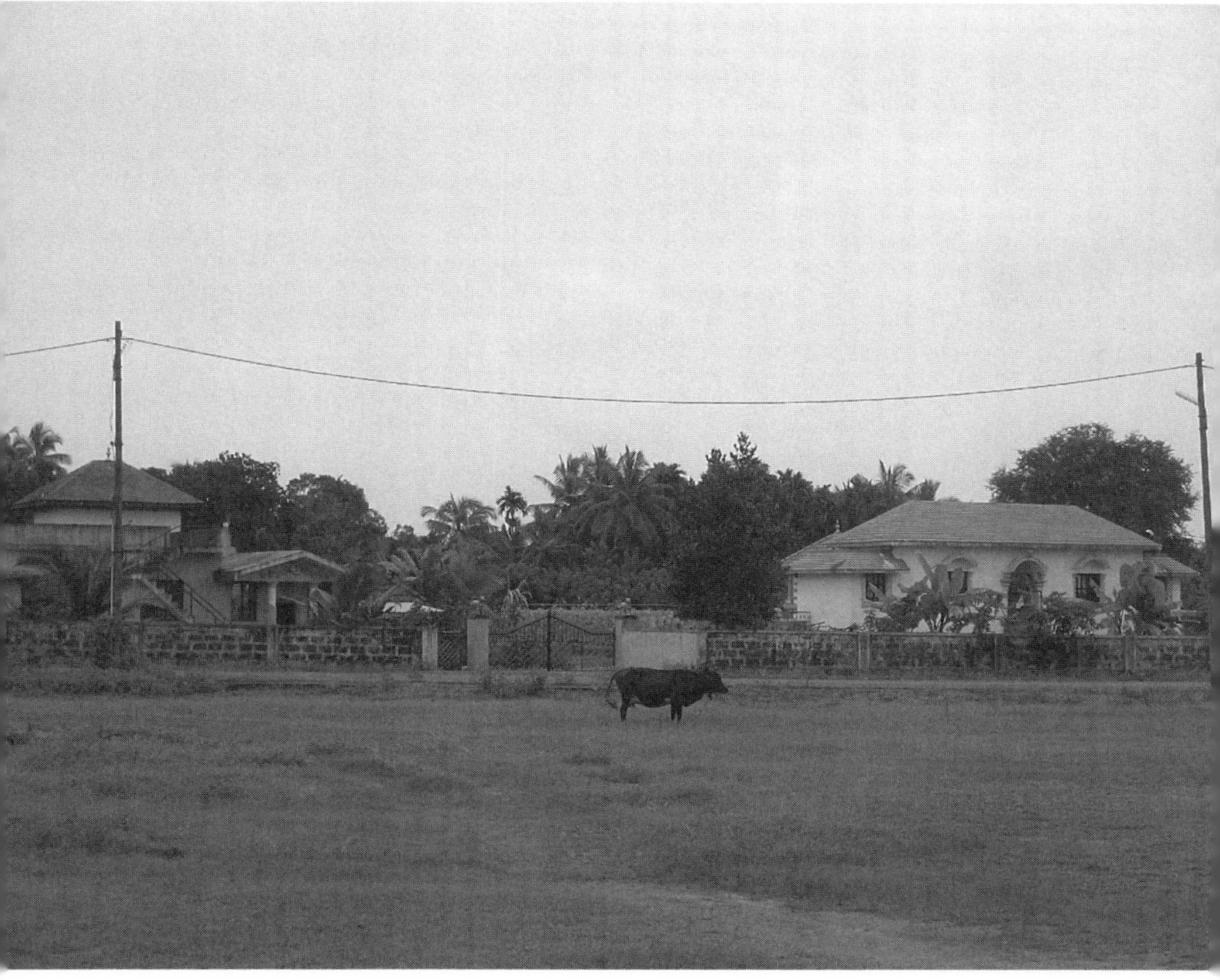

再定住地域の様子。右側の建物は新たに建設された宗教施設

によれば、現在彼らが保有している土地はもともとウドゥピにあるページャーワラ僧院の保有地であり、プージャーリの小作が耕作していた。ギリヤ氏の曾祖父は、プージャーリの小作の又小作として働いていたが、土地改革の際に土地権を申請して約一六エーカーの土地を得た。

曾祖父による土地権の取得後、彼らは父系親族集団のメンバー同士でこの土地を耕し、生活の糧を得てきた。ところが二〇〇八年のある夜更け、企業に雇われた暴漢たちが闇夜に紛れて襲来し、彼らの農地に大量の土砂を投下して作物を壊滅させるという事件が起こった。この事件の後、企業側は耕作不可能となったガウダ一族の農地を埋め立てて新しい宅地を造成した。その宅地にやってきたのが、先述したトードゥ・グットゥの一族である。

現在、クドゥビ台地の土地は、道一本を隔てて真新しい色鮮やかな二階建て住宅が立ち並ぶ「再定住地域」と、ヤシの木に囲まれた昔ながらの小さな平屋が並ぶガウダの集落とにはっきりと分かれている。再定住地域には、住宅に加えてトードゥ・グットゥが祭祀するコダマニッターヤの立派な社が建設されている。一方、ガウダの集落では、立ち退きを要求する企業の圧力の下でこの土地を離れざるを得なかった村人たちが、自分たちの祭祀するブータの依代を持ち去った後の空っぽの祠が、白々とした内壁を晒している光景に行き会う。新たな居住地の全域をみずからの支配下におくことを望む領主一族と、移住者の流入によって父祖伝来の土地からの退去を迫られているガウダ一族とは、互いに接触を避ける一方、常に緊張関係にある。ギリヤ氏の親族であるガウダの女性たちは、「日が暮れてからは、危険なのであまり外を出歩かないようにしている」と口々に語った。また私自身、カメラを携えてガウダの集落と再定住地域の境界付近を歩いていたとき、再定住地域側の二階建て家屋のヴェランダから女性が二人、険しい表情でじっとこちらを窺っているのに気づき、慌てて物陰に隠れたこともあった。

ブータの祠の前にたたずむクドゥビ台地の住民たち。左端はギリヤ・ガウダ氏

以上みてきたように、ペルムデ村では、開発事業に伴う土地収用によって住民が退去するという通常の収用と立ち退きの構図に加えて、元の居住地を退去した人々が村落内の別の土地に流入することによって、彼らの再定住先となった土地の住民が立ち退きを迫られるという、二次的な土地占拠と立ち退きの構図が生まれている。当事者である集団同士の属性に焦点を当てた場合、この状況は、領主一族 対 元小作一族の土地をめぐる軋轢としてとらえられる。すなわち、企業への土地譲渡によって補償金をはじめとする金銭的利益を得たバンタの領主層が新たな土地に進出し、結果としてその土地の先住者であるガウダの元小作層を圧迫している状況として考えられるのである。[26] 一方、神霊祭祀に焦点を当てた場合、クドゥビ台地の状況は、領主一族の祭祀する「王のダイワ」が新たに社を構えて新住民の信奉を集める一方、この土地で従来祭祀されてきた下位のブータたちが周辺に追いやられ、あるいは旧住民の立ち退きとともに土地を追われていく過程としてみることができる。

ただし、クドゥビ台地で祭祀されてきた神霊の中には、この土地にとりわけ深く結びついた強力な「土地のダイワ」たちが存在する。前節でみたネリダーディ・グットゥの事例や本節の事例3でみたように、特定の土地と不可分に結びついた神霊は、呪詛や託宣を通してその神霊を祭祀する人々を当該の土地に縛りつけると同時に、土地接収に対する粘り強い抵抗を帰依者に要請する存在ともなっている。この点について、以下にみていきたい。

クドゥビ台地には、各家庭で祀られている祭壇などの他に、「神霊の石（*būta kalu*）」と呼ばれる巨大な石

クドゥビ台地に暮らすガウダの人々の家屋

立ち退きを余儀なくされた住民が依り代を取り去った後のブータの祠

が神霊として祀られている。再定住地域の整備のためにクドゥビ台地の土地収用を進める企業の幹部らは、ギリヤ氏をはじめとするガウダ一族の中心メンバーたちに、この「神霊の石」を撤去するようたびたび要求してきた。ギリヤ氏らによれば、企業の幹部は彼らに対し、別の土地に新たな社を建設するための費用を提供すると申し出たが、ギリヤ氏らは「ダイワはこの土地に結びついている」として、この申し出を断ったという。

「彼らは私たちの土地を奪い、農地を台無しにしたが、神霊の石を取り去ることはできなかった」とギリヤ氏の親族であるマーラッパ・ガウダ氏は語っている。マーラッパ氏によれば、企業の幹部も神霊の呪いを畏れており、自分たちの手で「神霊の石」を撤去する勇気がないがために、ガウダたちに対してこのような要求をしてくるのだという。

3節でもみたように、企業の幹部らはバジュペ周辺地域の土地収用と開発を推進する一方、地域住民との対面的な交渉や儀礼の場では往々にしてブータへの畏怖を露わにし、神霊の呪詛と力を畏れる帰依者としての立場に甘んじている。このように神霊との関係に着眼した場合、開発事業の犠牲者ともいえる村落住民と、開発の推進者である企業幹部はともに、人間を凌駕する神霊のエイジェンシーの影響を被るペイシェントとしての立場を共有しているといえる。

ペルムデ村では、このように企業への土地移譲に伴う領主一族の移住によって、彼らの再定住先となった土地に住む元小作一族の生活が脅かされる一方、「低位のブータ」とされる神霊の力によって、旧住民と土地との結びつきが辛うじて保たれるという状況が続いてきた。さらに、次項でみるように、クドゥビ台地は宗教指導者を中心とする反開発運動の争点となることで、フェイズ2の白紙撤回に至る政治劇において重要な役割を果たすことになったのである。

「小農層の味方」となった宗教指導者——断食を通した抗議と政権への圧力

前項でみたように、クドゥビ台地のガウダ一族は、一族が祭祀する神霊の存在を拠り所として企業による土地接収や領主一族の圧力に抵抗してきた。二〇〇八年以降、彼らの抵抗運動は社会運動家やメディアの注目を集め、2節でみた「農地を守る委員会」をはじめとする諸団体による支援の対象となってきた。だが、反開発運動の展開の中でクドゥビ台地が一躍脚光を浴びることになったのは、ページャーワラ僧院の著名な宗教指導者が、ガウダ一族をはじめとする小農を支持する立場を公に表明したのみならず、土地接収に抗議するために断食を行うという出来事によってであった。

この宗教指導者は、一九三五年生まれのヴィシュウェシャ・ティールタ・スワミジー（以下、「V師」とする）である。彼は、ヒンドゥー教聖職者の組織である世界ヒンドゥー協会（Vishwa Hindu Parisad: VHP）[27]の顧問であり、州レベルのみならず国レベルのBJP幹部にも大きな影響力をもつとされる人物である（Gowda 2011; *The New Indian Express* 2011; *Daijiworld* 2014参照）。

V師が反開発運動に関与することになったきっかけは、社会運動家たちによる熱心な働きかけを受けたことであった。土地接収の危機に晒された小農層を支援する社会運動家らは、それまでにも複数の宗教指導者に反開発運動への協力を依頼していた。なかでもV師は、BJPを与党とする当時のカルナータカ州政権[28]に大きな影響力をもつことが見込まれた上、土地改革以前にクドゥビ台地を保有していたページャーワラ僧院の宗教指導者でもあるという点で、反開発派にとっては是が非でも味方につけたい人物であったといえる。二〇〇七年以降、バジュペ周辺地域の反開発運動を多角的に支援してきたヴィッディヤ・ディンカール氏は、これについて次のように語っている。

彼〔V師〕はVHPのリーダーとして、とても大きな力をもっている。だからもし、尊師が断食を実行したとしたら、州のBJP政権はそれを無視することができないと私たちにはわかっていたの。（ヴィッディヤ・ディンカール、二〇一五年八月十七日）

このように、社会運動家たちはいわば戦略的にV師の存在を利用しようとしたのであるが、V師による抗議の影響力は彼らの期待を上回るものであった。V師は、メディアに向けた発言や当時の州首相（B・S・イェデュラッパ）との会談、また何よりも断食という行為を通して抗議活動を展開した。彼の活動は、大規模開発に付随する問題一般を批判するにとどまらず、より具体的にクドゥビ台地における小農層の窮状への危惧を表明するものであり、さらには、領主一族が神霊祭祀を用いてクドゥビ台地におけるみずからの居住権を確立しようとすることを問題視するものでもあった。

先にみたように、ペルムデ村の領主であるトードゥ一族は元の居住地から神霊の依代を移動させ、クドゥビ台地に新たな社を建立した。この一族は、移住に先立つ二〇〇八年五月に元の居住地の寺院と社で儀礼を行っていたが、この儀礼にはMSEZLの幹部ら数名が参加していた。幹部らの意図は、領主一族が祭祀する社の儀礼に参列することで、企業による土地収用とそれに伴う社の移転の正当性を、憑坐の姿をとった神霊とその帰依者たちに認めさせることにあったと考えられる。だが、この事実は、土地接収を推し進める企業と領主一族の結託の証拠とみなされ、「農地を守る委員会」をはじめとする地域住民による抗議の対象となっていた。

このように、儀礼の場でも企業との結びつきを隠そうとしないトードゥ一族の姿勢が反開発派からの批判を浴びる中、二〇〇九年四月、一族はクドゥビ台地の新たな社で再建の儀礼（*punaru pratisthe*）と浄めの儀礼（*brahmakalaśa*）を催した[29]。これらの儀礼は、クドゥビ台地におけるトードゥ一族とその神霊の「定住の完成」を象徴するものであった。このことを知ったV師は、ガウダ一族をはじめとする旧住民の意思に反してこれらの儀礼が行われることに抗議するため、儀礼の前日からページャーワラ僧院で断食を開始し、儀礼の当日にはペルムデ村に場所を移して終日断食を続行した。報道陣に対してV師は、「私は人々を扇動するつもりはないが、常に犠牲者の側に立つ」と語った。また彼は、近日中に州首相と面会し、土地を追われた人々の窮状について説明するつもりだと述べた（*Daijiworld* 2009）。

こうしたV師の活動は、開発に反対する多くの村落住民を力づけたのみならず、僧院の支持を重視するBJPの内部にも波紋を広げた。こうした多方面からの圧力を受けて、二〇一〇年八月に州首相はフェイズ2の開発中止命令を下したが、その後もV師は社会運動家の後押しを受けつつ、フェイズ2の用地収用の完全撤回を求める活動を続けた。

二〇一一年七月十二日、V師は州首相に対し、「もし今日の夕方までに［フェイズ2の用地である］二〇三五エーカーの収用に関する通告を取り下げないならば、私は明日から無期限の断食を開始する」という最後通牒を突きつけた。その結果、州首相はついに通告を取り下げ、フェイズ2の用地収用は事実上、白紙撤回された。[30]

以上みてきたように、フェイズ2の土地収用計画を撤回させるという反開発運動の「成功」は、2節でみたような農民を主体とする抵抗運動の広がりに加えて、社会運動家の後押しを受けた宗教指導者の活動によってもたらされたものでもあった。そして、企業幹部と領主一族、小農と社会運動家、宗教指導者と政治家といったさまざまな行為者たちの思惑と力がせめぎあう中で、クドゥビ台地は開発の是非を問う争点のひとつとなっていったのである。

ところが皮肉なことに、二〇一一年七月にフェイズ2の大部分に対する収用計画がキャンセルされた後も、ガウダ一族のおかれた状況が改善されることはなかった。なぜなら、クドゥビ台地は物理的な収用がすでに完了した地域とみなされ、収用撤回の対象から除外されてしまったからである。その結果、ガウダの人々は一族の土地を取り戻すという悲願を果たすことが叶わず、土地と神霊祭祀をめぐる領主一族との対立も解決をみないまま、以前と変わらない状況に取り残されることになった。こうした状況において、次節でみるように、ガウダ一族の祭祀する低位のブータのみならず、村落全体を司る「王のダイワ」のエイジェンシーが占星術を通して読み取られることで、人々の抗争と関係性が思わぬ方向に向かっていくという事態が生じている。

6　領主一族による社の「私有化」と村人たちによる神霊の「奪還」

すでにみたように、ペルムデ村の領主一族であるトードゥ・グットゥはクドゥビ台地に移住した後、居住地の一角に新たな社を建立したが、この社に祀られた神霊の中には「王のダイワ」とされるピリチャームンディが含まれていた。トードゥ一族の長老であるブジャンガ・シェティ氏は、私とのインタビューでは社の移設が円滑に行われたことを強調していたが、ペルムデ村にあるシヴァ寺院の司祭であるラーガヴェンドラ・ラオ氏、ならびにギリヤ・ガウダ氏によれば、この神霊の「移住」をめぐっては、ブジャンガ氏が私に語ったものとは異なる経緯が存在していた[31]。

開発プロジェクトの進出によってペルムデ村の一部の村人たちが移住を迫られる以前、ピリチャームンディの社は村落内部にあるムッコディという土地にあった。この社は元来、村全体に豊饒性をもたらす「村の社」として人々の信仰を集めており、大祭をはじめとする年中儀礼が村をあげて行われてきた。ところが、トードゥ・グットゥは一族の保有地を企業に移譲してクドゥビ台地に移住する際、ピリチャームンディの社を一族の「私財」とみなし、村民の合意を求めることなくその依代を移動させた。移住後、ピリチャームンディはクドゥビ台地の新たな社に祀られ、トードゥ・グットゥの手によって祭祀が独占されるようになった。

ところで、クドゥビ台地から数キロほど離れた疎林の中には、ブランマとラクテーシュワリ、それにナーガを祀った小さな祠が昔から存在していた。この祠のある土地はタウラワ（Taulava）という名の僧院によって管理されていたが、二〇一三年の初頭にこの僧院が催した占星術の儀礼において、この祠に関する新たな「事実」を含むお告げが人々にもたらされた。すなわち、この祠には元来、ブランマやラクテーシュワリの他にピリチャームンディが祀られていた。過去のある時点においてピリチャームンディは他の神霊を残してムッコディに

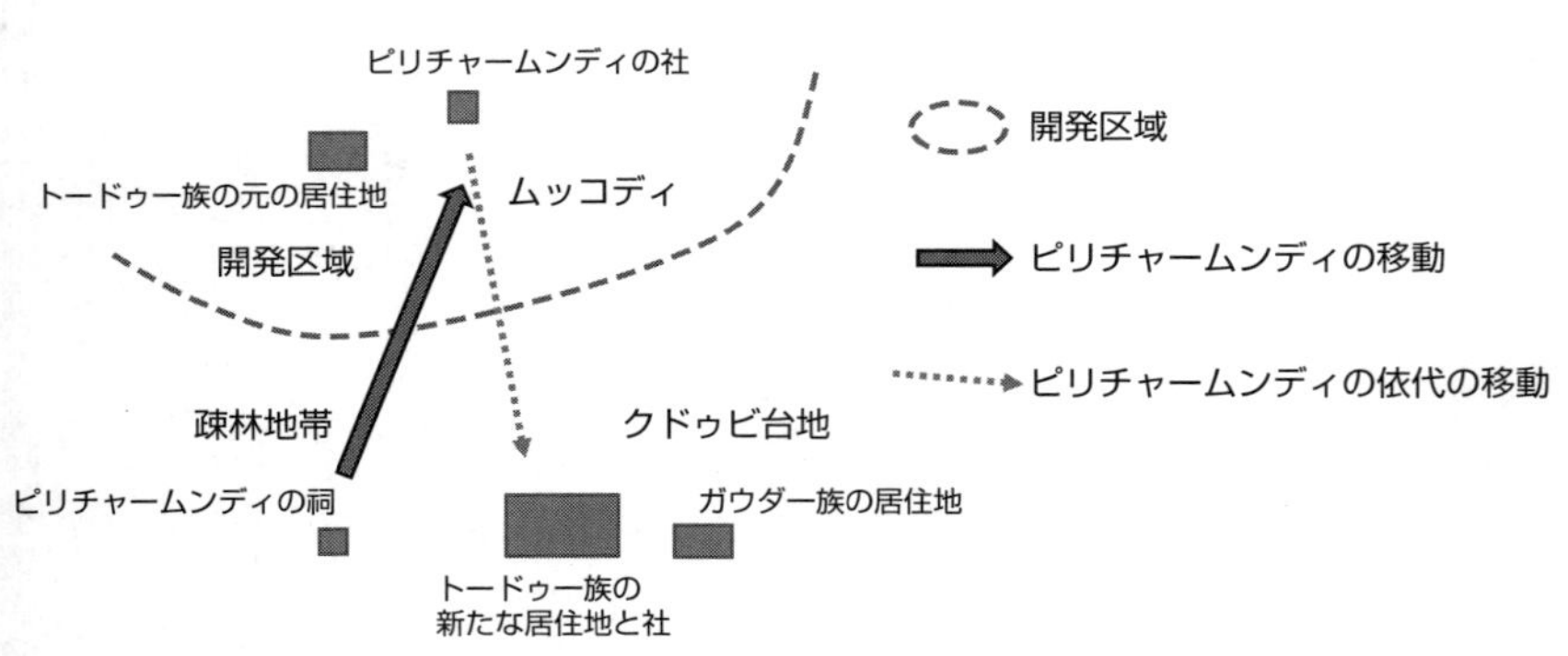

図11　ペルムデ村における関係施設の概念図

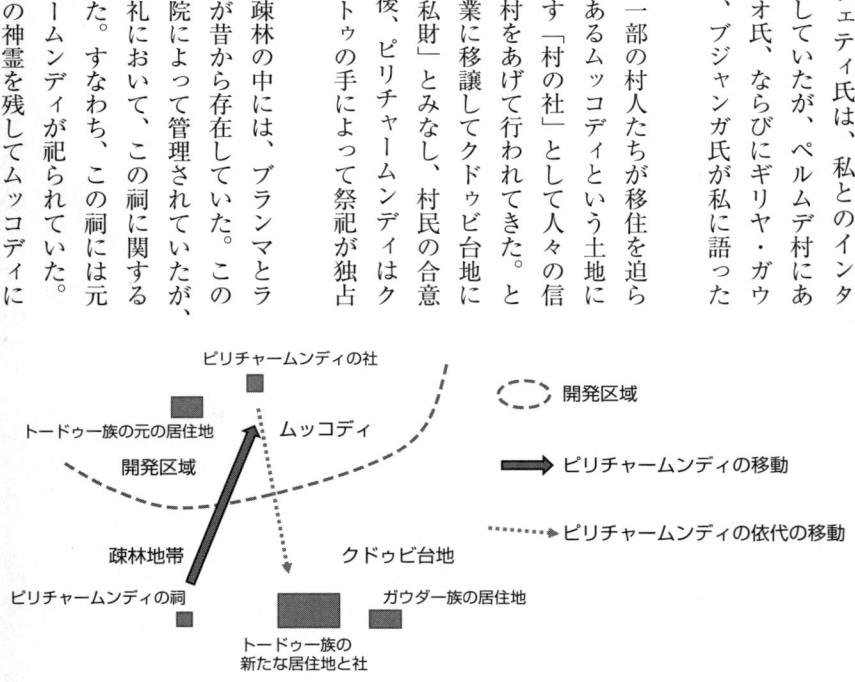

移動したが、今なおこの祠はピリチャームンディの力《シャクティ》で満たされているというのである。また、人々を驚かせたいまひとつのお告げは、ムッコディのピリチャームンディはトードゥ一族の移住に伴ってクドゥビ台地に移動したのではなく、元の土地から離れることを拒否して、開発区域に取り込まれたムッコディの社跡に今なおとどまっているというものであった。

この占星術の結果を受けた村人たちは、ピリチャームンディが元来祭祀されていたという疎林の中の祠にあらためてこの神霊を祀るべく、祠の整備と拡張工事に取りかかった。そして、二〇一三年の五月にピリチャームンディの祠を構えた新たな祭祀場が完成し、その落成式にはトードゥ一族を除くペルムデ村の住民の大多数が参加した。

以上の経緯は、人々の移住と神霊の移動に伴う、人間と土地と神霊の関係性の複雑なせめぎあいの一端を示している。この複雑さは、神霊が特定の土地と結びつきながらも移動可能であり、なおかつ、ある名前をもつブータは複数の場所でそれぞれに祀られうるが、その力《シャクティ》は同じものとみなされているという神霊の特徴に起因するところが大きい。

ペルムデ村の場合、もともと疎林の祠を満たしていたピリチャームンディの力は、その土地との結びつきを保ったままでムッコディに移動したとされる。そして、ムッコディの社に祀られていた依代は、トードゥ一族の移住とともにクドゥビ台地の新たな社に移された。トードゥ一族からすれば、神霊は新たな社に正しく祀られたのであり、ペルムデ村におけるピリチャームンディの社はこれひとつだけとなったはずである。だが、占星術のお告げに従うならば、神霊の力はそもそもクドゥビ台地の新社に移ってはおらず、それがもともと祀られていた疎林の祠とムッコディの社跡にとどまっている。ムッコディの社が開発によってすでに消滅してしまった今となっては、ペルムデ村でピリチャームンディを祀るべき場所は、疎林の祠をおいて他にない。クドゥビ台地をめぐってトードゥ一族と対立してきたガウダの人々はもとより、村人たちの多くもまた、疎林の祠の拡張工事に協力し、トードゥ一族の主催する祭儀ではなく疎林の祠での儀礼に参加することで、占星術によるお告げへの支持を表明するとともに、その実現に向けて行動したといえる。

この一連の出来事は、神霊祭祀は地域社会における領主層の支配を正当化する手段であるという従来の見方（e.g. Gowda 2005）に対して、それとは異なる視座の必要性をあらためて提起するものである。本節の事例が示すように、村落社会の領主層と深く結びついた「王のダイワ」といえども常に領主の側にあるとはいえず、領主があるべき土地・自然との結びつきを失った場合には、彼らに対する神霊の加護と承認もまた失われる可能性がある。ペルムデ村の場合、領主一族が自分たちの守るべき土地を捨て、そのために神霊との関係が損なわれたことが占星術によって示唆され、それを知った村人たちは領主一族の元から離れていった。

七章でみたように、ペラールでは占星術の結果や神霊の託宣に基づく村人たちの行動が、大社をめぐるムンダベットゥ一族とS・シェティとの抗争に新たな展開をもたらすことになった。それと同じように、神霊のエイジェンシーに依拠した村人たちの判断と行動は、トードゥ一族の手になる祭祀を孤立させ、ピリチャームンディの祭祀をいわば村全体の元に取り戻すという結果を導いたのである。

ギリヤ氏やマーラッパ氏をはじめとするガウダの人々にとってこのことは、一族の土地と深く結びついた低位のブータのみならず、村落全体を司る「王のダイワ」もまた自分たちに味方しているのだという、安堵と喜びと意気高揚をもたらす出来事であった。クドゥビ台地をめぐる抗争にその最初期からかかわり、ガウダの人々の支援を続けてきたヴィッディヤ・ディンカール氏は、彼らの心情を次のように伝えている。

彼〔ギリヤ氏〕が電話をかけてきて、ピリチャームンディがここ〔疎林の祠〕に来ると伝えてくれたときのことをよく覚えているわ。みんなとても驚いて、興奮していた。〔中略〕〔彼らはこんな風に言った、〕『法廷では私たちは正義を得られなかった。政府も、政治家も、いつも約束だけはしても正義を与えてはくれなかった。でも今、ピリチャームンディがここにいて、私たちが彼女を祀ることができる。これは、ある正義のかたちだ』と。（ヴィッディヤ・ディンカール、二〇一四年三月十四日）

このディンカール氏の言葉は、それが社会運動家による代弁であるという点を差し引いても、ガウダの人々の心情と現状をほぼ的確に表していると思われる。前節でみたように、クドゥビ台地が開発の是非をめぐる抗争の争点となっていく中で、ガウダの人々の抵抗運動は、土地に対する小農層の権利を象徴するものとして重要な役割を担ってきた。それにもかかわらず、実際にフェイズ2の白紙撤回が実現してみると、彼らの居住地と農地は収用撤回の対象から除外されていた。このことはガウダの人々に大きな衝撃を与えるとともに、政治への不信とやり場のない怒りをかきたてるに足る出来事であった。

ガウダの人々は、このように時々の為政者の判断や領主の思惑に翻弄されてきたのみならず、近代法制度との関係においても困難な立場に立たされてきた。前章までにみたように、植民地期以降、南カナラの人々は神霊祭祀を核とする慣習法《カットゥ》と近代法制度という、互いに異質でありながら干渉しあうふたつの領域にかかわる中で、身近な他者や土地・自然との関係を再編してきた。このとき近代法制度は、人々が取り結んできた従来の社会関係に改変を迫る厄介な存在である一方、地域社会における位階制や親族関係のしがらみがもたらす困難や束縛から逃れる術《すべ》を人々に提供するものでもあった。だが、近代法制度の論理や様式を知悉し、それに従いながら活用するための人的・経済的資源や手段を十分にもたないガウダの人々にとっては、たとえ社会運動家の力を借りて裁判抗争を展開したとしても、近代法制度の下で企業や領主の手から自分たちの土地を取り戻すことは、きわめて困難であると思われたに違いない。

そうした状況において、村落を司る神霊が領主一族の意向を拒む一方、ガウダ一族をはじめとする村人たちの祭祀を受け入れたことは、彼らにとって現行の政治や近代法とは異なる次元での「正義」の実現をもたらすものであったといえる。そしてまた、土地を捨てたがために神霊の信頼を失ったとされる領主一族から距離をとり、自分たちの手で「村のダイワ」の祭祀をはじめた村人たちの行動を通して、広大な土地と祭祀の運営を掌握する領主一族が村落における位階システムの上位に立つという従来の村落社会の力関係にも、一定の変化がもたらされたのである。

開発の渦中における人々と神霊、野生との関係性

本章では、バジュペ周辺地域で進展してきた大規模開発が地域社会にもたらした影響と、それに対する人々の対処のあり方を、神霊祭祀に焦点を当てて多角的に検討してきた。本章でみたように、開発と土地接収という新たな事態に際して、地域の土地・自然と結びついた神霊祭祀は、開発に対する「抵抗のシンボル」としての新たな役割を担うようになった。だが、開発に対処する人々の実践や運動を細やかに検討してみるとき、開発の渦中において神霊祭祀の果たしている役割の両義性が理解される。すなわち、託宣を通して土地の保守と祭祀の継続を命じる神霊の存在は、一方において確かに、土地接収に対する人々の抵抗運動の原動力となりえている。他方、ネリダーディ一族の例にみられたように、神霊の存在はその祭祀に責任をもち、その呪詛を畏れる人々を故地に縛りつける強制力としても働いている。

また、本章の検討から、大規模開発に対する領主層と小農層の立場の違いが明らかになった。広大な土地を保有する領主層は、先にみたような神霊の両義性とは異なる意味において、開発という事態に際して両義的な立場に立たされている。まず、彼らにとって開発プロジェクトは、保有地を企業に移譲することで多額の補償金を受けとるチャンスを提供しうるものである。また彼らは、村落社会におけるみずからの地位や影響力を利用して企業と村民を仲介し、土地移譲の推進を下支えすることで、ブローカーとしての利益を得ることが可能な立場にある。本章でみたアーガル一族、スンドットゥ一族、そしてトードゥ一族は、領主としてこうした利潤の獲得を選択した人々であったといえる。

領主たちはこのように、開発のもたらす利益を第一に享受しうる立場にある一方で、村落の土地を守り、神霊祭祀を執行しつづける責務を負った存在でもある。それゆえ、本章でみたカワラマネ一族やネリダーディ一族のように、一部の領主たちは企業への土地移譲を拒み、あくまで神霊の命令に従って故地を守るための抵抗運動を続けてきた。その中で、ネリダーディ一族の例にみられたように、村民の多くが村を立ち去った後もなお、領主一族だけが村の神

霊とともに故地にとどまり、工事現場と化した屋敷地において電気や生活用水の確保もままならない苦難の生活を送るという事態さえ生じている。

ただし、開発プロジェクトの進展に際して保有地の移譲を選択した領主たちも、村落社会の解体や祭祀の中断についてまったく無頓著であったわけではない。本章でみた事例の中でも、在村地主であるスンドットゥ一族とトードゥ一族は、企業に土地を移譲して再定住地域に移住する際、他の村民や神霊をも自分たちと一緒に移動させようとした。つまり彼らは、故地から離れることで村落社会が完全に消滅することを望んではおらず、再定住地域において、元の村落社会と神霊祭祀のシステムを再建することを意図していたといえる。それはとりもなおさず、村落社会における位階制と神霊祭祀の実践に基づくみずからの地位と権威を維持しようとすることでもあった。

だが実際には、たとえ領主といえども、地域の土地・自然と結びつき、村落における社会関係の要をなす「村のダイワ」をたやすく移動させることはできない。そのためスンドットゥ一族は、移住を拒否する村の神霊を故地に残さざるをえず、またトードゥ一族は、村の社を「私財」とみなしてその依代を移動させるという強引な手段を講じたのであった。その結果としていずれの場合も、神霊祭祀を中心とした従来の村落社会のありようは、避けようもなく大きな変容を被ってきた。

一方、小規模な農地に依存して生計を立ててきた小農層にとってみれば、土地接収は彼らの生活のすべてを激変させる出来事であった。小農たちの一部は、土地の移譲を勧める領主の意向に従い、またMSEZ内での雇用を当てにして、故地を離れて再定住地域に移住した。だが本章でみたように、バジュペ周辺地域の多くの小農たちは、あくまで農地の保守と農民としての生活の維持を求めて抵抗運動を続けてきた。彼らは社会運動家や宗教指導者のサポートを受けつつ、村落部の住民と村外の支援者をつなぐ運動を展開することでメディアの注目を集め、企業や政治家に対する影響力を増していった。さらに、農民と土地、神霊との紐帯の維持を求める彼らの活動は、託宣や占星術を通して表出される神霊のエイジェンシーと呼応することで、村落社会における従来の力関係の変容をも導いた。このことは、5節と6節で検討したクドゥビ台地の事例において顕著に示されている。

ペルムデ村の領主であるトードゥ一族にとって、開発の進展は新たな利益を手にするチャンスとして受けとられたが、このとき地域の土地・自然と結びついた村の神霊は、彼らの計画を阻みかねない重荷であると同時に、村落社会における彼らの権威を根拠づけるものでもあった。それゆえ、トードゥ一族は再定住地域に壮麗な社を再建して大がかりな儀礼を実施することで、移住という転機に伴う一大変化を、人々と神霊との従来の関係性の切断ではなく、「更新」や「発展」に転化しようと試みてきたといえる。だが、トードゥ一族の試みは、クドゥビ台地における新社の建設を批判する人々の声や、さらには神霊の「移住」自体を否定する占星術のお告げによって妨げられ、最終的には村人たちがみずから別の土地で「王のダイワ」の祭祀を始めたことによってほぼ無効にされてしまった。

一方、一連の抗争の中でガウダの人々は、自分たちの土地の保守と神霊祭祀の継続という、いわば「これまでと変わらないこと」を求めつづけることを通して、結果的に村落社会における領主一族と村人たちの関係性に変化をもたらすとともに、領主一族を祭主としない「王のダイワ」の祭祀という、新しい祭祀のあり方を可能にしたといえる。

これらの事例から、「王のダイワ」と呼ばれるものも含めて、神霊は村落の土地と住民、そして祭祀に対する領主層の権利や権威を常に支持するものではなく、何よりも人間の領域と野生の領域との循環的な関係性の維持にかかわるものであることがあらためて理解される。すなわち、神霊は常に、自身に対する権利《アディカーラ》と責任の担い手となるにふさわしい人々を祭主として要求するのであるが、この場合の「ふさわしさ」とは、慣習法《カットゥ》に従って神霊の社とその土地を適切に世話し、野生の領域と人間の領域のあいだに野生＝神霊の力《シャクティ》を滞りなく循環させる技量をもつことを意味する。

本章でみてきたように、大規模開発という圧倒的な転機において、村落社会と土地・自然が壊滅の危機に瀕し、人々とその日常的な環世界との関係性が揺らいでいくとき、それでもなお人々が神霊のエイジェンシーに応答し、野生の領域との生命的なつながりを維持していくためには、彼らが生きるジョーガの領域における関係性を新たなかたちへと再編していくことが必要になる。あるいは次章でみるように、新たな環境において神霊との関係性の中に投げ込まれた人間自身が、神霊に対する権利《アディカーラ》と責任の担い手となりうるように、みずからを変容させていくしかないのである。

注

1 政府による土地の取得について、本書では強権的な取得を意味する文脈（主に農民側からの視点）では「接収」とし、損失の補償を条件とした強制的な取得という文脈（主に政府・企業側からの視点）では「収用」と表現して区別する。

2 ＭＳＥＺＬは以下の企業または組織から構成されている。Oil and Natural Gas Corporation Limited（ONGCL）、The Karnataka Industrial Area Development Board（KIADB）、Infrastructure Leasing and Financial Services（IL& FS）、Kanara Chamber of Commerce and Industry（KCCI）。本書ではこれらの組織を統合するＭＳＥＺＬを便宜的に「企業」と呼ぶ。経済特区の建設地としてマンガルール市郊外のバジュペ周辺地域が選定された理由としては、港湾や鉄道、空港が周囲に発達しており交通の便がよいこと、グルプル（Gurpur）川をはじめ、豊富な工場用水と電力を供給できる河川があることなどが挙げられる。

3 インドにおける経済特区についてはSharma（2009）, Vijayabaskar（2010）, Levien（2011）, Bedi（2013）も参照。

4 ＭＲＰＬとＭＳＥＺＬによる開発の影響については、Cook, Bhatta and Dinker（2013）も参照。

5 ＭＳＥＺは当初、フェイズ1からフェイズ3までの三段階での拡大が予定されていた。本章でみるように、二〇〇六年以降、ＭＳＥＺＬはフェイズ1の用地となった複数の村落の土地収用を開始した。二〇〇七年、フェイズ2の建設予定地となった四つの村落に対する収用の通告と測量が開始されたが、それに対してバジュペ周辺地域を中心に大規模な反対運動が興隆した。その結果、カルナータカ州首相は二〇一〇年八月にフェイズ2の用地の収用を禁じる命令を下し、二〇一一年七月には収用予定地の大部分に対する通告が正式に取り下げられた。しかしフェイズ1、ならびにフェイズ2の用地のうち収用撤回の対象外となった村落の住民は、土地接収に対して抵抗運動を続けている。

6 二〇一二年八月二十八日にウダイ氏に行ったインタビューによる。

7 他方、これらの社会運動家にとって「環境」とは、正しい科学的知識と民主的な手続きをもって管理運用し、保全すべき対象として位置づけられている。こうした視座の下、二〇〇三年にマンガルールで開催された環境と開発に関する公聴会では、社会運動家や科学者らがよりオープンで適正な環境アセスメントと、開発をめぐる意思決定プロセスへの市民参加の必要性を口々に訴えた（The People's Commission on Environment and Development India 2003）。

8 本項の内容は、二〇一二年九月七日と二〇一五年八月十六日にニティン・ヘグデ氏とその親族に行ったインタビューと、テンカ・イェッカール村での現地調査に基づいている。

9 ダリト（*Dalit*）とは、ヒンディー語やマラーティー語などのインド現地諸語で「抑圧された者たち」を意味する。一九三〇年代に「不可触民」とされる人々が自称として用いはじめて以来、元「不可触民」を指す用語として一般的に使用されるようになった。ダリトの人々が自分たちの権利や生活の向上のために行う社会運動は一般に「ダリト運動」と呼ばれる。舟橋（2012: 481-482）参照。

10　本項の内容は、二〇一五年三月十七日にラーグ氏ならびにイェッカールの村落パンチャーヤットのメンバー数名に行ったインタビューに基づいている。

11　大衆社会党は一九八四年に結成された政党であり、指定カーストを基本的な支持基盤とする（三輪 2012b: 617-618）。社会党は一九九二年に結成され、後進諸階級への権利の留保を目標に掲げている（内藤 2012c: 360参照）。インド共産党は一九二五年に結成され、一九六四年にインド共産党マルクス主義派とCPIに分裂した（内藤 2012b: 205-206）。

12　インド人民党はインド最大の全国政党のひとつであり、宗教・文化的ナショナリスト政党である。排他性が顕著な宗教・文化的共同体主義（いわゆるコミュナリズム）に基づいて民族主義を掲げる民族奉仕団（Rashtriya Swayamsevak Sangh: RSS）を最大の支持母体とする。民族奉仕団は後述する世界ヒンドゥー協会（Vishwa Hindu Parishad: VHP）やインド人民党と結びつき、「ＲＳＳ一家」と呼ばれる一大勢力を形成している（関根 2006: 37; 内藤 2012a: 38-39; 近藤と三輪 2012: 74-75）。

13　ただし5節でみるように、開発中止に至る経緯は、社会運動家と高名な宗教指導者、州政権の間の政治的駆け引きを伴う、より複雑なものであった。

14　土地収用による立ち退きの対象となった世帯は、一定額の補償金と七センツから二三・五センツ規模の居住地のほかに、原則として一世帯につき一人がＭＳＥＺ内での雇用を得ることができる。補償金の額は、一九九〇年代にＭＲＰＬがこの地域の土地収用を開始した当初は一エーカーあたり五万ルピーであったが、二〇一三年現在では一エーカーあたり一〇〇万ルピーから一五〇万ルピーにまで増額された。この増額の背景には、この約二〇年間の物価上昇に加えて、土地接収に対する地域住民の抵抗運動の高まりが影響している。しかし、土地収用の対象となった村落の多くの世帯は農業を生業としてきたために、農地を接収された人々（なかでも小農層）は生涯の生計手段を失うことになった（企業は退去者用に「再定住地域」と呼ばれる区画を用意しているが、一世帯あたりの面積は限られており、農業を継続することは不可能である）。また、多くの世帯は拡大家族であるため、そのうちの一人がＭＳＥＺ内で職を得られたとしても、家族全員の生活費を賄うことは困難である。

15　この村落協議会はテンカ・イェッカールとバダガ・イェッカールの両村を管轄している。

16　二〇一二年以降、私はネリダーディ・グットゥの屋敷をたびたび訪れているが、本節でのキショワ氏とチョウタ氏の語りは二〇一二年九月一日と三日、二〇一三年三月七日に聴き取ったものである。

17　この土地接収は一八九四年制定の土地収用法（The Land Acquisition Act, 1894）に基づいて行われたが、二〇一四年一月一日に土地収用に関する新たな法（The Right to Fair Compensation and Transparency in Land Acquisition, Rehabilitation and Resettlement Act, 2013）が施行された。今後、開発に伴う土地収用における新法の実質的な影響を調査する必要がある。旧土地収用法の手続きとその問題について、詳しくは佐藤（2012）参照。

18　ネリダーディ一族が「政府から金を受けとっている」という暴漢の発言は事実無根であり、ネリダーディ一族は補償金を一切受けとっていない。なお、この暴力事件には、ヒンドゥー・ジャガラナ・ヴェディケ（Hindu Jagarana Vedike）というヒンドゥー・ナショナリスト組織の活動家であり、マンガルール市内で二〇〇九年と二〇一二年に起こった女性に対する暴力事件の首謀者である人物が中心的な役割を果たしたことが指摘されている（People's Union for Civil Liberties Karnataka and Forum Against Atrocities on Women, Mangalore 2012)。企業による暴力的な土地接収とヒンドゥー・ナショナリズムの関係については、石井（近刊）参照。

19 原告であるチョウタ氏はこの命令を不服として控訴したが、この訴えもまた同様に棄却された（Writ Appeal No. 1977 of 2002）。なお、チョウタ氏らの関わった一連の裁判は、カルナータカ州においてヒンドゥー宗教組織・慈善寄進法が施行される以前から争われており、二〇〇三年に同法が施行されてからも、裁判資料において関係者の官職名は旧法（マドラス・ヒンドゥー宗教・慈善寄進法）に則って記載されている。

20 スンドットゥ一族のこうした選択の背景には、先に述べたような利権への欲望に加えて、地域の土地・自然と緊密に結びついた「村のダイワ」であるジュマーディとは異なり、一族の祭祀する神霊タッパイディについては新天地に問題なく移動させることができるという判断があったものと思われる。

21 また、マントラデーワテは何者かが放った邪術を通して「鳥のように飛んでくる」こともあれば、儀礼のお下がりや装飾品などのモノに「くっついてやってくる」とも言われる。

22 以下の事例はいずれも、ムドゥ・ペラールで二〇〇八年に行った戸別調査の際に採録した。事例中の登場人物の年齢は、すべて二〇〇八年当時のものである。

23 二〇一二年九月一日に行ったブジャンガ・シェティ氏とのインタビューによる。

24 一章の2節でみたように、ガウダの人々はクドゥビとも呼ばれる。母系制をとるバンタとは異なり、ガウダは父系制をとる。

25 以下の記述は二〇一二年九月九日と二〇一四年三月十四日にクドゥビ台地で行った調査とインタビューに基づいている。

26 クドゥビ台地の状況に詳しい社会運動家のラウル氏（前出のヴィッディヤ・ディンカール氏の夫）によれば、クドゥビ台地一帯は幹線道路に近く、かつバジュペに位置するマンガルール国際空港にも近いという利便性のため、近年、土地価格が高騰しているという。このことからラウル氏は、トードゥ・グットゥの中心メンバーは将来的にこの土地の転売を目論んでいるのではないかと推測していた。

27 一九六四年八月、民族奉仕団（ＲＳＳ）の当時の最高指導者の呼びかけによって設立された。ＲＳＳの下部組織であり強固なヒンドゥー民族主義的思想を共有している（内藤 2012d: 440）。

28 二〇〇八年五月に行われた州議会選挙でＢＪＰは州政権を握り、以降二〇一一年七月末に辞任するまで同党のＢ・Ｓ・イェデュラッパが州首相を務めた（三輪 2014: 71）。本項でみるように、Ｖ師がかかわった反開発運動はＢＪＰが州政権の座に就いていた時期に大きな進展を遂げ、イェデュラッパ州首相の辞任直前にフェイズ2の白紙撤回が実現したことになる。Ｖ師による介入がＢＪＰ州政権の開発政策に影響力を持ち得たことの政治的背景として、カルナータカ州の支配カーストのひとつであるリンガーヤットに対して影響力をもつ僧院の支持がＢＪＰにとって重要であったこと（池亀 2011: 246）、またイェデュラッパ州首相自身が僧院の指導者層と密接な関係にあったこと（Gowda 2011）が挙げられる。

29 前者は再建後の社の開設の際に行われる儀礼であり、後者は社に依代を安置する際に行われる儀礼である。

30 この顛末についてはGowda（2011), *The New Indian Express* (2011）も参照のこと。

31 本節の内容は、二〇一四年三月十四日にペルムデ村で行った調査におけるラーガヴェンドラ・ラオ氏、ギリヤ・ガウダ氏、ヴィッディヤ・ディンカール氏、そしてペルムデ村の村人二名との対話に基づいている。

十三章　工業プラントにおける新たな環世界の生成

前章でみたように、本書の舞台であるマンガルール郡バジュペ周辺地域の村落社会は、二〇〇〇年代中盤以降に急速に進展した経済特区の建設によって大きな変容を被ってきた。その中で、地域の土地・自然と不可分に結びついた神霊祭祀もまた、新たな局面を迎えている。開発に際して土地の保守と祭祀の継続を要請する神霊の存在は、土地接収に対する人々の抵抗運動の礎となると同時に、人々を故地に縛りつける強制力としても働いている。また、大規模開発を契機とするさまざまな危機に直面してなお、地域の土地と自然、神霊との結びつきを維持しようとする人々の実践を通して、村落社会における既存の勢力関係が部分的に再編されてきたことが明らかになった。

だが、開発と対立し、それに対抗するものにみえる神霊の力は、実は開発を推進する側に立つ人々にとっても重要な意味をもっている。本章でみていくように、経済特区内の工業プラント社会において、神霊祭祀が新たに勃興するという事態が生じているのである。

前章でみたように、ＭＳＥＺＬとその関連企業は、村落部の農地や森林地帯を破壊し尽くした上で、更地になった土地に工業プラントやそれに付随する施設を建設した。だが、工業施設と周囲の自然環境との分離と、両者の境界の厳格な管理を謳う企業側の建前とは異なり、工業プラントはその周囲の土地や自然とさまざまな形で接続している[1]。

それゆえ、たとえば産業廃棄物の流出によって工業プラントが周囲の自然環境や村落社会に影響を及ぼすのと同様に、工業プラントはそれを取り巻き、その地盤をなす土地や自然からの影響を受けざるをえない。なかでも本章で検討していくのは、野生の領域に充溢し、人間の領域へと流入する神霊の力《シャクティ》が、経済特区における人々の活動に与える影響の諸相であり、工業プラント社会における人々と神霊との出逢いと交渉のあり方である。

1節ではまず、経済特区内の工場で起こった人身事故を契機として、企業幹部を祭主とする大規模な儀礼が開催されるに至った経緯をみていく。2節では、経済特区の内部において土地・自然や神霊との結びつきの回復を試みる企業幹部の実践を紹介する。3節では、開発の現場における不測の事態が神霊のエイジェンシーの発露として読み取られると同時に、特定の場所でせめぎあう神霊の力《シャクティ》とテクノロジーの力を調整するために儀礼が活用されていることを明らかにする。4節では、工業プラント社会の中枢を占める企業幹部らが、儀礼の実践を通して土地や神霊とのやりとりのネットワークを創りだすとともに、神霊に対する権利と責任《アディカーラ》の担い手としてのふるまいを身につけていくことを示す。以上の検討に基づき5節では、経済特区における人々と神霊とのやりとりの創出を、新たな環世界の形成という観点から考察する。

1　「神霊の通り道」における爆発事故

二〇一一年五月二十六日、経済特区内にある工業施設で爆発事故が起こり、韓国人技術者一人を含む三名の作業員が死亡した。この施設は、インド戦略的石油貯蔵有限会社（The Indian Strategic Petroleum Reserve Limited: ISPRL）の管理下にあり、当時、韓国企業（SK Engineering & Construction: 以下「SK社」とする）との合同事業として一五〇万メートルトンもの容量をもつ原油貯蔵庫を地下に建設中であった（*The Times of India* 2011）。マンガルール警察本部

SK 社のオフィスで儀礼を行うブラーマン司祭たち。中央はバット氏（撮影：Deevaraaj Bala)

長によれば、事故はトンネルを掘削する機械に電力を供給している装置の一部が爆発したことによって起こったという（*Daily News & Analysis* 2011）。

この事故は、複数の犠牲者を出したという悲惨さによるのみならず、事故の発生から約二か月後にＩＳＰＲＬとＳＫ社の幹部が当該施設の敷地内で大規模な儀礼を行ったという事実によって人々の注目を集めることになった。彼らはなぜ、事故への対処の一環として儀礼を行うことを選択したのだろうか。この点について以下に、企業幹部の依頼の下で占星術と儀礼を行ったブラーマン司祭であるワーディラージャ・バット氏と、ＳＫ社のドライバーを務めるマンガルール出身のデーワラージ・バラ氏へのインタビューから考えてみたい[2]。

両氏によれば、この爆発事故の後、バラ氏の紹介でＩＳＰＲＬの幹部ら四名がバット氏の元を訪れた。彼らは、技術的な予防策を講じていたにもかかわらず、今回の死亡事故が起こったことに頭を悩ませていたという。バット氏が行った占星術の結果、ＩＳＰＲＬが原油貯蔵庫を建設中であった土地には、もともとピリチャームンディの社と供犠用の敷地（*gaḍu pāḍu*）、ならびにナーガの社が存在していたことが明らかになった。爆発が起こったのは、まさに供犠用の敷地においてであった。今回の事故は、工業施設の建設による社の破壊と祭祀の断絶に対する神霊の怒りが引き起こしたものだったのである。

この占いの結果を受けて、ＩＳＰＲＬの幹部とＳＫ社の韓国人マネジャーらの主催で、工業施設の敷地とＳＫ社のオフィスにおいて、バット氏をはじめとする複数のブラーマン司祭がムルトゥンジャヤホーマ（*mṛtyuñjayahōma*：「命を救うための儀礼」）を含む大規模な儀礼を行った。この儀礼にはＩＳＰＲＬとＳＫ社に勤める多数のインド人と韓国人のほか、管理職にある韓国人らも祭主として複数名参加した。また、神霊の怒りを鎮めるため、新たに社を建設して恒久的に祭祀を行うことが決定された。この件について、バット氏は次のように述べている。

もともと、あの場所〔事故現場〕は「王のダイワ」の通り道（*rājan daiva savāri*）だった。それはダイワがそこを通って動きまわるための道、通路だったんだ。彼らはそこに建造物を建ててしまった。〔中略〕本来ならば事前に占星術を行って、どの場所に建てるべきか、どの場所に建ててはならないかを決めるべきだった。彼らはそれを怠ったために、あんな事故が起きてしまった。同胞を亡くして初めて、彼らは〔儀礼の重要性を〕理解しはじめたのだ。（ワーディラージャ・バット、二〇一三年二月一日）

上記のようなバット氏の語りは、工業施設の建設が社の破壊という形で神霊の力《シャクティ》の流れに影響を及ぼす一方、土地の深部に充溢し、ある領域を流通する神霊の力もまた、建設現場における人々の活動に作用を及ぼしたことを示唆している。この占星術の結果に従うならば、事故現場となった場所は、もともと住民にとっての祭祀場であったというのみならず、そこを通って神霊の力が流通する通路であった。その同じ場所にトンネルを掘削して原油貯蔵庫を建設することは、神霊の力と人工的な諸力との軋轢を招くものであったといえる。こうした状況においてバット氏が差配した儀礼は、神霊の力が人工的な諸力とせめぎあうことで引き起こされる不測の事態を防ぐため、これらの相異なる力の関係を調整するための方策であった（Ishii 2016も参照）。

この事例にみられるように、企業幹部を含めて開発の現場で働く人々にとって、工場内での事故をはじめとする不測の事態は、しばしば神霊のエイジェンシーの発露として受けとめられている。これらの事故や問題に直面したとき、彼らは問題解決に向けて技術的な対策を講じるのみならず、占星術や儀礼といった霊的な手段を用いてその背後にある神霊のエイジェンシーに応えようとし、結果として経済特区の内部に新たな神霊祭祀の実践を創りだしている。このように、工業プラントの内部にあって神霊への畏れと気遣いをむしろ増大させていくかのようにみえる人々の論理と、彼らにとっての神霊祭祀の意味について、次節では企業幹部の実践に焦点を当てて検討していきたい。

2　開発区域における土地・自然、神霊との関係の「回復」

本節では、MSEZ内に工場とオフィスを構えるC社で要職に就いているディワカール・カドリ氏とのインタビューに基づき、開発現場において土地・自然や神霊との関係を回復しようとする企業幹部の試みをみていく。[3]

C社はアメリカと中国、インドに拠点をもつ多国籍企業であり、主に合成樹脂を生産している。MSEZ内にある工場は二〇一三年十二月に稼働したばかりであり、工場やオフィスの建物も真新しい。C社はMSEZの中でも開発中の区域に位置しており、周囲は見渡す限り、掘り返された褐色の大地の上に重機のうごめく建設現場である。実は、この工場は十二章でみたネリダーディ・グットゥの屋敷地からわずか数百メートルの距離に位置しており、C社の工場建設のためにネリダーディ一族の農地の大部分が破壊されたのであった。工場の敷地からみると、建設現場の彼方に部分的に樹木の残る丘があり、ネリダーディ・グットゥの祭祀するジュマーディの社がちらりとその屋根をのぞかせている。

C社の工場とオフィスの周囲は塀で囲まれており、入場者はゲートで警備員によるチェックを受ける。また、オフィスで働く人々の執務室は暗証番号付きの錠で外部から遮断されており、内部に入るためには警備員に扉を開錠してもらう必要がある。青と白を基調にしたオフィスの外観や内装は非常に近代的であるが、興味深いことに、正面玄関脇の二〇畳ほどの区画には青々とした稲が風になびき、工場施設と駐車場の間のスペースにもさまざまな農作物が植えられている。

C社の玄関口に設えられた水田スペース

このオフィスに勤務するカドリ氏はインタビューを行った二〇一四年現在、まだ四〇代の半ばであるが、数年前まで国民会議派の政治家として活躍しており、二〇〇三年にはマンガルール市長を務めたこともあるという人物である。政界を退いてからMSEZLに転職し、現在はC社で人事部門の管理職に就いている。神霊祭祀と開発事業の関係について知りたいという私の希望をきいたカドリ氏は、まず、みずからのブータへの信仰について次のように語った。

私たちにとって、ダイワは親族の長老のようなものです。子どもが親のところへ行くように、私たちはダイワの社を訪れるのです。ダイワに対して、私たちは良いことだけを願い、その結果として良いことが起こるのです。〔中略〕この近くにはネリダーディ・ジュマーディの社があります。私たちはいつもジュマーディに祈っているので、良くないことが起こらないのだと思います。(ディワカール・カドリ、二〇一四年三月十日〔以下同様〕)

カドリ氏によれば、彼は工場の技術者らとともに、ネリダーディ一族の祭祀するジュマーディの社にしばしば参拝し、工場の安全と雇用者たちの無事を祈願して花を供えているのだという。

私たちは毎日、彼女〔ジュマーディ〕に祈りを捧げていますし、常に彼女に救われていると感じています。何かちょっとした事故が起きそうになったとき、それが急に回避されるということがよくあります。それで私たちは、何かが起きた可能性があるにもかかわらず、それが起こらなかったのだということを知るのです。〔中略〕私たちは、ジュマーディをまるで母のように遇しています。〔中略〕彼女の社を訪れて祈りを捧げるとき、ある責任の感覚……私たちは何をすべきで、何をすべきでないかという感覚が生まれます。そして信心と安らぎを覚え、いつも守られていると感じるのです。

カドリ氏はまた、地母神ナーガの化身とされるコブラについて、次のように語っている。

私たちは決してコブラを殺しません。ここはナーガの土地ですから……。時々、コブラがここ〔MSEZの敷地内〕にも現れますが、誰も咬まれたことはありません。SEZでは二三〇〇エーカーもの土地を更地にしましたが、コブラに咬まれたというケースはひとつもないのです。〔中略〕コブラが姿を現すと、私たちにとってそれはあるメッセージとして感じられます。それはまるで警官のようなものです。何か事が起こって初めて、それはやってくるのです。ですから、コブラがやってくると私たちは物事を取り調べて、何が悪かったのかを明らかにしなくてはなりません。

ブータやナーガへの信仰に通底するものとして、カドリ氏は土地や自然そのものへの崇敬についても語ったが、その具体的な例として挙げられたのは、C社の工場とオフィスが建設される際に行われたケサルカッル（*kesarukallu*）と呼ばれる儀礼である。[4] カドリ氏によれば、定礎にあたってC社ではブラーマン司祭を招いて次のような儀礼を行った。

定礎のときには、すばらしい儀礼が行われました。この場所で、地面に穴を掘ってふたつの石を置き、その間に宝石を入れたのです。私たちは地中に五種の金属（*pañcalōha*）と九種の宝石（*navaratna*）を置き、〔ブラーマン司祭が〕牛乳を注いで儀礼を行いました。その上で、建設を始めたのです。〔中略〕儀礼の中で、私たちは自然（*prakṛti*）に対してこう祈りました。『私たちはあなたの石を動かし、あなたを悩ませています。だから私たちはすべての宝石を牛乳とともに捧げて、それらをお返しします』と。それから私たちは、そこにいる生きものたちにこのように頼むのです。『どうかこの場所を離れてください。私たちはいま、一時的にこの場所を手に入れてその上に建物を建てようとしています』と。そのようにして、自然の許しを請うのです。〔中略〕建設工事が無事終わった後にも、私たちは盛大な儀礼を行いました。

最後に、MSEZの建設に伴う神霊の社の移設と、工場の内部における神霊の呪詛への畏れについて、カドリ氏は次のように語った。

〔ブータの社を移動するためには〕いくつかの儀礼があり、強制的に社を取り去ることはできません。〔中略〕占星術を行ってダイワと話し合い、その同意を得て初めてダイワを他の場所に連れて行くことができるのです。ですから、そうした場合に呪詛は問題になりません。ただし、もし私たちが何かを強制的に進めようとしたならば、呪詛は起こりえます――そして実際、多くの人々がそうした経験をもっています。とても多くの人々が……。〔中略〕ふつう、どのようにして問題が起こるかといえば、おわかりでしょう、経済特区はとても巨大なプロジェクトです。この限られた空間にあらゆる地域から人々がやって来て、私たちは新しい世界を創りだそうとしている。そこにはさまざまな考え方があり、儀礼の方法があります。土着の事柄について気にしない者もいます。〔中略〕けれども、私自身はダイワの存在と、その大いなる力を強く信じています。

以上のようなカドリ氏の話は、MSEZ内の企業や工場に勤める人々、なかでも南カナラ出身者が神霊に対して抱いている畏怖と信仰の念をよく表している。カドリ氏のような企業幹部たちは、経済特区は南カナラ全体の中で限られた面積を占めるにすぎず、「文化にはさほどダメージを与えていない」としてMSEZの伸展を支持している。その一方、彼らは開発の対象となった土地と結びついた神霊に対して畏敬の念を抱いており、その加護を求めている。地域で祀られてきた神霊の社に参拝し、工場建設の現場となった土地と自然に対して儀礼を行い、その許しを請うといった行為を通して、カドリ氏をはじめ開発事業を担う人々は、神霊との贈与交換関係を通してこの地域の人々が享受してきた、土地に対するかりそめの権利《アディカーラ》と責任を得ようと試みているといえる。

このことと関連して、工場の敷地内に稲などの農作物を植栽することは、カドリ氏にとって「農業と工業を融合させる」という試みの一端を表している。カドリ氏によれば、彼は稲や野菜の他にも実に三〇〇種類以上の果樹を工場の敷地内で育てており、やがては鳥や小動物がやってくるような環境を創りあげたいのだという。こうしたカドリ氏の実践は、およそ無機質な工業プラントの中にありながら、神霊祭祀を通して地域の人々が維持してきた特定の土地や自然との結びつきを部分的に回復しようとする試みの一例としてとらえることができる。

だが、開発に携わる人々が神霊の庇護と承認を得ることは決してたやすいことではなく、土地・自然の破壊を伴う彼らの行為は、むしろ神霊による呪詛の対象にもなりうる。次節では、MRPLの幹部とのインタビューに基づき、工業プラント社会における災厄や開発現場における不測の事態が神霊のエイジェンシーへの気づきと畏れをもたらし、新たな儀礼の実践を生みだすという事例をみていきたい。[5]

3　不穏な工業プラント――野生の力とテクノロジーの接触

ＭＲＰＬの幹部の一人であるプラカーシュ・ナイク氏は、この企業の敷地内にある「コロニー」と呼ばれる居住区で妻子とともに暮らしている。工業地域の内部にありながら緑豊かで閑静な住宅街からなるコロニーには、ＭＲＰＬが経営する小中学校と病院、従業員用の娯楽施設、婦人用の集会場、スポーツクラブなどの施設が完備されている。ナイク氏の自宅は、よく整備された道路に沿って庭付きの小奇麗な二階建て住宅が建ち並ぶ一角にあり、広々とした居間にキッチンと食堂、それに三つのベッドルームが備わっている。大企業の幹部として、一見何不自由のない生活を送っているかのようにみえるナイク氏であるが、彼はインタビューの中でＭＲＰＬの上層部における不正の横行に対する苛立ちや、閉塞的な工業プラント社会に暮らすことの憂鬱について語った。

また、工業と伝統的な神霊祭祀の協調と共存を強調するカドリ氏とは異なり、ナイク氏は工業プラント社会における神霊の呪詛とその影響について、自身の経験を交えながら詳しく語ってくれた。ナイク氏によれば、ＭＲＰＬの建設過程において、ナーガの現し身とされるコブラが多数殺され、そのことが現在に至るまで、ＭＲＰＬの運営やコロニーにおける人々の生活に暗い影を落としているのだという。

「コロニー」内の従業員専用施設

この地域では、ナーガは至高のものだとされている。だが、工場を建てたことによってたくさんのヘビが殺された。〔中略〕ナーガの呪いのせいで、居住区では毎年のように自殺者が出ている。それに管理職の間では、金銭トラブルや不和などのさまざまな問題が絶え間なく起こっている。〔中略〕そこで〔MRPLの幹部らが〕占星術師にお伺いを立てたところ、ナーガのために儀礼（*nāgamaṇḍala*）を行うようにとの指示を受けた。〔中略〕この儀礼の中で、ナーガに取られた者〔神霊に憑依された憑坐〕が私たちに次のように告げた。「この儀礼は〔ナーガによって〕受けとられた。だが、お前たち皆にとって、恒久的な解決策は存在しない。お前たちはこの先ずっと、ナーガに祈りつづけなくてはならないだろう」と。（プラカーシュ・ナイク、二〇一二年三月四日〔以下同様〕）

ナイク氏の語りにみられるように、工業プラント社会に生きる人々はしばしば、身のまわりの災厄の背後に神霊の呪詛があることを疑い、儀礼の実施を通して問題の解決を図ろうとしている。しかし、ただ一度の儀礼によって問題が完全に解決されることはなく、多くの場合は託宣を通して、神霊に対する祭祀の継続が要請される。

身近な問題をきっかけとした神霊のエイジェンシーへの気づきと畏れ、儀礼を通した神霊とのやりとりの開始、そして社の建設と恒常的な祭祀の執行。この一連のプロセスを通して、工業プラント社会に生きる人々は神霊との関係性の中に巻き込まれていくとともに、神霊とのやりとりのネットワークを遂行的に創りだしていく。1節でみたように、このプロセスには南カナラ出身者のみならず、外国人の技術者や企業幹部も重要な行為者として関与している。

以下では、一九九九年にMRPLの敷地内で起こった機械の故障と、日本人技術者が関与した儀礼の顛末をみていきたい。

圧搾機の故障と日本人エンジニアによる儀礼

ナイク氏によれば、一九九九年にＭＲＰＬの開発現場で、ガスを圧縮するための装置が故障するという出来事があった。この圧縮装置は日本製であったため、当時、技術移転のためにＭＲＰＬに駐在していた日本人技術者らが修理を試みることになった。彼らは機械の内部を調べ、専門家を呼んで地質を調査したが、どのような手段をもってしても圧搾機を正常に作動させることができなかった。その上、圧搾機を始動させようとするたび、技術者らは不審な黒い犬が機械の周囲を行きつ戻りつするのを目撃したという。

ナイク氏によれば、この出来事が起こった場所には、実はもともとラクテーシュワリと呼ばれる神霊の社があった。結局、困り果てた技術者らはマンガルール出身の同僚とともに近隣の占星術師の元を訪れた。この占星術の結果に従い、日本人技術者らはマンガルール市近郊のカティール寺院で儀礼を行った。また、彼らは開発現場にあるラクテーシュワリの社に聖なるトゥルシ（*tolasi: Ocimum sanctum*）の木を植えて供物を献上し、新たに儀礼用の祭壇を建設した。以来、ＭＲＰＬの雇用者たちは毎朝、勤務を開始する前にこの社で祈りを捧げているのだという。

ＭＳＥＺの敷地内にあるブータの社

1節でみた韓国企業の幹部らと同じく、この事例において日本人の技術者たちは、機械の故障に対する解決策の一環として神霊との交渉に関与し、結果的に神霊に捧げる儀礼の祭主としての役割を果たしている。南カナラやその他の地域に出自をもつインド人雇用者のみならず、外国人技術者さえも儀礼の祭主として神霊との交渉に参与していることは、一見すると奇妙なことに思われる。だが、こうした儀礼の実践において、これらの外国人技術者が神霊への信仰を南カナラの人々と共有しているかどうかは、実は必ずしも問題とはならない。儀礼においてまず重要となるのは、神霊に対して祈りと供物を捧げ、その見返りとして神霊からの祝福を受けとるという共同的な行為に参与することそれ自体である。

神霊とのやりとりを伴う儀礼への参与を通して、多様な出自をもつ人々は神霊の力を遂行的に承認するとともに、みずからを神霊のエイジェンシーの受け手として位置づけることになる。のみならず、儀礼の反復的な実践を通して、彼らは神霊を主要な行為者とするやりとりのネットワークに参与し、それに対して働きかける者としてみずからを新たに位置づけなおしていく。[6] 儀礼の遂行を通したやりとりのネットワークの創出と自己の変容について、詳しくは4節と5節で検討したい。

さて、やはり1節でみた爆発事故の事例と同じく、この事例においても、問題が発生した地点がもともと神霊の力に満ちた場所であったことが占星術によって示されている。このように、神霊の力《シャクティ》と人工的な諸力の接触が問題を引き起こしたいまひとつの例として、次に、霊木とされるベンガルボダイジュ (banyan tree: *Ficus benghalensis*) と建設中のパイプラインの接触についてみていきたい。

MRPLの敷地に隣接して新設されたナーガの社。接収された土地にあった多くのナーガ像が合祀されている

パイプラインと霊木との接触と干渉

本項で取り上げるのは、一九九九年にMRPLの開発区域内にある「低い台地 (lower plateau)」と呼ばれる場所で

起こった出来事である。当時、ナイク氏を含むＭＲＰＬの技術者たちは、工業プラント内に原油を輸送するためのパイプラインを建設中であった。「低い台地」での工事に取りかかったとき、彼らは予定されていたパイプラインの路線上に神霊の社があり、その傍らに巨大なベンガルボダイジュが生えていることを知った。ナイク氏は、当時の出来事について次のように語っている。

そこにはブータの社とベンガルボダイジュがあった。労働者たちは、パイプラインの路線上にその木があるために、「低い台地」ではいろんな奇妙なことが起こっていると噂していた。〔中略〕実際、私たちが工事に取りかかって、掘削機がその木にぶつかった途端、機械は作動しなくなってしまった。〔中略〕その上、土建業者が放下車を操作しようとすると、タイヤがパンクしてしまった。そこで、あるムスリムの技術者が「俺がどうにかしよう」と言って機械を操作したが、その途端にそれは完全に故障してしまった。私たちは機械をトラックに載せて移動させるしかなかった。〔中略〕とうとう、我々はパイプラインの路線設定を変更することにした。古い路線はまだあの場所に残っているが、今ではそれに触ろうとする者はいない。

ナイク氏の語りにみられるように、この事例では、工事現場で発生した技術的な問題に際して、神霊の力が充溢する場所とパイプラインの路線とが重なり合っていることが問題視されている。そして、神霊の力によるこれ以上の干渉を避けるため、工事に携わった技術者たちの判断で、パイプラインの路線設定を変更するという措置がとられている。

以上の事例にみられるように、一見すると地域の土地や自然と隔絶した人工的な空間であるかのようにみえる工業プラントは、実はその周囲を取り巻く土地や自然とさまざまな形で接続している。また、それゆえに工業プラントで働く人々の間では、特定の場所と結びついた神霊の存在が折々に強く意識されている。なかでも機械の故障や事故をはじめ、開発現場で発生した不測の事態は、当の土地を流通する神霊の力と人工的な諸力とのせめぎあいがもたらす危機として受けとめられている。

こうした状況において、工業プラントを安全に運営していくために、人々は技術的な対策に加えて霊的な方策を講じる必要に迫られている。とりわけ企業の幹部層は、工業プラントを構成する人員や人工物を管理し、ケアするのみならず、周囲の環境を構成する土地と自然、そしてその深部を満たす野生＝神霊の力への奉仕やケアをも担うようになっている。こうした彼らの役割は、人間の領域と野生の領域の関係を調整し、神霊の力《シャクティ》を適切に流通させるために、神霊への奉仕と祭祀を担うグットゥの長の役割に酷似している。

工業プラントにおける近代的なテクノロジーと神霊の力との結びつきについて、また、この結びつきを認識した上で工業プラント社会においてなされるべき問題解決のあり方について、ナイク氏は次のように語っている。

> こうしたダイワの力（*daivaśakti*）と近代的な技術とは、必ずどこかで結びついている。〔中略〕私たちは近代産業で働いていながら、こうした古来の神々を信じなくてはならない。もしもそれらを信じなければ、成功することはできない。それどころか、もっと多くの説明が必要になるような、もっと多くの問題に直面することになるだろう。近代的なマネジメントの方法では、何かがうまくいかない場合、対策委員会をつくって問題点を明らかにし、〔問題を〕予防しようとする。ところが、すぐにまた別の問題にぶつかってしまう。またしても予防策、またしても問題発生――その循環は続く。だがそこで、何か私たちのあずかり知らないもの――もしもある結びつきを見いだしたなら、物事はよりスムースにいくだろう。

ここまでみてきたように、工業プラントで生じた危機的な事態に際して、企業の幹部らはしばしばその土地に棲むとされる神霊のエイジェンシーに究極的な原因を求め、神霊を慰撫するための儀礼を執り行うのみならず、新たに社を建設して恒常的な祭祀を行っている。神霊への献供と司祭を介した神霊からの祝福の受領という一連のプロセスの反復を通して、工業プラント社会に生きる人々は、この地域において人々が儀礼の実践を通して繰り返し創造してきた神霊とのやりとりのネットワークを再生産するとともに、みずからこのネットワークの中に巻き込まれているようにみえる。[7]
この点を含めて次節では、神霊祭祀を担う企業幹部の存在に焦点を当てつつ、開発プロジェクトにかかわる人々の実践と神霊祭祀の関係を整理していきたい。

4　祭主になりかわる企業幹部

前章の冒頭で述べたように、MSEZは国家の通常の法的支配を超えて自由市場原理の支配する特殊な領域であるとともに、多国籍企業の誘致、複数の工業プラントの建設、インフラストラクチャーの整備、近代的な居住区の建設などを通して、周囲の村落社会とはきわめて異なる独自の社会を形成している。その一方、前章と本章でみてきたように、MSEZの内部においてもこの地域で祭祀されている神霊の存在は重要な位置を占めている。たとえば、土地収用をめぐるネリダーディ一族と企業幹部との折衝の場では、儀礼の中で神霊が両者の交渉に介入し、なおかつ神霊の意志が人間のそれよりも上位に位置づけられることによって、企業対地域住民という対立の構図を包摂するものとして、「至高の人」としての神霊とその影響を被る人々という関係性が生みだされていた。また同様に、工業プラントの内部で発生した人身事故やトラブルは、技術者や専門家の判断によって回避されるべきリスクとして認識されるのみならず、神霊のエイジェンシーの発露、あるいは野生の力の横溢とみなされることで、人間の領域を超えた霊的な脅威としての意味を付与されていた。

ここで留意すべきことは、このように人々が神霊の力と対峙したときに感受する畏怖と受動性の感覚は、ある事故や問題に対して適切な判断を下し、技術的な対策を講じるという人々の態度と必ずしも矛盾するものではない、という点である。技術的あるいは日常的なレベルにおいて、人々は依然として意思決定の担い手であり、問題解決に向けて取り組む行為者たりうる。同時に、前節の最後にみたナイク氏の言葉にあるように、ジョーガの領域に存する個々の問題の背後にあってその連関をつくりだしているのは、マーヤの領域における不可知の力《シャクティ》であると認識されるのである。

こうした状況において、開発の推進者であるか反対者であるかにかかわらず、人々は神霊のエイジェンシーの受け手として位置づけられる一方で、儀礼を通して神霊に応答し、具体的な働きかけを行う行為者としてのふるまいを身につけていく。本書でみてきたように、こうした両者の相互的な関係性は従来、人々と神霊を結ぶやりとりの根幹をなすものであった。すなわち、人々と神霊の関係性において、人間は神霊のエイジェンシーの受け手であると同時に、相手に何らかの作用を及ぼす行為者でもある。いいかえれば、人々は儀礼を通してみずからの経験的な環世界の縁《ふち》に神霊を導き入れ、その力の受け手としてふるまうことを通して、刹那的に顕現する存在者としての神霊と関わりをもつのみならず、縁の向こう側につづく野生の領域に向かって働きかけている。またそのことによって、人々は神霊に帰依し、かつ応答する者へとみずからを生成変化させていく。

工場の中で行われた儀礼の一部。左端は韓国人マネジャー（撮影：Deevaraaj Bala）

本章でみたように、儀礼の場において司祭を介して神霊と交渉し、供物を捧げるとともに祝福を受けとる企業の幹部たちは、そうした行為の反復を通して工業プラントの内部に神霊とのやりとりのネットワークを創りだすとともに、儀礼の祭主としてのふるまいを身につけていく。このとき、なぜ企業に雇用された一般の労働者ではなく、とりわけ幹部層が祭祀を担っているのかという問題に注意を払うべきだろう。

この問題は、ある領域における人々と土地・自然、そして神霊との関係における権利と責任《アディカーラ》の所在にかかわっている。本章の事例から明らかなように、工場の内部で神霊祭祀を主催する企業の幹部たちは、神霊を信仰する現地の労働者たちの支持と納得を得るためだけに、かくも大規模な儀礼を執り行っているのではない。[8] 彼らは工業プラント社会の代表者であり、そこに属する人々の生命と安寧に責任をもつ者として、彼らが新たにかかわることになった土地の「主」である神霊と対峙し、その加護を乞うているのである。儀礼において、企業の幹部たちは自身が神霊に対する権利と責任《アディカーラ》を担い、土地を用いるにふさわしい者か否かについての判断を神霊に委ねると同時に、その行為を通して、人々の代表者としてのみずからの立場を実体化している。この意味で彼らは、村落社会におけるグットゥの長の役割を踏襲し、工業プラント社会において再生産しているといえる。

六章でみたように、村落社会における神霊祭祀では、神霊になりかわった憑坐と祭主の長はそれぞれ、儀礼の場における相手とのやりとりを通して、人との関係性における「神霊」として、あるいは神霊との関係性における「人」としての理想的なふるまいを体現していた。一方、工業プラント内で企業幹部の主催する新たな神霊祭祀では、儀礼の場に憑坐が登場することは稀であり、かわって儀礼を執行する司祭が人々と神霊との関係を取りもつ。また、工業プラントにおける神霊祭祀は、その実践を根拠づける口頭伝承や慣習法《カットゥ》をもたないことはもちろん、地域社会における位階制や母系制、農業労働と土地保有などと結びついた精緻なシステムに支えられたものでもない。このように、伝統的な神霊祭祀のあり方からみれば根本的な変質であり、従来の神霊祭祀の不完全な模倣ともみえる儀礼の実践においてなお、その主催者である企業幹部たちは、伝統的な祭主のふるまいを模倣することで曲がりなりにもそのパースペクティヴを引き受け、神霊との関係性における「人」になりかわろうと努めているといえる。

その一方、神霊との相互交渉の過程にともに巻き込まれることを通して、儀礼の参与者たちの間には暫時的な共同性が生みだされている。すなわち、工場内での事故や機械のトラブルに際してなされる儀礼の実践は、不具合を起こした機械や事故の現場といった特定のモノと場所、それらのモノや場所に直接的にかかわる人々、当の場所に結びついた神霊たち、神霊のエイジェンシーを読み取る占星術師、儀礼を執行する

プラサーダを受けとるために列をなす雇用者たち（撮影：Deevaraaj Bala）

司祭たち……といった複数の存在者たちをつなぐやりとりのネットワークを立ち上げることで、経済特区の内部にありながら、神霊との贈与交換関係に基づく祭祀共同体を暫時的に創りだしている。

このように、反復的な儀礼の実践を通して、企業の幹部たちは神霊に対する権利と責任《アディカーラ》の担い手としてふるまいはじめる。同時に、儀礼に参与する雇用者たちもまた、祭主を代表とする共同体の一員であり、祭主の背後に控える神霊の帰依者としてのふるまいを身につけていく。こうした人々のふるまいの変容と生成を伴いつつ、人々と神霊、土地と社、その土地にある工場設備や機械といった複数の要素を結びつけながら、ある境界をもった領域を創りだすやりとりのネットワークが経済特区の中に再編成されていく。

このことは、多岐にわたる人材や物資の流通とインフラストラクチャー、通信網などによって外部世界と常に連動しながら際限なく伸展しつづけるかにみえる経済特区の内部にあって、野生の領域と結ばれた新たな環世界が形成されていく過程としてみることができる。この点について、次節で考察したい。

5 新たな環世界へ

本書でみてきたように、特定の領域を超えて移動するものであると同時に、地域の土地や自然と結びついたブータは、南カナラにおいて野生の力《シャクティ》そのものとして認識されてきた。また、神霊祭祀は従来、献供と祝福のやりとりを通して人々と野生＝神霊との関係性を媒介するとともに、人々の住む屋敷地と農地、そして山野の間を循環する野生の力を可視化する役割を果たしてきた。経済特区の建設に伴う村落の解体と住民の移住、神霊の社の移設や破壊といった状況をみるかぎり、企業による収用がすでに達成された土地において、人々と野生の領域を結びつけるやりとりのネットワークは分断されてしまったかのようにみえる。

だが、十二章でみたように、土地接収と村落の解体という危機的な状況にあってなお、みずからの生命を支える土地・自然や神霊との根源的な結びつきを維持しようとする人々の試みは、さまざまな形でやりとりのネットワークの再編を導いている。なかでもクドゥビ台地では、土地の死守と祭祀の継続を求める農民たちの運動が村落社会における勢力関係の変化を導き、領主の主導に拠らない新たな神霊祭祀を生みだすという事態が生じていた。

他方、本章で検討してきたのは、開発に携わることで初めてバジュペ周辺地域と関係を取り結ぶことになった人々の実践である。たとえ南カナラの出身ではあっても、この地域に生まれ育ったわけではないという意味で異邦人である彼らは、十二章でみた農民たちとは異なり、みずからの生活を支える身近な土地・自然と、その「主」とされる神霊との親密な関係性を取り戻そうとしているわけではない。むしろ彼らは、工業プラントにおける自分たちの活動によって生みだされる人工的な諸力と、開発された土地の深部に潜み、不測の事態を通して顕現する野生＝神霊の力《シャクティ》との関係を調停しようと試みている。

経済特区の内部に生きる人々にとっては、むき出しの大地に屹立する工場群と人工的な居住区《コロニー》からなる経済特区こそが日々の生活の場としての経験的な環世界であり、そこにおける事故やトラブルは、彼らとその環世界との安定した関係性の揺らぎとして感受される。こうした揺らぎは彼らの日常性に危機をもたらすものであると同時に、未知の存在者との新たな出逢いを意味するものでもある。

工業プラント社会に生きる人々は、恒常性を揺るがす不測の出来事を通して神霊のエイジェンシーを感受するとともに、不安定化した自己と世界の関係性を調整するために、新たな他者との交渉の仕方を学びはじめる。彼らは儀礼に参与し、祭主や帰依者としてふるまうことを通して、神霊との循環的なやりとりの関係を工業プラント社会の内部に創りだしていく。この過程は、彼らにとってみずからの環世界の変容であるとともに、そこに生きる自己の存在様式を変えていくことでもある。

本章でみてきたように、事故やトラブルを契機とした占星術や儀礼の実践を通して、工業プラントの構成要素である機械や設備、インフラなどは、周囲の山野や大地——神霊の力が流れる不可知の野生の領域——と連続した存在としてとらえなおされる。またその過程で、神霊の社や霊木のように、工業プラントにおいて普段は周辺的なものが、人間の活動に影響を及ぼしうるものとして顕在化させられることを通して、人々にとっての環世界は新たな相貌を帯びはじめる。このように、工業プラントにおける神霊祭祀の実践を通して、そこに生きる人々の環世界が徐々に更新されていく一方で、人々と神霊との間に新たに結ばれたやりとりのネットワークは、祭祀にかかわる人間とモノ、土地の間に連関を創りだすことで、遂行的に境界づけられた祭祀空間を経済特区の内部に生みだしていく。

このことをやや俯瞰的なイメージとして表現するならば、次のようにいえるだろう。すなわち、経済特区の全体を「地」としてみたときには、人工物に覆われた「地」の表面上に、異質な「図」としての祭祀空間が点々と出現しているようにみえる。だが、もしも山野や大地といった野生の領域を「地」としてみるならば、その深部において「地」の領域につながる経路が網目のように伸び広がり、内部に穿たれた複数の祭祀空間を通して野生＝神霊の力《シャクティ》がそこここに充ち溢れる、巨大だが脆弱な構築物としての経済特区の姿が「図」として浮かび上がってくる。

このようにみるとき、経済特区における神霊祭祀の勃興は、七章から十一章にかけて検討した近代法制度と神霊祭祀の関係と同じく、近代的なシステムによる伝統祭祀の取り込みや馴致として解釈されるべき現象ではないことが理解される。経済特区の内部において神霊祭祀にかかわる人々が求めているのは、在来の信仰や祭祀を利用した労働者の馴化や運営の円滑化といった功利的な効果ではなく、野生の領域に潜在し、しばしば工業プラントの中に溢れ出る神霊の力《シャクティ》に対処するための具体的な術《すべ》を得ることである。それはすなわち、野生の領域と連続した人工空間に常につきまとう不安定さと危機に気づきつつ、あるべき対処と応答のあり方を会得しようとすることを意味する。[9]

こうした状況の下で企業幹部たちは、工業プラント社会における自己の役割を村落社会における祭主の長のそれと重ね合わせることで、神霊と相対するにふさわしい存在へとみずからを変容させようとしている。祭主の長が、人々と神霊との適切な関係性を維持し、村落全体がその呪詛ではなく祝福を受けとるために村の社の世話と祭祀の執行を担ってきたのと同じく、企業の幹部たちは工業プラントの内部にありながら、神霊との交渉を可能とする環境を整え、その継続的な世話と管理を担っている。

さらに、占星術や託宣を通して表出される神霊のエイジェンシーに応えることを通して、彼らは神霊への応答者としての態度を身につけていく。それは、村落社会において神霊の憑坐やガディパティナールがそうであったように、不可知のマーヤの領域とつながった存在者たちの世界であるジョーガの領域において、ただ能動的であろうとするのではなく、能動的でありながら受動的でもある「人」としての生のあり方を学ぶことでもある。

本章でみてきたように、経済特区の内部に生きる人々――なかでも神霊祭祀にかかわる企業幹部たち――は、開発を推進することで在来の社会と神霊祭祀を危機に陥れる立場にありながら、同時に神霊とのやりとりを通して、みずからを取り巻く土地・自然、そして野生の領域と新たな関係を取り結ぼうとしている。この意味において、工業プラント社会の住人たちは、神霊の力と近代法制度とのはざまで試行錯誤を繰り返す村落社会の人々にも似て、経済特区という領域において生起する、野生の力と近代テクノロジーの諸力との絡みあいとせめぎあいの只中で、自律的であると同時に他律的でもあるパトス的な生を生きているといえる。

注

1　近代的なテクノロジーやインフラストラクチャーが自然との連続性のゆえに生みだす問題や関係性についてはde Laet and Mol (2000), Carse (2012), Parry (2015), Ishii (2016) 参照。

2　バット氏とバラ氏とのインタビューはそれぞれ、二〇一三年二月一日と二日に行った。

3　カドリ氏とのインタビューは二〇一四年三月十日にC社のオフィスで行った。

4　この儀礼は建築の着工に際して礎石を据える定礎式であり、正確には *kesaṛukallu pāḍuni* と呼ばれる (Upadhyaya 1988-1997: 914)。

5　このインタビューは、二〇一二年三月四日にナイク氏の自宅で行った。

6　儀礼と行為遂行性の問題については石井 (2011a)、Ishii (2012) 参照。なお、MSEZ内の神霊祭祀にみられる外国人技術者とマンガルール出身者の協働関係は、十七世紀の西アフリカにおいて、フェティッシュと呼ばれる呪物を用いた儀礼にアフリカ人とともに参与することを通して、ヨーロッパ商人が「フェティッシュのリアリティに入り込んでいった」(Pietz 1988: 115) という事態と共通性をもつ。石井 (2014a) 参照。

7　工場における神霊祭祀を介したやりとりのネットワークとその境界については、Ishii（2015 b）も参照されたい。

8　近代的な工場の内部で行われる宗教儀礼や悪魔祓いについて論じた先行研究ではしばしば、こうした機能主義的解釈がなされてきた（e.g. Ong 1988）。また、工場や鉱山といった資本主義的な労働環境における精霊信仰やオカルト的な噂などは、新たな環境に不慣れな新参の賃労働者たちによる抵抗の一端として論じられてきた（e.g. Taussig 1980; Parry 2015）。この問題について詳しくはIshii（2016）参照。

9　この点に関して示唆的な論考として、東日本大震災後の東北地方を事例として、予測不可能な危機である地震や津波の到来を予期しつつ、なお海との親密な関係性の維持を求める地域住民と、政府による防波堤建設計画との拮抗と折衝を描いたKimura（2016）を挙げることができる。

終章　存在、パトス、環世界

本書では、南カナラの村落部において神霊祭祀にかかわる人々の生を、その日常的であり社会的な関係性と、神霊とのやりとりを通して具現される野生の領域との関係性の双方から検討してきた。その際、本書の根底にあった問いは次のようなものであった。人間ならざるものでもある他者との出逢いと交渉を通して、人はいかにしてある世界と、その中に生きるみずからの生のかたちを創りだし、また創りかえていくのだろうか。

この問いの中には、「存在」の偶有性と限定性、人の生とその世界の不可知性、そして、個としての生の深部にある「生そのもの」の位相といった、本書の根幹をなす考察の諸要素が含まれている。これらの点については後に立ち戻るとして、以下ではまず、これまでの検討をふまえて、本書の理論的見地をあらためてみなおしてみたい。

1　理論的視座の再検討

呪術・宗教実践と「近代」、そして「存在」をめぐって

序章でみたように、本書が対象としてきた憑依をはじめ、非西欧社会における呪術・宗教的な諸実践は人類学における重要なテーマであり、これまで多岐にわたる研究が蓄積されてきた。なかでも一九八〇年代以降、近代《モダニティ》との関連において非西欧社会のオカルト的な信念や実践を分析する研究が数多く出版されている（e.g. Taussig 1980; Geschiere 1997; Comaroff and Comaroff 1999; Masquelier 2002; Boddy 1994参照）。

これらの先行研究の多くは、非西欧社会の呪術・宗教的な諸実践は近代合理的な論理や価値観とは相容れないものであり、なおかつ／それゆえに、近代西欧に起源をもつ諸制度やシステムに対する批判やオルタナティヴとして機能しているという論調を共有している。こうした視座の下で、妖術や呪術、憑依などの諸実践は、資本主義経済の浸透やグローバル化、ネオリベラリズムの台頭といった近代的な現象と結びつけられるとともに、それらが具現する価値や論理や力に対して、ときに象徴的な手段で抵抗し、ときにその力《パワー》を模倣しつつ、だが近代合理的な制度や言説による支配と分析から逃れでるものとして描かれてきた。

同じく、非西欧社会における呪術・宗教的な実践や語りに着眼していながら、従来の呪術・宗教研究の論調とは異なる視座や方法論を提起しているのが、本書が「存在論的人類学」と呼ぶ思潮である（e.g. Viveiros de Castro 2003, 2011; Henare, Holbraad and Wastell 2007; Holbraad 2009; Pedersen 2011）。

存在論的人類学の提唱者たちは、まずもって、フィールドにおける事物をあるがままに受けとることの重要性を提起する。彼らは、「一見して非合理な信念」ともみえる人々の呪術・宗教的な実践や語りを、その存在論的世界のラディカルな他性を示すものとして重視する一方で、それらを近代への抵抗や応答などとして機能主義的に分析することを批判する。彼らが目指すのは、欧米世界のそれとは本質的に異なるフィールドの人々の存在論的世界を、不確定であり潜在的なものにとどめつつ、なお実在的なものとして記述することである。こうした主張は、存在論的人類学が提唱する「世界の諸民族の存在論的自己決定」という理念と響きあっている。

従来の人類学的な呪術・宗教研究と存在論的人類学を並置してみるとき、それぞれの主張や強調点は異なりながらも、その論述のスタイルには共通する点があることに気がつく。前者において、非西欧社会の呪術・宗教実践は、それとの対比を通して近代西欧なるものを措定するとともに、その影響力や問題点を明らかにするための参照点として意味づけられてきた。他方、後者では、「欧米なるもの」からの差異として他者＝ネイティヴの存在論的世界が想定されている。それぞれの思潮において、近代西欧と非西欧社会のいずれを差異化の基点とするかは異なっているようにもみえるが、いずれにせよ、これらの二項を相互の差異において関係づけるという点では共通している。また、これらの思潮はいずれも、近代合理性とは根本的に相容れず、ゆえに近代合理的な制度や言説によっては把捉されないものとして、非西欧社会の呪術・宗教実践を位置づけてきた。

ただし、すでにみたように存在論的人類学は、非西欧社会の呪術・宗教実践を近代との関係性において還元主義的に解釈することを批判し、そのラディカルな他性をあるがままに受けとめて記述しようとする点において、従来の人類学的な呪術・宗教研究とは一線を画している。またそのことが、存在論的人類学に親和的な立場をとる研究の蓄積と流通とともに、さまざまな問題と興味深い効果を生みだしているように思われる。

この問題に関して、序章で検討した幾人かの人類学者たちによる批判的見解の詳細をここで繰り返すことはせず、本書が提起した二点をふりかえるにとどめたい。一点目は、非西欧社会に生きる人々と近代なるものとの関係性をめぐる問題。二点目は、「存在＝あるもの」の中心化をめぐる問題である。

まず、一点目の問題についてみなおしてみたい。存在論的人類学の提唱者たちは、彼らが対象とする非西欧社会の人々の生を、近代合理性に根ざした欧米的なそれとは異なる独自の存在論的世界にあるものとして描き、なかでも「一見して非合理な信念」とされるような人々の呪術・宗教的な実践や語りをその他性の徴とみなしてきた。そのことによって存在論的人類学は、近代西欧に起源をもち、そこにおいて優勢となってきた価値や論理を具現するような制度や秩序が非西欧社会の人々の生の中でどのような意味と働きをもち、呪術・宗教的なものを含む人々の日常的な営為といかに互いに連関しているのかを、具体的かつ詳細に検討する方途からみずからを遠ざけているようにみえる。

だが今日、多くの人類学者がフィールドにおいて出逢うのは、近代西欧的なそれとは根本的に異なる別種の存在論的世界ではなく、相異なる起源と歴史をもつ複数の価値や秩序や存在様式が絡みあい、互いに作用を及ぼしあいながら、人々の生の一部をなしているような状況であると思われる。

本書でみてきたように、南カナラの人々は植民地化と脱植民地化、近代法の制定や政策の変遷の中で、近代合理性と親和的であるような価値や論理を具現する制度や様式、社会関係の中を生き、あまつさえそれらを利用し、みずから生みだしてきた。同時に人々は、神霊祭祀や複合的な共同体としてのクトゥマをはじめ、西欧世界に起源をもつものとは異なる価値や論理を具現する制度や様式、社会関係の中を生き、それらを利用し、絶えず創りだしてきた。

そして、このように相異なる価値や論理を具現する複数の制度や力は、神霊の大社と法廷、母系親族集団と農地、そして工業プラントをはじめとする具体的な場／事象において出逢い、拮抗し、絡みあっている。こうした絡みあいとせめぎあいの渦中において、人々はその都度、それぞれの制度や力に従いつつもそれらを活用しようとし、さまざまな他者との関係性を調整しながら、みずからの生の行方を見定めようと模索してきた。人々の存在のあり方は、このように相異なる価値と論理、歴史と方向性をはらんだ制度や秩序によって多重的に限定されていると同時に、その葛藤に満ちた他者との関係性の中で、ときに思いがけない方向へと変転していく。

このように、人々の生が常に限定性と偶有性の中にあることへの気づきは、存在論的人類学の思潮について本書が提起した二番目の問題、すなわち「存在＝あるもの」の中心化をめぐる問題の考察へと結びついていく。

すでにみたように存在論的人類学の提唱者たちは、他者の存在論的世界を不確定的で潜在的なものにとどめつつ、なお実在的なものとして扱うべきことを主張している。また彼らは、あるべき人類学の理念として、フィールドの人々自身による「存在論的自己決定」の重要性を主張するとともに、フィールドの事物——もしくは事物である概念(Henare, Holbraad and Wastell 2007)——をあるがままに受けとるという「ラディカルな本質主義」を提唱している。こうしたアイデアが提唱され、存在論的転回をめぐる論争や民族誌の中で展開されていくことを通して、ある興味深い効果が生まれているように思われる。

それは、フィールドの人々の語りや実践における、近代合理的な観点からすれば非合理的で仮想的であるようにみえる事象が、近代西欧世界に生きる「私たち」にとっては潜在的なものとされながら、その他者である「彼ら」にとっての事物・客観的なもの＝実在性《リアリティ》として実体化されるという効果である。[1] このとき、呪術・宗教的な実践や語りとそれらが指し示す事象はおしなべて、他者の存在論的世界のラディカルな他性を徴づけるとともに具現する、実体的《オンティック》な「存在＝あるもの」としての地位を与えられることになる。

だが、南カナラにおける神霊とその力《シャクティ》がそうであったように、呪術・宗教的なものとはそれにかかわる人々自身にとって、事物の現前と同様の意味において「ある」ことが措定されるようなものではなく、むしろ、「いまだ－ない」と「もはや－ない」のあいだに束の間現勢化される様態でしかないということこそが重要なのではないかと思われる(ヴァイツゼッカー 1995: 92、木村 2000: 70–73参照)。

本書でみてきたように、神霊祭祀にかかわる人々の生活世界は、憑依を通して顕現する神霊との具体的なやりとりに基づきつつ、祭祀と家系、村落社会の存続を可能とするような諸制度や社会関係を主軸として形成されていた。この意味において、人々にとって神霊は確かに実在的《リアル》な存在者としての側面をもっていたといえる。だがこのことは、人々にとって、事物の実体的な様相と同じように神霊が「ある」ことを意味するものではない。本書でみてきたように、それは人々の生活世界であるジョーガの領域につながりつつ、人間にとっては不可知のマーヤの領域を満たす力であり、それらのあいだにおいて刹那的にのみ現勢化されるものであった。このように不可知性と偶有性を帯び、その存在者としてのかたちがはかなく消え去る（*māyaka*）ものであるからこそ、人々は神霊の力と交わり、ある仕方で関係をもつことを可能とするために、かくも壮麗な儀礼と精緻なしくみを創りあげてきたともいえる。

さらにここで考慮すべきことは、このような不可知性と偶有性とは、呪術・宗教的な現象にのみ当てはまる性質であるわけではなく、おそらくは存在者一般に付随するものでもあるということである。人間と人間ならざるものの存在のかたちは、それ自身が決定することのできない複数の秩序や力によって多重的に限定されていながら、常に新たな変転にひらかれている。またそれは、「いまだ‐ない」と「すでに‐ない」のあいだに、束の間顕在化する偶有的な様態でもある。

「存在」なるものに付随するこうした不可知性と偶有性に目を向け、そうしたものとして人々の生をみなおそうとするとき、実体的な「存在＝あるもの」の地平とは異なる位相に考えをめぐらせることが必要になる。本書ではそうした位相と「存在」との関係を、ゲシュタルトクライス論のアイデアを参照しながら考察することを試みてきた。

環世界とパトス

生物とその環世界との相互規定的な関係を描きだしたユクスキュルの環世界論を引き継ぎながらも、ヴァイツゼッカーのゲシュタルトクライス論では、生物とその環世界との間に結ばれる関係の不安定さに焦点が当てられている。それは、新たな他者や出来事との出逢いを通して「主体」としての生物のありようが危機に晒され、別のかたちへと止揚されることにみられるような、生物の生の受動性と能動性、限定性と可変性といった二重性とその絡みあいを照射するものであった。

ヴァイツゼッカーはまた、環世界との関係性の中でその時々に顕在化する生のかたちである「存在的なもの」に対して、主体としての生物と、その生成と変転の深部にある「生そのもの」との始原的で情動的な交わりを意味する「パトス的なもの」という概念を提起し、その重要性を指摘した。このようなゲシュタルトクライス論の視座は、フィールドにおけるあらゆる事象を「存在＝あるもの」の地平へ引き入れようとするかのような存在論的人類学の視座とは異なり、それ自体は決して対象化されえない潜在的な「生そのもの」との関係性においてはじめて、「存在」を考えることが可能となることを示している。

本書では、こうしたゲシュタルトクライス論の視座を参照しつつ、南カナラの村落部に生きる人々がさまざまな他者と出逢い、交渉する中で、みずからの生のかたちとその環世界との関係性を不断に創りだし、創りかえていく過程を検討してきた。この検討を通して本書が試みたのは、相異なる秩序や力の生みだす多重的な限定性の中にありながら、なお可変性にひらかれた人々の生のありようを、人々にとっての潜在的なもの——その生の偶有性と不可知性、そして野生＝神霊の領域とのパトス的な交わり——との関係性において記述しようとすることであった。

以下では本書の内容をふりかえりながら、南カナラにおいて神霊祭祀にかかわる人々とその環世界、そして野生＝神霊との関係性を整理していきたい。

2 潜在と顕在のあいだ

本書でみてきたように、南カナラの村落部に生きる人々と、その生命の存続を支える野生の領域との関係性をつくりだしているのは、日々の農業労働や狩猟採集をはじめとする土地・自然とのかかわりに加えて、神霊祭祀の実践である。なかでも四章でみたように、儀礼の場における憑依を通した神霊の現れと、人々と神霊の間に交わされる供物と祝福のやりとりを通して、豊饒であると同時に危険な野生の力が人々の前に顕在化される。

村落社会において、神霊祭祀にかかわる人々と家系の位階や儀礼的な役割などは口頭伝承と慣習法によって定められている一方、それらの根拠をなす神霊との直接的なやりとりを通して、人間と神霊との相互的な権利《アディカーラ》と責任が更新されるとともに、人々の地位や権利は神霊による加護と承認に依存した、かりそめのものであることが再確認される。儀礼の場に現し身として現れる神霊とのやりとりは、その力に満たされた野生の領域に対する人々のパトス的な関係性が露わとなる契機である。

また五章でみたように、人々と神霊との贈与交換関係を通して、儀礼の場を超えた広がりをもつ時空間において、多様な存在者を含むやりとりのネットワークが形成されている。ペラールのカンブラ儀礼においてみられたように、野生の力《シャクティ》は山野に棲むブータとその司祭、農地の稲、供物とプラサーダというように次々とそのかたちを変え、野生の領域と人間の領域を結びつけながら流通することを通して、地理的かつ社会的な境界を遂行的に区切っていく。人々は野生の力をはじめとする物質＝コードを受けとって身につけ、みずからの一部となったそれを再び他者に与える「分割可能な人《パーソン》」としてこのネットワークに参与することを通して、ある家屋敷や親族集団、特定の農地と山野、そして野生＝神霊との関係性における「人」へと生成していく。

こうした神霊とのやりとりと「人」への生成について、憑坐や祭主をはじめとする人々の経験に焦点を当て、パースペクティヴの交換と戯れという点から検討したのが六章である。儀礼の場において神霊になりかわる憑坐は、ジョーガの領域における他者との関係性の中でみずからの身体を調整し、多重的なミメシスを通して神霊としてのふるまいを身につけていく。同時に彼は、マーヤの領域から不意にもたらされる恩寵として、その身に神霊の力を受け容れる。

憑坐の技芸とは、このように自律性と他律性、能動性と受動性の二重性の中で、神霊という異形の他者になりかわりながらもみずからの再帰的な意識を保ち、その身体において複数のパースペクティヴを戯れさせる技を意味する。そして、このように顕在と潜在の境界にとどまりながら、神霊の力を顕現させる憑坐とのやりとりを通して、祭主をはじめとする儀礼の参与者たちもまた、マーヤの領域と結びつけられた「人」としてのふるまいとパースペクティヴを身につけていく。

第一部を通してみたように、南カナラの神霊祭祀は村落社会における位階制と儀礼的職分、母系制と土地保有をはじめとする慣習的な諸制度や社会関係と分かちがたく結びついており、祭祀の存続はこうした諸制度や社会関係の持続と更新を通して可能となっている。同時にまた、神霊とのやりとりを通した野生の力《シャクティ》の感受と、マーヤの領域とのパトス的な交わりを通して、ジョーガの領域における人々の関係性や存在のありようがかたちづくられ、調整され、あるいは更新されている。このように、人々にとっての経験的な環世界であるジョーガの領域におけるそれぞれの生のかたちや他者との関係性は、その流動的な縁《ふち》の向こうにつづくマーヤの領域、そして神霊の力と不可分のものとして立ち現れ、絶えず形成されつづけている。

ただし第二部でみたように、ジョーガの領域に現れる存在者たちの関係性は決して安定したものではなく、新たな出来事や他者との出逢いを通して、人々とその環世界のありようはともに不断に変化していく。

3　近代、野生、神霊祭祀

中央集権的な寺社管理制度の施行、母系制の近代法化、センサスと土地改革の実施、そして大規模開発。植民地期から現在に至るまで、南カナラの村落社会が経てきたこれらの制度的・社会的変化は、ある意味で、「近代」なるものが包含する価値と論理が人々の生活世界において具現化されていく過程であったといえる。たとえば近代法制度の施行やセンサスの実施、土地所有者の登録などは、地域社会とその住民を国家や州政府が合理的に管理し、統治することを可能とするものであった。同時にそれらは、政府による人々への権利付与のあり方とその条件を明確化することで、近代的な統治システムへの人々の自発的な参与を促すものでもあった。

本書でみてきたように、こうした制度的・社会的変化の過程とは、法廷や県庁、土地裁判所をはじめとする公的機関の役人たちと村落住民との出逢いと交渉の中で、神霊祭祀や土地保有、親族間の関係性をはじめとする日常生活のおよそあらゆる側面に関して、法的な権利と義務、管理と説明責任、合理化と民主化といった新たな理念や規範が台頭し、具体的な制度やルールを通してその効力を発揮していく過程であったといえる。さらに近年の大規模開発は、人々と土地との生命的な結びつきを分断し、土地や自然との直接的な関わりを伴うものではない新たな雇用や生活の形態をもたらすことで、村落社会における従来の制度や関係性の改変や解体を導くものであった。

第二部では、こうした包括的な社会変化の下にある人々の実践や対処の諸相を、人々と土地・自然、そして野生＝神霊との関係性に焦点を当てて検討してきた。

七章でみたように、十九世紀以降に進展した中央集権的な寺社管理制度の整備と普及の中で、ペラールの大社もまた、政府と近代法による統治と管理の下に組み込まれていった。この過程において、神霊祭祀にかかわる人々の一部は、近代法制度を活用することでみずからの権益を獲得し、あるいは拡大しようと試みてきた。他方、神霊との契りに基づいて大社の管理運営を担ってきた上位の領主層は、大社にかかわる権益の分配や移譲を求める者たちの主張に対抗する中で、近代法制度の論理と枠組に依拠した形でみずからの権利と責任の正当性を訴える必要に迫られてきた。さらに近年では、これまで大社での奉仕活動に携わってきた村人たちの中から、近代法に即して大社の管理運営の民主化を求める動きが現れている。

こうした状況において祭祀にかかわる人々は、近代合理的な法と論理を具現する法廷の力と、慣習法《カットゥ》として人々の関係性を規定するとともに、「至高の人」として儀礼の場に顕現する神霊の力《シャクティ》の双方に従いながら、他者との関係性の中でみずからの立ち位置を模索してきた。なかでもペラールの大社をめぐる領主一族と管理委員会の抗争は、多重的な限定性の下にある人々の葛藤と対立、そして社会関係の再編の過程をよく表すものであったといえる。本書でみてきたように、複数の力と論理の間を往き来する人々の実践の中で、法廷によって定められた原告と被告の関係が、儀礼の場において神霊への権利《アディカーラ》と責任を担う帰依者たちの関係性へと変換され、あるいは人々の法的な対立や折衝の行方が神霊のエイジェンシーによって方向づけられるという事態が生じていた。そして、近代法の力に従う一方で神霊の力《シャクティ》に動かされつつ、それらをともに活用しようとする人々の試行錯誤の末に、神霊の命令と慣習法《カットゥ》に依拠していながら、なおかつ近代法に則った形で新たな祭祀の主体を創設するという展開が導かれたのであった。

さて、南カナラにおいて、母系親族集団であるクトゥマと土地はいずれも、そこにおいて／それをめぐって近代法制度と慣習法《カットゥ》が絡みあい、干渉しあい、せめぎあう場でありつづけてきた。

九章と十章でみたように、植民地期から一九六〇年代にかけて進められた母系制の近代法化は、村落部に居住する領主層にとって、クトゥマとその保有地との関係の再編を迫るものであった。それは、人々と土地・自然、神霊とのやりとりのネットワークを構成する「分割可能な人（パーソン）」としてあったクトゥマを、まず「分割不可能な財の共同体」として定義することでネットワークから切り離し、さらに、その財に対する権利の主体を「個人」とすることで、クトゥマの解体と共同保有地の分散を導くようなプロセスであったといえる。

クトゥマを基盤として広大な土地を保有・管理してきた領主一族にとって、こうした法の要請に対処することは、本家の屋敷と土地・自然、そして神霊祭祀と不可分に結びついた複合的な共同体であるクトゥマを、個人を最小単位とする複数の下位集団から構成される経済的な組織として再編し、定義しなおすことを意味していた。当時の領主層にとって、このようにクトゥマの土地に対する親族メンバーの権利を法的に確定しておくことは、共同保有地の分散というリスクを伴う一方で、近代法制度の下にありながら、クトゥマと神霊祭祀の存続にとって必要な資源を確実に維持していくために避けられない手続きでもあった。

たとえば、ムンダベットゥ・グットゥの家長であったムッタヤ・シェティが一九五〇年頃に考案した分割相続案において、年長女性を基点とするウラカバルごとに土地を分割相続させようとしたことは、当時の法律に適合していたと同時に、慣習的な母系制に則った形で母系親族集団が一定の土地を保持するための工夫でもあった。このように、制度的変化の下で領主層がクトゥマの保有地と神霊祭祀を維持し、みずからの家系と野生＝神霊の領域との生命的な関係性を保つためには、近代法制度を適切に活用する必要があったのである。

ただし、時代をより遡ってみれば、近代法としてのアリヤサンターナ制そのものが、南カナラにおいて実践されてきたアリヤサンターナ・カットゥと近代法との法廷における出逢いと、具体的な判例の積み重ねを通して形成されてきたことを忘れてはならないだろう。ブータラ・パーンディヤ伝説の「法典」化に始まり、クトゥンバの財の分割不可能性から個人による分割要求権の承認に至るアリヤサンターナ制の変遷の過程とは、市井の人々による近代法の利用やそれへの従属を導いたというのみならず、司法にかかわる人々が判例を参照し、また法廷において具体的な事例に接することを通して、近代法としてのアリヤサンターナ制を再帰的に構築していく過程でもあった。

一方、十一章でみた土地改革の施行は、慣習法に基づく人々の関係性に内在する矛盾や問題が、近代法制度との出逢いと交渉を通して表面化する契機となった出来事であった。その矛盾とは、クトゥマの共同保有地を維持すべしという親族集団全体としての責務と、みずからの土地権の確定を求める個々人の要望との矛盾である。人々は、この矛盾を解消するために近代法を利用する一方で、土地と神霊、親族との従来の関係性を維持するために工夫と折衝を重ねてきた。本書でみたように、バンタの地主層に属する人々は、土地改革に際してクトゥマの共同保有地が小作の手に渡ることを阻止しようとする一方で、みずからの土地権を確定するための方法を画策した。彼らは、自身のウラカバルに属する「祖父から来た土地」の土地権を申請することで、母系親族集団の共同保有地を保守するという責務と、個人の権利の追求との折り合いをつけようとしたのである。

また土地改革は、政府の想定とは異なり、単に地主から小作への土地権の移譲を意味するだけのものではなかった。それは人々にとって、その土地に生きる者と野生＝神霊との生命的な関係性が保たれうるか否かが賭けられた出来事であった。それゆえに、一部の小作は神霊の呪詛を畏れて土地権の申請を断念し、あるいは新たに土地権を得た者は、その土地と神霊に対する権利《アディカーラ》と責任を引き受けるために、神霊自身の許しと承認を請う必要に迫られたのである。

そして、十二章と十三章でみた大規模開発は、人々と土地・自然、そして神霊との従来の関係性を揺るがす転機であったと同時に、人々と野生の領域との結びつきのありようが、さまざまなかたちで鮮明に表出された出来事でもあった。

本書でみてきたように、南カナラの村落社会において開発とそれに伴う土地接収は、家系間の位階と儀礼的職分、土地保有と母系制、そして神霊祭祀をはじめとする諸制度とその複合的な関係性を大きく揺るがすものであった。開発に伴う新たな利潤を追求しつつ、新天地に村落社会の再建を試みた一部の領主層にせよ、土地接収にあくまで反対し、故地と神霊との紐帯を死守しようとした領主たちや小農たちにせよ、村落社会の解体という一大転機にあって、みずからの生のあり方と、その環世界との新たな関係性を懸命に模索していたといえる。

たとえばペルムデ村のクドゥビ台地では、開発と移住、土地への権利と神霊祭祀をめぐる人々のさまざまな企図や模索のせめぎ合いの末に、領主を中心とする従来の祭祀にかわって、村人たちがみずからの手で「王のダイワ」を祭祀するという新たな神霊祭祀の形態が生みだされた。この事例は、領主一族と元小作一族、企業幹部と政治家、宗教指導者と社会運動家といったさまざまな行為者たちの出逢いと交渉が、神霊のエイジェンシーによって部分的に方向づけられながら、人々とその環世界の新たな関係性をともに創りだしていった過程としてみることができる。

このように、大規模開発という転機に際して、村落社会に生きる人々が身近な土地と自然、そして野生の領域との関係性を維持し、更新していくにあたって、神霊祭祀は核心的な役割を果たしてきた。十三章でみたように、このことは開発を推進する側に立つ人々についても当てはまる。

すでにみたように、南カナラにおいて土地は、そこにおいて／それをめぐって相異なる秩序や力が出逢い、せめぎあう場でありつづけてきた。一方で工業プラントは、それまで神霊の力の「通り道」とされてきた場所が、新たに人工的な物質や諸力の流通経路になるというように、相異なる諸力の間により直接的な接触と干渉が生じうる場であったといえる。本書でみてきたように、工業プラント社会に生きる人々は、開発現場における危機的な事故や問題の発生を契機として土地の深部を満たす野生＝神霊の力《シャクティ》に気づき、その力と人工的な諸力との関係を調停するために儀礼という手段を講じてきた。なかでも工業プラントの管理運営に責任をもつ企業幹部たちは、祭祀の実践を通して周囲の土地と自然、そしてその深部に潜む神霊との交渉を試みる中で、土地と神霊に対する権利と責任《アディカーラ》を引き受ける祭主としてのふるまいを体得していった。工業プラントで働く雇用者たちもまた、儀礼における供物と祝福の受け渡しに参与することを通して、工業プラント社会とそれを取り巻く土地・自然、そして野生の領域をつなぐやりとりのネットワークの遂行的な形成に関与するとともに、神霊の帰依者としての新たなふるまいを身につけていた。

十三章の検討を通して、このように開発プロジェクトの中心を占める工業プラントの内部において、村落社会における従来の神霊祭祀を模倣するかのような祭祀の実践が生まれていることが明らかになった。このことはしかし、近代的な秩序とテクノロジーの支配する経済特区の中に伝統的な神霊祭祀が包摂され、その力が馴化されたことを意味するものではない。

すでにみたように村落社会では、儀礼における神霊とのやりとりを通して、野生の領域に対する人々のパトス的な関係性が再認されるとともに賦活されていた。同様に工業プラント社会においても、神霊祭祀の実践を通して、原油貯蔵庫やパイプラインといった人工的な構築物が野生の領域との連続性のゆえにはらむ脆弱さが浮き彫りにされるとともに、その中に生きる人々の生の偶有性と不安定さが照射されていた。工業プラント社会において神霊祭祀の実践に参与する人々の営為は、みずからの生きる世界の不可知性と、みずからの生そのものに含まれるパトス性への気づきを通して、その存続や変転に影響を及ぼす野生＝神霊の力と親密な関係性を取り結ぶとともに、その関係性を調整していこうとする彼らの試みの一端を表していたといえる。

本書でみてきたように、南カナラの村落社会に生きながら神霊祭祀にかかわる人々にとって、日常的な社会関係や身近な土地・自然とのかかわり、そして慣習的な諸制度と不可分に結びついた神霊祭祀は、人間と野生の領域との生命的な関係性を媒介し、かつ具現するものであった。人々とその環世界との関係性は、このように、ジョーガの領域における人々の日常的な関係性と、神霊祭祀の実践を通して取り結ばれるマーヤの領域との関係性の双方によって創りだされ、絶えず更新されてきたといえる。

その一方で、南カナラの村落社会は植民地期から現在に至るまで、総じて「近代化」と呼ばれうるような多岐にわたる社会変化を経てきた。こうした変化のプロセスは、在来のものとは異なる価値や論理を具現する制度や様式をつくりだし、具体的な社会関係の中で／としてそれらを作動させることを通して、村落社会における人々の日常的な関係性や慣習的な諸制度の再編と改変を促すものであった。人々にとって、こうした社会変化やそれにともなう新たな他者との出逢いと交渉は、従来の社会関係や存在様式を揺るがす危機として経験されたのみならず、慣習的な諸制度や社会関係との折衝や接合を通して、日常的な生活世界であるジョーガの領域に新たな関係性をもたらす契機としても受けとめられてきた。

こうした変化の過程において人々は、みずからを動かし、かつ限定する複数の秩序や力の下で他者との関係性を調整し、ときに抗争や対立に巻き込まれながら、みずからの生のかたちとその環世界との関係性を更新してきた。同時にまた人々は、野生＝神霊との生命的なつながりを維持しようとし、あるいは新たに創りだそうと試みてきた。そして、多重的な限定性の下にありながらも変容のポテンシャルをはらみ、自律的であると同時に他律的でもあるこうした人々の営みの中で、神霊との出逢いと交渉を通して実現される野生の領域との関係性は、それぞれの「存在」をかたちづくるとともに、個を超えた生の円環《レーベンスクライス》の持続を可能にするものとして、人々の生のあり方を方向づけてきたのである。

4 おわりに——神霊を待ちのぞむ

神霊祭祀にかかわる人々のさまざまな営みの中には、一見相矛盾するかのような二重性が、しかし根源的な絡みあいとして包含されている。

本書を通してみてきたように、さまざまな存在者が入り交じり、複数の秩序や力がせめぎあうジョーガの領域において、みずからの生のあり方を創りだそうとする人々の行為や意思決定はほとんど常に、自律性と他律性、能動性と受動性の二重性の中で生起していた。そしてまた、野生＝神霊の力に満たされたマーヤの領域との関係性にみずからの生の生成と変転を委ねながら、なおジョーガの領域における自己のありようを模索する人々の生は、そもそも「存在的なもの」と「パトス的なもの」の二重性のうちにあったといえる。このことは、人々を取り巻く、決してその全容を知りえない世界がそうであるというのみならず、それぞれの生そのものの中にすでに、顕在的なものと潜在的なものの位相が内包されているということを意味している。

現し身として現れる神霊と見つめあい、やりとりのネットワークを流れる野生＝神霊の力を受け渡すことを通して、人々は日常的に感知されうるジョーガの領域の茫漠とした縁《ふち》が世界の終わりではなく、不可知のマーヤの領域とつながっていることを感受する。同時に人々は、そうした野生＝神霊とのパトス的な交わりの感覚を通して、自分自身の中にも、「生そのもの」とつながっているがゆえに完全に把握しえない不可知の領域があることに気づいていくのではないだろうか。

このようにみるならば、みずからの身体に野生＝神霊の力を受け容れ、神霊になりかわりながら自己のパースペクティヴを維持する憑坐の経験とは、自己と他者の特殊な出逢いや対峙の仕方を表しているというよりも、人が「生そのもの」との情動的な交わりの中でみずからのあり方を変容させていく、いわばその「ふつうの」ありさまを、凝縮されたかたちで劇的に表すものであったといえる。

そうした人の変容のさまとは、みずからの身体が包含するパトス性を露わにすることで、「主体」としての自己の存在の強度を弱めてゆくとともに、自己の深部にある潜在的なものの領域から顕われてくる力に身を委ねていくような状態であると思われる。こうした変容の過程はしかし、まったくの無秩序のうちに進行していくものではなく、すでにある「主体」としての自己のかたちや、ともにある他者たちとの関係性、変容を通して生成していくものへの予期によって方向づけられていく。このことがおそらく、パトス性に満ちた変容の只中においてなお、人が顕在と潜在の縁にとどまり、自己の再帰性を保つことを助けているのだと思われる。

このように、ジョーガの領域とマーヤの領域のあいだにあって、みずからの生の存在的な状態からパトス的な状態へと移行していくという経験は、憑依の瞬間において憑坐の身に生じるばかりではなく、より静かでとらえがたい、人々の身構えや居ずまいの中にも現れているように思われる。本書を閉じるにあたって、最後に、そうした人々の静かな変容を示唆するかのような、ささやかな出来事を紹介したい。

二〇一六年二月二十四日、ペラールで開催された大祭の最終日。私は村の大社で行われるピリチャームンディの儀礼をみるために、午前一時に起床してアクシャヤの家で迎えを待っていた。未明前から行われる儀礼には同行してくれる人がおらず、困っていたところに、ガディパティナールを送迎する親族の車に同乗させてもらえることになったからである。

午前二時頃、農地の向こうから車の音が近づいて来、家の前で止まった。おもてに出ると、丸い月の光が前庭を照らしだしている。大祭の間、ムンダベットゥ・グットゥの母屋に滞在しているガディパティナールが、黒々と沈んだ隣家の影から痩せた長身を現す。ガディパティナールとともに車に乗り込み、彼の孫にあたる青年の運転で大社に向かう。道路に車の影はなく、風の音ばかりが耳につく。

やがて闇の奥に、色とりどりの電飾で彩られた大社がみえてくる。照明のともされた境内は明るいが、周囲は闇に沈んでおり、境内にもその外にも人影はない。

ガディパティナールは、花房と電飾で華やかに飾られた祭壇の前に設えられた、祭主たち専用の椅子のひとつに腰掛ける。私は少し離れて、境内の隅の石段の上に腰掛けて辺りを見守る。乾季の夜は思ったよりも冷え込み、私は上着を羽織ったが、ガディパティナールは白い腰布を身につけ、むきだしの肩に白い布をかけただけの軽装でじっと座っている。大祭の間、ガディパティナールはほとんど眠らず、食事も摂らず、こうして儀礼の開始を何時間も前から待ち、いざ祭儀が始まれば半日以上にもわたって神霊に付き添い、その言動と祝福に応え、憑坐の身に憑依を喚びおこしては鎮め、灼熱の太陽の下に立ったまま、延々と続く審判と託宣に耳を傾ける。

——もう八〇歳をゆうに超えているというのに。

白いターバンを巻きつけたガディパティナールの後頭部をみつめる。その痩せた背中はみじろぎもせず、まっすぐに伸ばされている。私は座ったままうとうとし、またはっと目覚め、それを繰り返しながら時を過ごす。時間はゆっくりと過ぎていく。

やがて、境内の中に人影が現れる。ジャヤーナンダは境内の端に敷かれた茣蓙の上にあぐらをかいて座り、未明からの儀礼でピリチャームンディになりかわるための準備を始める。黙って祭壇に祈りを捧げ、小さな燈明をともし、手鏡をみながら顔に化粧を施していく。

働き手の一人が燈明に油を注ぐために祭壇に近づき、ガディパティナールと短く言葉を交わす。空はまだ暗く、境内はしんと静まり、そこにいる者は皆、それぞれの仕事を黙々と遂行しながら、来たるべきものを待ち受けている。何を？……儀礼の始まりを。そして、神霊の到来を。


人々と神霊との出逢い。環世界の縁《ふち》。ジョーガの領域とマーヤの領域の境界。本書の中でさまざまな言葉で表現しようとしてきた、顕在と潜在のあいだについて考えるときに思いだされるのは、マーヤの領域からジョーガの領域への神霊の顕現であるばかりではなく、ジョーガの領域からその境界への、人々の静かな沈潜のさまである。

祭壇の前で身じろぎもせず座っているガディパティナール。鏡の前に集中し、みずからの顔に神霊の容貌をかたどっていくジャヤーナンダ。二人はともに夜の境内にいて、互いに言葉を交わすこともなく、だが日常のさまざまな軋轢や抗争を一旦停止して、いま神霊の到来を待っている。それはまだ現れないが、いずれ現れるだろうことを彼らは予期しており、そしてその顕現のためには、自分たちの役目と助力が必要であることを知っている。

人々と神霊の出逢いとは、マーヤの領域からの神霊の訪れを意味するだけではなく、このように人々が、みずからジョーガの領域の縁《ふち》へと近づいていくことでもある。そして、顕在と潜在のあわいの領域は、こうしたそれぞれの淡々とした準備の作業や、待ちつづける姿勢の中に、滲み出るように現れてくる。それはおそらく、ラディカルな他性と呼ぶにはあまりにさりげなく、「あるもの」として名指すことも難しい、気配のようなものであるにちがいない。

本書でみてきたように、憑坐の姿をとって現れる神霊の存在の確かさや、神霊の口から放たれる命令の強さは、不可知の領域を満たす野生の力を人々の前に顕現させるとともに、野生＝神霊との関係性における人々の生のパトス性を浮き彫りにするものであった。だがその一方で、みずからのいる場所にはいまだ「ない」ものに集中し、マーヤの領域に向けて沈潜していくかのような人々の静かな身構えこそが、人々と神霊、そして野生の領域とのパトス的な交流のあり方をよりよく表しているようにも思われるのである。

夜の境内で神霊の訪れを待つガディパティナールとジャヤーナンダの姿は、ジョーガの領域における日常的な自己のありようを一旦離れ、そのパトス性に身を委ねることでマーヤの領域へと近づいていきながら、なお他者たちとの関係性の中の「人」でありつづけることによって、みずからの存在をジョーガの領域につなぎとめるような、そうした人々の経験を表しているように思われる。

人々の生活世界と土地・自然。近代なるものの秩序と力。そして、野生＝神霊の領域とその力《シャクティ》。本書では、南カナラの村落部に生きる人々の生とその環世界との関係性を、人間と人間ならざるものでもある存在者たちのやりと りと、相異なる複数の力の絡みあいとせめぎあいの過程の中に描きだすことを試みてきた。

こうした本書の試みを通して理解されたことは、人々とその環世界との関係性を探究しようとすることは、とりもなおさずその環世界の限界、あるいは臨界に目を向けることにほかならないということである。それはいいかえれば、人々がその日常を生きている、さまざまな存在者に満ちた世界がいかなるものなのかを理解しようとするだけではなく、その茫漠とした縁《ふち》に近づき、不可知の領域を満たす力と交わろうとする人々とともに、その昏い深淵を覗きこもうとすることでもある。

だとするならば、環世界の民族誌とは、その臨界の向こう側にある潜在的なものについての民族誌でもある。人々の生のかたちとその環世界は、ただそこにあるのではなく、ジョーガの領域を動くものたちとマーヤの領域を満たす力との、その縁《ふち》における刹那的な出逢いと交わりの中にこそ生成し、ともに変転していくのだと思われる。

注

1　序章でみたように、このとき「実在性《リアリティ》」とされるものは、「私たち」にとっては「潜在的なものがそれ自体としてもつ実在性」を意味する一方で、異なる存在論的世界に住むとされる他者＝「彼ら」にとっては、「事物・客観的なものがもつ実在性」を意味するものにスライドしているといえる。ドゥルーズ（1974：37）、木村（1997）参照。

あとがき

夜明け前のひとときをガラスのない窓から涼しい大気が流れこみ、しだいに青ずんでいく森の奥から、さまざまな鳥の声が響きはじめる。鳥たちはまだ暗い森のそこここで、昼間とはまったく違った音色で、朝が来たことを口々に言祝いでいる。やがてあたりが白んでくると、同じ敷地にあるアクシャヤさんの家の裏手からお父さんが姿を現す。彼は前庭をゆっくりと歩きまわり、祭壇に供える花を摘みとっては袋に入れていく。その日課が終わると、今度は銀色の罐を手に提げて牛乳を買いに行く。朝靄に煙ったようにみえる畑の道を遠ざかっていくお父さんの後を、犬が尻尾を立てて嬉しそうについていく。

日が傾いて涼しくなってきた頃、子どもたちと一緒に畑を突っ切って隣家までぶらぶらと歩いてゆく。子どもたちはゆるやかな棚田につづく草原でボール遊びや追いかけっこに興じ、私たちはヴェランダに座ってよもやま話をしながらそれを見守る。野生の孔雀が棚田の上を悠々と横切っていく。紅を刷いたような空に、細い月がかかっている。あるいはまた、近所で催された儀礼に出かけた夜。隣に住むスマティおばあさんと一緒に星空の下、野道を歩いて家まで戻ってくる。しんと静まりかえった真っ暗な母屋の奥に、ひとつだけともされた祭壇の燈火がちらちらと揺れている。

いま、日本にいてペラールのことを考えるとき、思いだされるのはこうしたささやかな日々の情景や出来事ばかりだ。

二〇〇八年に南カナラのペラールで調査を始めてから、いつのまにか九年もの月日が経とうとしている。西アフリカのガーナからインドにフィールドを移し、再びゼロから始めた調査だったが、偶然にもふたつのフィールドの間には、いくつもの共通点があった。深い森林にとりまかれた人びとの暮らし。母系制。憑依。そして、土地をめぐる人びとの思いと葛藤。……

ただ、南カナラで出逢った人びとの生活世界は、ガーナでフィールドとしていた開拓移民社会がそうであったよりもいっそう、私にとって自分自身の背景にあるものを思いださせるものだった。

私が子ども時代を過ごした母方の祖父母の家は、かつては水田に囲まれ、家の裏手には竹林と雑木林が広がっていた。すでに宅地開発によって削られつつあったが、そうした田畑や裏山は幼かった私にとって、どこか不穏でありながらも親密な遊び場であり、隠れ家でもあった。そしてまた、その家には、白壁の倉とそこにしまわれた古い道具たち、枯れた井戸、防空壕の跡、屋敷神をお祀りした小さな社といったように、家が経てきた長い時間と、この場所に生きてきた人びとの暮らしのかたちが積み重なり、その気配が息づいていた。

そんな古い家に暮らし、朝な夕な神棚に手を合わせる祖父母の姿を目にしつづけることで私は、知らぬ間に自分をかたちづくり、守ってくれているものが何かしらあること、そのありがたさと息苦しさのようなものを同時に感じとっていたように思う。それは、自分自身がその一部である身のまわりの世界を織りなしている細やかな網の目に縛られながら生きていくことと、そうしたものから自由になろうとすることの間の葛藤の、かすかな兆しのようなものであったかもしれない。

ペラールの森林や水田の景色と匂い、ほの暗い広間に燈明をともし、ブータの祭壇に祈りを捧げるガディパティナールの姿は、南カナラの人びとの生活世界の理解という学術的な目的を超えて、私にとってみずからをかたちづくってきた身のまわりの世界のことを、ほとんど身体感覚として想起させるものでもあった。

本書の執筆と調査は、多くの方々からのご助力と支えを得て可能となった。

まず何よりも、ペラールという土地に私を導いてくれ、村での調査や生活のすべてにわたって惜しみない支援を与えてくれたアクシャヤ・シェティさんとそのご両親、ハリシュ・シェティ氏とバーラティ・シェティ氏に感謝したい。とりわけ、理知的で才気あふれるアクシャヤさんの助けがなければ、この調査研究を行うことは不可能だった。

調査中、多くの助言と励ましを授けてくださったチンナッパ・ゴウダ氏、アショク・アルワ氏、ヴィッディヤ・

ディンカール氏に感謝する。そして、私と家族をあたたかく受け入れてくださり、折々の対話を通してそれぞれの思いや経験を教えてくださったペラールとその近隣村の皆様に、敬意とともに心からの感謝を捧げたい。

　諸々の事情から、二〇〇八年の約半年間の滞在を除けばインドでの調査は毎回ひと月程度の短いものだったため、その進展は遅々としたものだった。だが、断続的にフィールドワークを行いながら、日本でいくつもの刺激的な研究会に参加できたことは、本書を執筆する上でとても幸運なことだった。なかでも、本書で取り上げた狭義の存在論的人類学を含む先鋭的な理論群に関する活発な議論の場であった「『コンフリクト』を再理解する理論的・方法論的な研究」（代表：春日直樹氏）、経済特区での調査を後押ししてくれ、呪術・宗教現象を新たな視点から眺めることを教えてくれた「環境インフラストラクチャー——自然、テクノロジー、環境変動に関する民族誌的研究」（代表：森田敦郎氏）、インドの社会運動のダイナミズムと奥深さに気づかせてくれた「ポストコロニアル・インドにおける社会運動と民主主義」（代表：石坂晋哉氏）、そして、「環世界」という概念を手がかりに広大な知の領域を駆けめぐるかのような「環世界の人文学——生きもの、なりわい、わざ」（代表：大浦康介氏）。これらの研究会に参加できたことは、本書における理論的な視座の形成にとって決定的に重要だった。代表者と参加者の皆様に、心よりお礼申し上げます。

　太田信宏氏、田中雅一氏、田辺明生氏、檜垣立哉氏、藤倉達郎氏、キャスパー・B・イェンセン氏は、多忙な時間を割いて本書の草稿に目を通してくださり、多岐にわたる貴重なご指摘をくださった。それぞれの分野で先鋭的に活躍されている諸氏からのコメントを執筆段階でいただけたことは、本書の内容を再考し、論点を見定めていく上で、この上なくありがたいことだった。また、上田知亮氏、志賀美和子氏、中溝和弥氏は、用語の翻訳や事実関係に関する私の質問に対して丁寧なご回答とご助言をくださった。深くお礼申し上げます。

　本書は、「南インドにおける神霊祭祀と憑依儀礼に関する人類学的研究」（科学研究費補助金・若手研究B・課題番号21720321）、ならびに「開発・環境運動・宗教実践の交叉と動態に関する人類学的研究」（科学研究費補助金・基盤研究C・課題番号26370949）という二つの研究プロジェクトの成果である。また、本書の出版は、平成二八年度日本学術振興会科学研究費補助金（研究成果公開促進費・課題番号16HP5120）の交付を受けて可能となった。

京都大学学術出版会の高垣重和さんと永野祥子さんは、本書を文字どおり形にしてくださった。長い年月をかけた調査の成果が、お蔵入りすることなく無事に日の目を見ることができたのは、お二人のおかげである。

最後に、南カナラでのフィールドワークに付き合いつづけてくれた家族に感謝したい。舟橋健太は、私がインドで調査を始めるきっかけをつくってくれただけでなく、私が村で調査に奔走している間、諸事万端にわたって家族の生活を支えてくれた。四歳で初めてマンガルールの地を踏み、その後も毎年訪れる村での生活を楽しんでくれている長女・日菜。生後一〇ヶ月でペラールに連れてこられて以来、村での行動と交友の幅を着々と広げている次女・翠（すい）。私にとってペラールでの調査がこれほどまでにすこやかで楽しい経験になりえたのは、すべてこの三人のおかげである。

私の身のまわりの世界を創りだしている大切な他者たちである家族と両親に本書を捧げる。

二〇一七年二月

石井美保

1904 *Survey and settlement register of Muduperar village* No. 53. Mangalore: Revenue Settlement Office.（The Deputy Commissioner's Office, Dakshina Kannada, Mangaluru で閲覧）

Padu Perar Panchayat Office

2008 *House tax record 2007-2008*.（Padu Perar Panchayat Office で閲覧）

Villagewar resister of applications filed under section 48-A *before the tribunal*（The Deputy Commissioner's Office, Dakshina Kannada, Mangaluru で閲覧）

裁判資料（未出版）

Lakshminarayana Udpa vs. Thyampa Naika and others. The Court of the Subordinate Judge of South Kanara（Original Suit [O.S.] No. 26 of 1932）.

Lakshminarayana Udupa vs. The Commissioner for Religious and Charitable Endowments in Mysore at Bangalore and others. The Court of the Subordinate Judge of Mangalore, South Kanara（O.S. No.25 of 1960）.

Laxmana Chowta vs. State of Karnataka and others. The High Court of Karnataka, Bangalore（Writ Petition No. 40504 of 2001）.

Laxmana Chowta vs. State of Karnataka and others. The High Court of Karnataka, Bangalore（Writ Appeal No. 1977 of 2002）.

Laxmana Chowta vs. The Deputy Commissioner, Hindu Religious and Charitable Endowments, D. K. Mangalore and Sri Samith Raj. The High Court of Karnataka, Bangalore（Writ Petition No. 18958 of 2007）.

裁判資料（出版物）

Munda Chetty vs. Thimmaju Hengsu. *Madras High Court Reports* 1（1863）, p. 380.

Santhamma vs. Neelamma. *All India Reporter*, Madras（1956）, p. 642.

Secretary of State vs. Santaraja Shetty. *Madras Law Journal* 25（1913）, p. 411.

Vidyapurna Thirthaswami vs. Uggannu. *Indian Law Reporter* 34, Madras（1911）, p. 231.

2012 「カースト」辛島昇ほか編『新版 南アジアを知る事典』、pp.149-155、平凡社。
ユクスキュル、ヤーコプ・フォン
2012 『動物の環境と内的世界』前野佳彦訳、みすず書房。（Uexküll, Jakob von 1909初版/1921改訂版 *Umwelt und Innenwelt der Tiere*. Berlin: Verlag von Julius Springer.）
ユクスキュル、ヤーコプ・フォンとゲオルク・クリサート
2005 『生物から見た世界』日高敏隆・羽田節子訳、岩波文庫。（Uexküll, Jakob von und Georg Kriszat 1934 *Streifzüge durch die Umwelten von Tieren und Menschen*. Berlin: Verlag von Julius Springer.）

新聞記事・ウェブサイト

Daijiworld
2009 'Mangalore: Pejawar seer fasts for the cause of 'SEZ displaced deities" 01/05/2009. http://www.daijiworld.com/news/news_disp.asp?n_id=59432（2016年10月14日閲覧）
2014 'Pejawar Swamiji meets Modi, asks not to use agri land for industries' 23/07/2014. http://www.daijiworld.com/news/news_disp.asp?n_id=250567（2016年10月14日閲覧）
Daily News & Analysis
2011 'Blast at Mangalore SEZ: Korean, two others killed, four injured' 27/05/2011. http://www.dnaindia.com（2014年8月23日閲覧）.
Gowda, Aravind
2011 'Yedurappa relies on seers to clear land deals in Karnataka' *Indiatoday* 16/07/2011. http://indiatoday.intoday.in/story/yeddyurappa-relies-on-seers-to-clear-land-deals/1/145068.html（2016年10月14日閲覧）
Prokerala. Com. http://www.prokerala.com/（2016年10月14日閲覧）
The Canara Times
2009 'Kalavar's Guliga daiva refuses to let base for SEZ!' 1-15/03/2009.
The Deputy Commissioner's Office, Dakshina Kannada, Mangaluru. http://www.dk.nic.in/（2016年10月14日閲覧）
The Hindu
2008 'Farmers stage rally against MSEZ' 30/01/2008. http://www.thehindu.com/todays-paper/tp-national/tp-karnataka/farmers-stage-rally-against-msez/article1189336.ece（2016年10月14日閲覧）
The New Indian Express
2011 'Yedurappa facing heat from religious leaders' 12/07/2011. http://www.newindianexpress.com/states/karnataka/2011/jul/12/yeddyurappa-facing-heat-from-religious-leaders-270854.html（2016年10月14日閲覧）
The Times of India
2011 'The accident occurred at Mangalore site of ISPRL' 27/05/2011. http://timesofindia.indiatimes.com（2014年8月23日閲覧）

行政資料

Couchman, M.E.

1997 「舟なき航跡としての生――メルロ＝ポンティにおける生命科学」『言語文化論集』45：1-17。
2006 「反転する身体とパースペクティヴ性――メルロ＝ポンティ後期思想の射程」木村敏・坂部恵監修『身体・気分・心――臨床哲学の諸相』、pp. 95-123、河合文化教育研究所。

藤井毅
2007 『インド社会とカースト』山川出版社。

舟橋健太
2012 「ダリト」辛島昇ほか編『新版　南アジアを知る事典』、pp. 481-482、平凡社。

ブランケンブルク、ヴォルフガング編
2003 『妄想とパースペクティヴ性――認識の監獄』山岸洋・野間俊一・和田信訳、学樹書院。

水島司
1994 「地域社会の統合原理――ミーラース体制」辛島昇編『インド入門Ⅱ　ドラヴィダの世界』、pp. 208-221、東京大学出版会。
1999 「空間の切片」杉島敬志編『土地所有の政治史――人類学的視点』、pp. 443-456、風響社。
2007 「植民地支配下の社会」辛島昇編『世界歴史大系　南アジア史３　南インド』、pp. 229-243、山川出版社。
2008 『前近代南インドの社会構造と社会空間』東京大学出版会。

宮本久雄
1998 「パトス」廣松渉ほか編『岩波　哲学・思想事典』、p. 1279、岩波書店。

三輪博樹
2012a「国民会議派」辛島昇ほか編『新版　南アジアを知る事典』、pp.275-277、平凡社。
2012b「バフジャン・サマージ・パーティ」辛島昇ほか編『新版　南アジアを知る事典』、pp. 617-618、平凡社。
2014 「南部における選挙」近藤則夫編『インドの第16次連邦下院選挙――ナレンドラ・モディ・インド人民党政権の成立』、pp. 67-77、アジア経済研究所。http://www.ide.go.jp/Japanese/Publish/Download/Kidou/2014_india.html（2016年7月5日閲覧）

メルロ＝ポンティ、M.
1966 『目と精神』滝浦静雄・木田元訳、みすず書房。
1967 『知覚の現象学Ⅰ』竹内芳郎・小木貞孝訳、みすず書房。
1974 『知覚の現象学Ⅱ』竹内芳郎・木田元・宮本忠雄訳、みすず書房。
1989 『見えるものと見えないもの』滝浦静雄・木田元訳、みすず書房。

モース、マルセル
2008 『贈与論［新装版］』有地亨訳、勁草書房。

柳澤悠
2002 「インドの環境問題の研究状況」長崎暢子編『現代南アジア　①地域研究への招待』、pp. 213-236、東京大学出版会。

山崎元一
2012 「不可触民」辛島昇ほか編『新版　南アジアを知る事典』、pp. 687-688、平凡社。

山崎元一と藤井毅

2007 『坂部恵集4 〈しるし〉〈かたり〉〈ふるまい〉』岩波書店。
佐藤創
2012 「インドにおける経済発展と土地収用――『開発と土地』問題の再検討に向けて」『アジア経済』LⅢ (4):113-137。
佐藤正哲・中里成章・水島司
2009 『世界の歴史14 ムガル帝国から英領インドへ』中公文庫。
重松伸司
2012a「ザミーンダーリー制度」辛島昇ほか編『新版 南アジアを知る事典』、pp. 314-315、平凡社。
2012b「ホイサラ朝」辛島昇ほか編『新版 南アジアを知る事典』、pp. 730-731、平凡社。
白川静
1994 『文字逍遥』平凡社。
菅原和孝
2015 『狩り狩られる経験の現象学――ブッシュマンの感応と変身』京都大学学術出版会。
スペルベル、ダン
1984 『人類学とはなにか――その知的枠組を問う』菅野盾樹訳、紀伊國屋書店。
関根康正
1995 『ケガレの人類学――南インド・ハリジャンの生活世界』東京大学出版会。
2006 『宗教紛争と差別の人類学――現代インドで〈周辺〉を〈境界〉に読み替える』世界思想社。
田中雅一
2002 『供犠世界の変貌――南アジアの歴史人類学』法藏館。
田辺明生
1999 「土地とアイデンティティ――インド・オリッサ州クルダ地方における土地の文化政治史」杉島敬志編『土地所有の政治史――人類学的視点』、pp. 125-175、風響社。
2010 『カーストと平等性――インド社会の歴史人類学』東京大学出版会。
タンバイア、スタンレー、J.
1996 『呪術・科学・宗教――人類学における「普遍」と「相対」』多和田裕司訳、思文閣出版。
ドゥルーズ、ジル
1974 『ベルクソンの哲学』宇波彰訳、法政大学出版局。
1992 『差異と反復』財津理訳、河出書房新社。
内藤雅雄
2012a「アールエスエス」辛島昇ほか編『新版 南アジアを知る事典』、pp. 38-39、平凡社。
2012b「共産主義運動」辛島昇ほか編『新版 南アジアを知る事典』、pp. 205-206、平凡社。
2012c「社会主義」辛島昇ほか編『新版 南アジアを知る事典』、pp. 359-360、平凡社。
2012d「世界ヒンドゥー協会」辛島昇ほか編『新版 南アジアを知る事典』、p. 440、平凡社。
中村元・福永光司・田村芳朗・今野達編
1989 『岩波仏教辞典』岩波書店。
廣瀬浩司

ヴィヴェイロス・デ・カストロ、エドゥアルド
2015a『食人の形而上学――ポスト構造主義的人類学への道』檜垣立哉・山崎吾郎訳、洛北出版。
2015b『インディオの気まぐれな魂』近藤宏・里見龍樹訳、水声社。
ウィンチ、ピーター
1977 『社会科学の理念――ウィトゲンシュタイン哲学と社会研究』森川眞規雄訳、新曜社。（Winch, Peter 1958 *The idea of a social science and its relation to philosophy*. London: Routledge & Kegan Paul.）
上田閑照編
1987 『西田幾多郎哲学論集１　場所・私と汝　他六篇』岩波文庫。
上村勝彦
2012 「ドゥルガー」辛島昇ほか編『新版　南アジアを知る事典』、p.543、平凡社。
太田信宏
1994 「イギリス人の見た南インド村落――地税制度の導入をめぐって」辛島昇編『インド入門Ⅱ　ドラヴィダの世界』、pp. 222-233、東京大学出版会。
奥野克巳編
2011 『人と動物、駆け引きの民族誌』はる書房。
春日直樹
2011 「人類学の静かな革命――いわゆる存在論的転換」春日直樹編『現実批判の人類学――新世代のエスノグラフィへ』、pp. 9-31、世界思想社。
加藤泰
2004 「合理性論争」小松和彦・田中雅一・谷泰・原毅彦・渡辺公三編『文化人類学文献事典』、pp. 755-756、弘文堂。
辛島昇
1994 「ヴィジャヤナガル王国の封建支配」辛島昇編『インド入門Ⅱ　ドラヴィダの世界』、pp. 166-178、東京大学出版会。
2012 「ターリコータの戦い」辛島昇ほか編『新版　南アジアを知る事典』、p.481、平凡社。
辛島昇編
2007 『世界歴史大系　南アジア史３　南インド』山川出版社。
木村敏
1997 「リアリティとアクチュアリティ――離人症再論」中村雄二郎・木村敏監修『講座生命 '97 vol. 2』、pp. 75-110、哲学書房。
2000 『偶然性の精神病理』岩波書店。
2005 『関係としての自己』みすず書房。
2010 「訳者解説」ヴィクトーア・フォン・ヴァイツゼカー『パトゾフィー』、pp. 550-567、みすず書房。
ゴドリエ、モーリス
2000 『贈与の謎』山内昶訳、法政大学出版局。
近藤光博と三輪博樹
2012 「インド人民党」辛島昇ほか編『新版　南アジアを知る事典』、pp. 74-75、平凡社。
坂部恵

化人類学』70 (1): 21-46。

2007 『精霊たちのフロンティア――ガーナ南部の開拓移民社会における〈超常現象〉の民族誌』世界思想社。

2009 「精霊の誘惑、図像との交感――ガーナにおけるマーミワタ・イメージをめぐって」落合雄彦編『スピリチュアル・アフリカ――多様なる宗教的実践の世界』、pp. 105-129、晃洋書房。

2010 「神霊との交換――南インドのブータ祭祀における慣習的制度、近代法、社会的エイジェンシー」『文化人類学』75 (1): 1-26。

2011a「呪術的世界の構成――自己制作、偶発性、アクチュアリティ」春日直樹編『現実批判の人類学――新世代のエスノグラフィへ』、pp. 181-202、世界思想社。

2011b「文書の墓場と執念の行方」『所報　人文』58: 31-34。

2013a「神霊が媒介する未来へ――南インドにおける開発、リスク、ブータ祭祀」『社会人類学年報』39:1-27。

2013b「パースペクティヴの戯れ――憑依、ミメシス、身体」菅原和孝編『身体化の人類学――認知・記憶・言語・他者』、pp. 375-396、世界思想社。

2014a「呪物の幻惑と眩惑」田中雅一編『フェティシズム研究２　越境するモノ』、pp. 41-68、京都大学学術出版会。

2014b「パッションの共同体へ――南インドにおける開発、身体、神霊祭祀」『コンタクト・ゾーン』6: 82-100。

2015a「開発と神霊――土地接収とブータ祭祀をめぐるミクロ・ポリティクス」石坂晋哉編『インドの社会運動と民主主義――変革を求める人びと』、pp. 268-296、昭和堂。

2015b「補論３　工場の中の神霊」田辺明生・杉原薫・脇村孝平編『現代インド1　多様性社会の挑戦』、pp.361-364、東京大学出版会。

2016a「響きあう家族のかたち――南インドのフィールド・ライフ」椎野若菜・的場澄人編『女も男もフィールドへ（100万人のフィールドワーカーシリーズ12)』、古今書院。

2016b「インドにおける血液、贈与、共同体――有徴化と匿名化のはざまで」坂野徹・竹沢泰子編『人種神話を解体する2　科学と社会の知』、pp.139-155、東京大学出版会。

近刊 「流動化する暴力とヒンドゥー・ナショナリズム」田中雅一・石井美保・山本達也編『インド・剝き出しの世界』、春風社。

石坂晋哉
2011 『現代インドの環境思想と環境運動――ガーンディー主義と〈つながりの政治〉』昭和堂。

ヴァイツゼカー、ヴィクトーア・フォン
2010 『パトゾフィー』木村敏訳、みすず書房。

ヴァイツゼッカー、ヴィクトーア・フォン
1995 『生命と主体――ゲシュタルトと時間 / アノニューマ』木村敏訳、人文書院。
2004 『ゲシュタルトクライス――知覚と運動の人間学』（新装版第三刷）木村敏・濱中淑彦訳、みすず書房。（Weizsäcker, Viktor von 1950 *Der Gestaltkreis: Theorie der Einheit von Wahrnehmen und Bewegen*. Stuttgart: Georg Thieme Verlag.）

ヴァイン、マルティン
1993 『ヴァイツゼッカー家』鈴木直・山本尤・鈴木洋子訳、平凡社。

1998 Cosmological deixis and Amerindian perspectivism. *The Journal of the Royal Anthropological Institute* (N.S.) 4 (3):469-488.

1999 Comments. *Current Anthropology* 40 (S1): S79-S80.

2003 AND. *Manchester Papers in Social Anthropology*7. https://sites.google.com/a/abaetenet.net/nansi/abaetextos/anthropology-and-science-e-viveiros-de-castro (2016年10月14日閲覧)

2004a Perspectival anthropology and the method of controlled equivocation. *Tipití: Journal of the Society for the Anthropology of Lowland South America* 2 (1): 3-22.

2004b Exchanging perspectives: the transformation of objects into subjects in Amerindian ontologies. *Common Knowledge*10 (3):463-484.

2011 Zeno and the art of anthropology: of lies, beliefs, paradoxes, and other truths. *Common Knowledge* 17 (1): 128-145.

2013 (2002) The relative native. Julia Sauma & Martin Holbraad (trans.). *HAU: Journal of Ethnographic Theory*3 (3): 473-502.

2014 Who is afraid of the ontological wolf?: some comments on an ongoing anthropological debate. CUSAS Annual Marilyn Strathern Lecture, 30 May 2014. https://sisu.ut.ee/sites/default/files/biosemio/files/cusas_strathern_lecture_2014.pdf (2016年10月14日閲覧)

Wadley, Susan

1977 Power in Hindu ideology and practice. In *The new wind: changing identities in South Asia*. Kenneth David (ed.), pp. 133-157. The Hague: Mouton Publishers.

Wagner, Roy

1977 Analogic kinship: a Daribi example. *American Ethnologist* 4 (4):623-642.

Willerslev, Rane

2004 Not animal, not not-animal: hunting, imitation and empathetic knowledge among the Siberian Yukaghirs. *The Journal of the Royal Anthropological Institute* (N.S.) 10 (3): 629-652.

2007 *Soul hunters: hunting, animism, and personhood among the Siberian Yukaghirs*. Berkeley: University of California Press.

2010 'To have the world at a distance': reconsidering the significance of vision for social anthropology. In *Skilled visions: between apprenticeship and standards*. Cristina Grasseni (ed.), pp. 23-46. Oxford: Berghahn Books.

Yamada, Takako & Takashi Irimoto (eds.)

1997 *Circumpolar animism and shamanism*. Sapporo: Hokkaido University Press.

粟屋利江

1994 「ケーララにおける母系制の解体と司法」小谷汪之編『叢書　カースト制度と被差別民　第二巻　西欧近代との出会い』、pp. 321-348、明石書店。

池亀彩

2011 「カルナータカ州：インド人民党のさらなる躍進」広瀬崇子・北川将之・三輪博樹編『インド民主主義の発展と現実』、pp. 245-249、勁草書房。

石井美保

2005 「もの／語りとしての運命——ガーナの卜占アファにおける呪術的世界の構成」『文

1993 *Mimesis and alterity: a particular history of the senses*. New York: Routledge.
The People's Commission on Environment and Development India
2003 *Report: public hearing on environment and development*. New Delhi: Milind Process.
Thimmaiah, G. & Abdul Aziz
1983 The political economy of land reforms in Karnataka, a South Indian state. *Asian Survey* 23 (7):810-829.
1984a The political economy of land reforms in India. In *Land reforms in India*. A. R. Rajapurohit (ed.), pp. 18-37. New Delhi: Ashish Publishing House.
1984b *The political economy of land reforms*. New Delhi: Ashish Publishing House.
Thurston, Edgar
1975 (1909) a *Castes and tribes of Southern India*, vol. Ⅰ. Delhi: Cosmo Publications.
1975 (1909) b *Castes and tribes of Southern India*, vol. Ⅳ. Delhi: Cosmo Publications.
1975 (1909) c *Castes and tribes of Southern India*, vol. Ⅴ. Delhi: Cosmo Publications.
1975 (1909) d *Castes and tribes of Southern India*, vol. Ⅵ. Delhi: Cosmo Publications.
Turner, Terence
1995 Social body and embodied subject: bodiliness, subjectivity, and sociality among the Kayapo. *Cultural Anthropology* 10 (2):143-170.
2009 The crisis of late structuralism. Perspectivism and animism: rethinking culture, nature, spirit, and bodiliness. *Tipití: Journal of the Society for the Anthropology of Lowland South America* 7 (1): 3-42. http://digitalcommons.trinity.edu./tipiti/vol7/iss1/1 (2016年10月14日閲覧)
Uchiyamada, Yasushi
1999 Soil, self, resistance: late-modernity and locative spirit possession in Kerala. In *La possession en Asie du sud: parole, corps, territoire*. Jackie Assayag & Gilles Tarabout (eds.), pp. 289-311. Paris : École des Hautes Études en Sciences Sociales.
2000 Passions in the landscape: ancestor spirits and land reforms in Kerala, India. *South Asia Research* 20 (1):63-84.
Učida, N. & B. B. Rajapurohit.
2013 *Kannada-English etymological dictionary*.Tokyo: Tokyo University of Foreign Studies.
Upadhyaya, Uliyar Padmanabha
1996 Bhuta worship. In *Coastal Karnataka: studies in folkloristic and linguistic traditions of Dakshina Kannada region of the western coast of India*. Uliyar Padmanabha Upadhyaya (ed.), pp. 197-228. Udupi: Rashtrakavi Govind Pai Samshodhana Kendra.
Upadhyaya, Uliyar Padmanabha (ed.)
1988-1997 *Tulu lexicon*, vol. 1-6. Udupi: Rashtrakavi Govind Pai Samshodhana Kendra.
Vigh, Henrik E. & David B. Sausdal
2014 From essence back to existence: anthropology beyond the ontological turn. *Anthropological theory* 14 (1): 49-73.
Vijayabaskar, M.
2010 Saving agricultural labour from agriculture: SEZs and politics of silence in Tamil Nadu. *Economic & Political Weekly*XLV (6):36-43.
Viveiros de Castro, Eduardo B.

Smith, Karl

2012 From dividual and individual selves to porous subjects. *The Australian Journal of Anthropology*23 (1):50-64.

Sontheimer, Günther-Dietz

1965 Religious endowments in India: the juristic personality of Hindu deities. *Zeitschrift für vergleichende Rechtswissenschaft* 67:45-100.

Sreenivas, Mytheli

2008 *Wives, widows, and concubines: the conjugal family ideal in colonial India*. Bloomington: Indiana University Press.

Srinivas, M. N.

1952 *Religion and society among the Coorgs of South India*. London: Asia Publishing House.

Stein, Burton

1983 Idiom and ideology in early nineteenth-century South India. In *Rural India: land, power and society under British rule*. Peter Robb (ed.), pp. 23-58. London: Curzon Press.

1989 *Thomas Munro: the origins of the colonial state and his vision of empire*. Delhi: Oxford University Press.

Stoller, Paul

1995 *Embodying colonial memories: spirit possession, power, and the Hauka in West Africa*. New York: Routledge.

Strathern, Marilyn

1988 *The gender of the gift: problems with women and problems with society in Melanesia*. Berkeley: University of California Press.

1996 Cutting the network. *The Journal of the Royal Anthropological Institute* 2 (3):517-535.

Sturrock, John

1894 *Madras district manuals: South Canara*. Madras: The Superintendent, Government Press.

Suzuki, Masataka

2008 Bhūta and daiva: changing cosmology of rituals and narratives in Karnataka. In *Music and society in South Asia: perspectives from Japan* (Senri Ethnological Studies 71). Yoshitaka Terada (ed.), pp. 51-85. Osaka: National Museum of Ethnology.

Swain, Ashok

1997 Democratic consolidation? : environmental movements in India. *Asian Survey* 37 (9):818-832.

Swancutt, Katherine

2007 The ontological spiral: virtuosity and transparency in Mongolian games. *Inner Asia* 9: 237-259.

Tanaka, Masakazu

1997 *Patrons, devotees and goddesses: ritual and power among the Tamil fishermen of Sri Lanka*. New Delhi: Manohar.

Taussig, Michael

1980 *The devil and commodity fetishism in South America*. Chapel Hill: The University of North Carolina Press.

Cultural Anthropology 22 (3):429-472.

Rosenthal, Judy.

1998 *Possession, ecstasy, and law in Ewe voodoo*. Charlottesville: University Press of Virginia.

Sakabe, Megumi

1999 Modoki: the mimetic tradition in Japan. Michele Marra (trans.). In *Modern Japanese aesthetics: a reader*. Michele Marra (ed.), pp. 251-262. Honolulu: University of Hawai`i Press.

Sanders, Todd

2008 Buses in Bongoland: seductive analytics and the occult. *Anthropological Theory* 8 (2): 107-132.

Santo, Diana Espirito

2012 Imagination, sensation and the education of attention among Cuban spirit mediums. *Ethnos: Journal of Anthropology*77 (2):252-271.

Saradamoni, K.

1999 *Matriliny transformed: family, law and ideology in twentieth century Travancore*. New Delhi: Sage Publications and AltaMira Press.

Sax, William S.

2002 *Dancing the self: personhood and performance in the pāṇḍav līlā of Garhwal*. New York: Oxford University Press.

Schneider, David M.

1980 (1968) *American kinship: a cultural account* (second edition). Chicago: The University of Chicago Press.

Schütz, Alfred

1970 *On phenomenology and social relations: selected writings*. H.R. Wagner (ed.). Chicago: The University of Chicago Press.

Sekine, Yasumasa

2002 *Anthropology of untouchability: 'impurity'and 'pollution' in a South Indian society*. Osaka: National Museum of Ethnology.

Shah, Alpa

2010 *In the shadows of the state: indigenous politics, envilonmentalism, and insurgency in Jharkhand, India*. Durham: Duke University Press.

Sharma, Naresh Kumar

2009 Special economic zones: socio-economic implications. *Economic & Political Weekly* XLIV (20):18-21.

Shiva, Vandana

1988 *Staying alive: women, ecology, and survival in India*. London: Zed Books.

Singh, K. S.

2002 (1993) *The scheduled castes* (revised edition). New Delhi: Oxford University Press.

Smith, Frederick M.

2006 *The self possessed: deity and spirit possession in South Asian literature and civilization*. New York: Columbia University Press.

Women, Mangalore
2012 *Attacking pubs and birthday parties: communal policing by Hindutva outfits: a joint fact finding report*. Mangalore:PUCL-K & Forum Against Atrocities on Women, Mangalore.

Pickering, Andrew
2008 New ontologies. In *The mangle in practice: science, society, and becoming*. Andrew Pickering & Keith Guzik (eds.), pp. 1-14. Durham: Duke University Press.

Pietz, William
1988 The problem of the fetish, IIIa: Bosman's Guinea and the enlightenment theory of fetishism. *Res* 16:105-123.

Pinney, Christopher
2001 Piercing the skin of the idol. In*Beyond aesthetics: art and the technologies of enchantment*. Christopher Pinney & Nicholas Thomas (eds.), pp. 157-179. Oxford: Berg.

Presler, Franklin A.
1987 *Religion under bureaucracy: policy and administration for Hindu temples in South India*.Cambridge: Cambridge University Press.

Raheja, Gloria Goodwin
1988 *The poison in the gift: ritual, prestation, and the dominant caste in a North Indian village*. Chicago: The University of Chicago Press.

Rajan, M. A. S.
1984 Working of the land tribunals of India. In *Land reforms in India*. A. R. Rajapurohit (ed.), pp. 139-163. New Delhi: Ashish Publishing House.
1986 *Land reforms in Karnataka: an account by a participant observer*. Delhi: Hindustan Publishing Corporation.

Ramesh, K. V.
1970 *A history of South Kanara: from the earliest times to the fall of Vijayanagara*. Research Publications Series 12. Dharwar: Karnatak University.

Ranger, Terence
2007 Scotland Yard in the bush: medicine murders, child witches and the construction of the occult: a literature review. *Africa* 77 (2): 272-283.

Rao, B. Surendra
1991 South Kanara in the 19th century: contradictions in the colonial discourse. In *Perspectives on Dakshina Kannada and Kodagu*. Editorial Committee (eds.), pp. 64-72. Mangalagangotri: Mangalore University.

Rao, Gangolly Krishna
1898 *A treatise on Aliya Santana law and usage*. Mangalore: The Codialbail Press.

Rasmussen, Susan
2008 Personhood, self, difference, and dialogue (commentary on Chaudhary). *International Journal for Dialogical Science* 3 (1):31-54.

Reddy, Deepa S.
2007 Good gifts for the common good: blood and bioethics in the market of genetic research.

2010 Partible penitents: dividual personhood and Christian practice in Melanesia and the West. *The Journal of the Royal Anthropological Institute* 16 (2):215-240.

Mukherjee, Nilmani

1962 *The ryotwari system in Madras 1792-1827*. Calcutta: Progressive Publishers.

Munn, Nancy D.

1996 Excluded spaces: the figure in the Australian aboriginal landscape. *Critical Inquiry* 22 (3):446-465.

Navada, A. V. & Denis Fernandes (eds.)

2008 *The devil worship of the Tuluvas: from the papers of late A. C. Burnell*. Mangalore: Karnataka Tulu Sahitya Academy.

Ong, Aihwa

1988 The production of possession: spirits and the multinational corporation in Malaysia. *American Ethnologist* 15 (1):28-42.

Osella, Filippo & Caroline Osella

1996 Articulation of physical and social bodies in Kerala. *Contributions to Indian Sociology* (N.S.) 30 (1):37-68.

Padmanabha, P.

1977 *Census of India, 1971: special study report on bhuta cult in South Kanara district*. Delhi: Controller of Publications.

Pani, Narendra

1984 Reforms to pre-empt change: land legislation in Karnataka. In *Land reforms in India*. A. R. Rajapurohit (ed.), pp. 42-73. New Delhi: Ashish Publishing House.

Parry, Jonathan

1986 The gift, the Indian gift and the 'Indian gift'. *Man* (N.S.) 21 (3):453-473.

1989 On the moral perils of exchange. In *Money and the morality of exchange*. Jonathan Parry & Maurice Bloch (eds.), pp. 64-93. Cambridge: Cambridge University Press.

1994 *Death in Banaras*. Cambridge: Cambridge University Press.

2015 The sacrifices of modernity in a Soviet-built steel town in central India. *Anthropology of this Century*12.http://aotcpress.com/articles/sacrifices/ (2016年10月14日閲覧)

Pedersen, Morten A.

2001 Totemism, animism and North Asian indigenous ontologies. *The Journal of the Royal Anthropological Institute* 7 (3):411-427.

2011 *Not quite shamans: spirit worlds and political lives in Northern Mongolia*. New York: Cornell University Press.

2012 Common nonsense: a review of certain recent review of the "ontological turn". *Anthropology of this Century* 5.
http://aotcpress.com/articles/common_nonsense/ (2016年8月5日閲覧)

Pels, Peter

2003 Introduction: magic and modernity. In *Magic and modernity: interfaces of revelation and concealment*. Birgit Meyer & Peter Pels (eds.), pp. 1-38. Stanford: Stanford University Press.

People's Union for Civil Liberties Karnataka (PUCL-K) and Forum Against Atrocities on *in the anthropology of exchange and symbolic behaviour*. Bruce Kapferer (ed.), pp. 109-142. Philadelphia: Institute for the Study of Human Issues.

Marriott, McKim & Ronald B. Inden
1977 Toward an ethnosociology of South Asian caste systems. In *The new wind: changing identities in South Asia*. Kenneth David (ed.), pp. 227-238. The Hague: Mouton Publishers.

Masquelier, Adeline
2002 Road mythographies: space, mobility, and the historical imagination in postcolonial Niger. *American Ethnologist* 29 (4):829-856.

Mead, G. H.
1927 The objective reality of perspectives. In *Proceedings of the sixth international congress of philosophy*. E.S. Brightman (ed.), pp. 75-85. New York: Longmans, Green and Co.
1962 (1934) *Mind, self, and society: from the standpoint of a social behaviorist*. Charles W. Morris (ed.). Chicago: The University of Chicago Press.

Menon, Dilip P.
1993 The moral community of the teyyattam: popular culture in late colonial Malabar. *Studies in History* 9 (2):187-217.

Meyer, Birgit
1999 Commodities and the power of prayer: Pentecostalist attitudes towards consumption in contemporary Ghana. In *Globalization and identity: dialectics of flow and closure*. Birgit Meyer and Peter Geschiere (eds.), pp. 151-176. Oxford: Blackwell Publishers.

Mines, Mattison
1988 Conceptualizing the person: hierarchical society and individual autonomy in India. *American Anthropologist* (N. S.) 90 (3):568-579.
1994 *Public faces, private voices: community and individuality in South India*. Berkeley: University of California Press.

Moffatt, Michael
1979 *An untouchable community in South India: structure and consensus*. Princeton: Princeton University Press.

Monier-Williams, Monier
2008 (1899) *A Sanskrit-English dictionary: etymologically and philologically arranged: with special reference to cognate Indo-European languages*. New Delhi and Chennai: Asian Educational Services.

Moore, Henrietta L. & Todd Sanders
2001 Magical interpretations and material realities: an introduction. In *Magical Interpretations, material realities: modernity, witchcraft and the occult in postcolonial Africa*. Henrietta L. Moore and Todd Sanders (eds.), pp. 1-27. London: Routledge.

Moore, Lewis
1905 *Malabar law and custom*. Madras: Higginbotham.

Moore, Melinda A.
1985 A new look at the Nayar taravad. *Man* (N.S.) 20 (3):523-541.

Mosko, Mark

law in nineteenth century Malabar. *Working Paper*338. Thiruvananthapuram: Centre for Development Studies.

Kohn, Eduardo

2007 How dogs dream: Amazonian natures and the politics of transspecies engagement. *American Ethnologist* 34 (1):3-24.

2013 *How forests think: toward an anthropology beyond the human*. Berkeley: University of California Press.

2015 Anthropology of ontologies. *Annual Review of Anthropology*44:311-327.

Laidlaw, James

2000 A free gift makes no friends. *The Journal of the Royal Anthropological Institute* 6 (4):617-634.

2012 Ontologically challenged. *Anthropology of this Century* 4. http://aotcpress.com/articles/ontologically-challenged/ (2016年8月5日閲覧)

Lambek, Michael & Andrew Strathern

1998 *Bodies and persons: comparative perspectives from Africa and Melanesia*. Cambridge: Cambridge University Press.

Larkin, Brian

2013 The politics and poetics of infrastructure. *Annual Review of Anthropology* 42:327-343.

Latour, Bruno

1993 *We have never been modern*. C. Porter (trans.). London: Harvester Wheatsheaf.

Levien, Michael

2011 Special economic zones and accumulation by dispossession in India. *Journal of Agrarian Change* 11 (4):454-483.

Lienhardt, Godfrey

1967 Modes of thought. In *The institutions of primitive society: a series of broadcast talks*. E. E. Evans- Pritchard et al., pp. 95-107. Oxford: Basil Blackwell.

Maclean, C. D.

1877 *Standing information regarding the official administration of the Madras Presidency*. Madras: E. Keys, at the Government Press.

Maclean, C. D. (ed.)

1987 (1885) *Maclean's manual of the administration of the Madras Presidency* vol. 1. New Delhi: Asian Educational Service.

1989 (1885) *Maclean's manual of the administration of the Madras Presidency* vol. 2. New Delhi: Asian Educational Service.

Madhava, K. G. Vasantha

1984 Genesis of agrarian relations in the coastal Karnataka: some historical evidences. In *Land reforms in India*. A. R. Rajapurohit (ed.), pp. 1-13. New Delhi: Ashish Publishing House.

1985 *Religions in coastal Karnataka 1500-1763*. New Delhi: Inter-India Publications.

1991 *Western Karnataka: its agrarian relations 1500-1800 AD*. New Delhi: Navrang.

Marriott, McKim

1976 Hindu transactions: diversity without dualism. In *Transaction and meaning: directions*

2015b The ecology of transaction: dividual persons, spirits, and machinery in the special economic zone in South India. *NatureCulture* 3:7-34.

2016 Caring for divine infrastructures: nature and spirits in a special economic zone in India. *Ethnos: Journal of Anthropology* 81 (2). DOI: 10.1080/00141844.2015.1107609

Iyer, K. Gopal

1997 Tenancy reforms: the field perspective. In *Land reforms in India vol. 4.: Karnataka－promises kept and missed*. Abdul Aziz & Sudhir Krishna (eds.), pp. 177-204. New Delhi: Sage Publications.

Jackson, Michael & Ivan Karp

1990 *Personhood and agency: the experience of self and other in African cultures*. Washington DC: Smithsonian Institution Press.

Jeffrey, Robin.

2004/2005 Legacies of matriliny: the place of women and the 'Kerala model'. *Pacific Affairs* 77 (4): 647-664.

Jensen, Casper B.

2016 New ontologies?: reflections on some recent 'turns' in STS, anthropology and philosophy. セミナー「新しい存在論？近年の存在論的転回とその人類学における意味」2016年7月23日 於大阪大学。

Jensen, Casper B. & Atsuro Morita

2012 Anthropology as critique of reality: a Japanese turn. *HAU: Journal of Ethnographic Theory* 2 (2): 358-370.

Johnson, Paul Cristopher

2011 An Atlantic genealogy of "sprit possession". *Comparative Studies in Society and History* 53 (2):393-425.

Kamath, Suryanath U. et al. (eds.)

1982 *Gazetteer of India: Karnataka State gazetteer Part 1*. Bangalore: Government of Karnataka Publication.

Kapferer, Bruce

1979 Mind, self, and other in demonic illness: the negation and reconstruction of Self. *American Ethnologist* 6 (1):110-133.

1991 *A celebration of demons: exorcism and the aesthetics of healing in Sri Lanka*. Washington DC: Smithsonian Institution Press.

Keller, Mary

2002 *The hammer and the flute: women, power, and spirit possession*. Baltimore: The Johns Hopkins University Press.

Kimura, Shuhei

2016 When a seawall is visible: infrastructure and obstruction in post-tsunami reconstruction in Japan. *Science as Culture* 25 (1):23-43.

Kodoth, Praveena

2001 Courting legitimacy or delegitimizing custom? Sexuality, sambandham, and marriage reform in late nineteenth-century Malabar. *Modern Asian Studies* 35 (2): 349-384.

2002 Framing custom, directing practices: authority, property and matriliny under colonial

2007　Introduction: thinking through things. In *Thinking through things: theorising artefacts ethnographically*. Amiria Henare, Martin Holbraad & Sari Wastell (eds.), pp. 1-31. New York: Routledge.

Holbraad, Martin

2007　The power of powder: multiplicity and motion in the divinatory cosmology of Cuban Ifá (or *mana*, again). In *Thinking through things: theorising artefacts ethnographically*. Amiria Henare, Martin Holbraad, and Sari Wastell (eds.), pp. 189-225. New York: Routledge.

2009　Ontography and alterity: defining anthropological truth. *Social Analysis* 53 (2): 80-93.

2012　*Truth in motion: the recursive anthropology of Cuban divination*. Chicago: The University of Chicago Press.

Holbraad, Martin, Morten A. Pedersen & Eduardo Viveiros de Castro

2014　The politics of ontology: anthropological positions. *Theorizing the contemporary, cultural anthropology website* January 13, 2014. https://culanth.org/fieldsights/462-the-politics-of-ontology-anthropological-positions (2016年10月14日閲覧)

Holbraad, Martin & Rane Willerslev

2007　Transcendental perspectivism: anonymous viewpoints from Inner Asia. *Inner Asia* 9:329-345.

Hosbet, Upendra & Ramchandra Bhatta

2003　The coastal Karnataka: industrialisation and its impact on natural resources. Paper presented at Forty-eight public hearing on environment and development, Mangalore, 19 December 2003.

Inden, Ronald B. & Ralph W. Nicholas

2005 (1977)　*Kinship in Bengali culture*. New Delhi: Chronicle Books.

Ingold, Tim

2000　*The perception of the environment: essays on livelihood, dwelling and skill*. New York: Routledge.

Ishii, Miho

2005　From wombs to farmland: the transformation of *suman* shrines in southern Ghana. *Journal of Religion in Africa* 35 (3):266-295.

2012　Acting with things: self-poiesis, actuality, and contingency in the formation of divine worlds. *HAU: Journal of Ethnographic Theory* 2 (2):371-388.

2013　Playing with perspectives: spirit possession, mimesis, and permeability in the *buuta* ritual in South India. *Journal of the Royal Anthropological Institute* 19 (4):795-812.

2014a　The chiasm of machines and spirits: *būta* worship, mega-industry, and embodied environment in South India. In *Ecologies of care: innovations through technologies, collectives and the senses* (Readings in Multicultural Innovation volume 4). Gergely Mohácsi (ed.), pp. 239-256. Osaka: Osaka University.

2014b　Traces of reflexive imagination: matriliny, modern law, and spirit worship in South India. *Asian Anthropology* 13 (2):106-123.

2015a　Wild sacredness and the poiesis of transactional networks: relational divinity and spirit possession in the *būta* ritual of South India. *Asian Ethnology* 74 (1):85-109.

1997 Exalting the king and obstructing the state: a political interpretation of royal ritual in Bastar district, central India. *The Journal of the Royal Anthropological Institute*3 (3):433-450.

1998 *Art and agency: an anthropological theory*. Oxford: The Clarendon Press.

Gellner, Ernest

1970 Concepts and society. In *Rationality*. B. R. Wilson (ed.), pp. 18-49. Oxford: Basil Blackwell.

Geschiere, Peter

1997 *The modernity of witchcraft: politics and the occult in postcolonial Africa*. Peter Geschiere and Janet Roitman (trans.). Charlottesville: The University Press of Virginia.

1999 Globalization and the power of indeterminate meaning: witchcraft and spirit cults in Africa and East Asia. In *Globalization and identity: dialectics of flow and closure*. Birgit Meyer and Peter Geschiere (eds.), pp. 211-237. Oxford: Blackwell Publishers.

Gibson, James J.

1979 *The ecological approach to visual perception*. Boston: Houghton Mifflin.

Gough, E. Kathleen

1952 Changing kinship usages in the setting of political and economic change among the Nayars of Malabar. *The Journal of the Royal Anthropological Institute of Great Britain and Ireland* 82 (1):71-88.

1974 Nayar: central Kerala. In *Matrilineal kinship*. David M. Schneider & Kathleen Gough (eds.), pp. 298-384. Berkeley: University of California Press.

Gowda, K. Chinnappa

1991 The dynamics of bhūṭa worship. In *Perspectives on Dakshina Kannada and Kodagu*. Editorial committee (ed.), pp. 11-21. Mangalagangothri: Mangalore University.

2005 *The mask and the message*. Mangalagangothri: Madipu Prakashana.

Graeber, David

2001 *Toward an anthropological theory of value: the false coin of our own dreams*. New York: Palgrave.

2005 Fetishism as social creativity: or, fetishes are gods in the process of construction. *Anthropological Theory* 5 (4):407-438.

2015 Radical alterity is just another way of saying "reality": a reply to Eduardo Viveiros de Castro. *HAU: Journal of Ethnographic Theory* 5 (2): 1-41.

Guha, Ramachandra

2000 *The unquiet woods: ecological change and peasant resistance in the Himalaya* (expanded edition). Berkeley: University of California Press.

Hales, Steven D. & Rex Welshon

2000 *Nietzsche's perspectivism*. Urbana: University of Illinois press.

Henare, Amiria

2007 *Taonga Mäori*: encompassing rights and property in New Zealand. In *Thinking through things: theorising artefacts ethnographically*. Amiria Henare, Martin Holbraad & Sari Wastell (eds.), pp. 47-67. New York: Routledge.

Henare, Amiria, Martin Holbraad & Sari Wastell

Sociology 8: 85-99.

1970 *Religion/politics and history in India: collected papers in Indian sociology*. The Hague: Mouton Publishers.

1980 *Homo hierarchicus: the caste system and its implications* (complete revised English edition). Mark Sainsbury, Louis Dumont, and Basia Gulati (trans.). Chicago: The University of Chicago Press.

Dumont, Louis & D. F. Pocock

1959 Pure and impure. *Contributions to Indian Sociology* 3: 9-39.

Eck, Diana L.

1998 (1985) *Darśan: seeing the divine image in India* (third edition). New York: Columbia University Press.

Englund, Harri & James Leach

2000 Ethnography and the meta-narratives of modernity. *Current Anthropology* 41 (2): 225-248.

Fabian, Johannes

1978 Popular culture in Africa: findings and conjectures. *Africa: Journal of the International African Institute* 48 (4): 315-334.

Freeman, Richard

1999 Dynamics of the person in the worship and sorcery of Malabar. In *La possession en Asie du sud: parole, corps, territoire*. Jackie Assayag & Gilles Tarabout (eds.), pp. 149-181. Paris : École des Hautes Études en Sciences Sociales.

Fuller, C. J.

1979 Gods, priests and purity: on the relation between Hinduism and the caste system. *Man* (N.S.) 14 (3): 459-476.

1984 *Servants of the goddess: the priests of a South Indian temple*. Cambridge: Cambridge University Press.

1988 The Hindu pantheon and the legitimation of hierarchy. *Man* (N.S.) 23 (1): 19-39.

2003 *The renewal of the priesthood: modernity and traditionalism in a South Indian temple*. Princeton: Princeton University Press.

2004 *The camphor flame: popular Hinduism and society in India* (revised and expanded edition). Princeton: Princeton University Press.

Fuller, C. J. & Melinda A. Moore

1986 The Nayar taravad. *Man* (N.S.) 21 (1): 135-137.

Gad, Christopher, Casper B. Jensen & Brit R. Winthereik

2015 Practical ontology: worlds in STS and anthropology. *NatureCulture* 3: 67-86.

Gadgil, Madhav & Ramachandra Guha

1992 *This fissured land: an ecological history of India*. Berkeley: University of California Press.

Gell, Alfred

1995 Closure and multiplication: an essay on Polynesian cosmology and ritual. In *Cosmos and society in Oceania*. Daniel de Coppet & André Iteanu (eds.), pp. 21-56. Oxford: Berg.

Political Weekly XLVIII (33):40-46.

Copeman, Jacob

2005 Veinglory: exploring processes of blood transfer between persons. *Journal of the Royal Anthropological Institute* (N. S.) 11 (3):465-485.

2009 *Veins of donation: blood donation and religious experience in North India*. New Brunswick, NJ: Rutgers University Press.

2011 The gift and its forms of life in contemporary India. *Modern Asian Studies* 45 (5):1051-1094.

Copeman, Jacob & Deepa S. Reddy

2012 The didactic death: publicity, instruction, and body donation. *HAU: Journal of Ethnographic Theory* 2 (2):59-83.

Damle, Chandrashekhara B.

1991 Agrarian relations and land reforms in Dakshina Kannada district, Karnataka. In *Perspectives on Dakshina Kannada and Kodagu*.Editorial committee (ed.), pp. 145-159. Mangalagangotri: Mangalore University.

Daniel, E. Valentine

1984 *Fluid signs: being a person the Tamil way*. Berkeley: University of California Press.

de la Cadena, Marisol

2015 *Earth beings: ecologies of practice across Andean worlds*. Durham: Duke University Press.

de Laet, Marianne & Annemarie Mol

2000 The Zimbabwe bush pump: mechanics of a fluid technology. *Social Studies of Science* 30 (2):225-263.

Derrida, Jacques

1994 *Given time: 1. Counterfeit money*. Peggy Kamuf (trans.). Chicago: The University of Chicago Press.

Descola, Philippe

1996 Constructing natures: symbolic ecology and social practice. In *Nature and society: anthropological perspectives*. Philippe Descola & Gísli Pálsson (eds.), pp. 82-102. London : Routledge.

Dhakal, Shiva C.

n. d. *A report of people's audit of SEZ Karnataka*.Mumbai: Tata Institute of Social Sciences (TISS). http://www.indiaenvironmentportal.org.in/files/KarnatakaReportfinal.pdf (2016年10月14日閲覧)

Dirks, Nicholas B.

1987 *The hollow crown: ethnohistory of an Indian kingdom*. Cambridge: Cambridge University Press.

1992 Ritual and resistance: subversion as a social fact. In *Contesting power: resistance and everyday social relations in South Asia*. Douglas Haynes & Gyan Prakash (eds.), pp. 213-238. Berkeley: University of California Press.

Dumont, Louis

1965 The functional equivalents of the individual in caste society. *Contributions to Indian*

2008 meeting of the group for debates in anthropological theory, University of Manchester. Soumhya Venkatesan (ed.). *Critiques of Anthropology* 30 (2):172-179.

2010b "I fell in love with Carlos the meerkat": engagement and detachment in human-animal relations. *American Ethnologist* 37 (2):241-258.

2011 Endo/Exo. *Common Knowledge* 17 (1): 146-150.

Carrithers, Michael, Steven Collins & Steven Lukes (eds.)

1985 *The category of the person: anthropology, philosophy, history*. Cambridge: Cambridge University Press.

Carse, Ashley

2012 Nature as infrastructure: making and managing the Panama Canal watershed. *Social Studies of Science*42 (4): 539-563.

Carsten, Janet

2011 Substance and relationality: blood in contexts. *Annual Review of Anthropology*40:19-35.

Chitnis, K. N.

1974 *Keladi polity*. Dharwar: Karnatak University Press.

Ciekawy, Diane and Peter Geschiere

1998 Containing witchcraft: conflicting scenarios in postcolonial Africa. *African Studies Review* 41 (3): 1-14.

Claus, Peter J.

1978 Oral traditions, royal cults and materials for a reconsideration of the caste system in South India. *Journal of Indian Folkloristics*1 (1):1-25.

1991 Kin songs. In *Gender, genre, and power in South Asian expressive traditions*. Arjun Appadurai, Frank J. Korom & Margaret A. Mills (eds.), pp. 136-177. Philadelphia: University of Pennsylvania Press.

Comaroff, Jean

1985 *Body of power, spirit of resistance: the culture and history of a South African people*. Chicago: The University of Chicago Press.

Comaroff, Jean & John L. Comaroff

1993 Introduction. In *Modernity and its malcontents: ritual and power in postcolonial Africa*. Jean Comaroff & John L. Comaroff (eds.), pp. xi-xxxvii. Chicago: The University of Chicago Press.

1999 Occult economies and the violence of abstraction: notes from the South African postcolony. *American Ethnologist* 26 (2):279-303.

2001 Millennial capitalism: first thoughts on a second coming. In *Millennial capitalism and the culture of neoliberalism*. Jean Comaroff & John L. Comaroff (eds.), pp. 1-56. Durham: Duke University Press.

2002 Alien nation: zombies, immigrants, and millennial capitalism. *The South Atlantic Quarterly* 101 (4):779-805.

Comaroff, John L. and Jean Comaroff

1992 *Ethnography and the historical imagination*. Boulder: Westview Press.

Cook, Ian, Ramachandra Bhatta & Vidya Dinker

2013 The multiple displacements of Mangalore special economic zone. *Economic and*

Ute Luig (eds.), pp. xiii-xxii. Madison: The University of Wisconsin Press.

Bhat, M. V. Shankar

2004 *Aliyasantana Law*. Mangalore: Lex Publishers.

Bhat, N. Shyam

1998 *South Kanara (1799-1860): a study in colonial administration and regional response*. New Delhi: Mittal Publications.

Bhatt, P. Gururaja.

1975 *Studies in Tuḷuva history and culture: from the pre-historic up to the modern*. Manipal: Manipal Power Press.

Bird-David, Nurit

1999 "Animism" revisited: personhood, environment, and relational epistemology. *Current Anthropology* 40 (S1): S67-S91.

Boddy, Janice

1988 Spirits and selves in northern Sudan: the cultural therapeutics of possession and trance. *American Ethnologist* 15 (1):4-27.

1989 *Wombs and alien spirits: women, men, and the zār cult in northern Sudan*. Madison: The University of Wisconsin Press.

1994 Spirit possession revisited: beyond instrumentality. *Annual Review of Anthropology* 23:407-434.

Bradshaw, John

1894 *Sir Thomas Munro and the British settlement of the Madras presidency*. Oxford: The Clarendon Press.

Brückner, Heidrun

2009 *On an auspicious day, at dawn...: studies in Tulu culture and oral literature*. Wiesbaden: Harrassowitz Verlag.

Buchanan, Brett

2008 *Onto-ethologies: the animal environments of Uexküll, Heidegger, Merleau-Ponty, and Deleuze*. Albany: State University of New York Press.

Buchanan, Francis

1988 (1807) *A journey from Madras through the countries of Mysore, Canara, and Malabar: for the express purpose of investigating the state of agriculture, arts, and commerce; the religion, manners, and customs; the history natural and civil, and antiquities*. Vol. 3. New Delhi: Asian Educational Services.

Burnell, A. C.

1872 *The law of partition and succession from the manuscript Sanskrit text of Varadaraja's Vyavaharanirnaya*. Mangalore: C. Stol.

Busby, Cecilia

1997 Permeable and partible persons: a comparative analysis of gender and body in South India and Melanesia. *Journal of the Royal Anthropological Institute* (N.S.) 3 (2):261-278.

Candea, Matei

2010a For the motion (2). Ontology is just another word for culture: motion tabled at the

参照文献

Abhishankar, K. et al.（eds.）

1973 *Gazetteer of India: Karnataka State: South Kanara district*. Bangalore: Government of Karnataka Publication.

Appadurai, Arjun

1981 *Worship and conflict under colonial rule: a South Indian case*. Cambridge: Cambridge University Press.

Appadurai, Arjun & Carol Appadurai Breckenridge

1976 The South Indian temple: authority, honour and redistribution. *Contributions to Indian Sociology*（N.S.）10（2）: 187-211.

Arbuthnot, Alexander J.

1889 *Major-General sir Thomas Munro*. London: Kegan Paul, Trench & Co.

Arnold, David & Ramachandra Guha（eds.）

1995 *Nature, culture, imperialism: essays on the environmental history of South Asia*. New Delhi: Oxford University Press.

Asad, Talal

1986 The concept of cultural translation in British social anthropology. In *Writing culture: the poetics and politics of ethnography*. James Clifford & George E. Marcus（eds.）, pp. 141-164. Berkeley: University of California Press.

Babadzan, Alain

1993 Les *dépouilles des dieux: essai sur la religion tahitienne à l'époque de la découverte*. Paris : Maison des Sciences de l'Homme.

Baden-Powell, B. Henry

1907 *A short account of the land revenue and its administration in British India : with a sketch of the land tenures*. Oxford: The Clarendon Press.

1990（1892） *The Land-systems of British India*. Vol. 3. Delhi: Low Price Publications.

Barraud, Cécile, Daniel de Coppet, André Iteanu & Raymond Jamous

1994 *Of relations and the dead: four societies viewed from the angle of their exchanges*. Stephen J. Suffern（trans.）. Oxford : Berg.

Beaglehole, T. H.

1966 *Thomas Munro and the development of administrative policy in Madras 1792-1818: the origins of 'the Munro system'*. Cambridge: Cambridge University Press.

Beck, Brenda E. F.

1981 The goddess and the demon: a local South Indian festival and its wider context. *Puruṣārtha* 5: 83-136.

Bedi, Heather P.

2013 Special economic zones: national land challenges, localized protest. *Contemporary South Asia* 21（1）: 38-51.

Behrend, Heike & Ute Luig

1999 Introduction. In *Spirit Possession: modernity and power in Africa*. Heike Behrend &

[た]

[な]

[は]

索　引

［著者略歴］

石井　美保（いしい　みほ）

京都大学人文科学研究所准教授。京都大学大学院人間・環境学研究科博士課程修了。博士（人間・環境学）。一橋大学大学院社会学研究科准教授を経て現職。主な著作に『精霊たちのフロンティア――ガーナ南部の開拓移民社会における〈超常現象〉の民族誌』（世界思想社，2007 年），『宗教の人類学』（花渕馨也・吉田匡興と共編，春風社，2010 年），“Playing with perspectives: spirit possession, mimesis, and permeability in the *buuta* ritual in South India”（*Journal of the Royal Anthropological Institute*, 2013），“Caring for divine infrastructures: nature and spirits in a special economic zone in India”（*Ethnos: Journal of Anthropology*, 2016）など。

環世界の人類学
――南インドにおける野生・近代・神霊祭祀

2017年２月28日　初版第一刷発行

著　者　石　井　美　保
発行人　末　原　達　郎
発行所　京都大学学術出版会
京都市左京区吉田近衛町69
京都大学吉田南構内（〒606-8315）
電　話　075（761）6182
FAX　075（761）6190
URL　http://www.kyoto-up.or.jp
印刷・製本　亜細亜印刷株式会社
装　幀　鷺草デザイン事務所

Printed in Japan
ISBN978-4-8140-0073-9
定価はカバーに表示してあります